아침식사의 문화사
BREAKFAST

First published in the United States by AltaMira Press, Lanham, Maryland U.S.A.
Translated and published by permission.
All rights reserved. Korean translation copyright © 2016 Nikebooks
This Korean edition is published by arrangement with Rowman & Littlefield,
an imprint of Bloomsbury Publishing Plc through KOLEEN AGENCY, Korea.
All rights reserved.

이 책의 한국어판 저작권은 콜린 에이전시를 통해
저작권사와 독점 계약한 니케북스에 있습니다.
저작권법에 의해 한국 내에서 보호를 받는 저작물이므로
무단 전재와 무단 복제를 금합니다.

아침식사의 문화사

BREAKFAST

헤더 안트 앤더슨 지음 | 이상원 옮김

니케북스

책머리에
Introduction

아침식사는 인공 과일 향이 들어간 시리얼 한 그릇일 수도 있고, 고약한 냄새를 풍기는 삭힌 콩이 듬뿍 올라간 쌀밥 한 그릇일 수도 있다. 어떤 형태를 띠든 아침식사는 배고픈 뇌에 에너지를 불어넣는다. 아침식사는 하루 중 가장 중요한 끼니라는 격언도 있지 않은가. 아침식사를 뜻하는 영어 단어 브렉퍼스트breakfast는 말 그대로 밤새 계속하던 '단식fast을 깨다break'라는 의미다. 꼬르륵거리는 배속을 채워 새로운 하루를 시작할 수 있도록 활기를 돋우는 것이 아침식사다. 농경이 발달하고 돌을 이용해 곡물을 가루로 만들기 시작한 신석기 시대부터 시중에 판매되는 오트밀이나 달걀 요리가 중심을 이루는 오늘날의 부엌에 이르기까지, 아침식사 메뉴는 별반 달라지지 않았다. 반면에 아침식사에 대한 인류의 태도는 급격히 변화해 왔다.

아침식사에 영향을 미친 중요한 요소 가운데 하나는 '종교'다. 고대 로마나 헬레니즘 시대 이후의 문헌을 보면 아침식사는 그 당시 이미 하루의 시작으로 자리 잡았다. 하지만 중세와 근대 초기 유럽의 극단적인 도덕론자들은 아침식사를 죽음에 이르는 일곱 가지 죄악의 하나라고 비난했다. 아침식사를 폭식의 상징으로 여기는 사고는 13세기 도미니크 수도회 신학자였던 토마스 아퀴나스Thomas Aquinas에게서 비롯되었던 것 같다. 그는 대표적인 저서 《신학대전神學大全》에서 폭식의 죄를 범하는 여섯 가지 길을 설명했는데, 그중 하나가 아침식사, 즉 너무 이른 시간에 먹는 것이었다. 어린아이와 노인, 병약자, 육체노동자에게는 예외가 허용되었지만, 일반인들은 아침식사를 먹지도 아침식사라는 말을 입에 올리지도 않았다.

아침식사는 15세기 중반이 되어서야 그 가치를 제대로 인정받았다. 이는 '5시 기상, 9시 아침식사, 5시 저녁식사, 9시 취침'[1]이라는 규칙을 세운 프랑스 왕 프랑수아 1세 같은 아침식사 옹호자들 덕분이었다. 너도 나도 왕을 모범으로 삼으면서 아침식사는 다시 유행처럼 번졌다. 물론 아침에 무언가를 먹는 것은 건강에 해롭다고 주장하는 반대파들도 여전히 존재했다. 16세기 말에는 아침에 일찍 일어나는 습관이 있던 엘리자베스 여왕이 에일 맥주 한 잔과 귀리 비스킷을 궁정의 아침 메뉴에 포함시켰다. 이후 아침식사가 건강하고 부지런한 아침형 인간의 일상으로 여겨지면서 대중들도 아침식사를 즐겨 하기 시작했다.

17세기 네덜란드 회화의 황금기는 아침식사의 황금기와 밀접하게 연관되어 있어, 네덜란드 정물화를 '아침식사 그림(이후 조찬화로 표기)'이라 부를 정도였다. 어쩌면 아침식사의 황금기가 회화의 황금기를 불러온 것인지도 모른다. 17세기는 유럽 문화의 여러 분야에서 '발견의 시대'였다. '무역'이라는 요소가 아침식사에 중요한 영향을 미치기 시작한 것이다.

홍차, 커피, 카카오(코코아)는 모두 유럽 바깥 지역에서 들어왔다. 놀랍게도 이들 음료는 전부 비슷한 시기에 전해졌다. 유럽인들은 새로운 이국적인 음료에 매료되었다. 특히 사회 엘리트층이 코코아에 어찌나 열광했던지 가톨릭교회 내에서 교칙을 바꿔야 할 것 같은 분위기가 거세졌다. 급기야 1662년 프란체스코 마리아 브란카치오 Francesco Maria Brancaccio 추기경은 "음료는 단식 규정에 위배되지 않는다.Liquidum non frangit jejunen"[2]고 선포했다. 그러자 코코아라는 새로운 카페인에 중독되어 있던 사람들은 일제히 환호했다.

18세기 영국인들과 신생국인 미국으로 건너간 유럽인들은 아주 푸짐한 아침식사를 했다. 의사들까지 나서서 오트밀로 시작해 생선 요리, 달걀과 햄(또는 베이컨), 버터 바른 빵(몸매를 걱정하는 경우에는 구운 토스트), 마멀레이드나 과일 설탕 조림으로 이어지는 아침 식단을 권장했다. 물론 차, 커피, 코코아 같은 음료도 포함되었다. 이는 너무 바빠서 점심식사를 제대로 하기 어려운 일반 직장인들에 대한 배려였다.

'종교', '무역'에 이어 아침식사에 영향을 미친 세 번째 중요한 요소는 '기술'이었다. 1760년에서 1840년 사이에 일어난 산업혁명과 뒤이은 중산층의 부상이 아침식사 문화에 커다란 변화를 가져왔던 것이다. 미국에서는 철도 운송 덕분에 오리건에서 훈제한 연어와 플로리다에서 딴 감귤 열매가 뉴욕의 아침식탁에 놓일 수 있게 되었다. 또한 각 가정에 전기가 공급되면서 아침식사를 준비하는 시간이 크게 줄어들었다. 신흥 부자들이 생겨나면서 부지런히 움직이는 하인들에게 둘러싸여 허브 향 훈제 소시지, 버터와 꿀을 바른 팬케이크, 크림 올린 커피 등으로 호사스러운 아침식사를 즐기는 모습이 흔한 풍경이 되었다. 새로 지은 집들에는 아침식사를 위한 방이 따로 마련되어 집주인의 부를 과시하는 수단이 되기도 했다.

19세기 말에는 아침식사용 시리얼이 개발되면서 아침식사에 영향을 미친 네 번째 요소인 '편리성'이 더해졌다. 가정용 전기가 널리 보급되어 신속하면서도 세심하고 일관성 있게 아침식사를 준비할 수 있게 되었다. 건강식을 강조한 미국의 클린 리빙 운동에 따라 대량 생산되기 시작한 시리얼은 바쁜 아침나절 시간을 절약해 준다는 강점 덕분에 대중에게 큰 인기를 끌었다. 아침식사의 핵심은 시간이기 때문이다. 주부들, 특히 일하는 사람을 고용할 여유가 없는 중산층 주부들에게 그릇에 담기만 하면 되는 음식은 더할 나위 없이 매력적이었다. 제1, 2차 세계대전 당시 극심한 식료품 부족으로 고기와 달걀의 배급제가 시행되면서 시리얼은 아침 식단의 중심에 더욱 확고하게 자리매김했다.

아침식사는 하루의 첫 끼니지만 때로는 삶의 마지막 끼니가 되기도 했다. 제2차 세계대전이 벌어지는 동안 특별히 위험한 전투에 배치된 병사들에게는 스테이크와 달걀로 이루어진 '전투용 아침식사'가 제공되었다. 그로부터 20년 뒤, 우주 비행사들도 우주선의 발사를 앞두고 똑같은 식탁을 받았다. 우주 비행이 안정될 때까지 배 속이라도 든든하도록 배려하는 측면도 있었지만, 베이컨으로 감싼 안심 스테이크와 달걀 프라이는 어쩌면 다시 돌아오지 못할지 모르는 사람을 위한 최후의 만찬이기도 했다. 사형수들도 다른 요청을 하지 않는 한 마지막 식사로 스테이크와 달걀 요리를 먹게 된다. 물론 악명 높은 영국의 연쇄 살인범 찰스 피스Charles Peace처럼 삶의 마지막 아침식사 메뉴를 스스로 선택하는 경우도 있다.

제2차 세계대전 이후 아침식사용 시리얼은 어린이들을 주요 소비층으로 삼았기 때문에 설탕 함유량이 점점 늘어났다.

켈로그 사에서 만든 잼 등이 들어간 과자 팝 타르트Pop Tart, 분말 과일 주스 탱Tang이나 아침식사를 대신할 수 있는 카네이션의 초콜릿 맛 음료 등도 잇달아 개발되었다.

한편 씹어 먹을 수 있는 건강한 아침식사를 해야 한다고 주장하는 움직임도 있었다. 곡물과 견과류로 만들어 콜레스테롤 수치를 걱정하지 않아도 되는 시리얼, 콩 베이컨이나 칠면조 베이컨 등이 개발되었다. 그럼에도 베이컨과 달걀은 여전히 주요 아침식사 메뉴로 확고하게 자리를 지키고 있다.

CONTENTS

◆ 책머리에　　　　　　004

CHAPTER 1
아침식사, 끊임없는 논쟁의 역사
History and Social Context

1 아침식사의 어원　　　　016
2 곡물 재배의 시작　　　　018
3 날도 밝기 전에 준비하는
  이른 아침식사　　　　　022
4 아침식사가 죄라고?　　　027
5 잉글리시 브렉퍼스트의 탄생　040

CHAPTER 2
아침식사, 무엇을 어떻게 먹었을까?
Around the World in a Meal

1 밥 죽 빵　　　　　　　　068
　죽 | 시리얼 | 빵 | 롤과 머핀 | 샌드위치 | 팬케이크와 와플 | 아침용 케이크 | 페이스트리 | 도넛

2 가볍게 아침을 여는 유제품　128
　요구르트 | 치즈 | 생치즈

3 달걀의 무한 변신　　　　　140
　삶은 달걀 | 수란 | 절인 알 | 구운 달걀 | 푼 달걀 | 달걀 프라이

4 아침에 먹어도 맛있는 고기　163
　돼지고기 | 소고기와 양고기 | 가금류 | 해산물

5 영혼을 울리는 따뜻한 수프　189
　수프와 스튜 | 전날 남은 음식

6 과일을 먹기 가장 좋은 시간　197
　과일 | 채소

7 아침 음료로 커피가
  최고라고 생각하면 오산!　214
　술 | 카페인 | 주스

CHAPTER 3

아침식사, 온 가족이 함께하는 한 끼
Breakfast at Home

1. 침대에 빵가루 흘리지 마! 235
2. 아침 전용 식당은 동쪽에 238
   아침식탁 차리기 | 조찬 모임
3. 주부들의 로망, 현대화된 주방 251
4. 토스터기, 포장 식빵을 업그레이드하다! 256
5. 시리얼, 아침식탁을 섭수하나! 267
6. 아이들도 차리는 아침식탁 277
7. 부엌으로 들어오는 남자들 282
8. 어머니 손맛 그대로 288
9. 특별한 날의 아침식사 294
10. 만족스러운 섹스 이후의 아침 당번은? 304

CHAPTER 4

아침식사, 집 밖에서는 간편한 게 최고!
Breakfast Out

1. 타국에서 맛보는 고국의 맛 314
2. 황무지를 달리는 역마차에서도 굶을 순 없지 319
3. 열차 안 최악의 아침식사 321
4. 운전자를 공략하라 331
5. 호텔 조식은 왜 뷔페일까? 337
6. 보딩 하우스와 베드 앤드 브렉퍼스트(B&B) 342
7. 아침식사 팁은 넉넉히 345
   커피 하우스 | 서부의 시골 식당 | 아침식사 전문점 | 패스트푸드 | 카페테리아와 오토매트
8. 도넛 걸, 전장을 누비다 364
   취사 마차와 캠핑 요리 | 메스 홀 | 전투 식량
9. 우주에서의 아침식사 377
10. 비둘기 타르트와 날개 편 독수리 381
    대학 내 아침식사
11. 사형수의 아침식사 388
12. 친밀감의 상징, 조찬회 초대장 391
    결혼식 날 아침식사 | 페요테 아침식사

CHAPTER
5

아침식사, 예술과 세상을 품다
Breakfast in the Arts and Media

1 문학   403

2 화가들이 본 아침식사 풍경   416
   네덜란드의 조찬화 | 초상화

3 아침식탁의 다양한 얼굴들   428

4 영화 속 갈등 현장, 아침식탁   430

5 TV 어린이 프로는 왜 아침에 할까?   436
   어린이와 시리얼 광고

6 아침식사를 연주하다   444

7 뉴스 속 아침식사   448

8 아침식사의 미래   455

◆ 주석   458

◆ 참고문헌   492

아침식사,
끊임없는
논쟁의 역사

History and Social Context

역사적으로 보면 사람들은 대체로 아침식사를 간단하게 했다. 다음 식사를 위해 위를 자극하고 하루 일과를 시작할 수 있는 영양분을 얻는 정도면 충분했던 것이다. 오늘날에도 전 세계 사람들은 대부분 뜨거운 액체와 곡물로 가볍게 아침식사를 해결한다. 하지만 아침식사가 늘 이와 같았던 것은 아니다.

1
History and Social Context

아침식사의 어원

꼭 필요한 끼니라는 인정을 받기 전까지 아침식사라는 단어는 잘못 사용되거나 혼동을 일으키기 일쑤였다. 비교적 최근까지도 하루의 첫 끼는 점심이었으며, 이를 디너dinner라고 불렀다. 아침식사를 뜻하는 영어 단어 breakfast는 '단식을 깨다'라는 뜻의 후기 라틴어 disieiunare를 거쳐 온 프랑스어 disdéjeuner에서 유래한 것이다. disieiunare가 갈로로망스어(600~900년 로마 제국의 영토였던 갈리아 지방(현재의 프랑스)에서 사용하던 지방어_옮긴이)에서는 desjunare로, 11세기 고대 프랑스어에서는 disner로 축약되었다가 마침내 영어에서 dinner가 된 것이다.[1] 이러한 단어의 용례 변화는 하루의 주된 식사가 한낮에서 저녁으로, 즉 오늘날의 dinner에 해당하는 시간대로 옮겨 간 현상과 함께 일어났다. 그러나 이것을 13세기에 supper라는 단어가 '하루의 마지막 식사'를 뜻했던 것과 혼동해서는 안 된다.

현대 프랑스어에서 déjeuner(데쥬네)는 점심을 뜻한다. 스페인어의 almuerzo(알무에르소, '씹는다'는 의미의 라틴어 admordere에서 유래된 단어)를 비롯해 아침식사를 의미하던 초기의 용어들은 결국 점심을 뜻하는 말로 바뀌었다. 오늘날 프랑스어로 아침식사는 '작은 점심'이라는 뜻의 petit déjeuner(프티 데쥬네)다. 아침식사가 '가벼운 점심식사'로 격하된 셈이다. 아침식사를 뜻하는 이탈리아어 colazione(콜라치오네)는 '가벼운 저녁식사'라는 뜻의 라틴어 collationem에서 왔다는 점까지 생각한다면 문제는 한층 복잡해진다. colazione는 prima colazione(프리마 콜라치오네, 첫 번째 아침식사)와 seconda colazione(세콘다 콜라치오네, 두 번째 아침식사 또는 점심)로 구분되기도 한다. 오늘날 이탈리아에서는 흔히 점심을 pranzo(프란초)라고 하는데, 이 말은 점심이나 저녁 모두에 사용된다.

영어의 breakfast라는 단어가 아침식사를 뜻하는 말로 기록되기 시작한 것은 15세기가 지나서였다. 아침식사라는 단어가 기록에 나타나기까지 왜 이렇게 오랜 시간이 걸렸을까? 이는 관련 기록이 놀랄 만큼 부족한 것으로 미루어 그 당시 사람들이 아침을 먹지 않았던 것일 수도 있고, 역사가들이 중요하다고 여겼던 점심이나 저녁식사에 대한 기록에 가려 묻혀 버렸을 수도 있다.

2
History and Social Context

곡물 재배의 시작

세계적인 요리과학자이자 칼럼니스트인 해럴드 맥기Harold McGee는 1984년에 펴낸《음식과 요리On Food and Cooking》를 통해 "인류의 삶에서 곡물의 중요성은 아무리 강조해도 부족하지 않다."고 말했다.[2] 인류는 돌을 사용해 곡물을 갈기 시작한 구석기 시내 이후부터 곡물 음식을 먹었다.[3] 1만 2천 년 전 중국의 양쯔 강 유역에서 벼농사가 시작되었다. 오늘날에도 아시아 지역에서는 전체 칼로리 섭취량의 70~80퍼센트를 곡물이 차지한다.[4] 중국 사람들은 수천 년 동안 콘지congee라는 쌀죽을 먹었다. 본래 콘지는 쌀이 아니라 중국의 5대 곡물 가운데 하나인 기장으로 끓였다.[5] 기장 콘지에 대한 기록은 기원전 2700년 무렵 중국을 통치했다는 삼황오제에 관한 문헌에도 등장한다.

나일 강 하구부터 메소포타미아에 이르는 넓은 땅을 일컫는 비옥한 초승달 지대에서는 1만 년쯤 전부터 여덟 가지 기본 작물을 재배했는데, 거기에는 곡물인 에머밀emmer wheat, 일립계밀einkorn wheat, 보리도 포함되었다. 이 같은 농경은 인류에게 정착 생활을 가능케 함으로써 여유 시간을 누리게 하는 혁명적인 변화를 가져왔다.[6] (기본 작물 가운데 네 가지는 곡물이 아닌 콩류였는데, 이 또한 아침식사용 죽에 들어가는 재료로 쓰였다.) 이로써 초기 인류는 수렵이나 채집을 통해 먹을 것을 찾는 대신(물론 인류의 삶에서 고기의 중요성은 강조할 만하지만) 정교한 도구를 제작하고 사회를 조직할 시간을 얻었다. 인류가 수렵-채집 생활을 계속했다면, 인간을 규정하는 여러 요소인 복잡한 언어 능력이나 지적 추론 능력, 예술적 표현 능력 등은 크게 발달하지 못했을 것이다. 다시 말해 곡물 재배는 인류 문화 발전의 주된 동력이었다.

또한 곡물 재배는 시장 경제의 형성으로 이어졌다. 스페인에 정복되기 전의 메소아메리카(멕시코와 중앙아메리카 북서부를 포함한 아메리카 대륙의 공통 문화권_옮긴이)에서 옥수수는 사회 경제 발전의 주된 요소였다.[7] 최초의 옥수수 화석은 기원전 5000년경에 만들어진 것이지만, 꽃가루와 녹말을 분석한 결과

| 삼황 중 농사의 신인 염제 신농씨

| 1591년, 옥수수를 심고 있는 티무쿠아(Timucua) 인디언들 (미 의회 도서관 제공)

에 따르면 옥수수 경작은 그보다 앞선 기원전 5800년 무렵부터 이루어졌을 것으로 추정된다. 옥수수 농사는 메소아메리카 사회가 복잡하게 발달해 나가는 데 중요한 역할을 한 것으로 알려져 있다. 또한 아스테카·톨텍·마야 신화를 보면 옥수수가 중심 소재로 등장하기도 한다.

　기원전 3000년경에는 곡물 거래를 기록하기 위해 문자와 숫자가 사용된다. 그 밖에 곡물 경작이 낳은 또 다른 중요한 결과는 발효 기술이다. 보리를 발효시켜 맥주를 만드는 기술은 기원전 3000년 경 신석기 시대의 유럽으로 거슬러 올라간다. 물론 맥주 자체의 역사는 기원전 6000년에 시작된 중동 지역이 더 오래되었지만 말이다.[8] 메소포타미아에서는 기원전 4000년경에 쓰인 문헌에 맥주에 대해 최초로 언급한 기록이 보인다.[9] 그 당시 수질이 별로 믿을 만하지 못한 상황이었기에 맥주는 곧 중동의 아침식사용 음료로 자리를 잡았다.

호밀과 귀리는 신석기 시대에 아나톨리아(터키) 지역에서 재배되기 시작해 청동기와 철기 시대를 거치면서 유럽의 나머지 지역으로 전해졌다. 북유럽과 동유럽에서는 지금까지도 호밀로 구운 흑빵이 압도적인 인기를 끌고 있다.[10] 귀리죽은 북유럽의 토탄 늪에서 발견된 5000년 전 신석기 시대 미라의 위장에 소화되지 않은 채로 남아 있었다. 이 미라는 물이끼의 낮은 산도 덕분에 완벽한 상태로 보존될 수 있었다.[11] 미라들은 제물로 바쳐진 희생양이거나 처형된 범죄자로 추정된다. 만일 그렇다면 이들은 사회·경제적 지위가 낮았을 것이므로 귀리죽이 소박한 일상 식사였을 가능성이 있다.

3
History and Social Context

날도 밝기 전에 준비하는
이른 아침식사

다수의 기록으로 미루어 짐작할 때 고대 로마인들은 하루에 세 차례의 식사와 오후에 한 차례의 간식을 먹었던 것으로 보인다. 오늘날의 미국이나 유럽 사람들과 비슷한 상황이다. 다만 각각의 식사 시간은 기록마다 조금씩 다르게 나타난다. 하지만 옌타쿨룸 Jentaculum 또는 이엔디쿨룸 Ientaculum이라고 불린 로미의 아침식사는 늘 오전에 먹는 것이었다. 대체로 빵과 치즈, 올리브, 샐러드, 견과류, 건포도, 전날 저녁에 먹고 남은 차가운 고기 요리로 차려졌다.[12]

부유한 로마인들은 아침식탁에 우유와 달걀, 그리고 물숨 mulsum을 올리기도 했다. 물숨은 포도주와 꿀을 섞은 음료로, 여기에 계피, 몰약, 감송甘松, 코스트마리(발삼향의 국화과 허브), 사프란, 후추 등의 향신료를 넣으면 콘디툼 파라독숨 Conditum Paradoxum이 된다. 주로 축제 때 마시는 이 음료는 종종 아침식탁에 오르기도 한다.[13] 포도주에 향신료가 들어간 경우 아침식사는 옌타쿨룸이 아니라 실라툼silatum이라 불리기도 했는데, 향기 좋은 허브를 뜻하는 옛 라틴어 실리스selis에서 유래한 말이다(실리스는 포도주에 향을 더하는 데 사용되었다).[14] 1세기 로마의 풍자 시인 마르쿠스 마르티알리스Marcus Valerius Martialis의 한 작품에는 "일어나라. 새들이 지저귀고 햇살이 반짝이니 빵집 주인은 벌써 아이들을 시켜 아침을 팔고 있네."라는 구절이 나온다. 이것으로 보아 엔타쿨룸에는 전날 남은 음식뿐 아니라 갓 구운 빵도 포함되었다는 사실을 짐작할 수 있다.[15]

하층민이나 노예들은 파로farro로 끓인 죽인 풀멘툼pulmentum을 많이 먹었다. 풀멘툼은 아프리카의 푸푸fufu와 마찬가지로 뒤에 이어지는 음식, 즉 소금 간한 고기나 생선을 위한 식전 음식, 또는 올리브, 기름, 식초 등을 먹기 위한 기본 음식이었다. 파로가 무엇인지는 분명하게 밝혀지지 않았다. 고대 로마의 작가이자 박물학자인 대大 플리니우스는 풀멘툼의 주된 재료가 기장이라고 했지만,[16] 오늘날 이탈리아에서는 에머밀과 일립계밀, 그 밖의 고대 곡물을 통틀어 파로라고 부른다. 풀멘툼을 아침에만 먹었는지는 정확히 알 수 없다. 어쩌면 아침식사를 대체하는 음식이었는지도 모른다. 고대 로마의 희극 작가 플라우투스Titus Maccius Plautus는 엔타쿨룸을 먹기에 너무 어린아이들, 즉 스스로 음식을 먹지 못하거나 이가 다 나지 않아 일반적인 식사를 하기 어려운 경우에 풀멘툼을 먹는다고 썼다.[17]

마르티알리스는 엔타쿨룸을 새벽 3~4시에 먹는다고 했고, 16세기의 학자 살마시우스Claude Saumaise는 보통 아침 9~10시 사이에 먹는다며 이를 반박했다. 그런데 옌타쿨룸은 특별히 시간을 정해 두고 먹지는 않았던 것으로 보인다.[18] 엄격히 정해진 규칙이 있었 다기보다는 이후 두 차례의 더 푸짐한 식사를 언제 하느냐에 따라 시간이 결정되었다. 두 번의 식사는 오전 11시나 정오에 먹는 프란디움(prandium, 점심)과 오후 3~4시에 먹는 케스나caesna 또는 세나(cena, 저녁)였다.[19] 점심과 저녁 사이에 먹는 오후의 간식 메렌다merenda는 저녁 시간이 오후 3~4시에서 6~8시로 옮겨지면서 나중에 생겨났다. 이 같은 식사 시간의 변화는 몇 세기에 걸쳐 일어난 일이다.

플라우투스의 희극 〈쿠르쿨리오Curculio〉를 보면 주인공인 파에드로무스가 열렬히 사랑하는 플라네시움을 위해 날도 밝기 전에 '이른 아침식사'를 준비하면서 포도주에 올리브와 향신료를 섞는 장면이 나온다. 그가 사랑하는 여인을 위해 이런 서비스를 하는 이유는 플리네시움의 포주가 밤새도록 아스클레피오스 신전에 머무르는 상황이어서 방해받을 염려가 없었기 때문이다. 파에드로무스는 연인에게 이른 아침식사를 준비해 준다는 구실로 밀회를 즐길 기회를 얻을 수 있었다.

이보다 50년 앞서 고대 그리스의 시인 호메로스가 남긴 글을 보면, 해가 뜬 뒤 오래 지나지 않아 먹는 식사인 '아리스톤ariston'이라는 단어가 여러 번 등장한다. 당시 사람들에게는 아침식사 준비가 보편적인 아침 일과였던 것으로 보인다. 《일리아스》에는 미처 피로가 회복되지 않은 상태에서도 다시 하루를 시작하기 위한 가벼운 아침식사를 하고 싶어서 아리스톤을 준비하는 나무꾼이 등장한다. 여기서 아침의 허기를 달래기 위해 피곤함을 무릅쓰고 식사 준비에 힘을 쏟는 모습은 적을 이기고야 말겠다는 강철 같은 결의의 상징으로 사용되었다.

호메로스의 《오디세이아》 16권 도입부를 보면, 아침식사를 "새벽의 여명 속에 마당에서 소란스러운 소리가 나도 아랑곳하지 않고" 준비하는 것으로 설명한다. 즉 하루 일과를 시작하기에 앞서 식사를 하는 것이 당시의 일반적인 풍습이었던 것이다.[20] 이 대목에서 충성스러운 돼지치기 에우마이오스는 젊은 주인 텔레마코스가 오랜 여행을 끝내고 무사히 돌아온 것을 보고 기쁜 나머지 물과 포도주를 섞은 아침식사 그릇을 떨어뜨리고 만다. 그리고 텔레마코스를 식탁에 모신 뒤에는 전날 저녁 때 먹고 남은 차가운 고기 요리 접시를 가져다 놓는다. 평상시 하루 일을 시작하기 위한 아침으로는 그 정도면 충분했지만, 에우마이오스는 주인이 무사히 돌아온 것을 축하하는 뜻으로 포도주에 꿀까지 섞고(고대 로마의 물숨과 비슷함), 갓 구운 빵을 가득 담은 바구니도 식탁에 올린다.

아리스톤의 시간대가 정오 무렵으로 옮겨지면서 새로운 아침식사가 등장했다. 호메로스 시대 이후의 그리스 고전기(그리스의 정치, 철학, 예술, 사상이 대부분 발달한 기원전 6세기에서 기원전 4세기까지를 이름_옮긴이)부터 아침에 일어나자마자 '아크라티스마akratisma'라는 식사를 하게 되었다.[21] 포도주에 물을 섞었던 호메로스 시대와 달리 이때는 희석하지 않은 포도주에 빵을 적셔 먹었다. 이런 음식을 '아

| 고대 로마의 아침식사에 주로 사용된 과일

크라티스'라고 불렀고, 아크라티스마라는 명칭이 여기서 비롯되었다. 아크라티스마 또한 일할 에너지를 보충해 주는 신속하고 간단한 식사였다.

4
History and Social Context

아침식사가 죄라고?

로마 제국이 멸망한 뒤 중세 초기(고대 후기, 2~8세기)에 이르기까지 사회·문화적 관습을 기록한 문헌은 급격히 줄어들었다. 이른바 암흑시대였다. 그나마 전해지는 기록을 보아도 아침에 뭔가 먹는 것을 몹시 경계하는 내용이 대부분이다.

중세 시대에 왕족과 그 측근들은 다른 일은 아예 제쳐 두고 온종일 식탁 주변을 어슬렁거리며 보낼 수 있었다. 사회 지도층이 먹는 일에 엄청난 시간을 허비한다는 사실이 알려지면서, 아침식사는 가장 먼저 없애야 할 대상으로 지목되었다.

또한 과식과 과음 등 육체와 관련된 모든 쾌락이 억압되었던 중세 시대에 금식은 꼭 필요한 덕목이었다. 중세의 도덕론자들은 가벼운 점심과 그보다 조금 더 푸짐한 저녁, 이렇게 두 끼면 하루 식사로 충분하다고 여겼다. 따라서 가톨릭교회 입장에서 볼 때 아침식사는 천박하고 상스러운 것이었다.[22] 늦은 저녁에 먹는 사치스러운 '저녁 후 식사', 즉 엄청난 양의 포도주를 곁들인 야식 또한 점 잖은 사람이라면 피해야 했다. 아침식사에 대한 비판적 시선에는 식사에 으레 곁들여지는 맥주나 포도주 탓도 있었을 것이다. 알코올 음료를 마시기 위해 아침을 먹는다고 여겼기 때문이다.

이와 정반대로 아침을 먹는 것은 힘든 농사일을 하기 위해 칼로리를 충분히 섭취해야 하는 빈민층을 의미하기도 했다. 이는 아침식사를 일부에게나마 허락할 수 있는 근거였다. 하위층 농민과 육체노동자들은 고된 노동의 첫 몇 시간을 버텨 낼 에너지가 필요했으므로, 이들에게는 아침식사가 허락되었다. 또 어린이나 노인, 병자처럼 몸이 약해서 한낮의 식사 때까지 참고 기다리기 힘든 사람들은 죽 한 그릇으로 속을 채울 수 있었다.[23] 결국 이유가 무엇이든 아침을 먹는다는 것은 비웃음을 사는 일이었다.

13세기 영국에서는 아침식사라고 하면 보통 육체노동자들이 먹는 흑빵 한 조각과 야간의 치즈, 맥주 정도에 불과했다. 하지만 15세기에 접어들면서 귀족들도 잠에서 깨어나 첫 식사를 하기 전에 빵과 맥주, 고기 등으로 속을 채웠다. 그러나 이는 정식 식사로 여겨지지는 않았다. 유럽에서는 아침에 일어나자마자 따뜻한 커스터드(우유나 달걀노른자에 설탕, 향료 등을 섞어 굽거나 쪄서 크림처럼 만든 과자_옮긴이)에 맥주나 포도주를 섞어 먹는 사람이 많았다. 침실에서 먹는 이 간단한 끼니는 오늘날 파리 사람들이 하루 일을 시작하기 전에 크루아상과 함께 카페오레를 마시는 것과 비슷하다.[24]

이후 수세기가 흐르면서 정식 식사 시간은 점점 늦어졌다. 10세기 노르만족은 오전 9시쯤 식사를 했지만,²⁵ 15세기 중엽 튜더 왕조 시대에는 오전 11시가 되어서야 식사를 할 수 있어 기상 시간과 첫 식사 시간 사이가 훨씬 멀어졌다. 프랑스의 프랑수아 1세는 이런 시간 차이를 염두에 둔 듯 '5시 기상, 9시 식사, 5시 식사, 9시 취침'이라는 규칙을 세웠다.²⁶

이처럼 식사 시간은 시대에 따라 계속 바뀌었지만, 정해진 때에 식사를 해야 한다는 생각은 모두가 가지고 있었다. 식사 시간을 지키지 않는 것은 혼란을 일으키는 야만적인 행동이라고 여겼던 것이다. 1624년에 존 해링턴Sir John Harington 경이 "식사 시간을 정확하게 지켜 일상의 규범이 몸에 배도록 하라."라고 말한 것도 이 같은 맥락에서 나온 것이다.²⁷

집을 떠난 여행자들에게는 아침식사를 할 수 있는 권리가 주어졌다. 1255년 3월, 순례를 떠난 헨리 3세의 아침식사를 위해 세인트올번스St. Albans 성당으로 포도주가 담긴 큰 통 여섯 개가 배달되었다.²⁸ 큰 통 하나에 포도주 약 950리터가 들어간다는 것을 생각하면 어마어마한 양이다. 이를 통해 왕이 순례를 떠나면(자주 있는 일이었다) 아침식사에 대한 금지가 완전히 풀릴 뿐 아니라, 여행 중에 식당이나 장터에서 대충 해결하게 되는 식사를 보상하는 차원에서 헨리 3세의 경우처럼 음식을 더 풍족하게 지원했다는 사실을 알 수 있다. 기왕 아침식사를 하는 죄를 지을 수밖에 없는 상황이라면 가능한 한 최고의 식사를 즐겼다고나 할까.

'육체노동자들은 아침식사를 해야 한다'는 생각은 배가 부를 때

| 빵과 음료를 먹는 농민들

는 몸을 움직여서는 안 된다는 당시의 통념과 반대되는 것이었다. 그 당시 사람들은 위에서 음식물이 충분히 처리되기 전에 움직이면 음식물이 혈관으로 넘어갈 수 있다는 두려움을 가지고 있었다. 17세기 스트라스부르의 의사 멜키오르 세비지우스Melchior Sebizius는 노동으로 소화를 촉진하고 땀과 호흡으로 노폐물을 배출하지 않으면 몸 안의 음식 잔여물이 옴이나 궤양을 일으킨다고 경고했다.[29]

아침식사는 어린이나 노인, 병자, 육체노동자들이나 먹는 것이라는 생각 때문에 일반인들은 아침식사를 한다는 사실을 털어놓지 않았다. 하지만 1463년 에드워드 4세의 궁정 지출 기록을 보면 '아침식사비'라는 항목이 처음으로 등장한다.[30] 재정적 필요성이 아침식사를 한다는 부끄러운 사실을 감추고 싶은 마음보다 더 컸던 것이다. 1600년대 초에 이르면 아침식사비 지출 기록이 보다 관례화되면서 금액뿐 아니라 먹은 음식, 대금 수취인 등 상세한 정보가 포함되었다.

또 하나 흥미로운 점은 1500년대까지만 해도 유럽 전 지역의 의사들이 건강한 성인에게 아침을 먹지 말라고 권했다는 사실이다. 전날 식사한 것이 완전히 소화되기 전에 또 식사를 하면 '순수한 것'이 '순수하지 않은 것'과 뒤섞여 불결해진다고 보았던 것이다.[31] 대신 의사들은 혈액 순환을 원활히 하고 체온을 높여 소화 능력을 향상시키는 가벼운 아침 산책을 권장했다. 16세기부터 유럽 식단에 도입된 카페인 음료 또한 아침식사를 허용하는 계기로 작용했다. 커피와 홍차가 몸속의 잔여물을 없애 주는 기능을 한다고 알려졌기 때문이다. 덕분에 커피와 홍차는 아침에 일어나서 제일 먼저 섭취하는 음식으로 자리를 잡았다.

영국 작가 토머스 윙필드Thomas Wingfield는 1551년에 쓴 글에서 영국인에게 아침식사가 필요하다고 주장했다. 2세기 로마의 의사 갈레노스Galenos는 절대 아침을 먹지 않았다지만, 이 시대는 상황이 다르다는 것이었다.[32] 이처럼 윙필드는 아침식사를 옹호하고 나선 16세기 작가들 가운데 한 명이었지만, 어린아이와 병자들만 아침을 먹으면 된다고 해 중세 때의 주장들과 별 차이가 없었다. 오랜 관습을 실질적으로 반박한 사람은 맨체스터의 교사 토머스 코건Thomas Cogan이었다. 그는 1589년 자신의 저서를 통해, 아침식사는 해도 괜찮은 수준을 넘어 거르면 건강에 해롭다면서 어린아이, 노인, 병자뿐 아니라 건강한 성인도 아침을 먹어야 한다고 주장했다.

또 다른 영국 작가 토머스 모펫Thomas Moffett은 스코틀랜드 사람에게는 아침마다 건강에 좋은 무언가가 필요하다면서, 깨끗하고 신선한 공기가 없는 환경이라면 건강에 좋은 아침식사로 대체해야 한다고 말했다.[33] 오염된 도시에 사는 사람은 매일 아침식사를 해야 한다는 의미였다. 아침식사를 상황에 따라 허용한다는 주제를 반복하면서 모펫은 어린이, 다혈질인 사람, 육체노동자들도 아침식사를 해야 한다고 주장했다.

아침식사를 하는 것은 추위를 이기기 위한 방법이기도 했다. 웨일스 출신의 작가 윌리엄 본 경Sir William Vaughan은 버터를 바른 따끈한 빵에 계핏가루와 설탕을 뿌려서 버터와 건포도를 넣은 오트밀 음료와 함께 마시라고 했다.[34] 오트밀 음료는 귀리나 밀, 빵가루 같은 곡물에 꿀, 건포도, 날달걀, 포도주 또는 에일(영국식 맥주)을 섞은 것으로, 여기에 생강이나 사프란을 첨가하기도 했다. 이처럼 본 경이 설명한 푸짐한 아침식사는 뉴펀들랜드 식민지 주민들이 추위를 이겨 낼 수 있는 한 방법이었을 것이다. 그런데 결국 식민 지배가 실패한 것을 보면, 안타깝게도 본 경의 조언이 제대로 받아들여지지 않았던 모양이다.

최소한 일부 귀족들은 아침식사를 금지하는 사회 분위기 따위는 전혀 신경 쓰지 않고 원하는 시간에 원하는 것을 먹었던 듯하다. 흥청거리며 먹고 마시는 파티를 혐오했던 에드워드 4세의 배우자인 여왕 엘리자베스 우드빌은 아침 일찍 일어나는 편이었다. 사촌인 스코틀랜드 여왕 메리 1세를 방문하는 동안, 그녀는 스코틀랜드 대사인 제임스 멜빌James Melvil 경과의 접견 시간을 오전 8시로 잡았다. 멜빌 경이 도착했을 때, 엘리자베스 여왕은 이미 흰 빵, 맥주, 포도주, 뼈가 붙은 양고기나 소고기를 넣고 끓인 수프로 아침도 먹고, 예배와 서류 검토까지 끝낸 뒤 한가로이 정원을 산책하는 중이었다고 한다.35

엘리자베스 여왕이 쓴 일기를 보면 비교적 소박한 아침식사와 관련된 내용도 있다. "1451년 5월 10일. 6시에 아침식사. 소고기는 지나치게 익혔고, 맥주는 약간 이상한 냄새를 풍김. 요리사에게 소고기 요리에 대해 말할 것. 맥주는 직접 새 통을 따서 마시기로 함."36 신중한 엘리자베스 여왕마저 아침식사에 맥주와 포도주를 포함시켰다니, 중세의 애주가들은 대체 얼마나 많은 술을 마셔 댔을지 궁금할 따름이다.

15세기에 접어들면서 많은 상류층 사람들은 아침식사를 해도 좋다는 허락을 받았거나, 더는 아침식사를 금기시하는 관습에 신경 쓰지 않았던 것으로 보인다. 이때부터 어떤 백작과 공작부인들이 아침식사로 무엇을 얼마만큼 먹었는지에 관한 시시콜콜한 기록이 등장하기 시작한다. 엘리자베스 1세를 본받아 부지런하고 덕망 있는 귀족들은 점심식사 전에 무언가를 먹을 수 있도록 허락받았던듯하다. 어느 백작 부부가 빵 두 덩어리, 맥주 1리터, 포도주 1리터, 염장 생선 두 조각, 훈제 청어 여섯 마리, 신선한 청어 네 마리 또는 생

| 아침식사에서 빠지지 않는 메뉴인 와인

선 요리 한 접시로 푸짐한 아침식사를 했다니 말이다.[37] 이는 영국 역사가 프레더릭 해크우드Frederick Hackwood가 1911년에 쓴 《진수성찬Good cheer》이라는 책에 나오는 사례인데, 백작 부부의 이름을 정확히 밝히지는 않았다. 아마도 윌리엄 패스턴William Paston과 그의 아내 마거릿이었던 것으로 여겨진다. 1422년부터 1509년까지 패스턴가家 사람들이 주고받은 서신 모음집에 기록된, 마거릿이 가족을 위해 준비하는 아침식사 메뉴가 이와 거의 비슷하기 때문이다.[38]

17세기 중반 영국 왕 찰스 1세의 왕비인 헨리에타 마리아Henrietta Maria도 매일 아침 구운 빵을 곁들인 소고기 허브 수프로 아침식사를 했다. 외교관이자 왕비의 전속 요리사였던 케넬름 디그비Kenelm Digby가 사후에 남긴 요리책에 상세한 요리법이 소개되어 있다. 이 책에 따르면 소고기 허브 수프에 이어 수란 두 개와 약간의 베이컨을 먹는 것이 좋다고 하는데, 이는 토비아스 베너Tobias Venner라는 의사의 조언을 따른 것으로 보인다.[39]

이때쯤이면 아침식사 메뉴가 오늘날과 비슷해지기 시작했지만, 금기 사항들은 여전했다. 토비아스 베너는 자신의 의학서에서 "식초를 뿌리고 후추와 소금을 친 수란 두 개, 버터 바른 빵, 포도주 한 잔"을 아침식사 메뉴로 권했다. 하지만 동시에 25~60세의 성인이나 학생처럼 주로 앉아서 생활하는 사람에게는 아침식사가 필요 없다고도 했다.[40] 이로써 아침식사가 또다시 어린이와 노인만을 위한 것으로 한정되었던 셈이다.

17세기에 접어들어 새뮤얼 페피스Samuel Pepys 같은 꼼꼼한 일기 작가들이 아침식사에 대한 기록을 상세히 남기기 시작하면서 아침에 음식을 먹는 것에 대한 고정관념이 어느 정도 희미해졌다. 신대륙 아메리카로 이주한 사람들은 관습과 관례라는 낡은 전통을 벗어 버렸다. 생존이 절실한 상황에서 아침식사에 대해 도덕적으로 고민하는 것은 사치였을지도 모른다. 18세기 중반에 이르면 영국과 미국 모두 아침식사의 황금기를 맞이한다. 미국 건국의 아버지인 벤저민 프랭클린Benjamin Franklin과 토머스 제퍼슨Thomas Jefferson

을 비롯한 상류층 사람들은 이른 아침부터 양고기, 베이컨, 달걀, 옥수수빵, 머핀, 파이 등으로 푸짐한 식사를 즐겼다. 프랭클린의 유일한 불만은 동료들이 아침부터 맥주를 너무 많이 마신다는 것이었다.

18세기 중반에는 아침식사의 인기가 더욱 높아져 새로 짓는 집에 아침식사를 위한 전용 공간까지 마련되었다. 사람들은 침실에서 가볍게 배를 채우는 대신 아침식사 전용 공간에서 커피나 차를 마시며 느긋하게 신문을 보거나 롤 케이크를 먹었고, 때로는 손님들과 조찬을 즐겼다. 신사들은 조찬 모임에서 커피를 마시며 정치 이야기를 나누었다. 아침식사 파티는 젊은이들이 감시에서 벗어나 만나고 어울릴 수 있는 기회이기도 했다.

마침내 유럽에서도 아침식사에 대한 금기가 풀리면서 아라비아 반도 남쪽 끝에 있는 예멘의 수피교도들이 에티오피아에서 생산된 커피콩을 볶느라 바빠졌다.[41] 에디오피아의 양치기 소년 칼디Kaldi에 대한 이야기를 보면 커피가 9세기부터 식용으로 선보인 듯하지만, 쓴맛 나는 초록 씨앗을 볶아 향기로운 검은 원두로 변화시키는 기적은 15세기 말에야 일어났다.[42] 오늘날 우리가 마시는 것과 같은 형태의 커피는 중동을 거쳐 페르시아와 터키로 급속히 퍼져 나갔다. 커피 볶는 기술은 다시 북아프리카를 거쳐 인도에 전해졌고, 뒤이어 이탈리아, 인도네시아, 그 밖의 유럽 지역으로 전파되었으며, 17세기 중반에는 미 대륙에까지 이르렀다.[43] 얼마 지나지 않아 베니스, 파리, 옥스퍼드, 보스턴 등지에 세련된 커피 전문점이 들어

| 커피를 마시는 유럽 사람들

서기 시작했다.

중국에서 차를 마셨다는 기록은 기원전 10세기까지 거슬러 올라간다. 유럽에 차가 처음 소개된 것은 16세기 포르투갈을 통해서라고 하지만, 구석기 시대부터 홍차를 마셨다는 새로운 주장도 나오고 있다.⁴⁴ 1662년, 영국 왕 찰스 2세가 차를 즐겨 마시던 포르투갈 브라간사의 캐서린과 결혼하면서 영국의 부유층들 사이에 차 열풍

| 잉글리시 브렉퍼스트 티

이 불었다. 적어도 돈 많은 사람들에게는 차 수요가 술 수요를 넘어설 정도로 급증했다.[45] 몇 년 뒤에는 미국 매사추세츠에서도 차를 마실 수 있게 되었고 미국인들의 사랑을 받게 되었다.

잉글리시 브렉퍼스트 티English Breakfast Tea는 1800년대 후반 드라이스데일Drysdale이라는 스코틀랜드 차 제조업자가 실론Ceylon차, 기문Keemun차, 아삼Assam차를 섞어 '브렉퍼스트 티'라는 이름으로 시장에 내놓으면서 등장했다. 뉴욕의 일간지 〈통상신문Journal of Commerce〉에 따르면, 1842년 영국 출신의 뉴욕 약제상이 이 세 가지 찻잎을 배합해 '잉글리시 브렉퍼스트 티'라고 부르기 시작했다고도 한다.[46] 이렇게 차는 오후의 티타임을 위한 음료에서 갑자기 아침식사 공식 음료로 변신했다. 19세기에 이르면 사회 전 계층에서 차를 널리 소비했다.

커피와 차는 이국적이고 세련된 음료였다. 의사들은 커피와 차를 각성제로 처방했고, 이를 근거로 사람들은 아침 일찍 이 음료를 마셨다. 값비싼 코코아를 마시는 스페인 귀족들과 달리 대부분의 유럽인들은 아침마다 술 대신 커피와 차를 마시기 시작했고, 이는 교회가 아침식사를 허용할 수밖에 없는 도덕적 근거가 되었다. 아침식사는 이제 육체노동자 등 하층민들이 먹는 천박한 끼니가 아니라 사회 모든 계층이 누리는 합리적인 식사로 자리매김했다.

5
History and Social Context

잉글리시 브렉퍼스트의 탄생

    중세 직후에 이어진 근대 초기부터 1700년대 중반에 이르기까지 유럽의 아침식사 메뉴는 거의 변화가 없었다. 신대륙 아메리카의 경우에는 더욱 그랬다. 아침식사를 하는 경우 부자들은 고기와 달걀을, 가난한 사람들은 멀건 귀리죽과 굳은 빵, 맥주를 먹었다. 18세기 후반에는 점심시간이 오후 4~5시쯤으로 미뤄졌고, 당연히 저녁은 더 늦게 먹었다.[47] 하루 두 번의 식사가 이렇게 늦어지면서, 아침에 일어난 뒤 전날 저녁부터 이어진 공복 상태를 깨기 위해 무언가를 먹어야 할 필요가 더욱 커졌다. 의료계와 교회에서도 더는 반대할 근거가 없어서 결국 이미 확고하게 자리 잡은 관행을 허용했다. 마침내 현대식 아침식사가 당당히 그 모습을 드러내게 되었다.

    1837년, 빅토리아 여왕이 통치를 시작하던 무렵 베이컨과 달걀은 이미 일상적인 아침식사 메뉴로 거의 자리를 잡은 상태였다. 영국의 노동자 계층도 특별히 햄이나 소시지를 먹는 날이 아니라면

| 잉글리시 브렉퍼스트

거의 대부분 베이컨을 먹었다. 부유한 영국 가정의 아침식사는 걸쭉한 귀리죽으로 시작해 다양한 방식으로 조리한 베이컨과 달걀 요리로 이어졌다. 이런 음식은 미리 만들어 놓았다가 주인 내외가 일어나면 바로 먹을 수 있도록 따뜻하게 보관해 두기도 했다. 얼마 지나지 않아 영국 요리 역사에서 가장 위대한, 그리고 아마도 유일한 산물인 '잉글리시 브렉퍼스트'가 탄생했다.[48]

잉글리시 브렉퍼스트는 영국의 자존심으로 여겨지지만, 사실 역사는 그리 오래되지 않았다. 18세기의 전통적인 푸짐한 아침식사 메뉴가 간단한 커피와 롤빵 등으로 대체되면서 당시 유행했던 유럽식이나 미국식 아침식사에 대비되는 개념으로 잉글리시 브렉퍼스트의 명성이 높아지기 시작했다.

19세기 후반의 빅토리아 시대(제2차 산업혁명기)는 중산층 부르주아가 부흥한 시기였다. 아침 작업 시간에 맞춰 서둘러 가야 하는 노동자 계층에게 아침식사가 절실히 필요했던 것과 달리, 중산층에게 아침식사는 새로 누리게 된 부를 과시하는 수단이었다. 이전까지는 불가능했던 여가 시간과 가처분 소득의 증가는 다른 식사와 마찬가지로 아침식사에도 반영되었다. 신흥 부자들은 노동 계층의 생활 방식에서 합리적으로 보이는 부분들을 일상생활에 도입했다. 그중에는 아침식사를 포함해 식사 시간을 재정비하는 것도 포함되어 있었다. 그러고도 여전히 돈이 남아돌자 그들은 세 코스로 이루어진 푸짐한 아침식사 메뉴를 개발하기에 이르렀다. 달걀, 생선, 햄이나 베이컨 같은 훈제 돼지고기 제품, 절인 고기, 뜨거운 곡물 요리, 신선한 과일, 버터와 잼을 바른 토스트, 커피와 홍차가 나오는 아침식사는 신흥 부자와 사회적 명사들이 오선 시간을 느긋하게 즐길 수 있도록 해 주었다.[49]

이처럼 거창한 아침식사는 오늘날 우리가 생각하는 브런치와 매우 닮았다. '브런치brunch'라는 단어 역시 빅토리아 시대에 생겨났다. 영국 언론인 가이 베린저Guy Beringer가 1895년 《헌터스 위클리Hunter's Weekly》라는 잡지에 쓴 글을 보자.[50] "일요일에는 아침 일찍 일어날 필요가 없다는 점에서 브런치는 토요일 밤에 실컷 마신 사람들의 삶을 편안하게 해 줄 것이다. 또 브런치는 다른 면에서도 인간의 행복에 기여한다. 흥겨운 사교의 장이 되어 대화를 이끌어

냄으로써 사람들을 기분 좋게 만들고, 또 자신과 동석자에 대한 만족감을 높여 한 주 동안 쌓였던 근심 걱정을 날려 버릴 것이다."

브런치는 아침과 점심 사이에 먹는 식사라고는 하지만 그 메뉴는 아침식사용 음식으로 구성되었고, 이는 지금도 마찬가지다. 물론 준비할 시간이 넉넉한 만큼 크레이프 수제트(밀가루에 달걀, 설탕, 우유 등을 섞어 얇게 구운 밀전병을 오렌지 소스에 넣어 끓인 프랑스식 디저트_옮긴이)처럼 조금 더 손이 가고 조리 시간이 오래 걸리는 요리가 식탁에 오르기도 했다(우연히도 크레이프 수제트라는 용어는 브런치와 같은 해에 생겨났다). 베린저가 쓴 대로 브런치는 주로 일요일 아침에 먹는 식사였으므로, '어머니 날'처럼 일요일에 치르는 기념일이면 브런치를 먹었다. 단어 자체는 영국에서 만들어졌지만, 브런치 문화는 미국에서 훨씬 발달했다. 아마도 브런치가 미국에서 그 이름도 훌륭한 '잉글리시 브렉퍼스트'를 대신하기 때문인 듯하다.

19세기 초 미국인들은 여전히 하루에 두 끼를 먹었다. 오전 8시쯤 아침을 든든하게 먹고, 오후 늦게 저녁을 먹었다. 언제 아침을 먹느냐는 재산 정도에 따라 달라졌다. 가난한 사람들은 새벽같이 일어나서 바로 일을 시작하고 한두 시간 지난 뒤에야 아침을 먹은 반면, 부유한 사람들은 늦잠을 자고 일어나 여유로운 아침 시간을 즐긴 뒤 느긋하게 식사를 했다.[51] 1896년에는 패니 파머Fannie Farmer의 베스트셀러《보스턴 요리 학교 요리책Boston Cooking School Cook Book》같은 요리 전문 서적에 비교적 균형 잡힌 건강한 아침 메뉴가 등장했다. 이 책에 소개된 전형적인 아침식사 메뉴는 달걀, 전

| 브런치

날 저녁에 먹고 남은 고기나 생선 요리, 과일, 따뜻한 곡물 죽, 감자 요리(대부분 튀긴 것), 빵(머핀이나 비스킷)으로 구성되었다. 이 책에 실린 18가지 아침식사 메뉴에 커피는 빠짐없이 다 들어가 있다.

1800년대 후반까지도 미국에서는 아침에 무엇은 먹어도 되고 무엇은 안 되는지 논쟁이 뜨거웠다. 요리책 저자이자 프랑스 요리 전문 교수이며 최초의 스타 요리사였던 피에르 블롯Pierre Blot은 아침식사와 관련해 매우 구체적인 규칙을 세웠다. 가능한 한 적게 먹기, 연령과 성별에 관계없이 술은 마시지 않기, 고기는 먹지 않아야 하지만 굳이 먹는다면 전날 남은 것을 데우지 않고 먹기, 뜨거운 케이크나 머핀이나 파이 등은 위와 치아에 몹시 해로우므로 금하기, 커피·우유·물·코코아는 마셔도 좋지만 차는 절대 마시지 말기 등이었다.[52] 보스턴 요리 학교 설립자인 패니 파머 또한 아침식사 메뉴에서 차를 뺐는데, 그 이유는 설명하지 않고, 그저 미국은 차를 마시는 나라가 아니라고 했다.[53]

피에르 블롯은 1867년만 해도 〈뉴욕타임스〉에 '탁월한 미식가로서 그 이름을 모르는 사람이 없을 것'이라고 보도될 만큼 유명한 요리 전문가였다. 그런데 서슴없이 비난하는 성격 때문이었는지 그로부터 7년 뒤 사망했을 때는 부고 기사조차 제대로 실리지 않았다. 변덕스러운 뉴욕의 부자들은 요리 따위는 아일랜드 출신 하인들에게 맡기고 싶어 했던 것이다.[54]

대도시에 살지 않는 미국의 개척민과 농민들은 옥수수로 다양한 아침식사를 준비했다. 옥수수 이삭의 크기와 탄수화물 함량을 늘리기 위해 수천 년 동안 꾸준히 유전자를 개량해 온 메소아메리카 원주민들의 노력이 그 바탕이 되었다. 그들은 선택적 교배 과정에서 핵심적인 돌연변이를 선택함으로써 멕시코에서 야생으로 자라던 식물인 테오신테teosinte를 옥수수로 개량하는 데 성공했다. 옥수수 유전자의 12퍼센트는 이입교잡이라는 과정을 거쳐 테오신테의 또 다른 하위 종에서 파생된 것이다.[55] 유럽인들은 신대륙에서 재배되는 작물 가운데 단연 옥수수를 선호했다.

껍질을 벗겨 거칠게 가루를 낸 옥수수로 끓인 죽은 값도 싸고, 우유나 메이플 시럽을 곁들이면 한 끼의 아침식사로 충분했다. 또 가루를 반죽해서 돼지기름에 부쳐 먹기도 했다. 껍질을 벗긴 옥수수는 먼저 알칼리성 잿물에 담그는 과정을 거쳤다. 닉스타말화nixtamalization라고 하는 이 과정은 메소아메리카인들이 기원전 1500~1200년부터 사용했는데, 옥수수 알갱이 속에 든 니아신을 분해해 우리 몸에 흡수될 수 있도록 함으로써 펠리그라 같은 질병을 예방해 준다. 펠라그라는 옥수수에 부족한 리신과 트립토판이라는 두 가지 아미노산이 결핍되어 생기는 병이다. 닉스타말화를 거치면 이들 아미노산의 체내 효율이 높아진다. 메소아메리카 원주민들은 옥수수를 콩, 아마란스amaranth, 치아chia 같은 곡물, 또는 육류와 함께 섭취하면 이 같은 질병을 피할 수 있다는 사실을 알고 있었다. 다만 그 이유가 함께 먹었을 때 체내에서 아미노산의 완전 배열이 가능해지고, 그 결과 정상적 단백질 결합이 이루어지기 때문이라는 점은 몰랐다. 어쨌든 원주민들에게 펠라그라는 거의 나타나지 않는 질병이었다.

로라 잉걸스 와일더Laura I. Wilder가 쓴 자전적 소설 《초원의 집 Little House in the Big Woods》을 보면 작가의 어머니가 벽난로의 재를 사용해 옥수수를 닉스타말화하는 장면이 자세히 나온다. 아버지가 옥수수 겉껍질을 벗기고 알갱이를 떼어 주면, 어머니는 그 알갱이들이 볼록해지면서 껍질이 쉽게 벗겨질 때까지 잿물에 넣고 푹푹 삶는다. 책에는 이 과정이 '퍽 오래 걸렸다'고 비과학적으로 표현되어 있다. 그다음에 삶은 옥수수 알갱이를 찬물에 넣고 손으로 비벼 가며 껍질을 벗기면 물이 탁해졌다고 한다.

로라의 어머니는 아마도 이로쿼이 휴런 인디언들에게서 닉스타말화 기술을 배웠을 것이다. 이 인디언들에게 기술을 전한 것은 고대 푸에블로 문명을 계승해 오늘날까지도 그 기술을 그대로 사용하는 나바호족이나 호피족이었을 가능성이 크다.

아메리카 원주민에게 옥수수는 신성한 음식이었다. 아메리카 대륙에 처음 발을 들인 유럽인들은 옥수수가 원주민의 일상적인 식사뿐 아니라 중요한 의식에도 사용된다는 사실을 알게 되었다. 얇게 구운 토르티야와 비슷한 호피족의 전통 요리 피키piki는 결혼식 날 아침 신랑신부가 먹는 특별한 음식이었다. 이 전통은 스페인 사람들이 상륙한 16세기부터 목격되었지만, 아마 실제 역사는 더 오래되었을 것이다.[56] 피키가 꼭 아침에 먹는 음식은 아니지만, 평생 함께할 것을 약속하는 결혼식 날 아침에 신랑신부가 피키를 먹는 것은 매우 중요한 의식이었다. 피키는 호피족 고유의 품종인 푸른 옥수수를 곱게 갈아 물을 넣고 반죽해서 얇게 구워 낸 것인데, 이때 푸른색을 더하기 위해 명아줏과 관목을 태운 재를 섞기도 했다. 뜨겁게 달군 편평한 돌에 해바라기씨나 호박씨 또는 수박씨 기름을 바르고 반죽을 얇게 펼쳐서 재빨리 구워 낸다. 그러고는 돌에서 떼어 내자마자 5센티미터 두께로 돌돌 말면 완성이다. 미국의 언론인 레이먼드 소콜로프Raymond Sokolov는 "피키는 호피족 요리의 최고봉이며 호피족의 전통이 옥수수와 깊이 관련되어 있음을 보여주는 상징"이라고 말했다. 피키는 반드시 성스러운 푸른색을 띠어야 했다. 하늘을 상징했기 때문이다. 피키를 잘 만드는 여자일수록 훌륭한 신붓감으로 평가받았다.[57]

닉스타말화를 거치지 않은 옥수수도 말렸다가 갈아서 다양한 빵과 과자를 만드는 데 사용했다. 옥수수로 만든 원주민들의 음식은 이후 미국 남부 노동자 계층과 깊이 연관되었다.

아메리카 인디언들은 히코리 나무 숯을 이용해 햄, 베이컨, 소시지 같은 훈제 식품을 만드는 방법도 전수해 주었다. 평원 인디언(Plains Indian, 북아메리카 대평원 지대에 살았던 인디언 부족의 총칭_옮긴이)들은 천막집 꼭대기에 고기를 매달아 연기를 더 많이 쐬도록 했다. 고기를 훈제하면 독특한 풍미가 생길 뿐 아니라 오래 저장할 수 있다. 미국인의 아침식탁에 오르는 고기에서 특유의 향이 나는 것은 염장과 훈연 과정을 거쳤기 때문이다. 19세기에는 소금물에 질산칼륨을 섞어 고기의 붉은빛을 그대로 살리면서 절이는 방법이 개발되었다.[58] 맛없어 보이는 잿빛 고기가 사라지면서 절인 고기의

| 워싱턴의 살리시(Salish) 인디언들이 고기를 소금에 절이고 있다. (미 의회 도서관 제공)

소비가 급증했다.

아침식사용 시리얼은 육류 중심의 부담스러운 식사로 하루를 시작하는 습관에 대한 반작용으로 등장했다. 1830년대와 1840년대에 일어난 이른바 잭슨 대통령 시대의 클린 리빙 운동(사회과학자 루스 엥스Ruth C. Engs가 1990년에 만든 용어로 대중건강운동에서 파생되었다)은 19세기 중반 미국인들의 식생활에 큰 영향을 미쳤다. 이 운동에서 권장하는 섭생법으로는 자극적인 음식 피하기, 개인위생 관리, 적당한 운동, 채식주의 등이 있었다.[59] 클린 리빙 운동은 기존의 의학 전문지식이 지닌 '권위'에 이성적 의구심을 촉발하는 것으로 시작했으나 나아가 다른 모든 지식인들의 엘리트주의까지 청산하고자 했다.

19세기 초의 사회운동가 실베스터 그레이엄Sylvester Graham이 흑빵을 찬양했던 것도 이러한 흐름과 맥을 같이한다. 그레이엄은 고학력자 계층, 다시 말해 지식인 엘리트층이 먹는 정제된 흰 빵보다 서민층의 상징인 흑빵이 건강에 훨씬 좋다고 주장했다. 산업화 시대의 제빵업자들은 흰 빵을 생산하기 위해 간편한 화학 발효제를 사용했다. 이에 대한 반감이 19세기 중반 들어 가공하지 않은 건강한 식품에 대한 관심으로 이어졌다. 당시 사람들은 비非가공식품이 우리 몸을 깨끗하게 해 줄 뿐 아니라 영혼과 정신까지 건강하게 만들어 준다고 여겼다(우연찮게 클린 리빙 운동을 이끌었던 모르몬교와 제7일 안식일 예수재림교도 이 시기에 등장했다).

클린 리빙 운동이 끝난 19세기 후반, 미국인의 아침식사 풍경을 완전히 바꿔 놓은 시리얼이 첫선을 보였다. 아침식사용 시리얼은 오늘날의 광고 포인트와는 전혀 달리 편리성이 아닌 건강을 추구하기 위해 개발되었다. 최초의 시리얼이라 불리는 '그래뉼라Granula'는 1863년 미국의 제임스 케일럽 잭슨James Caleb Jackson 박사가 만들었다. 그래뉼라라는 이름은 그레이엄 밀가루(통밀가루)를 반죽해 넓게 펴서 구운 것이 파삭파삭하고 잘 부스러지는 식감에 착안해서 지은 것이다.[60] 그래뉼라는 섬유질이 풍부해 육류를 지나치게 많이 먹어서 생긴 소화 불량을 완화시키는 효과는 있었지만,

| 곡물로 만든 빵과 시리얼

오늘날의 시리얼 제품과 같은 편리성을 갖추지는 못했다. 딱딱하고 커다란 덩어리 형태라서 최소 하룻밤은 물에 불려야 먹을 수 있었기 때문이다. 잭슨 박사의 건강과 식단에 대한 생각은 엘렌 화이트Ellen White의 건강 개혁에 영향을 미쳤고, 이는 제7일 안식일 예수재림교의 탄생으로 이어졌다.

플레이크 형태의 아침식사용 시리얼은 1894년 재림교 신도인 존 하비 켈로그John Harvey Kellogg가 우연한 기회에 발명한 것이다. 채식 위주의 건강 식단에 관심이 많았던 재림교 신도들은 미시간 주 배틀크리크Battle Creek에서 사회적 엘리트층을 위한 '배틀크리크 건강중진센터'를 운영했다(개원 당시의 명칭은 '웨스턴 건강개혁연구소'였다). 켈로그가 개발한 콘플레이크는 곧 이 건강증진센터 이용자들의 만병통치약이 되었다.

플레이크 형태의 시리얼은 그야말로 우연히 탄생했다. 통밀을 삶기 위해 냄비를 불 위에 올려놓고 오래 방치한 결과물이었다. 건강증진센터 원장이었던 존 켈로그와 그의 동생 월은 망쳐 버린 통밀을 버리기가 아까워 얇은 반죽이라도 만들어 볼 작정으로 롤러에 통과시켰다. 그런데 물렁하게 익은 통밀이 롤러를 지나면서 바싹 마른 조각이 되어 우수수 떨어졌고, 이것이 센터 이용자들에게 크게 환영받은 것이다. 이후 켈로그 형제는 본격적으로 시리얼 제조에 뛰어들어 옥수수 등 다양한 곡물로 제품을 만들어 내기 시작했다, 2년 뒤에는 제조 기술에 관한 특허권도 획득했나. 하지만 아이디어 도용을 막지는 못했다. 건강증진센터 공장 견학에 참여해 제조 과정을 자세히 기록해 간 포스트C. W. Post도 아이디어를 훔친 사람들 가운데 한 명이었다. 포스트는 결국 시리얼 제조회사를 설립해 켈로그의 최대 경쟁자가 되었다. 이후 존 켈로그는 30년 전 잭슨 박사가 개발한 그래뉼라와 비슷한 시리얼을 개발했고, 법적인 문제를 고려해 이름을 '그래놀라'라고 붙였다. 윌 켈로그는 판매량을 늘리기 위해 형의 반대를 무릅쓰고 설탕을 첨가한 콘플레이크를 만들기 시작했고, 나아가 배틀크리크 토스티드 콘플레이크 회사까지 차렸다. 이 회사가 결국 켈로그 사로 성장한 것이다. 형제 사이가 갈라진 후 존 켈로그는 배틀크리크 식품 회사를 설립했다.

식생활 개혁은 아침식사에서부터 시작되곤 했다. 클린 리빙 운동에 참여하는 사람이 많아지면서 양고기 요리는 통곡물 시리얼에 밀려났다. 19세기 말 미국의 철도망이 확충되면서 플로리다와 캘리포니아산 밀감류를 전국 어디서나 쉽게 맛볼 수 있게 되었다. 존 켈로그는 생물학자 일리야 메치니코프Elie Metchnikoff의 연구에 영향을 받아 요구르트의 건강 효과에 대해 연구했다. 존 켈로그의 아내인 엘라는 채식 위주 식단의 유익함을 강조하는 요리책을 여러 권 펴내면서, 그레이엄 밀가루를 활용한 다양한 죽 요리법을 소개했다. 엘라 켈로그의 아침 식단은 노약자들에게 적합하면서도 정갈하고 매력적이라는 평가를 받았다.[61] 이로써 켈로그라는 이름은 건강과 위생의 대명사로 여겨지게 되었다.[62]

시리얼 개발 이후, 미국의 아침식사 문화를 크게 바꾼 다양한 발전이 이어졌다. 1920년대와 1930년대는 주방의 현대화와 편의화가 본격적으로 시작된 시기였다. 또한 비스퀵(Bisquick, 비스킷과 팬케이크용 혼합 가루), 발라드 오븐 레디 버터밀크 비스킷(Ballard's Oven Ready Buttermilk Biscuit, 반제품 형태로 출시된 최초의 냉장 비스킷 반죽. 원통형 튜브에 담겨 있으며, 1950년대 필스버리Philsbury라는 브랜드명으로 알려졌다), 인스턴트 세몰리나(단단한 듀럼밀로 만든 입자가 거친 밀가루. 마카로니나 스파게티의 원료로 쓰인다_옮긴이) 시리얼인 크림 오브 휘트, 짧은 시간에 조리할 수 있는 오트밀인 퀘이커 오츠Quaker Oats, 무카페인 인스턴트커

| 1910~1915년경의 존 하비 켈로그 (미 의회 도서관 제공)

피 상카Sanka 등 오늘날까지도 미국인들이 아침식사 하면 바로 떠올리는 제품들이 이때 첫선을 보였다.63 제2차 세계대전이 일어나면서 달걀과 고기의 배급제가 실시되자 이처럼 편리한 인스턴트 식품들이 한층 더 중요해졌다.

시리얼 상자 속의 사은품은 1945년 켈로그 씨기 배지를 집어넣은 것에서 시작되었다. 1년 뒤, 사출 성형 방식을 이용해 값싼 플라스틱 장난감을 대량으로 제작할 수 있게 되자 시리얼 회사들은 앞다투어 사은품 제작에 매달렸다. 또한 만화 마스코트까지 적극 활용해 가며 미국 어린이들의 마음을 완전히 사로잡았다. 그리고 얼마 지나지 않아 아침식사용 시리얼 대신 설탕으로 범벅된 시리얼 제품이 만들어지기 시작했다. 시리얼 회사들의 이 같은 판매 전략은 제2차 세계대전 직후에 태어난 베이비붐 세대를 공략하기 위한 것이었다.

1940년대와 1950년대에 미국에서는 베이비붐 외에 또 다른 붐이 일었는데, 바로 간이식당 붐이었다. 1800년대 말부터 이동식 포장마차와 자동차 식당이 운영되긴 했지만, 한 장소에 자리 잡은 간이식당(이동식 주택과 비슷한 조립식 양철 가판대 수준이었다)은 제2차 세계대전 이후 교외 인구가 늘어나면서 크게 유행하기 시작했다. 전쟁이 끝난 뒤 간이식당은 미 북동부 도심과 교외에서 매력적인 소규모 사업으로 큰 인기를 누렸다. 이러한 식당은 아침식사 음식을 주요 메뉴로 24시간 운영되는 최초의 외식 업체였다.

24시간 식당은 커피 한 잔을 앞에 두고 생각에 빠지는 외로운 사람들이나 간밤에 과음한 술꾼들을 위한 장소에 그치지 않았다. 밤낮으로 쉴 새 없이 돌아가는 공장 근처에 자리 잡은 이들 식당은 밤 근무를 마친 노동자들(간이식당의 주요 고객)에게 든든한 아침식사를 제공했다.

가정에서는 학교에 가는 아이들을 위해 빠른 시간 안에 간편하게 준비해서 먹을 수 있는 아침식사가 필요했다. 1960년대에는 페미니즘이 부상하면서 주부를 부엌에서 해방시켜 줄 음식에 대한 수요가 늘어났다. 이에 따라 인스턴트 오트밀, 일인용으로 포장된 요구르트 '요플레', 초콜릿 맛 분말 음료인 카네이션 브렉퍼스트 등이 잇따라 출시되었고, 해마다 새로운 가당加糖 시리얼 제품이 개발되었다.[64] 이는 수요 증가에 따른 시장의 예측 가능한 대응인 동시에 미국 주부들에게는 아침부터 불 앞에서 요리하지 않아도 되는 핑계를 만들어 주었다. 결과적으로 미국의 여성들은 부엌에서 벗어나 직장이나 그 밖의 다른 일에 전념할 수 있었다.

아침식사용 편의식품 업계의 대표 주자였던 켈로그 사는 미국 가정의 변화가 감지되자 기회를 놓치지 않고 1964년 토스터에 데워 먹는 페이스트리 팝 타르트Pop Tart를 시장에 내놓았다. 포스트 사는 이에 앞서 1963년 오랫동안 보관할 수 있는 포일 포장 기술을 개발해 포장된 페이스트리 컨트리 스퀘어Country Square를 만들었지만, 어리석게도 완제품이 나오기 전에 미리 언론에 발표하는 실수를 저질렀다. 앞서 차갑게 먹는 아침식사용 시리얼의 독점권을 빼앗긴 것에 앙심을 품고 있던 켈로그 사는 6개월 만에 비슷한 제품을 개발했고, 팝 타르트는 생산량이 도저히 수요를 따라가지 못할 만큼 큰 성공을 거두었다.[65]

팝 타르트가 켈로그 사의 최고 히트 상품이 된 것과 달리 컨트리 스퀘어는 끝내 성공하지 못했다. 1960년대에 인기리에 방영된 〈비버리 힐빌리즈The Beverly Hillbillies〉나 〈앤디 그리피스 쇼The Andy Griffith Show〉 같은 텔레비전 시트콤에서 '컨트리'라는 단어는 건강하고 건전한 삶보다는 쇠스랑과 밴조(미국의 민속 음악이나 재즈에 쓰는 목이 길고 몸통이 둥근 현악기_옮긴이), 한심한 촌놈의 이미지를 떠올리게 했으며, '스퀘어'는 당시의 속어로 유행에 뒤진 고루한 사람을 의미했다. 이런 상황이었으니 컨트리 스퀘어는 성공할 여지가 없었던 셈이다.[66]

그로부터 수십 년 뒤, 여성들이 편리함을 통해 자유를 얻었다고는 하지만 보존제 투성이인 편의식품에 의존하면서 공중 보건이 악화되었다는 비판이 일기 시작했다. 마이클 폴란Michael Pollan

을 비롯한 많은 저술가들은 비록 드러내 놓고 말하지는 않았지만, 요리를 '여성에 대한 핍박'이라고 여기는 베티 프리단Betty Friedan의 1963년 저서 《여성의 신비The Feminine Mystique》를 근거로 내세우면서 가정 요리가 쇠퇴한 원인을 페미니즘 탓으로 돌렸다. 폴란은 《마이클 폴란의 행복한 밥상In Defence of Food》이라는 책에서 '요리는 자기표현과 창조의 수단'이라고 한 프랑스의 여성학자 시몬 드 보부아르Simone de Beauvoir와 전업주부라는 말을 혐오하고 거부했던 요리 전문가 줄리아 차일드Julia Child는 베티 프리단과 견해가 달랐다고 지적했다. 하지만 실제로 시리얼이나 냉동 와플 같은 간편한 아침식사용 식품은 페미니스트들이 부엌을 떠나기 훨씬 전부터 수십 년 동안 주부들에게 도움을 주었다. 심지어 요리하기를 좋아하는 여성들도 때로는 아이들에게 시리얼을 먹였다. 달콤한 맛과 만화 광고에 마음을 빼앗긴 아이들이 원했던 탓도 있었지만, 아이들이 제 손으로 시리얼을 자기 그릇에 부어 먹도록 하는 것이 독립성을 키우는 데 도움이 된다고 여겼기 때문이다. 독립성은 저명한 소아과 의사 벤저민 스포크Benjamin Spock가 강조한 자녀 양육의 핵심 요소였다.[67]

좋은 의도로 받아들여졌던 편의식품은 1960년대 바쁜 주부들에게 계속 인기가 있었지만, 한편으로는 자연 생태계의 먹이 사슬에서 분리된 현실을 비판하는 목소리가 미국의 반문화운동가들 사이에서 터져 나왔다. 처음에는 대공황 이후 조용히 이어져 온 자연으로 돌아가자는 운동과 같은 취지였다. 시리얼 회사들은 새로운 시

| 켈로그 사의 그래놀라 광고

장에 맞추기 위해 기존의 그래놀라에 변화를 주었다. 당분을 첨가해 구운 곡물에 말린 과일과 견과류를 섞은 것이다. 이는 건강식품을 선호하는 신세대 환경운동가들에게 큰 인기를 얻었다. 이처럼 건강식품에 대한 관심이 다시 커지면서 스위스의 뮤즐리(müesli, 통귀리 같은 곡물에 생과일이나 말린 과일, 견과류 등을 섞은 아침식사용 시리얼_옮긴이)도 인기가 높아졌다.

반면 미국 남부에서는 건강식품에 반대하는 정서가 확고했다. 사탕수수 시럽을 곁들인 비스킷, 튀긴 생선, 옥수수죽 같은 컴포트 푸드(comfort food, 어머니의 손맛을 느낄 수 있는 음식)는 오랜 세월 동안 흑인의 식문화를 대표하는 음식이었다. 소울 푸드라는 용어는 대중문화계에서 '소울'이 '흑인'의 동의어처럼 여겨지기 시작한 1960년에야 생겨났지만 말이다.[68] 새벽부터 밤까지 들에서 고된 노동을 하는 사람들에게 칼로리 높은 아침식사는 반드시 필요했다. 농장 노동자들이 크게 줄어든 오늘날까지도 남부 흑인들에게 소울 푸드의 인기는 여전하다. 전통 음식을 중시하는 미국 유색 인종 문화의 특징이 크게 작용한 탓으로 보인다.

소울 푸드로 차려진 아침식사는 브런치와 매우 유사하다. 많은 남부 사람들, 특히 뉴올리언스 사람들은 브런치가 자신들에게서 유래했다고 주장하기도 한다. 해 뜨기 훨씬 전에 일과를 시작하는 뉴올리언스 프렌치 쿼터의 상인들은 상대적으로 늦은 아침을 먹었다. 크리올(Creole, 미국의 프랑스계 이민자와 흑인 사이에서 태어난 혼혈인 또는 그들의 문화_옮긴이)식 아침식사의 대표 요리인 에그 사르두(Egg Sardou, 크림에 버무린 시금치와 아티초크 위에 수란을 올리고 홀랜다이즈 소스를 끼얹은 요리_옮긴이)에 새우튀김과 옥수수죽 같은 소울 푸드를 곁들인 아침식탁은 아직도 뉴올리언스의 대표적인 음식이다. 이처럼 푸짐한 아침식사는 대부분의 브런치가 그렇듯 준비하고 먹는 데 시간을 충분히 쓸 수 있는 일요일이나 휴일에 주로 먹는다.

길고 고된 하루 노동을 위해 필요했던 전통적인 소울 푸드에는 열량, 지방, 콜레스테롤, 탄수화물, 나트륨이 잔뜩 들어가 있다. 그래서 오늘날 흑인들의 심장병, 당뇨병, 뇌졸중 발병률이 높은 원인으로 지목된다. 그런데 어쩌면 튀긴 음식 자체가 아니라 재사용되는 튀김용 기름이 문제의 핵심인지도 모른다. 한 번 쓴 식용유를 반복해서 사용하면 극성 화합물이 음식에 흡수되어 고혈압 발생률을 높인다는 연구 결과가 발표되기도 했다.[69]

1970년대 초반, 아침식사용 편의식품을 제조하는 업체들은 '검은 것이 아름답다'는 새로운 문화 풍조에 편승해 알앤비R&B 가수나 흑인 운동선수들을 광고 모델로 기용했다. 미국의 5인조 가족 그룹 잭슨 파이브는 1972년 자신들이 출연하는 예능 프로그램 〈잭슨 파이브 쇼〉에서 퀘이커 오츠의 생애를 패러디했으며, 포스트 사의 알파 비츠 같은 시리얼 브랜드의 텔레비전 광고에 출연했다. 또 묘기 농구단인 할렘 글로브트로터스Harlem Globetrotters는 제너럴밀스 사의 코코아 퍼프를 홍보했다.

1970년대 들어 각 가정이 경제적인 어려움을 겪으면서 다른 식사와 마찬가지로 아침식사에도 변화가 일어났다. 1966년에 제정된 아동영양법을 근거로 연방정부가 지원하는 '학교 아침 급식제The School Breakfast Program'가 시범적으로 시작된 것이다. 1975년에는 아동영양법이 개정되면서 학교 아침 급식제가 영구적으로 정착했다. 이 제도는 처음에는 참여율이 낮았지만 1970년대와 1980년대를 거치면서 급속도로 성장했는데, 기혼 여성들의 취업률이 높아졌기 때문이다. 기혼 여성들이 직장에 나가는 것은 어려운 경제 상황 탓도 있었지만, 다른 한편으로는 여성의 자아실현 욕구가 빚은 현상이었다.[70]

'여성, 유아, 어린이를 위한 특별 영양 보충 프로그램WIC, The Special Supplemental Nutrition Program for Women, Infants and Children'은 아동 영양법에서 파생된 연방정부의 또 다른 지원 사업이다. 이 사업은 저소득층 임산부, 모유 수유 여성, 유아 및 5세 이하 아동을 대상으로 하는데, 학교 아침 급식제의 혜택을 받지 못하는 아이들에게 도움을 주었고, 각 가정에 균형 잡힌 식단 짜는 법을 교육하는 효과도 거두었다. 대상자들에게는 품질이 검증된 식품 목록과 무료 교환 쿠폰이 제공되었다. 설탕 함유량 허용 기준 45퍼센트를 초과한 켈로그 사의 레이즌 브랜은 목록에서 제외되었다.[71] 발끈한 켈로그 사는 건포도는 과일이므로 해당 기준을 적용해서는 안 된다는 주장을 펼치며 20년 넘게 WIC를 상대로 로비를 벌였다. 건포도에 본래 과당이 많이 함유된 것은 사실이지만, WIC는 꿈쩍도 하지 않았다. 결국 켈로그 사가 손을 들고 2010년부터 설탕 대신 고과당 옥수수 시럽을 넣은 레이즌 브랜을 생산하기 시작했다.

전 세계(특히 에티오피아, 인도, 중국)에 식량 위기가 닥치면서 채식주의가 다시 고개를 들었다. 채식주의는 환경과 사회에 대한 책임을 다하는 방법일 뿐 아니라 세계 기아 문제의 해결책으로 여겨졌다. 프랜시스 무어 라페Frances Moore Lappé가 1971년에 펴낸《작은 지구를 위한 식단Diet for a Small Planet》은 채식주의의 대중성을 회복하는 데 힘을 보탰다. 얼마 지나지 않아 미국 가정의 아침식탁에는 베이컨과 달걀 대신 통곡물 팬케이크와 과일이 올라오기 시작했다.

곡물 중심의 아침식사는 19세기 후반 재림교 채식주의자들과

1920년대의 추종자들이 강조한 것이었다. 하지만 시리얼이 아침식사의 전부는 아니었다. 1970년대에 불어닥친 자연 회귀 열풍으로 다양하고 놀라운 콩 활용법이 선을 보였다. 콩고기는 채식주의자들의 꿈을 실현시켜 주었으며, 1974년에는 콩으로 만든 베이컨이 특허 등록을 마쳤다.[72] 보다 가벼운 식사를 원하는 것은 비단 채식주의자만이 아니어서, 1977년에는 '인조 칠면조 베이컨 제조 기술'이 특허권을 따냈다.

1970년대는 자동차를 탄 채로 패스트푸드를 구입할 수 있는 드라이브 스루drive-through와 맥도날드의 에그 맥머핀 같은 아침식사용 샌드위치가 탄생한 시기이기도 했다. 잉글리시 머핀에 달걀, 소시지, 햄, 베이컨 등을 끼워 넣은 샌드위치는 출근길에 간단히 아침식사를 해결할 수 있는 방법이었다. 영국인들은 대체로 정식으로 차려먹는 아침보다는 롤 형태의 샌드위치를 선호했다. 그것은 미국인들이 아침에 먹는 롤 형태의 샌드위치와 조금 달라서, 흰 롤빵에 소시지, 베이컨, 블랙 푸딩(돼지나 소의 피와 고기, 채소 등을 넣어 만든 소시지_옮긴이), 버터, 버섯, 토마토를 올리고, 토마토케첩이나 브라운소스를 뿌려서 만들었다. 잉글리시 브렉퍼스트 메뉴에서 콩만 뺀 셈이었다. 아침식사용 테이크아웃 롤빵은 미국의 패스트푸드에서 영감을 얻어 만들어졌지만, 롤빵에 베이컨이나 소시지를 끼워서 먹는 아이디어는 본래 19세기 중반 영국에서 나온 것이었다.[73]

1980년대에는 전자레인지 가격이 급격히 떨어지면서 아침식사용 냉동식품 시장이 크게 성장했다. 이미 1970년대 통곡물의 인기에 편승하여 큰 이득을 보기 시작했던 퀘이커 오츠나 켈로그 같은 시리얼 회사들은 전자레인지에 사용할 수 있는 종이나 플라스틱 컵 등으로 제품의 포장만 바꾸면 되었다. 머핀도 많은 인기를 끌었으며, 크기도 점점 커졌다. 캘리포니아를 근거지로 하는 프랜차이즈 제과점 '비 드 프랑스Vie de France'의 1987년 대표 리처드 샤로프 Richard Sharoff는 "머핀은 전 세계인이 기다려 온 상품"이라고 표현했다. 또한 그는 "어디든 가지고 다닐 수 있는 건강하고 맛있는 아침식사 메뉴로 오븐에 구울 필요도 없고 쓰레기도 남지 않아 달리면서도 먹을 수 있는 머핀이야말로 1980년대 최고의 식품"이라고 주장했다.[74]

유럽과 캘리포니아식 요리의 결합은 미국인의 아침식탁에 또 다른 변화를 가져왔다. 1980년대 말에는 키슈(quiche, 달걀, 크림, 향신료, 각종 채소가 들어간 프랑스식 파이_옮긴이)가 끼니 때마다 식탁에 올랐는데, 여기에 아보카도, 염소 치즈, 말린 토마토 같은 캘리포니아 특산 재료를 넣는 것이 유행이었다. 이런 재료들은 키슈 외에 크레이프와 오믈렛에도 들어갔고, 건강식 열풍이 불어닥친 1990년대에는 두부 볶음 요리에도 사용되었다. 20세기 말에는 탄수화물을 먹지 말라는 로버트 앳킨스Robert Atkins 박사의 연구 결과를 잘못 해석해 베이컨과 달걀이 다시 아침식탁에 올라오기 시작했다. 그 결과 전체 미국인의 10퍼센트가 탄수화물을 전혀 먹지 않는 현상까지 일어났지만, 2005년 앳킨스 뉴트리셔널 사가 파산하면서 제빵업자들은 비로소 안도의 한숨을 내쉴 수 있었다.

아침식사,
무엇을 어떻게
먹었을까?

Around the World in a Meal

　일본 전통 여관인 료칸의 카이세키식 아침식사는 양은 적지만 14가지 코스가 완벽하게 조화를 이룬 요리의 향연이다. 반면 이탈리아의 아침식사는 대개 커피, 그리고 버터나 잼 바른 빵이 전부다. 이처럼 지역적인 차이가 있긴 하지만 세계인의 아침식탁은 놀라울 정도로 비슷하다. 매일 아침식사를 하는 사람들은 대부분 어느 정도 조리 방식의 차이가 있긴 하지만 곡물, 유제품, 단백질 식품을 먹고, 곁들여 뜨거운 카페인 음료를 마신다.

1
Around the World in a Meal

밥 죽 빵

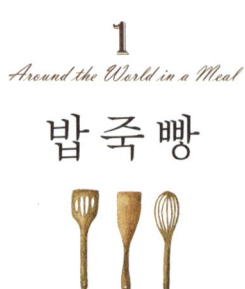

최근 선사시대 이스라엘 유적지에서 맷돌에 붙은 야생 곡물이 발견되었다. 농경이 시작되기 최소 1만 2천 년 전부터 구석기 선조들이 일상적으로 곡물을 가공해서 먹었다는 의미이다. 같은 유적지에서 발견된 오븐처럼 생긴 화덕을 보면 빵 굽기의 역사 또한 오래되었음을 알 수 있다.

죽

전 세계에서 공통적으로 먹었던 음식이 있다면, 단연코 '죽'일 것이다. 비옥한 초승달 지대(최초의 농경문화 발상지로 서쪽으로는 지중해 동안의 팔레스타인에서 북부 메소포타미아, 동쪽은 이란 고원에 이른다_옮긴이)에서 곡물 경작이 시작된 이후 죽은 곧 인류의 식생활에서 중심을 차지했다. 비교적 저렴하고 만들기도 쉬운 죽은 든든하게 배를 채울 수 있는 영양식이었다.

비옥한 초승달 지대에서 야생으로 자라난 곡물 중 하나인 에머밀emmer wheat은 고대 로마인들이 매끼 먹던 걸쭉한 죽인 풀스puls의 재료였다. 로마 시인 오비디우스는 건강과 활력의 여신 카르나에게 풀스 파브리키아puls fabricia, 즉 기름진 베이컨을 넣은 죽을 바쳤다고 했다. 보리와 리코타 치즈에 물 대신 와인을 섞어 끓인 고대 그리스의 죽 키케온kykeon은 홀홀 마실 수 있을 만큼 묽다는 점만 빼면 로마 정치인 마르쿠스 카토가 좋아했던 풀스 푸니카puls punica와 매우 비슷했다.

키케온을 만드는 일은 여자들 몫이었다. 여자들은 허브에 대한 지식을 바탕으로 (마법의 약을 만드는 것은 주로 마녀다) 온갖 효능의 죽을 만들어 냈는데, 그중에는 사람을 영원히 잠들게 할 만큼 강력한 것도 있었다. 《오디세이아》에는 눈부시게 아름다운 불사의 존재 키르케가 오디세우스의 부하들에게 마법의 음식 키케온을 먹여 모두 돼지로 둔갑시키는 장면이 나온다. 이를 단순히 지어낸 말로 치부해 버리기에는 무리가 있다. 일부 학자들은 엘레우시스 비의(Eleusinian Mysteries, 곡식의 여신 데메테르를 받드는 신비적 의식_옮긴이)에서 환시와 혼령을 불러들이는 행위는 키케온의 재료인 보리에 피는 곰팡이 맥각 때문이라고 말한다. 1941년에 발표된 연구 결과에 따르면, 맥각의 염기성 유기화합물에 환각제로 유명한 LSD의 전구체인 리세르그산아미드Lysergic acid amide, LSA가 포함되어 있다. 그러나 환각 성분이 적은 품종의 보리죽은 결국 유럽, 아시아, 아프리카에서 가장 선호하는 아침식사 메뉴가 되었다.

세계 각지의 개발도상국에서는 멀겋고 심심한 죽의 영양과 맛을 높이기 위해 젖산을 발효시킨다. 락트산발효 또는 유산발효라고도 부르는 젖산발효는 젖산균이 당을 젖산으로 변화시키는 것으로, 시큼한 맛이 나는 사워 도우 빵과 요구르트가 바로 이 과정을 통해 만들어진다. 되직한 죽을 발효시키면 영양가가 세 배로 높아져 가난한 이들의 영양 상태를 개선하는 데 큰 도움이 된다. 또 발효를 통해 대장균이나 살모넬라균 같은 유해한 병원균이 증식하는 것을 억제할 수도 있다.

대부분의 발효 죽은 일상적으로 먹는 음식이며 특히 아프리카 나라들에서 그렇다. 또 음료로 마실 수 있을 만큼 묽은 것이 보통이다. 케냐의 시골에서는 더 묽게 만든 우지uji라는 발효 죽을 차 대신 마시기도 한다. 끼니를 꼬막쇼막 챙겨 먹는 도시의 부유한 가정에서는 아침식사 때 우지에 빵과 차를 곁들여 먹는다. 아프리카 이외 지역을 살펴보면, 스코틀랜드의 국민 시인 로버트 번스Robert Burns의 말처럼 16세기 스코틀랜드에서는 버터를 넣은 '소운sowen'이라는 귀리죽을 끓이기 전에 살짝 발효시켜 성탄절이나 새해, 할로윈의 아침식사 때 먹었다고 한다. 오늘날 유럽에서도 시큼한 맛이 나는 죽을 아침식사로 많이 먹는다. 하지만 직접 죽을 발효시키는 대신 발효된 유제품을 섞어 먹는 식이다.

서양의 죽은 곡물을 원하는 농도로 끓이는데, 형태를 알아볼 수

| 카샤

없을 만큼 푹 끓이는 경우가 대부분이다. 여기에 설탕, 꿀, 시럽 등으로 단맛을 더하고 계피나 육두구 같은 양념을 뿌리며 보통 따뜻한 우유나 크림, 건포도류를 곁들인다. 죽을 꼭 아침에 먹어야 한다는 법은 없지만 달콤한 죽은 대개 아침식사로 나온다.

  북미와 북유럽에서 아침식사로 먹는 죽은 대부분 귀리나 옥수수, 밀로 끓인다. 북미에서 아침식사용 죽이라고 하면 대체로 우유와 설탕을 넣어 먹는 크림 오브 휘트 제품을 떠올린다. 한편 동유럽 사람들은 카샤라는 메밀죽을 즐겨 먹는다. 이는 가장 오래된 슬라브 요리 중 하나이다. 동유럽 사람들의 삶에서 카샤가 차지하는 위치는 'schi da kasha—pischa nasha(양배추 수프와 죽은 우리의 생명을 지켜주는 자양분)'라는 러시아 격언에 잘 드러나 있다. 소박한 식사에 대한 이 같은 찬사는 단지 음식 자체가 아니라 가난한 러시아인의 뿌리 깊은 자긍심이 반영된 것이다.

이와 비슷한 맥락으로 아일랜드 역사에서는 귀리가 중요한 역할을 했다. 오늘날 '아이리시 오트밀'이라고 불리는 것은 켈트 반란군들이 먹었던 오트밀과 흡사하다. 그로우트groat라는 말린 통귀리를 강철 칼날로 잘라 만들기 때문에 일명 '스틸컷 오츠steel-cut oats'라고도 부르는 아이리시 오트밀은 미국인들이 흔히 생각하는 납작하게 눌린 귀리와 달리 크기나 모양이 핀의 머리 부분과 비슷하다. 그래서 '핀헤드 오츠'라고 불리기도 한다. 롤러를 통과해 납작해진 귀리는 단시간에 조리할 수 있지만, 강철 날로 자른 귀리(스틸컷 오츠)는 하룻밤 동안 물에 불려야 비로소 조리가 가능하다. 통귀리를 빻아 오트밀로 만드는 것도 조리 시간을 줄이는 하나의 방법이다. 귀리는 주로 죽을 끓여 먹는 경우가 많아서 보통 사람들은 오트밀이라고 하면 곧 귀리죽을 떠올린다. 미국에서는 납작 귀리가 흔히 오트밀이라는 이름으로 판매되고 있다.

16세기 스코틀랜드에서는 귀리가루를 찬물이나 사워밀크(sour milk, 우유에 유산균을 넣어서 신맛이 나게 한 것_옮긴이), 버터밀크, 때로는 양고기나 소고기 육수에 불린 뒤 끓이지 않고 되직하게 만든 죽을 '크라우디crowdie'라고 불렀다. 크라우디는 당시 스코틀랜드 사람들의 주요 아침식사 메뉴여서, '크라우디 시간'이라는 표현은 곧 아침식사 시간을 의미했다. (당시 스코틀랜드에서는 점심과 저녁 시간도 될 수 있었다.) '크라우디 시간'이라는 표현을 만들어 낸 장본인인 시

┃ 블랙 크라우디 치즈

인 로버트 번스는 끼니마다 크라우디를 먹어야 하는 어느 가장의 한탄이 담긴 시를 쓰기도 했다.

아, 결혼을 하지 않았더라면
돌볼 식구도 없었을 것을!
이제 아내와 자식들이 끝없이 크라우디를 먹어치우네.
아침도 크라우디, 점심도 크라우디,
하루 세 번씩 크라우디라니!'

오늘날 스코틀랜드에서 귀리죽은 '브로즈brose'라고 부르며, 귀리 대신 반으로 쪼개서 말린 완두콩이나 케일, 그리고 쐐기풀 같은 푸른 잎 채소를 사용하기도 한다. 크라우디는 '팔farl'이라는 귀리 스콘에 발라 먹는 크림치즈를 가리키는 경우도 있다. 이보다 더 헷갈리는 사실은 버터를 넣은 브로즈를 뜨거운 번철에 구워 만든 팔을 아침식사로 먹는다는 사실이다. 이를테면 언제 누구에게 묻느냐에 따라 크라우디로 만든 팔에 크라우디를 발라 먹을 수도 있다는 말이다. 이처럼 이름이 겹치는 상황은 브로즈와 크라우디의 식감이 비슷한 데서 기인한 듯하다.

오트밀은 1670년대 스웨덴 악마 숭배자들이 즐겨 먹던 음식이기도 했다. 유럽을 휩쓴 마녀 열풍이 끝나갈 무렵인 1681년, 영국 철학자이자 목회자였던 조지프 글랜빌Joseph Glanvill은 자신의 저서 《사두키스무스 트리움파투스Sadducismus Triumphatus》에 스웨덴 블로쿨라Blockula에서 열린 악마직인 광란의 섹스 파티를 기록했다. 그는 "사탄이 손수 마녀들을 위해 베이컨과 양배추로 끓인 수프와 오트밀, 버터 바른 빵, 우유와 치즈로 차린 사악한 연회를 베풀었다."고 주장했다. 이러한 식사가 끝난 뒤에는 광란의 춤과 섹스가 이어졌다.

많은 기록을 살펴보면 20세기 초까지도 오트밀은 가난한 농민의 식사라는 인식이 강했던 것 같다. 1922년 쉽게 조리할 수 있는 납작 귀리가 퀘이커 오츠 사를 통해 미국 시장에 처음 등장한 이후, 따뜻하게 먹는 시리얼이 다시 대중의 인기를 끌었다. 1966년에 퀘이커 오츠 사가 출시한 즉석 오트밀은 정신없이 바쁜 일반 가정의 아침 시간에 주요한 식사 메뉴가 되었다.

1987년 의학 저술가인 로버트 코왈스키Robert Kowalski는 《8주 콜레스테롤 치료The 8-week Cholesterol Cure》라는 책을 통해 귀리 기울(속껍질을 벗기지 않은 귀리)이 콜레스테롤을 없애 주는 마법의 총알이라고 주장했다. 그 결과 수년 동안 전국적으로 귀리 기울 열풍이 불었다.² 퀘이커 오츠 사의 귀리 시리얼 판매량은 1987년 46만 킬로그램에서 1989년 약 910만 킬로그램으로 크게 늘었다. 하지만 1990년 《뉴잉글랜드 의학 저널》을 통해 귀리 기울을 먹은 사람과 먹지 않은 사람의 혈청 콜레스테롤 수치에 별 차이가 없다는 하버드 대학 연구 결과가 발표되면서 판매량이 급감했다. 몇 주 만에 판매량이 반 토막 날 정도였다. 사람들은 기쁜 마음으로 다시 베이컨과 달걀 요리를 먹기 시작했다.

죽이라고 하면 대개 부드럽게 끓인 곡물을 연상하지만 콩으로도 죽을 끓일 수 있다. 18세기 동요인 '뜨거운 완두콩 죽Pease Porridge Hot'에는 반으로 쪼개서 말린 완두콩으로 끓인 부드럽고 되직한 죽이 등장한다. 이 노래에는 '따끈한 완두콩 죽, 차가운 완두콩 죽, 단지 안에 든 아흐레 된 완두콩 죽'이라는 가사가 이어진다. 뜨거운 죽은 저녁식사용이었고 차가운 죽은 다음 날 아침 불을 피우기 전에 먹는 아침식사용이었다. 완두콩 죽이 실제로 아흐레 동안 갈 수 있는지 여부는 그날그날 죽 단지에 보태질 남은 음식이 무엇인지, 양이 얼마나 되는지에 달려 있었다.

| 완두콩 죽

피즈 포티지(peas pottage, 완두콩 죽)는 원래 중세 시대의 일상 음식을 일컫는 말로 그 기원은 노르만족이 영국 땅을 점령한 12세기까지 거슬러 올라간다. 고대 프랑스어 포타주potage에서 나온 포티지pottage는 9세기부터 17세기까지 일반적인 아침식사용 음식이었고, 이후 '포리지porridge'라는 말로 정착되어 현재까지 사용되고 있다. 피즈 포티지는 티자나tisana라는 보리와 채소를 섞어 끓인 죽과 흡사한데, 4세기 말에서 5세기 초에 요리를 집대성한 책인《아피키우스Apicius》에서 언급되었다.

성경 창세기에는 오전 일을 마치고 허기진 에서가 렌틸콩 죽 한 그릇을 얻어먹는 대신 동생 야곱에게 장자의 권리를 모두 넘겨주

| 이집트 거리에서 파는 풀 메다메스

는 장면이 나온다. 이 이야기는 영국의 역사가이자 신학자인 존 캡그레이브John Capgrave가 1422년에 한 설교를 통해 더욱 유명해졌다. 야곱은 고작 '죽 한 그릇'을 내주고 대신 아버지가 형 에서에게 내린 축복을 얻을 수 있었다.[3] 한 치 앞을 내다보지 못하고 영혼을 팔아버린 에서의 비극에 관한 설교 이후, '죽 한 그릇'은 곧 무가치한 것을 의미하게 되었다. 에서에게 장자의 권리는 비유적으로나 말 그대로나 기껏 콩 한 무더기(hill of beans, 무가치한 것을 의미하는 영어 숙어)에 지나지 않았던 것이다.

누에콩을 주재료로 해서 만드는 풀 메다메스ful medames 죽은 이집트 국민들이 즐겨 먹는 아침 메뉴다. 풀 메다메스는 통 누에콩이나 으깬 누에콩을 뭉근한 불에 오랫동안 끓이면서 레몬즙, 올리브유, 양파, 파슬리를 넣고 커민이나 칠리로 양념을 한다. 중세에는 카이로의 프린세스 목욕탕(오늘날의 무함마드 알리 파샤 분수 근처) 주변에 사는 사람들이 주로 풀 메다메스를 만들었다. 풀 메다메스를 '풀 함맘ful hammam' 또는 '바스 파바bath fava'라고 부르는 이유다. 목욕탕 관리인들은 물을 데우기 위해 종일 불을 때야 했는데, 값비싼 장작 대신 쓰레기를 연료로 사용했다. 향기요법이 실패하는 경우에는 목욕탕 주변에 엄청난 양의 쓰레기 더미가 쌓였다. 매일 일과가 끝나면 남는 귀한 숯을 함부로 버릴 수 없어서, 밤새 커다란 솥에 한가득 풀 함맘을 끓이는 데 썼다. 다음 날 아침 완성된 맛있는 죽은 카이로 시민들에게 팔려 나갔다. 오늘날까지도 카이로와 레반트 일대에서는 풀 메다메스에 빵과 채소 피클을 곁들여 파는 노점상과 간이식당을 종종 볼 수 있다. 하지만 이집트 사람들은 모두 자기 집에서 끓인 풀 메다메스가 최고라고 말한다. 다행히 현재는 쓰레기를 연료로 죽을 끓이는 경우는 없다.

튀니지에서는 아침식사로 라블라비Lablabi라는 죽을 즐겨 먹는다. 이 죽은 수도 튀니스 부두에서 장시간 힘들게 일하는 노동자들이 가장 좋아하는 음식이기도 하다.[4] 전통적인 조리법에서 사용하는 제비콩은 독성이 있어서 여러 번 물을 갈아가면서 끓여 내지 않으면 위험하다. 그래서 오늘날에는 제비콩 대신 조리하기 편한 병아리콩이나 누에콩을 주로 사용한다. 속설에 의하면, '라블라비'라는 이름은 의성어에서 왔다고 한다. 라블라비의 톡 쏘는 맛 때문

| 라블라비(왼쪽), 달(오른쪽)

에 먹을 때 양이 교미하면서 내는 소리와 비슷한 소리를 내게 되는데, 그 소리가 바로 라블라비라는 것이다.[5]

 남아시아에서는 아침식사를 포함해서 끼니마다 '달dal'이라는 채소죽을 먹는다. 달은 영국의 동인도 회사가 1752년부터 1851년까지 이 지역을 점령하면서 서구에도 알려졌다. 1877년에 출간된 캐나다 가정주부들을 위한 가이드 북 《가정 요리 The Home Cook Book》라는 책에는 인도산 렌틸콩에 버터와 양파를 넣어서 만드는 간단한 아침식사용 달 요리법이 나와 있다.[6] 키어 부인이라고만 알려진 저자는 이국적이고 강한 맛의 요리를 꺼려하는 빅토리아 시대 주부들을 안심시키기 위해 "이 음식의 조리법을 두려워할 필요가 없습니다. 조리법에 나오는 양파의 냄새나 맛은 거의 느낄 수 없습니다. 달이 양파의 풍미를 다 흡수해 버리기 때문입니다."라고 썼다. 요리책 저자이자 금욕 운동가인 존 하비 켈로그의 아내

엘라 켈로그는 1893년 "렌틸콩은 다른 어떤 콩보다 풍미가 진해서 그 맛에 익숙해지기 전까지는 대체로 좋아하기 힘든 것이 사실"이라면서도 렌틸콩을 퓨레나 수프 같은 요리에 사용해 보라고 권장했다. 더불어 키어 부인의 조리법에서 양파를 빼고 대신 크림을 넣은 '맛있는 아침식사용 달' 요리법도 소개했다.[7]

동아시아에서는 쌀과 수수로 끓인 콘지congee라는 죽을 아침식사 때 많이 먹는다. 콘지는 기원전 1000년 무렵 중국 주周나라에서 유래한 음식이다. 한자 粥(죽)은 글자 그대로 '죽'을 뜻한다. 벼농사가 잘되는 중국 남부에서는 대개 쌀로 콘지를 끓이는 반면, 그렇지 못한 북부에서는 쌀 대신 수수, 보리, 기장, 밀 등을 더 많이 쓴다.

오늘날 중국인들은 부자든 빈민이든 상관없이 대부분 아침식사로 쌀죽을 먹는다. 중국 속담에 '아침은 거창하게, 점심은 충분히, 저녁은 조금만 먹어라'는 말이 있다. 그래서인지 아침에 먹는 쌀죽에는 가늘게 찢은 돼지고기 육포(러우쑹), 생선, 닭고기, 죽순, 염지한 오리고기, 삭힌 달걀(피단), 삭힌 두부(취두부)나 착채 절임

| 중국식 쌀죽

| 유탸오

(짜차이) 같은 채소 피클 등 다양한 고명이 곁들여진다.[8] 아침식사용 콘지는 보통 밀가루 반죽을 발효시켜 기름에 튀긴 길고 가느다란 중국 빵 유탸오와 함께 먹는다.

아시아 각 지역 사람들은 개개의 입맛에 따라(또는 경제 사정에 따라) 다양한 종류의 콘지를 먹는다. '바이주bai zhou'라고 불리는 광둥식 콘지는 되직한 흰죽으로, 일반 죽보다 더 오래 끓여서 쌀알의 형태가 전혀 보이지 않는다. 쌀죽에 응고된 돼지피를 숟가락으로 뚝뚝 떠 넣은 베트남의 차오Chao도 독특한 별미다.

일본에서는 계절마다 다른 쌀죽(아사가유)이 아침식탁에 오른다. 여름에는 차가운 쌀죽을 매실이나 채소 초절임과 함께 먹는다. 교토에 있는 4백 년 전통의 효테이 료칸에서는 겨울철 유명한 가이세키식 아침식사의 한 코스로 메추라기 고기와 알을 곁들인 죽 요리(우주라가유)를 내놓는다. 일본에는 죽음에 임박하여 시를 짓는 수백 년 된 전통이 있다. 아침에 먹는 쌀죽에서 깊은 영감을 얻은 쿠사마루(1784~1836)라는 시인은 숨을 거두기 전 마지막으로 다음과 같은 시를 남겼다.

아침 죽을 먹은 뒤
나는 떠나리
수양벚꽃을 보러

신대륙 아메리카에서는 수천 년 전부터 옥수수죽을 먹었다. 기원전 1400~400년의 올멕 문명(Olmec civilization, 멕시코만을 중심으로 하는 메소아메리카 지역 최초의 문명) 이래 아메리카 원주민들이 신성한 곡물로 추앙했던 옥수수는 16세기 스페인 정복자들을 통해 유럽인들에게 전해졌다. 세 번 간 고운 옥수숫가루를 끓여 허브, 구운 호박씨 가루, 꿀, 말린 고추, 말린 천수국 꽃잎 등을 섞은 뜨거운 음료인 아똘레Atole는 콜럼버스의 신대륙 발견 이전부터 존재했다. 마야인들은 죽은 자가 저승길에 가져갈 수 있도록 아똘레를 단지에 담아

| 아똘레

무덤에 함께 묻었다. 기원전 6세기 말, 오악사카Oaxaca 계곡의 사포텍Zapotec 인디언들은 카카오 씨앗과 올스파이스를 넣은 아똘레(참푸라도)를 마셨고, 16세기 스페인 정복자들이 이국적 향신료를 들여온 뒤에는 계피도 빠지지 않는 재료가 되었다. 오늘날 이 지역에서는 걸쭉한 초콜릿 음료인 참푸라도와 스페인에서 온 또 다른 선물인 달콤한 튀김 빵 츄러스를 아침식사로 먹는다.

죽이 농민들의 주식이라는 상식은 잘못된 편견인지도 모른다.

| 옥수수죽 만드는 아스텍 여자

죽을 먹으면 특히 남성의 경우 고소득자가 될 가능성이 커진다는 연구 결과가 나왔기 때문이다. 1969~1977년 사이에 태어난 과테말라 어린이들을 대상으로 한 30년 장기 연구 결과, 출생 이후 2년 동안 매일 아침 아똘레를 먹었던 남자아이들은 죽 대신 탈지유와 설탕을 먹은 비교 집단보다 성인이 된 뒤 46퍼센트나 높은 임금을 받았다.[9] 두 집단이 먹었던 아침식사에 포함된 미량의 다른 영양소는 똑같은 수준으로 맞췄기 때문에 이런 차이는 아똘레에 포함된 단백질과 탄수화물 때문이었던 것으로 분석되었다.

아메리카 원주민들은 수천 년 동안 옥수수를 다양하게 조리해 먹었고 그중에는 물론 죽도 있었다. '인디언 푸딩'이라고 불리던 옥수수죽은 이후 아메리카 정착민들의 아침식사가 되었다. 유럽인들은 처음에는 인디언 음식을 거부했지만 유럽 밀농사가 여러 차례 실패하고 나자 옥수수를 받아들일 수밖에 없었다. 신대륙의 토지와 기후에 맞게끔 밀이 개량되기까지 옥수수는 새로운 미국식 식단의 중심에 확고하게 자리 잡았다.

미국 북동부의 이로쿼이 인디언들에게 아침식사는 하루 중 유일하게 규칙적으로 먹는 식사였다. 그만큼 그들은 히코리 나무 열매와 고기를 넣은 옥수수죽, 호박과 설탕을 넣은 옥수수죽 등 다양한 요리법을 시도했다. 옥수숫가루는 이로쿼이족 남자들이 사냥을 떠날 때 챙겨가는 유일한 먹거리였다. 고운 옥수숫가루를 몇 숟가락 삼키고 물 한 모금을 마시면 따뜻한 위장 속에서 저절로 옥수수죽으로 변해 배를 든든하게 채워 주었다. 사냥꾼들은 굳이 가던 길을 멈춰 불을 피우고 요리하지 않아도 간단히 허기를 달랠 수 있었다.

뉴잉글랜드 지역 정착민들은 신대륙에 도착한 직후부터 샘프samp라는 옥수수죽을 먹었다. 17세기의 아메리카 원주민 언어학자인 로저 윌리엄스는 새로운 조리법까지 들먹이며 이 음식을 적극 권장했다. 이 음식은 "옥수수 알갱이를 으깨서 익힌 것으로 차게도, 뜨겁게도 먹을 수 있다. 버터와 우유를 넣으면 맹물에 끓인 인디언들의 음식보다 월등히 맛이 좋을 뿐 아니라 영국인들에게도 더할 나위 없이 좋은 건강식이 될 것이다."[10]라고 했다.

샘프와 비슷한 속성 푸딩hasty pudding은 곡물 가루에 우유나 물을 부어 되직하게 끓인 것이다. 저녁에 먹고 남은 속성 푸딩이 밤새 단단하게 굳으면, 케이크처럼 얇게 잘라 돼지기름에 튀긴 다음 당

| 그리츠

밀이나 메이플 시럽을 곁들여 아침으로 먹었다. 이는 메리 존슨 베일리 링컨Mary Johnson Bailey Lincoln이 1884년 펴낸 《존슨 부인의 보스턴 요리책》에 소개했던 요리법이다. 그녀는 어떤 옥수수죽이든 굳은 다음에는 기름에 튀기는 것이 좋다며 "베이컨과 함께 먹으면 맛있는 아침식사가 된다."고 강조했다.[11]

오래되어 딱딱해진 옥수수빵에 물을 붓고 끓여서 만든 옥수수죽도 있었다. 루이지애나 사람들이 아침식사로 먹는 쿠시쿠시cushcush는 남북전쟁 당시 남부 연합군의 주된 급식 메뉴였다. 아이러니하게도 이 음식은 바베이도스의 옥수수죽 '쿠쿠'에서 온 것으로, 아프리카 흑인 노예들에 의해 미국에 전해졌다. 오늘날에도 미국 사람들은 아침에 옥수수죽을 먹는다. 특히 남부에서는 굵게 빻은 옥수숫가루로 만든 죽, 그리츠를 먹는다. 그리츠와 프라이팬에 구운 햄, 햄을 구울 때 나온 기름으로 만든 그레이비소스, 그리고 커피로 이루어진 전통적인 아침식사는 미국 남부의 상징과도 같았다. 급기야 2002년 조지아 주 정부는 그리츠를 주의 대표 음식으로 공식 선정했다.

시리얼

따뜻한 곡물 죽은 수세기 동안 아침식사로 사랑받았다. 반면 차갑게 먹는 아침식사용 곡물인 '시리얼'은 1800년대 후반에야 개발되었다. 이 시기에는 도덕성에 기반한 건강 중시 풍조가 대유행하면서 아침식사에도 커다란 영향을 미쳤다. 이 같은 흐름의 첫 번째 주자는 클린 리빙 운동이다. 어떤 병이든 고친다는 건강증진센터가 탄생했고, 화학 첨가물을 넣지 않은 통곡물 섭취가 주목을 받았다. 클린 리빙 운동이 제안한 광범위한 생활 방식의 변화로 육류와 알코올, 카페인, 담배, 경우에 따라서는 섹스까지 멀리하는 이들이 생겨났다. 또 베이컨과 달걀, 시럽을 뿌린 팬케이크, 뜨거운 커피는 마스터베이션만큼이나 건강에 해롭다고 여겼다.

클린 리빙 운동의 여파로 두각을 나타낸 인물이 의사이자 수치요법水治療法 전문가인 실베스터 그레이엄Sylvester Graham이었다. 그는 아침 식단을 단순한 곡물 중심으로 대체할 것을 주장했다. 정제된 밀가루 섭취로 인한 위험성에 대해 특히 강경한 입장이었으며 배유胚乳만 사용하는 것이 아니라 밀을 통째로 사용하는 밀가루를 개발했다.

뉴욕 주에 있는 '아워 홈 온 더 힐사이드Our Home on the Hillside' 건강증진센터의 창립자인 제임스 케일럽 잭슨 박사는 센터에 제공하는 아침식사의 보조식품으로 그레이엄 밀가루(통밀가루), 귀리, 옥수숫가루로 만든 작은 혼합 곡물 비스킷을 제공했다. 자신이 뭔가 대단한 것을 발명했다는 사실을 깨달은 잭슨 박사는 이번에는 그레이엄 밀가루만으로 만든 웨이퍼를 잘게 부수어 독일의 츠비박 Zwieback처럼 한 번 더 구워 냈다. 그래뉼라Granula라는 이름이 붙은 이 비스킷은 너무 딱딱해서 하룻밤은 불려야 먹을 수 있었다. 그래서 일부에서는 '밀로 만든 돌덩이wheat rock'라고 부르기도 했다. 마침 당시 주부들은 이미 조리된 시리얼 제품을 강력하게 원했고, 이에 부응하여 잭슨 박사는 '식탁에서 바로 먹을 수 있는' 그래뉼라 제품을 1880년대부터 광고하기 시작했다. 당시 건강에 좋다고 하는 여러 식품 중에서도 그래뉼라는 질병 예방에 탁월하다는 소문이 퍼졌고 신문에서는 그래뉼라를 '최고의 건강식품'으로 치켜세웠다.[12]

같은 시기에 존 켈로그는 '플레이크형 시리얼과 그 제조 과정'[13]에 대한 특허를 출원했다. 재림교에서 운영하는 미시간 주의 배틀크리크 건강증진센터 원장이었던 그는 특허 출원에 앞서 치아가 부실한 사람들도(당시에는 이런 사람들이 많았다) 먹을 수 있도록 시리얼과 츠비박을 갈아서 시리얼 제품을 만드는 실험을 거듭했다. 1894년 마침내 존과 그의 동생 윌 켈로그는 플레이크형 시리얼을 개발하는 데 성공했고, 그 일로 훗날 유명인사가 되었다. 이것은 순전히 우연의 결과였다. 밀을 끓이던 냄비를 불에 올려 두고 깜박 잊어서 망치게 되자, 형제는 그냥 버리기 아깝다는 생각에 너무 익어서 곤죽이 된 밀을 강철 롤러에 통과시켰다. 롤러 밖으로 우수수 떨어진 것은 얇은 조각형 시리얼이었다. 켈로그 형제는 이 시리얼에 '그래노스 플레이크Granos Flakes'라는 이름을 붙여서 1895년부터 출시했다. 특허를 받은 직후 그래노스 플레이크는 50톤 이상 제조 판매되었는데, 대부분 우편 주문을 통한 것이었다.

다른 회사들과 경쟁이 시작되면서 켈로그 사는 옥수수에 집중했고, 1898년 구운 옥수수 시리얼 '새니타스 토스티드 콘플레이크Sanitas Toasted Corn Flakes'를 출시했다. 그런데 옥수수는 지방 함유량이 높아 산패酸敗되기 쉬웠다. 윌 켈로그는 맛과 판매량을 증대하기 위해 콘플레이크에 설탕을 첨가했다. 당시 형인 존 켈로그는 설탕이 고기보다 더 건강에 해로운 것이라고 생각했기에 격렬하게 반대했다. 하지만 설탕은 콘플레이크의 산패를 막는 보존제 역할은 물론, 제품의 유통 기간을 늘리는 데도 도움이 됐다. 아침식사 시장에 변화가 일기 시작했다.

제2차 세계대전 이후 식료품 배급제가 끝나면서 켈로그를 비롯한 시리얼 회사들은 새롭게 떠오른 소비층, 즉 어린이들의 입맛에

| 1918년, 한 어린이가 퍼프드 라이스(Puffed Rice) 시리얼을 먹고 있다. (미 의회 도서관 제공)

맞추어 제품에 더 많은 설탕을 첨가하기 시작했다. 마침 여성들이 노동시장에 진입하는 시기였다. 시리얼은 여전히 건강증진센터를 떠올리는 건강식의 이미지가 강한 데다 손놀림이 서툰 어린아이들도 쉽게 그릇에 부어 먹을 수 있다는 장점이 있었다. 덕분에 여성들은 아침식사 준비에서 해방되었다. 시리얼 회사들은 어린이 소비자를 직접 겨냥한 광고를 시작했다. 1940년대 말, 아침식사 시리

얼의 설탕 함유량이 너무 높아 더 이상은 도저히 건강식이라 부를 수 없는 지경이 되었지만, 이제 명백한 소비 주도층으로 자리 잡은 아이들은 대만족이었다.

1970년대 들어 설탕이 급증하는 각종 질병의 원인으로 지목되자, 대중들은 시리얼 회사들을 주시하게 되었다. 그리하여 1980년대 초 포스트 사의 '슈거 크리스프Sugar Crisp'는 '골든 크리스프Golden Crisp'로 이름을 바꾸었다. 켈로그 사의 유사 제품인 '슈거 스맥스Sugar Smacks'는 '허니 스맥스Honey Smacks'로, '슈거 팝스Sugar Pops'는 건강식처럼 들리는 이름인 '콘 팝스Corn Pops'로 이름이 교체되었다. 그 밖에 다른 시리얼 회사들도 건강에 좋지 않다는 이미지를 탈피하기 위해 제품 이름에서 '슈거'라는 말을 빼 버렸다. 이 같은 눈가림식 판매 전략은 영업적 측면에서 성공을 거두었을지 모르지만, 실제 설탕 함유량은 낮아지지 않았다.

1960~1970년 사이에 불어닥친 건강식 열풍으로 일부 건강에 좋은 시리얼이 다시 등장했다. 켈로그와 마찬가지로 클린 리빙 운동 지지자였던 스위스의 영양학자 비르허 벤너Maximillian Bircher-Benner는 버처 뮤즐리를 개발해 자신이 운영하는 취리히 건강증진센터의 아침식사로 제공했다. 버처 뮤즐리는 롤러로 납작하게 누른 생귀리에 견과류와 말린 과일을 섞은 것으로, 그의 아내가 알프스에 올랐을 때 먹은 요리에서 영감을 얻어 만들었다고 한다. 1880년대 후반에 켈로그 사의 대표 상품은 구워 부순 귀리와 밀 시리얼이었다. 여기에 뮤즐리처럼 말린 과일과 견과류를 첨가한 신제품이

출시되면서 그래놀라가 다시 대중적인 인기를 얻었다.

설탕 함유량이 높아 전반적으로 건강한 식품이라고 할 수는 없었지만, 시리얼은 어린이들에게 비타민, 무기질, 미량 영양소를 공급하는 핵심적 역할을 했다. 펠라그라나 구루병 같은 영양 결핍증은 수세대에 걸쳐 어린이들을 괴롭혀 왔기 때문이다. 그러자 1930년대에는 미의학협회AMA와 미식품의약국FDA이 나서서 니아신, 티아민, 아연, 리보플라빈 성분을 강화한 시리얼 제품의 생산을 장려하는 정책을 펼쳤다. 1940년대에는 비타민 D와 칼슘도 더해졌다. 그 결과 미국에서 펠라그라는 완전히 사라졌다. 오늘날 미국 어린이의 90퍼센트 이상이 아침식사로 시리얼을 먹는다.

빵

최근 밝혀진 바에 따르면 인간은 최소 1만 2000년 전부터, 그러니까 곡물 재배 이전부터 빵을 먹었다고 한다. 예술과 종교가 탄생하던 시기와 우연히 일치한다. 그러므로 빵의 역사는 인류의 역사만큼 오래됐다고 할 수 있다.[14]

고대 그리스에서는 모든 식사가 빵, 그리고 빵에 곁들이는 '그 밖의 것'으로 이루어졌다. 빈부와 상관없이 모두가 에머밀 빵이나 누룩을 넣지 않은 보리떡을 희석하지 않은 포도주 아크라티스 akratis에 적셔 먹었다. 부자들은 아르토스라는 에머밀 빵, 가난한 자

| 다양한 종류의 빵

들은 효모를 넣지 않은 보리떡 마자maza를 아침식사(아크라티스마)로 먹었다. 그리스 수사학자 아테나이오스Athenaeus는 호메로스가 《오디세이아》와 《일리아스》에서 아리스톤을 점심이 아닌 아침식사를 뜻하는 단어로 사용했다는 점을 지적했다. 반면 희극 작가인 안티파네스Antiphanes와 칸타로스Cantharus는 요리사와 노예가 아리스톤 준비를 마칠 때까지 허기를 달래기 위해 먹는 간식을 아크라티스마라고 보았다. 그러면서 아리스톤과 아크라티스마 두 단어를

혼용했거나 아침식사가 두 코스였을 수도 있다는 가능성을 제시했다.

갈로-로만 시대Gallo-Roman를 연구한 6세기 역사가 투르의 그레고리우스는 프랑스 농민과 노동자들이 매일 아침 포도주에 적신 빵을 먹는다고 기록했다. 순회 사제가 농부 집에서 아침식사로 빵을 대접 받으면 그 빵을 축복해 주었다는 기록도 있다. 축복 받은 빵을 한 조각 떼어 몸에 지니고 다니면, 다리를 건널 때 수레가 엎어지거나 소가 강물에 빠지는 일 같은 악마의 공격을 막을 수 있었다고 한다.[15]

18세기가 되면 버터 바른 빵이 일반적인 아침식사가 되었다. 굳이 아침식사를 할 필요가 없다고 생각하는 사람들도 버터 바른 빵은 먹곤 했다. 풍성한 식사를 하는 것은 신체적으로나 정신적으로 건강하지 못한 것으로 여겼다. 영국의 철학자이자 의사였던 존 로크는 1712년에 출간된 청년 교육에 관한 책《교육론Some Thoughts Concerning Education》에서 "제대로 만들어 구운 갈색 빵 한 조각이면 버터나 치즈를 곁들이든 곁들이지 않든 젊은이의 아침식사로 충분하다."고 주장했다. 프랜시스 베이컨의 추종자인 그는 양념이 진한 음식, 특히 염장 고기는 젊은이들에게 좋지 않다고 말했다.

빵을 토스트하면 보존성이 높아진다는 사실을 처음 알아낸 것은 로마인들이었다. 토스트toast라는 단어는 열에 그을리거나 말린다는 뜻의 라틴어 토스투스tostus에서 나왔다. 토스트 방법은 전 유럽에 퍼져 나가 영국에까지 이르렀고, 16세기 영국에서는 음료에 토스트 빵을 곁들이는 것이 유행했다. 건배할 때 '토스트'라고 외치는 것도 이때부터였다. 차가 대중적인 인기를 누렸던 18세기 영국에서 귀족들은 가벼운 아침식사로 토스트 빵을 자연스럽게 곁들였다. 유럽인들이 신대륙으로 이주할 때 토스트 빵도 함께 건너갔다. 신대륙에서는 토스트를 화덕이나 장작화로에 구웠는데, 이때 철제 토스트 꽂이를 사용하기도 했다.

1800년대 말 재림교에서는 채식주의가 유행하면서 토스트 빵, 특히 두 번 구운 바삭한 츠비박 토스트가 아침식사 음식으로 각광을 받았다. 토스트는 비교적 저렴한 가격에 쉽고 빠르게 영양을 공급해 줄 뿐더러, 다른 음식에 곁들이기도 좋았기 때문이다. 사실 딱딱해진 빵 위에 스튜나 죽 같은 음식을 올려 먹는 것은 그리 새로운 일이 아니었다. 식기가 발명되기 전인 중세 시대에는 딱딱해진 빵을 대접이나 접시 대신 두루 사용했다. 상류층에서는 위에 올린 음식만 먹고 빵은 개나 빈민들에게 던져 주었다.

츠비박은 재림교도를 비롯한 클린 리빙 운동 신봉자들에게 인기를 끌었다. 엘라 켈로그의 《일상의 음식과 할 일Every-day Dishes and Every-day Work》에는 렌틸 콩 스튜, 익힌 포도, 크림

| 츠비박

에 졸인 토마토 등을 얹은 다양한 토스트 요리법이 나와 있지만, 모든 토스트의 기본 재료는 츠비박이었다. 오늘날 미국에서 츠비박은 이가 나기 시작하는 아이들 간식으로 주로 소비된다. 하지만 이탈리아에서는 츠비박과 유사한 페테 비스코타테fette biscottate라는 빵이 가벼운 아침식사로 주로 식탁에 오른다. 두 번 구워 딱딱하고 달콤한 맛이 나는 페테 비스코타테는 잼과 버터를 발라 커피와 함께 먹는다.

아침식사의 고전이 된 또 다른 음식으로 밀크 토스트가 있다. 19세기부터 20세기 초까지 달콤하고 따뜻한 우유에 담근 토스트는 어린이를 위한 보편적인 아침식사 메뉴였다. 아이들을 위한 음식이 대부분 그렇듯, 밀크 토스트는 아침에 눈을 뜨면 으레 찾는 푸근한 음식이었다. 메리 프랜시스 케네디 피셔M.F.K. Fisher는 음식 전문 작가로 유명한데 밀크 토스트를 "순수한 에너지로 가득한 따뜻하고 부드러우며 푸근한 음식"이라고 극찬하면서 "현대 미식의 작은 기적"[16]이라고 평가했다.

◆ 프렌치 토스트

'프렌치 토스트'라는 명칭은 1660년에 출간된 로버트 메이Robert May의 요리책 《완전한 요리사, 혹은 요리법과 요리의 신비The Accomplist Cook, or the Art and Mystery of Cooking》에 처음으로 등장한다. 하지만 이 책에 소개된 프렌치 토스트는 지금처럼 부드럽고 기름진 토스트가 아니라 포도주에 담근 것이었다. 고대 그리스의 아크

| 로버트 메이의 《완전한 요리사, 혹은 요리법과 요리의 신비(The Accomplisht Cook, or the Art and Mystery of Cooking)》(1660)

라티스마나 14세기 요리책 《요리의 방식Forme of Cury》에 나오는 영국식 골든 솝(golden sops, 황금빛 빵)과 비슷했다. 달걀을 입힌 오늘날의 프렌치 토스트와 유사한 조리법은 본래 프랑스의 팽 페르뒤pain perdu처럼 후식용으로 고안된 것이었다.

14세기 독일의 아르메 리터(Arme Ritter, 가난한 기사라는 뜻)라는 음식의 조리법을 보면 프렌치 토스트라는 명칭이 사실 적절하지 않다. 아르메 리터는 단백질 공급을 달걀에 의존할 수밖에 없는 병사들을 위해 고안된 음식이었다. 제1차 세계대전 이전까지도 미국에서는 프렌치 토스트를 저먼 토스트German toast라고 불렀다. 1905년에 출간된 여성지에도 저먼 토스트는 '맛있는 아침식사 메뉴'로 소개되어 있다. 하지만 이후 채 5년도 지나지 않아 전쟁이 터지면서 프렌치 토스트라는 새로운 이름을 얻게 되는데 이는 독일과의 연관성을 끊어 버리기 위해서였다.

롤과 머핀

아침식탁에는 여러 종류의 작고 둥근 빵이 오른다. 이 가운데 잉글리시 머핀과 베이글, 비스킷은 그 자체로도 훌륭하고(보통 토스트해서 버터나 잼, 그 밖에 간단한 스프레드를 발라 먹는다), 다양한 재료를 올려 아침식사용 샌드위치를 만들기도 한다.

◆ 잉글리시 머핀

하하저 발효를 통해 신속하게 구워 내는 미국식 머핀과 달리 잉글리시 머핀은 이스트로 발효시켜 오븐 대신 뜨거운 번철에 굽는다. 영국에서는 잉글리시라는 말을 떼고 그냥 머핀이라 부른다. 조지 1세의 재위 기간(1714~1727)에 머핀은 영국에 막 보급되기 시작한 쇠스랑으로 구웠다. 흥미롭게도 당시에는 이 음식을 머핀이라고 부르지도 않았다. 새뮤얼 존슨의 1755년판 영어 사전에도 머핀이라는 단어가 등장하지 않는다. 그러나 동시대 인물인 찰스 디킨스는 자신이 발행하는 주간지 〈사시사철 All the Year Round〉 제4호에 '맛있는 빵 Dainty Bread'이라는 칼럼을 실으며 머핀을 언급했다. 같

| 잉글리시 머핀

은 시대의 문헌에 등장하는 머핀이 왜 영어 사전에는 누락됐는지 그 이유는 분명하지 않다.[17]

그러나 머핀이 아침식사용 빵이었다는 것은 분명한 사실이다. 1753년 새뮤얼 리처드슨Samule Richardson의 서간체 소설 《찰스 그랜디슨 경의 이야기The History of Sir Charles Grandison》에는 "나는 다른 사람들이 격식을 차리며 식탁에 앉기 전에 머핀 몇 개로 아침식사를 끝내 버린다."라는 구절이 나온다. 아침식사용 머핀이 미국 문헌에 등장하기 시작한 것은 19세기 초 잉글리시라는 수식어를 얻은 직후다. 그즈음 미국과 캐나다 사람들은 이미 영국식으로 머핀을 반으로 갈라 토스트한 뒤 버터를 발라 먹는 데 익숙해져 있었고, 이를 조그만 케이크 같은 미국식 머핀과 구분하기 시작했다. 1841년 일명 《뉴욕 먼슬리 매거진 New York Monthly Magazine》으로 알려진 월간지 《니커보커 The Knickerbocker》는 잉글리시 머핀을 '전분이 주는 최고의 즐거움'이라고 표현했다. 오늘날 잉글리시 머핀은 토스트해서 버터와 잼을 발라 먹거나, 달걀, 치즈, 햄 등을 끼운 샌드위치로 먹는다.

◆ 베이글

베이글은 뉴욕에 거주하는 유대인의 상징으로, 많은 이들에게 사랑을 받고 있다. 14세기경 독일인들이 고리 모양 빵인 프레첼을 폴란드 시장에 처음 소개했다. 그와 별개로 유대인 장인과 무역상들은 서구의 베이글과 프레첼을 폴란드 크라쿠프로 들여왔다. 그리고 몇백 년 후에는 역시 유대인들과 함께 베이글이 유럽에서 미국으로 건너갔다.

1890년대까지 베이글은 중동부 유럽 출신의 유대인들만 먹는 빵이었다. 본격적으로 유대인의 상징이 된 것은 북동부, 특히 뉴욕의 유대인 식료품점에서 인기를 끌면서였다. 비유대인 손님들도 베이글을 즐겨 먹었다. 훈제 연어와 크림치즈를 곁들인 베이글이 언제부터 아침식사 메뉴에 올랐는지는 분명하지 않다. 1954년 맥스 슐

먼 Max Shulman의 희극 〈다정한 덫Tender Trap〉의 아침식사 장면에서 베이글이 등장하긴 한다. 하지만 코네티컷의 작은 빵집에서 시작된 렌더스Lender's 사의 냉동 베이글이 미국 전역의 식료품점에 진열된 1960년대 이전까지 베이글이 언급된 문헌은 찾기 어렵다.[18]

렌더스 베이글 회사의 창업주 해리 렌더는 폴란드 출신의 유대인 제빵사다. 그는 전통적 베이글보다 더 달고 부드러운 미국식 베이글을 만들어 당시 공장에서 생산되는 흰 빵 제품에 익숙해 있던 비유대인들의 입맛을 사로잡았다. 렌더스 베이글은 중동부 유럽 출신 유대인들이 생각하는 진짜 베이글과는 달랐지만 그 덕분에 미국 대중에게는 환영받았다. 더욱이 소비자들은 진짜 베이글을 사기 위해 먼 거리를 이동하기보다는 동네 슈퍼마켓에서 구입하는 편을 택했다. 렌더스의 블루베리 베이글은 곧 유대인 전통 빵인 펌퍼니클(거친 호밀가루로 만든 어두운 색깔의 약간 시큼한 빵_옮긴이)의 자리를 대신했다. 1980년대 세계적인 식품회사 크래프트 푸드 사는 렌더스 냉동 베이글 사를 인수했

| 베이글과 크림치즈

다. 베이글이 자사의 필라델피아 크림치즈와 완벽한 궁합을 이뤄 줄 것이라는 기대 때문이었다.

◆ 비스킷 빵과 스콘

잉글리시 머핀이 그렇듯 비스킷도 어원이 복잡하다. 미국을 제외한 다른 지역에서 비스킷은 바삭한 과자를 뜻하지만, 미국 내에서는 스콘이나 스코틀랜드의 팔(farl, 귀리가루와 밀가루를 반죽해서 구운 삼각형의 얇은 케이크_옮긴이)와 비슷한 작고 둥근 발효 빵을 말한다. 두 번 구운 비스킷인 러스크는 바짝 마른 상태여서 보통 아침에 커피나 차에 적셔 먹는다. 미국식 비스킷은 따뜻할 때 버터와 잼 또는 꿀을 발라서 먹거나, 남부에서처럼 소시지와 우유를 넣은 그레이비소스를 곁들여 먹기도 한다. 스콘은 일반적으로 차와 곁들여 먹는다. 스코틀랜드 시인 로버트 번스Burns가 좋아했던 감자 스콘(실명 태티tattie)과 귀리 필은 오늘날에도 스코틀랜드식 아침 정찬이나 북아일랜드식 얼스터 프라이(Ulster fry, 얼스터 지방의 아침식사. 메뉴는 잉글리시 브렉퍼스트와 비슷하다_옮긴이)에 포함된다.

바삭한 쿠키나 크래커와 차별화되는 비스킷 빵은 19세기 초에 등장했다. 독립전쟁 이전까지 이스트는 비싸고 저장도 어려웠다. 반면 베이킹 소다나 탄산수소나트륨, 탄산칼륨 같은 화학 팽창제는 간혹 씁쓸하고 불쾌한 맛을 내기는 했지만 상대적으로 가격이 저렴했다. 또한 조리 시간을 단축해 준다는 장점 하나로 다른 온갖 단점을 덮을 수 있었다. 요리책 저술가이자 에티켓 전문가인 엘리

| 비스킷을 굽는 여인. 1939년 (미 의회 도서관 제공)

자 레슬리Eliza Leslie가 1837년에 출간한 《다양한 분야의 요리 지침서Directions for Cookery in its Various Branches》에는 여러 가지 비스킷 요리법이 소개되어 있다. 이 가운데 소다 비스킷은 오늘날의 미국식 비스킷과 아주 유사한 방법으로 만든다.

따뜻한 우유 1파인트에 버터 0.5파운드와 소다 한 티스푼을 넣고 잘 녹인다. 저으면서 설탕 0.5파운드를 조금씩 넣어 준다. 팬에 밀가루 2파운드를 체로 거른 다음 가운데를 파서 그 안에 우유 혼합물을 붓고 한데 섞어 반죽을 만든다. 반죽을 반죽판 위에 놓고 아주 부드러워질 때까지 힘껏 오랫동안 치댄다. 완성된 반죽을 밀대로 밀어 1.2센티미터 두께로 만든다. 포도주 잔이나 비슷한 지름의 커터를 이용해 반죽을 작은 원형으로 잘라낸 뒤 표면을 포크로 몇 번 찔러준다. 밀가루를 뿌린 양철 팬이나 얇은 무쇠 팬에 반죽을 옮겨 담은 뒤 오븐에 넣어 190~200도씨 정도의 높은 온도에서 밝은 갈색이 날 때까지 굽는다. 이렇게 완성된 비스킷은 오래 보존할 수 있다.[19]

오래 보존할 수 있다니 다행이다. 이 조리법을 그대로 따라가면 백 개 가까운 비스킷 빵이 만들어질 판이니 말이다.
남부의 대규모 농장 일꾼에게 아침식사는 하루 끼니 중 가장 중요했다. 소시지를 구우면서 생기는 육즙과 밀가루, 우유로 만드는 컨트리 또는 화이트 그레이비소스를 끼얹은 비스킷 빵은 미국 독립전쟁 이후 식량 공급이 부족했던 시기에 그나마 만들어 먹을 수 있는 음식이었다. 비스킷과 그레이비소스는 오늘날까지도 남부 요리의 상징으로 남아 있다.
그레이비소스를 곁들인 비스킷과 비슷한 것은 토스트 위에 잘게 저민 쇠고기와 크림소스를 얹은 것이다. 제2차 세계대전 이후 미군들은 이 음식을 'shit on a shingle(판자 조각 위에 올린 똥)', 혹은 줄여서 S.O.S.라고 불렀다. 음식 이름으로는 다소 거슬릴지 몰라도, 재향 군인들은 대부분 S.O.S.를 기분 좋은 추억의 음식으로 생각했다. 이 요리는 1930년대 이후 미국 동부 연안과 북동부 지역에서 아침식사 메뉴로 인기를 끌었다. 또 판자라는 표현이 잘 어울리는 토스트 대신 비스킷이나 잉글리시 머핀 위에 올려 먹는 경우도 종종 있다. 하지만 프랜차이즈 레스토랑에서 이 음식을 주문해 보면 크림소스를 그레이비소스로 대체한 경우가 많다.

비스킷 빵이 장기간 보존 가능하다고는 하지만 대부분의 가정주부들은 갓 구운 비스킷 빵을 선호했다. 그러나 반죽부터 직접 만들기는 너무 번거로웠다. 1930년 켄터키 주 루이스빌의 제빵사 라이블리 윌러비Lively Willoughby는 미리 만든 비스킷 반죽을 마분지 튜브에 넣어 냉장 보관하면 좋겠다는 생각을 했다. 반죽이 폭발해서 천장에 달라붙는 몇 차례의 시행착오가 있었지만 마침내 윌러비는 굽기만 하면 되는 반제품 비스킷을 개발하는 데 성공했다. 그는 자신의 아이디어를 발라드앤드발라드Ballard & Ballard라는 밀가루 회사에 팔았고, 이 회사는 20년 뒤 필스버리 사에 합병되었다. 오늘날 주부들은 비스킷을 편리하게 굽기 위해 시판되는 반죽을 구입해 쓴다. "베이컨을 굽거나 식탁을 차리는 동안 뚝딱! 바쁜 아침, 당신의 요리 솜씨와는 상관없이 토스트를 만드는 것보다 더 짧은 시간 안에 따끈한 비스킷을 구워 낼 수 있습니다."라는 1931년의 광고 문구는 지금도 유효하다.

샌드위치

잉글리시 머핀이나 비스킷, 때로는 베이글이나 크루아상 위에 스크램블 에그나 달걀 프라이, 절인 고기, 치즈 등을 얹어 먹는 샌드위치는 오늘날 간편한 아침식사 메뉴로 인기가 높다. 하지만 아침식사용 샌드위치는 탄생 초기에 다소 우여곡절을 겪었다. 빵, 달걀, 치즈, 훈제 고기 같은 샌드위치 재료들은 원래 아침식사 때 접시 하나에 모두 담겨 있던 것으로, 그것을 한데 차곡차곡 쌓을 생각은 수백 년 동안 아무도 하지 못했다. 심지어 샌드위치가 영국 식문화의 일부로 자리 잡고 난 뒤에도 미국에서는 여전히 재료를 쌓을 생각을 하지 못했다. 남북전쟁 이후, 훗날 아침용 샌드위치라 불리게 될 변형된 샌드위치가 미국의 지역음식으로 확고하게 자리 잡았는데, 개척자들이 서부로 이동하면서 먹었던 햄 달걀 샌드위치가 바로 그것이다. 물론 그들이 이 샌드위치를 아침에만 먹었던 것은 아니다. 진정한 의미의 아침용 샌드위치는 모드 쿡Maude C. Cooke이 1897년에 쓴 요리책 《아침, 점심, 저녁, 무엇을 먹고 어떻게 준비할 것인가Breakfast, Dinner, Supper, or What to Eat and How to Prepare it》[20]에 처음 등장한다.

아침용 샌드위치 오래된 빵을 활용한다. 자른 빵 두 조각 위에 각각 다진 고기를 얇게 펴 바른 다음 포갠다. 이렇게 만든 샌드위치를 반으로 잘라 접시에 담는다. 우유 1파인트에 달걀 한 개와 소금 약간을 넣고 잘 섞은 다음, 샌드위치 위에 붓고 잠시 기다린다. 팬에 버터를 한 티스푼 듬뿍 넣고 샌드위치를 굽는다. 한쪽이 갈색으로 구워지면 버터를 조금 더 넣고 반대쪽도 구워 준다.

안타깝게도 미국 이외의 지역에서는 모드 쿡의 몬테크리스토 스타일 핫 샌드위치처럼 거창한 샌드위치를 아침으로 먹는 경우는 거의 없다. 스칸디나비아와 기타 북유럽 사람들은 위에 빵을 덮지 않은 오픈 샌드위치를 먹는다. 스머르고스smörgås라고 부르는 이 샌드위치는 빵에 과일 잼이나 꿀, 헤이즐넛 초콜릿 버터, 리버우르스트(소의 간이 30퍼센트쯤 들어간 소시지_옮긴이) 같은 고기 스프레드 등을 바른 것이다. 햄이나 살라미 같은 얇게 썬 염지 육류와 치즈도 자주 사용된다. 프랑스인들은 바게트 빵에 버터와 잼을 발라 커피와 함께 먹는다. 이탈리아도 이와 비슷하지만 빵의 종류가 다르다. 그들은 바게트 대신 츠비박처럼 딱딱하고 약간 달콤한 페테 비스코타테나 롤의 일종인 파니노panino를 먹는다. 호주와 뉴질랜드에서는 이스트 추출물인 마마이트Marmite나 베지마이트Vegemite를 빵에 발라 먹는다. 중동과 유럽 남부의 아침식탁에는 갓 구운 납작한 빵과 요거트로 만든 라브네labneh라는 발라 먹는 크림치즈, 잘 부서지는 페타치즈, 올리브, 무화과, 오이 등이 오르는데 수천 년 동안 변함없이 그대로다.

패스트푸드 업계의 거인 맥도날드에서 에그 맥머핀이 출시된 1972년을 기점으로 세계인의 입맛은 미국식 아침 샌드위치에 길

| 스칸디나비아의 아침식사인 스머르고스(2011년) (크리에이티브 커먼즈 제공)

들여졌다. 비스킷 빵이나 잉글리시 머핀 위에 달걀, 슬라이스 치즈, 햄이나 소시지를 올린 샌드위치는 세계 어느 곳에서나 쉽게 맛볼 수 있었다. 중국인에게는 달걀이 꼭 아침에만 먹는 식품이 아니기 때문에 홍콩의 맥도날드에서는 에그 맥머핀을 하루 종일 판매한다.

　미국 남서부에서는 간편한 아침 메뉴로 샌드위치보다 부리토를 선호한다. 1977년 뉴멕시코 주 로즈웰에서 남쪽으로 40분 거리

에 있는 레이크 아서라
는 시골에서 놀라운 사
건이 벌어졌다. 남편의
아침식사로 부리토를
준비하던 주부 마리아
루비오가 토르티야의
검게 탄 부분에서 예수
의 얼굴을 발견한 것이

| 지미 딘 팬케이크&소시지 온 어 스틱

다. 마리아는 그것을 하느님의 계시로 받아들였다. 기적의 토르티야에 관한 소식은 곧 전국으로 퍼져 나갔고, 성스러운 부리토를 직접 확인하고 싶어 하는 수많은 사람들이 각지에서 몰려들었다. 마리아는 청소부 일을 접고 집 안에 '성스러운 토르티야 성소'를 차렸다. 얼마 뒤 성소를 뒷마당의 헛간으로 옮기자, 사막 지역의 높은 온도로 인해 토르티야의 신비로운 문양은 더 선명해졌다. 그러나 2005년 마리아의 손녀가 발표 수업을 위해 토르티야를 학교에 가져갔다가 실수로 떨어뜨려 박살을 내고 말았다. 결국 성스러운 토르티야 성소는 폐쇄되었고, 기적의 토르티야 조각들은 마리아의 서랍 속으로 들어가 버렸다.

21세기에 접어들어 새러 리 코퍼레이션the Sara Lee Coportaion이 팬케이크와 막대에 꽂힌 소시지라는 '지미 딘 팬케이크&소시지 온 어 스틱Jimmy Dean Pancakes & Sausage on a Stick'이라는 제품을 출시하면서 아침식사를 손에 들고 먹는 진풍경이 절정에 이른다. 이 제품은 소시지를 싸고 있는 팬케이크의 맛에 따라 오리지널, 인공향이 들어간 블루베리, 초콜릿칩 세 종류로 나뉘고, 막대에 꽂힌 핫도그와 막대가 없는 미니 핫도그 두 가지가 있었다. 정치 풍자가 존 스튜어트Jon Stewart는 자신이 진행하는 텔레비전 프로그램에서 "마침내 전통적인 초콜릿칩 팬케이크로 소시지를 감싸는 것도 모자라 편리한 막대에 꽂게 됐다."고 비꼬았다. 초콜릿칩맛 핫도그는 판매가 저조했고 몇 년 뒤 결국 사라졌다.

팬케이크와 와플

팬케이크는 소시지를 감싸거나 막대에 꽂힌 경우를 제외한다 해도 여전히 주요한 아침식사 음식이다. 고대 그리스인은 밀가루에 포도주와 응고된 우유를 넣고 반죽해서 올리브기름에 지져 낸 타게니테스tagenites를 꿀과 함께 아침식사로 먹었다.[21]

16세기 요리책 《훌륭한 주부를 위한 가정요리Good Huswifes Handmaide for the Kitchin》에는 매우 호사스러운 팬케이크 요리법이 소개되어 있다. "진한 크림 0.5리터에 달걀노른자 4~5개와 약간의 설탕과 밀가루를 넣고 잘 섞는다. 이때 맛을 더하려면 (당시 부의 과시 수단이었던) 생강과 계피를 첨가한다. 완성된 혼합물을 에일로 발효시킨 다음 팬에 브라운 버터(버터를 갈색빛이 날 때까지 중불에 끓인 소스_옮긴이)를 두르고 지져 내면 완성된다." 그로부터 이십 년 뒤인

1615년에 출간된 《영국 주부The English Huswife》라는 책에서 저자 게르바스 마컴Gervas Markham은 우유나 크림 대신 물을 사용하고, 달걀노른자를 두세 개만 넣은, 비교적 소박한 팬케이크를 선보였다. 메이스, 정향, 육두구 같은 향신료를 충분히 넣는 대신 설탕을 빼고, 먹기 직전 기호에 따라 '팬케이크 위에 설탕을 뿌리는' 것[22]이 이 요리법의 포인트였다. 마컴은 "구워 낸 팬케이크에 다시 우유나 크림을 섞을 수 있지만 질겨지고 맛이 과해질 뿐 아니라 바삭하지도 않고 맹물을 넣은 것처럼 감칠맛이나 기분 좋은 맛이 없다."[23]고 썼다. 이는 작자 미상의 《훌륭한 주부를 위한 가정요리》를 우회적으로 비판한 것이라 볼 수 있다. 음식 역사가인 켄 앨발라Ken Albala는 위의 두 가지 요법을 시험해 본 뒤 《팬케이크의 지구사Pancake: A Global History》에 "마컴의 팬케이크는 상당히 밋밋하고 부담스러운 맛"이라고 평했다. 그러면서 마컴의 요리법을 호사스러운 첫 번째 요리법과 혼용하면 오늘날의 팬케이크 같은 만족스러운 결과를 얻을 수 있다고 적었다.[24]

신대륙으로 이주한 영국인들이 쓴 초창기 미국의 요리책에는 다양한 팬케이크 요리법이 나와 있는데, 대부분 위에 소개된 것처럼 달걀과 유제품을 많이 넣고 밀가루는 조금만 넣어 반죽해서 아주 얇게 부쳐 내는 식이다. 역사 초기의 미국인들은 대부분 한나 글래스Hannah Glasse가 1747년에 쓴 《요리의 기술The Art of Cookery》을 통해 팬케이크 요리법을 배운 듯하다. 이 책에 소개된 팬케이크는 반죽에 밀가루를 충분히 넣어 '적당한 두께'로 구워 낸 것이다.[25] 진정한 미국 요리책의 효시라 할 수 있는 아멜리아 시몬스Amelia Simmons의《미국 요리American Cookery》제2판에도 몇 가지 팬케이크 요리법이 나와 있다. 그 가운데 연방 팬케이크Federal Pan Cake는 기존 요리책에 소개된 영국식 팬케이크와 그녀가 직접 개발한 옥수숫가루 부침, 일명 인디언 슬랩잭Indian Slapjacks을 결합한 것이다.[26]

물론 옥수숫가루로 만든 호케이크hoecake와 조니케이크johnny-cake는 유럽인들이 이주해 오기 훨씬 전부터 원주민들이 먹던 전통 음식이었다. 영국인들이 들어오기 전 대서양 연안에 거주하던 앨곤퀸족은 폰pone이라는 납작한 옥수수빵을 구워 먹었다. 옥수수빵은 아직도 남부에서 즐겨 먹는 음식이다. 이 지역에서는 목화 농장의 노동자들이 먹던 납작한 빵을 호케이크라고 불렀다. 호는 쟁기와 삽을 섞어 놓은 듯한 농기구로, 노동자들이 빵을 구울 때 번철 대신 사용해서 그 이름이 붙었다. 뉴잉글랜드의 조니케이크는 호케이크보다 묽은 반죽을 사용해서 두께가 좀 더 얇았다.

이들 옥수수 팬케이크는 옥수숫가루를 반죽하기보다는 이미 끓인 옥수수죽을 사용해 부쳐 낸다. 기록에 따르면 이 방법은 초기 정착 시대인 17세기부터 이용되었다. 그로부터 2백 년 뒤, 조니케이크는 노예 출신 흑인 요리사들이 잘 만드는 별미가 되었다. 아마도 흑인 노예들은 인디언 노예들로부터 조리법을 배웠을 것이다. 조지 워싱턴은 버지니아 주의 고향 마운트버논에 가면 아침식사로 버터와 꿀을 잔뜩 바른 옥수수 팬케이크를 세 장씩 먹었다고 한다.

19세기에는 버터밀크(버터를 만들고 남은 부산물에 유산균을 넣어 발효

| 포토맥 연방군 병사들이 천막 앞에서 호케이크를 만들고 있다. (AP 보도사진)

시킨 산성 우유_옮긴이) 팬케이크가 미국인들의 아침식탁에 자주 올랐다. 1870년 유명 여성지 《고디스 레이디스 북Godey's Lady's Book》에 실린 요리법을 모아서 출간한 새러 애니 프로스트Sarah Annie Frost의 《고디스 레이디스 북이 선정한 요리와 살림 비법Godey's Lady's Book Collection of Receipts and Household Hints》에는 아침식사용 버터밀크 팬

케이크의 요리법이 나와 있다. 프로스트가 소개한 방법은 달걀을 넣지 않는다는 점만 빼면 현대의 전형적인 팬케이크 조리법과 거의 비슷해서, 베이킹 소다와 버터밀크로 반죽을 발효시킨 다음 번철에서 구워 내는 식이다.

그 밖에 프로스트가 소개한 간단한 아침식사용 빵들 대부분은 만드는 방식이 오늘날과 놀랄 만큼 비슷하다.[27] 그녀는 반죽을 효모로 발효시키는 대신 간편한 산성 우유나 베이킹 소다를 사용해 바쁜 아침 시간을 절약하는 쪽을 택했다. 하지만 이 방법이 맛과 건강 면에서 모두 뒤떨어진다는 사실은 분명히 밝혔다.[28]

또 다른 전통적인 미국식 팬케이크인 블루베리 팬케이크는 북미에서 탄생했다. 블루베리의 한 품종인 뉴저지 블루베리는 미 동부의 뉴저지 주 특산물이다. 19세기 말까지 그 누구도 팬케이크에 블루베리를 넣을 생각을 하지 못했다는 것은 사실 좀 이상하다. 미국의 동화 작가 새리 친시 올시(Sarah Chaunsey Woolsey, 필명은 Sarah Coolidge)가 1879년에 출간한 《아이브라이트Eyebright》에는 동명의 소녀가 메인 주의 시골집을 방문해서 새로운 음식을 접하는 장면이 나온다.

플랩잭(flapjack, 두툼한 팬케이크)을 먹어본 분 있나요? 메인 주의 바닷가 마을에서 여름을 보낸 적이 없다면 아마 없을 거예요. 반죽에 블루베리를 섞어 청보라색이 날 때까지 휘저어서 구워 낸 이 기름진 팬케이크는 녹인 버터와 설탕을 듬뿍 뿌려서 먹지요. 메인 주가 아닌 다른 곳에서 이 팬케이크를 먹는다면 그 자리에서 죽지는 않더라도 소화가 안 돼서 고생할 거예요. 하지만 공기 좋은 메인 주 바닷가에서 먹으면 전혀 몸에 해롭지도 않고 맛도 최고지요. 아이브라이트도 똑같은 생각을 했어요. 아이브라이트는 블루베리 플랩잭이 너무 맛있어서 잔뜩 먹고는 스르르 단잠에 빠졌답니다. 나쁜 꿈도 꾸지 않고 편안히 잘 잤지요.[29]

블루베리 팬케이크는 곧 뉴잉글랜드를 벗어나 미국 전역으로 퍼져 나갔다. 오늘날 아침식사가 가능한 미국 식당에서 블루베리 팬케이크가 메뉴에 없는 경우는 거의 없다. 초기 요리법에는 아이브라이트가 먹었던 플랩잭과는 달리 블루베리가 터져서 반죽이 멍든 것 같은 색깔로 변하지 않도록 조심스럽게 섞으라고 되어 있다. 이러한 내용은 가정학의 선구자 마리아 팔로아Maria Parloa의 1894년 저서 《초보 주부를 위한 안내서Miss Parloa's Young Housekeeper》에 소개된 블루베리 팬케이크 요리법에 처음 등장한다.[30]

초기의 요리책들은 대부분 팬케이크와 와플을 함께 다루었다. 아침식사로 먹는 이 두 가지 케이크는 기름을 살짝 두른 팬에 반죽을 얇게 구워 내서 시럽이나 꿀을 뿌려 먹는다는 공통점이 있다. 그러나 와플은 평평한 일반 번철이 아니라 벌집 모양의 올록볼록한 철판에 굽기 때문에 팬케이크와는 전혀 다른 요리라는 것이 많은 전문가들의 생각이다.

14세기의 와플은 웨이퍼wafer와 더 비슷했다. 이름이 유사한 것

| 블루베리 팬케이크

도 그 때문이다. 당시의 와플은 발효시키지 않은 빵 반죽을 납작하게 구운 것으로 요즘의 푹신한 와플보다 훨씬 더 바삭바삭했다. 16세기 네덜란드에는 와플을 파는 노점이 많았는데, 노점 간에 약 2미터의 거리를 유지하도록 법으로 정해져 있었다. 와플은 귀족과 농민 모두에게 사랑받았다. 늘 그렇듯 가난한 사람들은 소박한 호밀 와플을, 부자들은 우유와 달걀을 넣어 맛을 더한 밀가루 와플을 먹었다.

와플이 네덜란드에서 미국으로 전해진 것은 1620년대의 일이다. 하지만 1725년 영국 궁정 요리사 로버트 스미스가 《왕실의 요리Court Cookery》를 펴내기 전까지 '와플'이라는 단어는 영어에 없었다. 이후 뉴욕에서 와플 열풍이 불었고, 1700년대 중반부터 1900년대 초반까지 와플 파티는 세련된 사교 모임의 한 형식이었다. 공교롭게도 와플이 대표적인 아침식사 메뉴로 자리 잡은 것도 바로 이 시기였다. 보통 와플은 달콤하고 맛있는 토핑을 얹어 먹었는데, 버터와 메이플 시럽, 꿀은 기본이고 심지어 영양이 풍부한 소 콩팥 스튜를 올릴 때도 있었다.

뉴욕 재즈 시대 초기의 연주자들은 달콤한 토핑과 영양 많은 토핑 중 하나를 선택하기보다는 둘 다 먹는 편을 택했다. 저녁을 먹기에는 너무 늦고, 아침을 먹기에는 너무 이른 시간에 재즈 공연을 끝낸 연주자들은 와플 위에 닭튀김을 올리고 메이플 시럽을 뿌려 먹었다. 일각에서는 닭튀김과 와플의 조합이 1938년 뉴욕 할렘가의 로스코Roscoe 레스토랑에서 처음 개발된 것이라고 주장하지만 19세기 말 필라델피아의 요리책과 문헌들에 이미 등장한다. 가정학자 새러 타이슨 헤스톤 로러Sarah Tyson Heston Rorer의 1886년 저서 《로러 부인의 필라델피아 요리책: 가정 경제 지침서Mrs. Rorer's Philadelphia Cook Book: A Manual of Home Economics》에서는 닭튀김과 와플을 저녁 메뉴로 소개했다. 하지만 그보다 3년 앞서 출간된 가정학자 에스텔 우즈 윌콕스Estelle Woods Wilcox의 《딕시 요리책Dixie Cook-Book》에는 똑같은 음식이 남부 여성을 위한 아침식사 메뉴로 나와 있다.[31]

아침용 케이크

팬케이크나 와플 반죽을 곧바로 팬에 쏟아 붓지 않고 양철 용기에 넣어 구우면 머핀이 되고, 빵틀에 부어 구우면 커피케이크가 된다. 반죽에 들어가는 재료는 거의 똑같은데 반죽의 농도와 굽는 시간만 다른 것이다. 19세기 중반 이후 요리책에서는 이들을 모두 아침식사 메뉴로 분류한다. 이전까지는 디저트나 과자류로 분류되던 아침식사용 케이크도 있다. 프로 주부 샬럿 메이슨Charlotte Mason이 1777년에 출간한 요리책 《짜임새 있는 식탁을 차리기 위한 프로 주부의 제언The Lady's Assistant for Regulating and Supplying Her Table》에는 아침식사용 케이크가 '평범한' 또는 '일반적인' 케이크와 함께 소개되어 있다.

평범한 아침시사용 케이크·밀가루 반 봉지에 버터 1.5파운드, 건포도 3파운드, 설탕 0.5파운드, 육두구 껍질, 계피, 육두구 혼합물 0.25온스, 소금 약간, 따뜻한 크림이나 우유 1.5파인트, 브랜

| 와플

디 0.25파인트, 달걀 5개, 효모 1파인트를 넣어 반죽한다. 잘 섞은 반죽을 적절한 온도로 높인 오븐에서 굽는다. 이 케이크는 3개월 동안 보관이 가능하다.[32]

비스킷 빵이나 이스트 발효 스콘과 비슷한 요리법이다. 브랜디가 반 컵이나 들어갔다고는 해도 3개월까지 보관할 수 있는지는 의문이다. 계피, 넛메그, 육두구를 넣는 것은 오늘날의 커피케이크 만드는 법과 비슷하다.

좀 더 절제된 케이크를 선호하는 사람들을 위해 1839년 작가이자 유명한 편집자인 새라 조세파 부엘 헤일Sarah Josepha Buell Hale은 《유능한 주부, 혹은 잘 먹고 잘 사는 법The Good Housekeeper, Or, The Way to Live Well and to Be Well While We Live》을 통해 또 다른 케이크 요리법을 선보였다. 그녀가 소개한 아침식사와 차를 위한 케이크는 메이슨의 케이크처럼 달지도, 술이 들어가지도 않고 오히려 오늘날의 머핀을 닮았다. 그러나 저자는 다음과 같은 경고를 덧붙였다.

한 가지 조언을 하자면, 갓 구운 따뜻한 케이크는 아예 먹지 않는 것이 좋다. 식은 빵이나 구운 빵이 건강에는 훨씬 좋다. 하지만 대부분의 사람들은 가끔은 따뜻한 빵을 먹고 싶어 한다. 그래서 나는 최대한 덜 해로운 방법을 제안하고자 한다. 식은 빵을 주로 먹되 따뜻한 케이크를 최소한으로 곁들인다면 그나마 건강에 덜 해로울 것이다.[33]

헤일은 이스트로 부풀린 케이크보다 산성 우유와 베이킹파우더를 이용한 자신의 아침식사용 케이크(메이슨의 케이크와 마찬가지로 오늘날의 케이크보다는 비스킷에 더 가까운)가 건강에 덜 해롭다고 했다.

타복스 콜브레이스M. Tabox Colbrath는 1882년에 출간된 《아침식사로 무엇을 먹을까What to Get for Breakfast》에서 보다 유익한 아침식사용 케이크인 이스트 윈드 케이크를 소개했다. 이 케이크는 통밀 밀가루로 만들었는데 섬유질이 풍부한 식품이 모두 그렇듯 통밀 밀가루도 배 속에 가스가 차게 하는 효과가 있어서 방귀를 자주 뀌게 된다. 이 문제에 대해 콜브레이스는 케이크 레시피를 소개하며 이런 단서를 붙였다. "이스트 윈드 케이크의 재료 때문에 걱정할 필요가 없다. 뜨거운 오븐이 그 얄궂은 문제를 해결해 주기 때문이다. 이 케이크는 위생적일 뿐더러 맛도 훌륭하다."[34]

커피케이크가 아침식탁에 오른 것은 19세기 후반부터였다. 시작은 헝가리의 어머니 걸루슈키arany galushka, 독일의 슈트로이젤쿠헨Streuselkuchen이나 카페쿠헨Kaffeekuchen 같은, 스트로이젤을 뿌린 유럽의 케이크에서 비롯되었다. 네덜란드의 온트베이트쿡ontbijtkoek은 커피케이크의 또 다른 변형이다. 호밀을 사용한다는 점에서 큰 차이가 있지만, 육두구 껍질, 계피, 육두구 같은 친숙한 향신료를 황설탕에 섞어 만든 스트로이젤을 뿌려 먹는다는 점에서 커피케이크와 유사하다.

네덜란드 북동부 끝에 있는 흐로닝엔에서는 '늙은 노파의 케이크oudewijvenkoek'라는 지역 특산품을 아침식사로 먹는다. 이 케이크는 아니스anise 씨앗으로 맛을 냈는데, 두툼하게 썰어서 버터를 발라 먹는다. 늙은 노파의 케이크라는 이름은 치아가 시원치 않은 노인들도 쉽게 먹을 수 있을 만큼 부드러운 식감에서 유래한 것이다.

페이스트리

지방 함량이 높고, 얇은 층이 겹겹이 포개진 페이스트리는 오래 전부터 소박한 빵을 대체해 온 호사스러운 음식이었다. 고대 이집트에 페이스트리의 요리법과 재료를 전해 준 것은 바빌로니아 출신의 제빵사들이었다. 하지만 크루아상 같은 달콤한 빵이 아침식사 메뉴가 된 것은 1800년대 중반 이후의 일이었다.

오늘날 프랑스인의 아침식탁에서 빼놓을 수 없는 크루아상은 19세기 중반에야 프랑스에 알려졌다. 1830년대 후반 오스트리아 포병 장교인 아우구스트 창August Zang은 파리에 불랑제리 비에누아즈(Boulangerie Viennoise, 비엔나 빵집)를 열고 13세기부터 먹던 오스트리아의 전통 빵 킵펠kipferl을 선보였다. 이후 이 빵이 인기를 모으자 프랑스 사람들은 초승달 모양을 닮았다는 이유에서 이름을 '크루아상'이라고 바꿔 불렀다. 1869년에는 크루아상이 프랑스인의 아침식탁에 당연히 올라야 하는 메뉴로 인식되었다. 1872년 영국의 주간지 〈사시사철〉에서 이 잡지의 발행인 찰스 디킨스는 오스트리아인들을 '완벽한 제빵사'로 칭송했다. 그가 꼽은 유럽의

| 불랑제리 베누아즈

훌륭한 아침식사용 빵 가운데는 '귀부인의 내실 탁자에 얌전하게 놓인 크루아상'도 포함됐다.[35] 그즈음 크루아상과 더불어 코코아와 커피도 하루를 시작하기 전 침실에 놓이는 메뉴가 되었다.

1915년, 덴마크의 제빵 장인 라우리츠 클리텡Lauritz Klitteng이 레쇠에 있던 자신의 빵집에서 만든 데니시 페이스트리를 우드로 윌슨 미국 대통령 결혼식에 보냈다. 2년 뒤 〈오클랜드 트리뷴Oakland Tribune〉 지에는 클리텡의 페이스트리를 취재한 우호적인 기사가 실렸다. '한 입 살짝 베어 문 순간, 저절로 눈이 돌아가면서 아! 하는 감탄사가 튀어나온다. 입안에서 발사된 로켓은 머릿속으로 사라지면서 복잡하게 꼬였던 영혼의 실타래를 스르르 풀어 주고, 아편 중독자의 환상처럼 한동안 그 자리를 떠나지 않는다. 다시 말해, 데니시 페이스트리는 기가 막힌 먹거리라고 할 수 있다.'[36]

이후 뉴욕의 빵집과 레스토랑들은 데니시 페이스트리를 속속 선

| 여러 종류의 데니시 페이스트리

보이기 시작했다. 페이스트리 속은 사과와 딸기 같은 과일이나 제빵사가 직접 만든 달콤한 치즈로 채워졌다. 1930년에 이르러서는 미국 전역의 레스토랑에서 데니시 페이스트리를 아침식사 메뉴에 포함시켰다.

도넛

고리 모양의 음식이나 기름에 튀긴 빵은 모두 오랜 역사를 갖고 있다. 아리스토파네스가 기록한 문헌에 따르면, 고대 그리스 사람들은 최소 기원전 5세기부터 밀가루와 꿀로 만든 고리 모양의 빵을 즐겨 먹었다고 한다. 디스피루스dispyrus라는 이름의 이 구운 빵은 말하자면 도넛의 선구자이다. 하지만 도넛과 커피의 만남이 이루어진 것은 약 2천 년 뒤의 일이었으므로, 안타깝게도 당시 고대 그리스인들은 도넛을 커피 대신 와인에 찍어 먹어야 했다.

튀긴 빵은 아시아 전역의 아침식사 메뉴로, 대개 콘지라는 죽에 곁들여 먹었다. 달지 않은 튀긴 빵 유탸오油條는 11세기 중국 송나라 때부터 먹던 음식이다. 대만에서는 달콤한 연유와 커피를 곁들인 쫄깃한 유탸오가 직장인의 보편적 아침식사이다. 유탸오는 광둥어로 '기름에 튀긴 악마'라는 뜻이다. 송나라의 뛰어난 장수 악비를 독살한 재상 진회를 노골적으로 비난하는 의미에서 붙여진 이름으로 알려져 있다. 기다란 반죽 두 가닥이 가운데에서 합쳐지는 모양은 진회가 사악했던 부인과 섹스하는 모습을 형상화한 것이라고 한다. 따라서 이 반죽을 튀겨 먹는다는 것은 진회 부부에 대한 상징적인 응징이라고 할 수 있다.

초기 게르만족은 10~11세기에 이미 튀긴 빵에 정통했다. '올리볼렌(기름공)'이라는 이름의 이 빵은 여신 페르히타가 내리는 벌을 피하기 위해 먹었다. 페르히타는 잔인하고 특이했다. 동지 축제

| 냄비에 가득한 올리볼렌

2 아침식사, 무엇을 어떻게 먹었을까?

기간, 즉 성탄과 새해 사이의 열이틀 중 마지막 날은 여신이 오는 날이다. 이날 누구든 그녀가 좋아하는 생선죽(지역에 따라 걸쭉하게 졸여 만두로 만들어 먹기도 함) 이외의 음식을 먹으면 페르히타가 그 사람의 배를 가르고 지푸라기와 벽돌을 가득 채운 뒤 꿰매 버리는 벌을 내린다고 한다. 하지만 기름진 올리볼렌을 먹으면 페르히타의 칼날이 배에 낀 기름기에 미끄러져 벌을 피할 수 있다고 믿었다.

1850년 무렵 도넛은 새러 애니 프로스트Sarah Annie Frost의 《고디스 레이디스 북이 선정한 요리와 살림 비법Godey's Lady's Book Collection of Receipts and Household Hints》에서처럼 '기름에 튀긴 아침용 케이크'라는 이름을 달고 아침식탁에 오르기 시작했다.[37] 프로스트가 소개한 도넛은 기름에 튀긴 아침용 케이크보다 조금 더 달긴 하지만 요리법 자체는 거의 똑같았다. 프로스트의 '올드 패션드 도넛'은 베이킹 소다 대신 이스트를 사용한 것이었다. 그러나 오늘날 도넛 가게에서 파는 올드 패션드 도넛은 이스트로 발효한 것이 아니라 케이크 같은 질감을 가진 것이다.[38]

미국 도넛 조리법이 처음 출판된 지 백 년이 지난 후 미남 배우 클라크 게이블이 1934년에 개봉한 영화 〈어느 날 밤에 생긴 일It Happened One Night〉에서 도넛을 커피에 적셔 먹는 모습을 보여 주었다. 아침식사를 대표하는 두 가지 메뉴, 즉 커피와 도넛을 동시에 즐길 수 있는 이 방법은 이후 하나의 관습이 되었다. 3년 뒤 크리스피 사가 노스캐롤라이나 주 윈스턴세일럼에 플래그십 도넛 가게를 열었다. 1950년에는 던킨 도넛Dunkin' Donuts의 프랜차이즈 1호점이 매사추세츠 주 퀸시에 생겼다. 사실 던킨 도넛은 도넛 프랜차이즈인 크리스피 크림이나 캐나다의 팀 호턴스보다는 커피 프랜차이즈의 거두인 스타벅스와 경쟁자라고 할 수 있다. 매출의 절반 이상이 도넛이 아닌 커피에서 나오기 때문이다. 하지만 1980년대 '도넛을 먹을 시간!'이라는 광고가 대대적으로 성공하는 바람에 던킨은 앞으로도 많은 미국인들에게 '도넛 가게'로 인식될 것이다.

2
Around the World in a Meal

가볍게 아침을 여는 유제품

인류는 신석기 시대 초기부터 유제품을 먹었다. 유제품은 서남아시아에서 인도로 전해졌는데 14세기 중국의 명 왕조는 야만인 몽골인들과 거리를 두기 위해 유제품을 기피하였다. 문화적 차이와는 별개로 다수의 동아시아인들, 성인의 대략 60~70퍼센트는 생우유를 소화시키지 못한다. 오랫동안 유제품을 접하면서 인체가 적응하거나 유전자 돌연변이가 있어야 젖당 처리가 가능해질 뿐이다. 살아 있는 배양균으로 유제품을 발효시키는 것도 이 문제를 완화시킬 수 있는 한 가지 방법이다.

요구르트

요구르트는 소, 양, 염소, 야크, 낙타, 버펄로 등의 젖을 발효시켜

| 터키 여성과 소년이 신년 축제에서 요구르트와 쌀죽을 팔고 있다. 1865~1872년경 (미 의회 도서관 제공)

만드는데 그 역사가 8천여 년 전으로 거슬러 올라간다. 많은 학자들은 최초의 발효 유제품이 동물 젖을 염소 가죽 자루에 담아 옮기는 과정에서 우연히 만들어졌을 거라고 추정한다. 염소 가죽 자루에 살아 있던 야생 박테리아 때문에 젖이 발효되면서 응고된 것이 바로 요구르트였다.

베다 산스크리트 문헌에 따르면 기원전 500년경 이미 인도에서는 꿀을 넣은 요구르트가 감로甘露 또는 암브로시아 같은 '신들의 음식'으로 알려져 있었다고 한다. 로마의 대大 플리니우스는 다음과 같은 기록을 남겼다.

> 동물 젖을 먹는 야만 국가들이 그토록 오랫동안 치즈의 이점에 무지하고 그 중요성을 깨닫지 못했다는 사실은 놀랍기 그지없다. 그들은 동물의 젖을 응고시켜서 향기로운 풍미를 지닌 톡 쏘는 맛의 유제품으로 변형시키는 방법을 알고 있었는데 말이다.[39]

'요구르트'라는 단어의 최초 기록은 11세기 초반 터키(훗날 오스만 제국이 됨) 출신 학자들이 쓴 중세 이슬람 문헌에서 찾아볼 수 있다. 16세기 프랑스 왕 프랑수아 1세는 심한 설사병으로 몸이 쇠약해졌을 때 오스만 제국의 의사가 처방해 준 양젖 요구르트로 기운을 차릴 수 있었다. 이후 프랑수아 1세는 요구르트를 '영원한 생명의 젖'이라며 칭송했다.

미국에서 대형 시리얼 회사들이 건강식품 열풍을 불러일으켰던 19세기 말, 노벨상을 수상한 러시아의 생물학자 일리야 메치니코프는 젖산이 인체에 미치는 유익한 효과를 밝혀냄으로써 이 분야 연구에 큰 공을 세웠다. 그는 불가리아에서 장수하는 노인들의 식단을 장기 관찰한 결과 젖산 발효 식품을 규칙적으로 섭취하면 수명이 늘어난다고 주장하며 '시큼한 산성유'를 매일 마셨다. 뒤이어 존 켈로그도 요구르트의 효능을 적극 지지했다. 그는 배틀크리

| 라브네

크 건강증진센터 회원들에게 아침에 일어나자마자 제일 먼저 요구르트를 마시게 하고, 한 시간 뒤에는 '다른 방식으로' 요구르트를 섭취하게 했다. 그는 "요구르트로 관장을 하면 치료 효과가 신속하게 나타난다."고 주장했다.[40]

    1916년, 메치니코프가 71세의 나이로 사망한 뒤 일부 학자들이 요구르트의 장수 효과에 의문을 제기하기도 했지만 소화와 장에 효과가 있다는 생각은 여전했다. 또 건강증진센터에 열광하는 광신도들 사이에서는 프로바이오틱스(인체에 이로운 미생물 또는 그 성분_옮긴이)가 이미 크게 유행하고 있었다. 미국 내 요구르트의 인기는 1930~1940년대 매사추세츠 주의 콜롬보 앤드 선스 크리머리 사와 뉴욕의 다농 사가 요구르트 제품을 대량 생산하기 시작하면서 급격히 치솟았다. 1947년 다농 사는 1인용 딸기 요구르트 컵 제품을 생산하며 '바닥에 과일이 든' 요구르트라는 개념을 처음 소개했다.

많은 문화권에서는 요구르트를 만들 때 24시간 동안 여과하는 과정을 거친다. 이렇게 하면 유청이 어느 정도 제거되어 보다 진한 농도의 요구르트를 얻을 수 있다. 미국에서는 이렇게 만든 요구르트를 그리스식 요구르트라고 부른다. 그리스식 요구르트 단계를 지나 다시 24시간 동안 여과하면 라브네labneh라는 요구르트 치즈가 만들어진다. 라브네는 공처럼 둥글게 뭉쳐서 살짝 말린 뒤 올리브유에 담아 저장한다. 수천 년 전부터 중동, 북아프리카, 레반트 지역의 아침식탁에서 단백질 공급원 역할을 해온 라브네는 주로 빵과 올리브, 오이, 무화과, 대추야자 등에 곁들여 먹는다.

치즈

기원전 4500년경, 신석기 이주민들이 비옥한 초승달 지역에서 중동, 유럽, 인도로 이주하면서 유제품 제조법도 함께 전파되었다. 이들 초기 농민들이 가는 곳마다 어김없이 치즈 제조 기술도 전해졌다. 창세기가 쓰인 기원전 5~6세기 무렵에는 메소포타미아 전체에 치즈 제조법이 알려졌고 당연히 유당 저항력도 생겼다.

고대 로마의 풍자시인 마르티알리스와 철학자 대大 플리니우스가 살던 1세기에는 이탈리아 리구리아와 아브루초 지역(각각 현재의 이탈리아 리구리아와 아브루초 부근 지역)에서 만든 훈제 염소젖 치즈를 아침식사 때 먹었다. 마르티알리스는 《에피그램집Epigrams》 제13권

| 치즈 만드는 사람들

에서 디아나 여신을 상징하는 달 문양이 새겨진 루나 치즈를 "노예들에게 1,000번을 줘도 마다하지 않을 것이다."라고 적었다. 또 베스티니 치즈에 대해서는 "아침에 고기 없이 경제적으로 허기를 채우길 원할 때 적합한 치즈"라고 평가했다.

양과 염소의 젖을 숙성시키지 않고 만든 반고체 상태의 할루미halloumi 치즈는 비잔틴 시대 이래 키프로스의 특산품이다. 레반트 전역 사람들은 구운 할루미 치즈를 납작한 빵 위에 얹고 꿀을 듬뿍 끼얹어서 아침식사로 먹었다. 아랍 사람들은 할루미 치즈에 올리브와 자타르(오레가노, 바질, 타임, 참깨, 소금을 섞은 것)를 곁들여 먹는 것을 즐긴다. 초창기 치즈가 메소포타미아 문명과 더불어 발전할 즈음, 켈트족은 자신들만의 치즈를 만들어 그 제조 기술을 유럽 전역에 전파했다. 로마가 유럽 정복에 나선 1세기 무렵, 소젖으로 만든 켈트족 치즈는 이미 프랑스, 벨기에, 스위스, 발칸 반도 등에 퍼져 있었고, 정복에 성공한 로마에도 수입되었다.

16세기 들어 치즈는, 적어도 문헌상으로는 대중에게 급속도로 퍼져 나갔다. 이 시기는 아침식사에 대한 영국인들의 부정적인 생각이 줄어들기 시작하던 때였다. 1700년대에는 아침식탁에 치즈와 빵이 오르는 것이 흔한 풍경이었다. 1622년 영국 시인 헨리 피첨Peacham은 《완벽한 신사The Compleat Gentleman》라는 책에서 "아침으로 갈색 빵과 곰팡이 핀 치즈, 또는 그보다 열 배는 못한 아이리시 버터를 먹는" 천박한 스파르타인에 대해 언급하고 있다.[41]

오늘날 유럽의 아침식탁에서 치즈와 염지 육류, 빵은 반드시 올라야 하는 필수 메뉴다. 독일에는 아침식사 때 프뤼슈틱케제(Fruhstuckkäse, 아침식사용 치즈)라는 다소 강한 향의 치즈를 먹는 독특한 전통이 있다. 이 치즈를 식초에 절였다가 양파를 얹어 내는 한트케제 미트 무지크Handkäse mit Musik는 독일 남서부 헤센의 오덴발트Odenwald에서 최소한 4백 년 전부터 먹었던 음식이다. 이 치즈는 향이 강렬하기로 유명한 벨기에 림버거Limburger 치즈의 친척뻘이다.

이름에서 '한트케제'는 손으로 모양을 잡은 치즈라는 뜻이고, '무지크'는 이 치즈를 먹고 나면 음악이 저절로 뒤따라오게 된다는 의미로 붙인 이름이라고 한다.

19세기 미국에서도 치즈를 달걀과 함께 먹는 경우가 간혹 있었지만 유럽처럼 일반화되지는 못했다. 아침식사로는 배변 활동에 좋은 음식을 먹어야 한다는 클린 리빙 운동이 한 가지 원인이기도 했다. 1899년 웨슬리 병원 바자위원회가 엮은 《신세기 요리책The New Century Cook Book》에는 아침식사용 치즈 퐁듀라는 흥미로운 요리가 실려 있다.[42] 요리법 자체는 그렇게 특이하다고 볼 수 없었다. 웰시 레어빗(녹인 치즈에 후추, 머스터드, 파프리카 가루 등을 섞어 구운 빵 위에 얹은 요리_옮긴이)이라는 일종의 치즈 토스트와 이름만 다를 뿐이었다. 당시 레어빗의 다양한 요리법을 소개한 요리책들이 있긴 했지만 아침식사 메뉴로 소개한 요리책은 단 한 권도 없었다. 그 이유는 이해하기 힘들다. '골든 벅'이라는 요리는 웰시 레어빗에 쓰는 치즈 소스를 토스트에 얹고 그 위에 아침식사에 잘 어울리는 수란을 올린 것이다. 하지만 이 요리 또한 아침식사용은 아니었다. 더 심한 경우로 요크셔 레어빗은 치즈 소스에 베이컨과 달걀을 얹은 요리인데도 저녁 때 주로 먹었다. 그나마 간소화된 레어빗이라고 할 수 있는 치즈 토스트는 오늘날 미국과 영국 사람들이 바쁜 아침 시간에 먹는 메뉴로 널리 알려져 있다.

생치즈

북유럽과 북미에서는 갓 만들어 가벼운 맛이 나는 '신선한' 치즈를 아침에 먹는다. 이런 치즈는 둥글고 납작한 케이크 모양이나 수레바퀴 모양으로 압착해서 숙성시키지 않았기 때문에 용기나 단지에 담아서 냉장 보관해야 한다. 유럽의 크바르크(러시아의 츠보르크에서 유래했다)는 산화된 우유를 가열해 부드러운 반고체 상태가 되면 체에 받쳐 물기를 빼서 만든다. 이 치즈는 질감이 약간 되직한 사워크림 같아서 딱딱한 빵에 발라 먹기 좋다. 실제로 아침식사 때 이런 식으로 크바르크를 먹는 경우가 흔하다. 또 유럽에서는 미국의 요구르트 파르페처럼 크바르크에 뮤즐리나 과일을 섞어 먹기도 한다.

코티지치즈는 과일(보통 파인애플이나 복숭아 통조림)과 함께 먹기도 하고, 토마토를 곁들이거나 소금과 후추를 뿌려 토스트에 올려 먹기도 한다. 코티지치즈를 먹는 방식은 개인 취향에 따라 달라진다. 대부분의 사람들은 자기만의 방식을 고집하고 다른 방식은 꺼리는 듯하다. 오늘날 코티지치즈를 다른 음식을 곁들이지 않고 그 자체만 먹는 사람은 거의 없다. 그러나 16세기 의사이자 곤충학자였던 토머스 모펫이 독거미를 무서워하는 자신의 어린 딸을 위해 지은 동시 〈리틀 미스 머펫Little Miss Muffet〉에는 치즈 그 자체만 먹는 어린아이가 등장한다.

코티지치즈가 티타임이나 저녁식사에 곁들이는 보조음식에 국한

되지 않고, 건강한 아침식사 메뉴로 부각되기 시작한 것은 1800년대 후반의 일이다. 미국의 요리책 저술가 메리언 할런드Marion Harland는 1875년에 출간된《아침, 점심, 그리고 티타임Breakfast, Luncheon and Tea》에서 "코티지치즈에 버터와 달콤한 크림을 약간 넣은 뒤 덩어리가 없어질 때까지 충분히 휘저으면 유명한 영국식 크림치즈가 간단하게 완성된다."고 말했다. 이전까지 알려진 크림치즈 제조법은 좀 더 복잡했다. 갓 짠 우유와 크림에 약간의 레넷(응유효소제)과 소금을 넣어 잘 섞은 뒤, 면보에 넣고 무거운 것으로 꾹 눌러 적당히 굳을 때까지 유청을 제거한다. 크림치즈는 흔히 영국 중동부 해안의 링컨셔 주 뉴포트를 대표하는 식품으로 알려져 있지만, 최초의 조리법은 스코틀랜드에서 나왔다.

크림치즈를 만드는 방법은 또 있었다. 황소나 젖소의 오줌보에 신선한 크림을 채워 3주 동안 창고에 매달아 두면 유청이 빠져 나가고 고체의 커드만 남았다. 불쾌한 지린내를 없애기 위해 부드러운 외피는 긁어내고 나머지 부분을 용기에 담아 모양을 잡거나 단지에 넣어 보관했다. 1700년대 중반, 로버트 맥스웰Robert Maxwell이라는 농부는 이렇게 만든 치즈에 대해 "처음에는 치즈 맛이 나는 버터를 먹는 듯한 느낌일 것"이라고 설명했다.[43]

1840년대 미국 사람들은 이미 크림치즈를 즐겨 먹었다. 이 무렵 품질 좋은 크림치즈로 명성을 얻은 것은 링컨셔가 아닌 필라델피아 크림치즈였다. 미국에서 출간된 수많은 요리책에는 짧은 유통기한에 대한 아쉬움과 크림치즈의 장점에 대한 극찬이 쏟아졌다.

| 상업화되어 시중에서 판매되는 다양한 치즈

그로부터 30년이 지난 1872년, 낙농업자 윌리엄 로렌스William Lawrence는 최초로 상업화된 크림치즈 제품을 출시했다. 공장은 뉴욕주 체스터에 있었지만, 그는 1880년 이 제품의 이름을 필라델피아 크림치즈로 정했다. 필라델피아의 악명 높은 미식가들 덕을 보려는 전략이었다. 1903년 로렌스는 상표권을 피닉스 치즈 컴퍼니에 팔았고, 이 회사는 25년 뒤 크래프트 치즈 컴퍼니에 합병되었다.[44] 현재까지 필라델피아 크림치즈의 상표권을 보유하고 있는 크래프트 사는 전 세계 크림치즈 시장을 지배하고 있다.

현대 아침식탁에서 크림치즈는 베이글에 발라 먹기 가장 좋은 식품으로 알려져 있다. 크래프트 사도 '빵에 버터 대신 필라델피아

크림치즈를 발라 먹자'는 광고를 꾸준히 내보내고 있다. 사실 크림치즈는 빵에 발라 먹는 것 외에 다른 용도는 별로 없다. 그러나 베이글에 가장 어울리는 파트너란 특징만으로도 크림치즈는 아침식사용 음식으로 충분히 분류될 수 있다. 1950년대 이후 '뉴욕 스타일 아침식사'는 곧 훈제 연어와 크림치즈를 얹은 베이글을 가리킨다.

3
Around the World in a Meal

달걀의 무한 변신

조류의 알은 선사시대 이래 인류의 주요한 에너지 원천이었다. 새 둥지에서 알을 훔치는 것은 위험천만한 일이었지만, 단백질을 얻을 수 있다는 점에서 그만한 가치가 있었다. 중세 시대에 빵을 제외하면 알만큼 중요한 식품은 없었다. 13세기 이탈리아 의사 알데브란디노 다 시에나 Aldebrandino da Siena는 《몸을 위한 식이요법 Le Regime du Corps》이라는 책에서 조류 알 중에서도 가장 유익한 것은 닭이나 자고새의 알이라고 했다. 이유는 영양이 풍부할 뿐 아니라 피를 맑게 해 주고, 인간의 몸에 가장 적합해서였다. 그다음으로 유익한 알은 영양가가 조금 떨어지는 오리알과 영양가는 좋지만 크고 무거운 거위알이었다. 달걀 크기의 스무 배가 넘는 타조알은 거위알보다 더 안 좋았다. 가장 나쁜 알은 공작새 알로 "무겁고 악취를 풍기며 독성이 있는 해로운 체액을 생성하기 때문"이라고 알데브란디노는 주장했다.[45]

달걀 요리법은 15~16세기에 눈부시게 발전했다. 르네상스 시대 유럽의 평민들이 고기를 먹는 것은 쉬운 일이 아니었지만, 달걀은 가진 땅이 얼마 없어도 매일 얻을 수 있었다. 1500년대 중반에는 금육 기간에도 달걀이 허용되었다. 17세기에 출간된 프랑스와 이탈리아 요리책에는 100가지가 넘는 달걀 요리법이 나와 있다.

19세기 미국에서는 오늘날과 마찬가지로 다양한 방식으로 조리한 달걀을 다른 음식과 함께 먹었다. 달걀은 당시 먹거리 중에서 드물게 저렴하면서도 세련된 것이었다. 요리책 저술가 메리언 할런드는 이러한 특성을 지닌 달걀에 대해 다음과 같이 칭송했다. "달걀은 '우아하면서 소박'하다. 미국 주부들이 이런 달걀의 장점에 확신을 가진다면 나는 그들에게 희망을 가질 수 있을 것 같다."[46] 덧붙여 할런드는 "영양이 풍부하고 대중적인 달걀은 결코 천박하거나 보기 흉한 식재료가 아니다(물론 날 밀가루를 넣은 두툼한 오믈렛이나 기름 범벅인 달걀 프라이는 예외)."라고 주장했다.[47]

반면 영국에서는 제1차 세계대전이 끝날 때까지 달걀이 아침식사의 주요 메뉴가 되지 못했다. 하인들이 넘쳐 나던 에드워드-빅토리아 왕조 시대에는 식재료가 저렴해서 달걀은 양 콩팥 찜이나 송아지 푸딩 같은 고기 요리에 밀려 별 관심을 얻지 못했다. 하지만 전쟁이 끝나자 요리사와 식재료를 구하기가 힘들어졌고, 마침내 달걀은 쉽게 구할 수 있고, 저렴하며, 조리가 간단하다는 이유로 아침용 식재료로 인정받았다. 그래도 끝내 르네상스 시대의 명예로운 지위를 되찾지는 못했다.

삶은 달걀

껍질째 삶는 것은 가장 단순한 달걀 조리법이다. 물과 약간의 요령만 있으면 다른 재료도 필요 없다. 완숙 달걀은 최초의 간편식 중 하나로, 장기 보관이 가능하고 갖고 다니기도 쉽다. 미 농림부는 완숙 달걀을 조리 즉시 냉장 보관하고 일주일 내에 섭취할 것을 권고하지만, 이는 보편적인 관습이 아니다. 오히려 달걀을 삶으면 저장 기간이 늘어난다고 오래전부터 믿어 왔기 때문이다. 1838년 영국 농학자 월터 딕슨Walter B. Dickson은 다음과 같이 말했다.

달걀을 보관하는 또 다른 방법은 닭이 알을 낳자마자 끓는 물에 익히는 것이다. 꺼낸 달걀에는 붉은 잉크로 날짜를 쓰고 서늘한 곳에 놓아두라. 그러면 몇 달 동안도 보관이 가능하다. 하지만 서너 달이 시나고 나면 내막이 딱딱해지고 풍미를 잃게 된다.[48]

삶은 달걀을 4개월 내에 먹어야 하는 이유는 상하기 때문이 아니라 맛이 떨어져서였다. 덧붙여 딕슨은 암탉이 달걀을 낳자마자 바로 삶으면 "미식가들도 갓 낳은 달걀로 오해할 만큼 오랫동안 맛이 그대로 유지된다."고 적었다.

달걀을 흰자만 살짝 굳고 노른자는 액체 상태 그대로 익히는 것을 반숙이라고 한다. 반숙을 쉽게 하려면 깨지 않은 달걀을 끓는 물에 넣고 불을 꺼 남은 열기로 달걀을 익히면 된다. 원래 반숙은

| 삶은 달걀

달걀을 풀어서 버터를 섞은 뜨거운 우유에 넣고 중탕한 요리를 뜻했다. 하지만 19세기 말부터는 달걀을 껍질째로 삶아서 '흰자는 부드러운 젤리 상태로, 노른자는 부드러운 반고체 상태'로 익힌 것을 가리키게 되었다. 반숙 달걀의 상태에 관한 이러한 설명은 보스턴 최초의 여성 언론인인 샐리 조이 화이트Sallie Joy White의 1890년 저서 《공립학교 요리Cookery in the Public Schools》에 나온다.[49]

반숙 달걀은 흰자만 익고 노른자는 부드럽게 흐르는 상태이므로 보통은 에그컵에 담아서 먹는다. 에그컵은 수집 품목으로도 유명하다. 반숙 달걀을 토스트와 곁들여 먹기도 하는데, 이때 토스트를 가늘고 길게 잘라 노른자에 찍어 먹을 수 있게 한다. 영국에서는 반숙 달걀과 토스트로 이루어진 간단한 아침식사를 '에그 솔저egg soldiers'라고 부른다. 이 표현은 옥스퍼드 영어사전 1966년판부터 등장하는데, 가늘게 자른 토스트에 병정이라는 이름이 붙은 이유는 아직 밝혀지지 않았다. 한때 어린이들이 많이 갖고 놀던 장난감 병정의 꼿꼿한 자세가 가늘게 자른 토스트와 비슷하기 때문이라는 설명이 그나마 대중적으로 알려져 있다. 어쨌든 에그 솔저는 많은 영국인들에게 향수 어린 푸근함을 주는 음식이다. 우연인지 몰라도, 반숙을 뜻하는 soft boiled는 흥미롭게도 마음이 여리고 감상적인 사람을 의미한다. 반면, 완숙을 뜻하는 hard boiled는 냉정하고 거친 사람, 흔히 형사를 묘사할 때 사용한다.

 19세기 말의 아침식사 조리법을 보면 오늘날 우리가 전혀 들어 보지 못한 방식으로 완숙 달걀을 사용하고 있다. 필리스 브라운Phillis Browne은 1899년에 쓴 《아침식사 사전The Dictionary of Dainty Breakfast》에서 완숙 달걀을 몹시 중요하게 다루고 있다.[50] 브라운은 수란과 달걀 프라이를 포함해 수많은 기본 요리들 가운데 평범한 삶은 달걀을 눈여겨봐야 하는 이유는 사소하지만 음식을 돋보이게 하는 장식용[51]으로 많이 쓰이기 때문이라고 했다. 하지만 여기에 소개된 이른바 기본 아침식사 요리 중에는 복잡한 준비 과정이 필요한 것들도 있다. '에그스 아 로로르Eggs a l'Aurore'가 그렇다. 이 요리를 하려면 우선 완숙 달걀의 흰자를 곱게 다져 뜨거운 화이트소

| 에그 솔저

스에 넣고 섞는다. 이 소스를 토스트에 끼얹고, 완숙 달걀노른자를 체에 곱게 내려 빵가루와 함께 토스트 위에 뿌린다. 마지막으로 파슬리와 크루통, 얇게 저민 토마토로 장식하면 완성이다.

달걀을 여섯 시간 이상 오래 삶으면(이때 끓는 물에 양파 껍질을 넣기도 한다) 스페인-북아프리카계 유대인들이 먹는 에그가 된다. 오랜 조리 과정을 거치는 동안 마이야르 반응이 나타나 달걀흰자가 갈색으로 변하고, 고기나 견과류 같은 구수한 풍미가 더해지면서 질감은 크림처럼 부드러워진다. 토요일 아침, 중동과 레반트 지역의 길거리 식당을 찾아가면 해민 에그와 토마토 샐러드, 가지 볶음, 안바anba라는 망고 초절임으로 이루어진 아침식사를 맛볼 수 있다.

수란

고대 로마 시대 의사 갈레노스Galen가 쓴 《오아 프니크타(Oa Pnikta, 백포도주로 만든 수란)》에 대한 기록을 보면 달걀을 뜨거운 액체 안에 깨뜨려 넣어 익히는 방식은 2세기부터 존재했던 것으로 추정된다. 13세기 말, 이탈리아의 의사 알데브란디노 다 시에나는 '너무 단단하지도, 너무 부드럽지도 않게 조리된 수란은 우리 몸에 온기를 북돋워 준다. 달걀에 들어 있는 해로운 성분이 끓는 물속에서 제거되기 때문이다. 수란은 다른 어떤 달걀 요리보다 먹기에 편하다.'[52]고 주장했다. 1390년에 출간된 《요리의 방식》이라는 책에는 수란에 달걀노른자와 우유로 만든 소스를 곁들이라고 나와 있다. 리처드 2세의 수석 요리사가 제안한 이 요리법은 사프란과 생강 같은 값비싼 향신료를 사용했다.

그러나 17세기 들어 많은 의사와 음식 전문가들은 아침식사용 수란에 진한 크림소스를 곁들이는 대신 식초, 소금, 후추로만 양념해서 먹는 것이 좋다고 주장했다. 1615년에 출간된《영국 주부The English Huswife》의 저자 게르바스 마컴은 한 단계 더 나아가 끓는 물에 넣기 전, 달걀에 식초를 넣으라고 한다. 18세기 이후에 나온 요리책에서는 달걀이 아니라 끓는 물에 식초를 넣는 방법을 권한다. 물이 산성화되면 달걀흰자에 든 알부민이라는 단백질이 굳기 때문에 안쪽 노른자가 중국식 달걀국처럼 지저분하게 풀어지지 않고 형태를 유지하면서 부드럽게 익는다는 것이다.

오늘날 아침식사용 수란으로 가장 유명한 것은 14세기 때처럼 수란에 진한 커스터드 소스를 곁들이는 에그 베네딕트다. 에그 베네딕트는 구운 잉글리시 머핀에 베이컨과 수란을 얹은 뒤 달걀노른자, 녹인 버터, 레몬즙으로 만든 홀랜다이즈 소스를 끼얹는다. 이 요리의 기원에 관해서는 여러 가지 설이 있는데, 공통점은 뉴욕이 배경이라는 점이다. 시기적으로 가장 이른 것은 1894년 월도프-아스토리아 호텔에서 처음 개발되었다는 주장이다. 하지만 같은 해 샌프란시스코의 유니버시티 클럽 메뉴에는 이미 에그 베네딕트가 들어 있었다. 캘리포니아 주에서 발행되는 월간지《오버랜드 먼슬리Overland Monthly》1894년 1~6월호에는 두 신사가 '블루포

| 에그 베네딕트

인트산 굴, 차, 에그 베네딕트, 마라스키노 체리로 만든 잼' 등으로 구성된 오찬을 즐긴다는 기사가 실려 있다.[53] 그로부터 채 3년도 지나지 않아, 필라델피아를 근거지로 하는 잡지 《테이블 토크Table Talk》 제12호에는 에그 베네딕트 요리법이 실렸다. 이는 조지아 주 사바나에 사는 독자의 요청에 따른 것으로, 토스트 위에 햄과 수란, 홀랜다이즈 소스를 올리는 식이었다. 오늘날처럼 토스트 대신 잉

글리시 머핀을 사용하는 요리법은 1898년에 출간된 《달걀과 그 활용법Eggs and How to Use Them》에서 처음 선보였다.[54]

수란 밑에 햄 대신 시금치를 깔면 에그 플로렌틴이 된다. 《달걀과 그 활용법》에서는 접시에 아티초크를 깔고 그 위에 에그 플로렌틴을 올린 뒤 주사위 모양으로 썬 닭고기와 버섯을 곁들여서 낸다. 두 유형을 합쳐서 수란과 시금치, 홀랜다이즈 소스, 아티초크를 모두 한 접시에 담은 요리를 에그 사르두라고 한다. 이 요리는 1892년 프랑스의 인기 극작가 빅토리앙 사르두Victorien Sardou가 뉴올리언스의 앙투안느라는 식당에 들렀을 때 개발된 것으로, 오늘날까지 이 식당 메뉴에 올라 있다.

절인 알

중국에서는 아침식사용 죽(콘지)에 곁들이는 반찬으로 소금에 절인 오리알(셴야단)을 먹는다. 흰자는 짜고 흐르는 듯한 질감이며, 노른자는 단단하고 밝은 주황색을 띤다. 셴야단은 오리알을 소금물에 담그거나 소금과 숯으로 만든 반죽에 싸서 만든다. 필리핀에서는 흰개미집에서 파낸 찰흙과 소금을 섞은 반죽을 주로 이용한다. 오리알에 소금 반죽을 꼼꼼히 바르고, 안쪽에 신문지를 덧댄 나무 상자에 담은 뒤 12~14일 동안 숙성시킨다. 이후 이물질을 깨끗이 닦아 내고 한 번에 50개씩 망에 넣어 삶는다. 달걀보다 오리알을

| 피단

주로 사용하는 이유는 껍데기가 두꺼워서 많은 양을 한꺼번에 조리하기가 쉽기 때문이다.

셴야단과 비슷한 피단 역시 절인 알로 콘지에 곁들여 먹는다. 6백 년 전통을 지닌 피단의 조리법은 셴야단을 만드는 법과 비슷하지만, 소금 외에 나무를 태운 재와 석회를 팔팔 끓인 찻물로 반죽한다는 점이 다르다. 이렇게 만든 알칼리성 반죽을 왕겨와 섞어 알을 싼 후 항아리에 담아 몇 달 동안 삭힌다. 시간이 부족한 경우, 반죽에 산화납을 첨가할 수도 있지만, 이렇게 만든 피단은 확실히 독성을 띤다. 따라서 인내심이 부족하지만 양심은 있는 제조업자들은 산화납 대신 산화아연을 사용한다. 완성된 피단의 흰자는 투명한 진 갈색 젤리 형태를 띤다. 노른자는 흙이 묻은 것처럼 검은기가 도는 녹색에다 질감은 크림처럼 부드러우며, 암모니아와 유황 같은 독특한 냄새를 풍긴다.

구운 달걀

껍질째 달걀을 굽는 방법은 고기 굽기와 더불어 가장 역사가 오래된 달걀 조리법일 것이다. 굽기는 켈트족이 가장 선호하는 달걀 요리 방법이었다. 로마 시인 마르티알리스의 기록에 따르면, 로마인들은 이미 1세기에 달걀을 뜨거운 재에 묻어 구워 먹었다고 한다. 오늘날 스페인-북아프리카계 유대인들은 안식일 아침에 구운 달걀을 먹는다. 이것은 여섯 시간 동안 약한 불에 익혀서 만드는 우에보스 하미나도스(huevos haminados, 고기와 채소를 끓인 스튜 위에 달걀을 껍질째 올려서 갈색으로 변할 때까지 뭉근하게 익힌 것_옮긴이)와 비슷한 음식이다. 우에보스 하미나도스는 경우에 따라 달걀을 냄비에 넣고 삶거나 석탄에 굽기도 했다. 어떤 방식이든 거의 꺼져 가는 약한 불에 밤새 익히는데, 이는 안식일에 요리하지 말라는 유대 율법을 지키기 위해서이다.

15세기 르네상스 시대의 이탈리아 작가 바르톨로메오 플라티나Bartolomeo Platina는 달걀을 꼬챙이에 꿰어 요리하는 유명한 요리장인 마르티노 다 코모의 기술에 대해 기록했다. "달걀을 잘 달군 꼬챙이에 세로로 끼워 고기를 굽듯 직화로 구운 다음 뜨거울 때 먹는다. 이 요리는 요리사들의 장난기와 엉뚱함이 합쳐진 결과물이다."[55] 꼬챙이 구이 달걀을 아침에 먹었다는 기록은 없다. 다만 르네상스 시대의 달걀 요리법 수준이 높았음을 확인할 수 있을 뿐이다.

18세기 영국 시인 알렉산더 포프Alexander Pope는 "무식한 사람은 달걀을 삶고 배운 사람은 달걀을 굽는다."고 말했다지만, 달걀 굽기 전통은 그보다 앞서 사라진 것으로 보인다. 언제 무슨 이유로 그렇게 되었는지는 불분명하다. 다만 16세기 영국에서는 나무 땔감이 부족해서 대체 연료로 석탄을 사용했기 때문에 더 이상 뜨거운 재로 달걀을 구울 수 없었을 것이라고 추정할 뿐이다.

1655년에 《건강 증진Health Improvement》이라는 책을 쓴 의사 토머스 모펫Thomas Moffet은 장작불에 살짝 구운 달걀이 가장 진하고 건강한 피를 만든다고 했다.[56] 두 세기 후에 나온 《달걀에 대한 사실과 상상Eggs: Facts and Fancies About Them》이라는 책은 구운 달걀을 되살리기 위해 다음과 같이 호소하고 있다. "이 멋진 조리법은 다시금 관심의 대상이 되었다. 다른 어떤 조리법으로도 구운 달걀의 우단처럼 부드러운 질감은 나오지 않는다. 껍질을 살짝 깨 놓지 않으면 갑자기 폭발해 모닥불 주위에 모여 앉은 사람들을 깜짝 놀라게 할 수도 있다."[57] 달걀 껍질 조각이 사방으로 튀지 않도록 하려면 자칭 미식가인 앤제 데니스 엠퀸Ange Denis M'Quin의 1820년 저서 《메뉴Tabella Cibaria》에 등장하는 "난로의 뜨거운 재에 달걀을 똑바로 세워 절반만 묻어 둔다. 위쪽에 물방울이 맺혀 구르면 다 구워진 것이다."[58]라는 지시에 따르면 된다.

쉬레드 에그는 램킨(오븐 및 테이블에 적합한 1인 분량의 작은 용기_옮긴이)이나 그라탱 접시, 또는 질그릇 조각에 달걀을 깨뜨려 담아 구워 낸 요리다. 쉬레드shirred라는 표현은 19세기 문학 평론가 리처드 그랜트 화이트Richard Grant White의 글에서 유래했다. 화이트는 프랑스의 외프 코코트(자루 달린 찜 냄비에 조리한 달걀 요리)를 설명하기 위해 쉬레드라는 표현을 처음 사용한 것으로 보인다. 그런데 외프 코코트 조리법이 불어가 아닌 영어로 최초 기록되었다는 점이 흥미롭다. 이 기록을 남긴 사람은 궁정 요리사 루이 외스타슈 위드Louis Eustache Ude인데, 프랑스 요리를 영국의 일반 가정에 소개하기 위해 이 영어 요리법을 작성했다고 한다.[59]

로버트 메이Robert May의 17세기 요리책 《완벽한 요리사Accomplisht Cook》에는 달빛 속 달걀Eggs in Moon shine이라는 요리가 나온다. 이것은 버터를 두른 팬에 달걀을 구운 다음 볶은 양파를 곁들인 소스를 얹은 것이다. 양파 소스에 빵을 뜯어 넣어 걸쭉하게 만든 뒤 그 안에 달걀을 넣어 굽는 조리법도 있는데, 그 역사는 중세 시대까지 거슬러 올라간다. 한나 글래스의 1747년 저서에는 브레드 소스에 구운 달걀 요리법이 소개되어 있다. 19세기가 되면 이렇게 조리한 달걀이 미국 가정의 인기 있는 아침식사로 자리 잡는다.

푼 달걀

껍질을 깨고 휘저어서 푼 달걀은 다양한 요리에 사용된다. 일본에서는 뜨거운 밥 위에 부어 비벼 먹기도 한다. 밥 열기 때문에 살짝 익은 날달걀은 부드럽고 끈적거리는 것을 좋아하는 일본인들 입맛에 잘 맞는다.

◆ 오믈렛, 프리타타, 그리고 토르티야

최초의 오믈렛은 고대 이란에서 만들어 먹었던 것으로 추측된다. 달걀을 푼 물에 잘게 썬 허브를 섞어 단단하고 납작한 원판에서 부쳐 낸 다음 쐐기 모양으로 잘라 내놓았다. 이는 오늘날 페르시아 사람들이 새해 아침에 먹는 쿠쿠 사브지와 흡사하다. 페르시

| 쿠쿠 사브지

아 쿠쿠에서 시작된 오믈렛은 중동과 북아프리카를 거쳐 유럽까지 퍼져 나가 스페인과 이탈리아의 전통 요리인 토르티야와 프리타타가 탄생했다.

 프랑스식 오믈렛은 1393년에 출간된 중세 시대 주부들을 위한 지침서인 《파리의 가정주부 Le Menagier de Paris》에서 처음 언급되었다. 프랑스식 오믈렛은 허브가 많이 들어가서 페르시아 쿠쿠에서 아이디어를 얻은 것처럼 보이지만, 《파리의 가정주부》보다 3년 앞서 발간된 《요리의 방식》에 나오는 허브 요리와도 매우 비슷하다.⁶⁰

1830년 무렵, 오믈렛은 영국과 미국의 중상류층에게 훌륭한 아침식사 메뉴로 사랑받았다. 19세기 중반 두 나라에서 출간된 프랑스 요리책에는 치즈, 베이컨, 허브 등을 넣은 보다 호화로운 오믈렛 요리법이 실려 있다. 피망, 양파, 깍둑썰기한 햄이 들어간 미국의 덴버 오믈렛은 서부 개척자들이 먹던 샌드위치에서 유래했는데, 시큼한 반죽으로 구운 사워도우 브레드에 얹어 내는 것이 특징이다. 1870년 유타 주에 철도가 깔린 것을 계기로 남서부 지역과 미국 내 다른 지역이 철도로 연결되면서, 서부의 모든 오믈렛에 덴버라는 이름이 붙게 되었다. 덴버 오믈렛은 1898년 저서인 《달걀과 그 활용법》에 소개된 오믈레트 아 레스파뇰(스페인식 오믈렛)과 거의 똑같다.

필리핀 사람들도 서양 사람들과 비슷한 오믈렛을 먹는다. 아침식사용 오믈렛인 토르타(멕시코식 샌드위치인 토르타와 혼동하지 말 것)에는 어떤 재료든 다 넣을 수 있다. 토마토나 양파, 가지, 감자 같은 채소는

| 프리타타

물론, 전날 먹고 남은 음식인 다진 소고기나 돼지고기 패티 같은 육류, 심지어 게살까지도 활용한다. 토르타는 16세기 스페인 정복자들이 토마토, 피망, 감자 같은 가짓과 채소와 함께 들여왔다. 하지만 당시 스페인 사람들은 오늘날 필리핀 사람들처럼 마늘 볶음밥과 바나나 케첩을 곁들여 먹는 것을 썩 즐기지 않았던 것 같다.

스페인식 오믈렛인 토르티야는 보통 감자튀김과 함께 타파(오후의 간식)로 먹는다. 본래 이탈리아의 전통적인 점심 메뉴인 프리타타는 1920년대에 와서야 북미의 아침식탁에 오르기 시작했다. 토르티야 에스파뇰라처럼 프리타타도 보통 감자튀김을 함께 곁들이는데, 항상 뜨겁게 먹는 것은 아니다.

◆ 키슈

프리타타 혼합물을 파이 틀에 부으면 키슈quiche가 된다. 허브나 고기를 섞어 구워 내는 이 풍부한 맛의 달걀 요리는 그 기원이 14세기 영국까지 거슬러 올라간다. 키슈는 이름이 프랑스어여서 흔히들 프랑스 음식으로 생각하지만, 사실 그 탄생지는 서부 게르만 왕국의 로트링겐(1766년 프랑스에 의해 로렌으로 이름이 바뀜) 지역이다. 다양한 키슈 가운데 제일 유명한 것은 역시 잘게 썬 베이컨을 넣은 키슈 로렌이다. 오늘날 키슈는 시금치, 치즈, 버섯, 브로콜리, 그 밖에 여러 채소를 넣고 만들지만, 원조 키슈 로렌이라면 반드시 베이컨이 들어가야 한다.

1950년대에 출간된 미국 요리책 《요리의 즐거움The Joy of Cook-

| 키슈

ing》은 키슈를 아침식사 요리로 소개했다. 이후 1970년대 들어 키슈의 대중적 인기는 절정에 이르렀다. 그러나 1982년 유머 작가이자 극작가인 브루스 페어스타인Bruce Feirstein은 《진짜 사나이는 키슈를 먹지 않는다Real Men Don't Eat Quiche》라는 책을 통해 미국 문화의 흐름상 키슈가 명백히 여성스러운 음식이라고 비꼬았다. 이 책은 1년 이상 〈뉴욕 타임스〉 선정 베스트셀러 자리를 지켰고, 그 여파로 1980년대 키슈의 인기는 곤두박질치고 말았다.

◆ 스크램블 에그

달걀을 풀어 버터를 두른 프라이팬에 붓고 마구 휘저어 만드는 스크램블 에그는 18세기 프랑스에서 인기를 끌었다. 하지만 이전에는 설탕옷을 입힌 레몬 껍질 또는 마멀레이드로 맛을 낸 달콤한 음식으로서, 페이스트리 요리법에 포함될 때가 많았다. 현대 프랑스 요리의 아버지인 프랑수아 피에르 라 바렌느François-Pierre La Varenne가 쓴 다양한 요리책에는 치즈나 육수를 넣고 조리해서 토스트에 올려 내는 스크램블 에그 요리법이 들어 있다.

스크램블 에그는 버터드 에그buttered egg 또는 럼블드 에그rumbled eggs라고 불리기도 했는데, 특히 스코틀랜드에서 버터드 에그라는 말을 썼다. 1864년 스크램블 에그라는 표현이 문헌에 기록된 후에도 버터드 에그와 럼블드 에그는 19세기까지 사라지지 않고 꾸준히 사용되었다. 혼란을 최소화하기 위해 스코틀랜드의 작가이자 페미니스트인 마거릿 도즈Margaret Dods는 1862년에 출간한 《요리사와 주부를 위한 안내서The Cook and Housewife's Manual》에서 "버터드 에그는 스코틀랜드의 럼블드 에그, 프랑스의 외프 부루이에와 똑같은 요리."라고 설명했다.[61] 이 책에 소개된 기본 스크램블 에그 요리법은 상당히 복잡한 기술이 요구되었다. 달걀물을 앞뒤로 흔들면서 팬에 붓고, 팬을 불에 올렸다 내렸다 하면서 달걀을 재빠르게 계속 뒤섞어야 했던 것이다. 이때 숟가락을 사용했다면 훨씬 쉬웠을 텐데 말이다.[62]

18~19세기에는 스크램블 에그를 대개 토스트에 얹어서 먹었고, 20세기 이후부터는 풍미를 높이기 위해 다양한 부재료를 넣은 스크램블 에그가 아침식탁에 올랐다. 1899년에 출간된 《아침식사 사전The Dictionary of Dainty Breakfast》에는 스크램블 에그를 요리할 때

| 다양한 부재료가 들어간 스크램블 에그

'절대로 바셀린 냄새가 나지 않게 해야 한다'[63]는 주의사항이 들어 있었다. 이 책은 바셀린 냄새를 막기 위해 토마토, 커리, 앤초비, 푸아그라 같은 다양한 부재료를 넣으라고 권한다.

달걀 프라이

1913년 마사 매컬로 윌리엄스Martha Meculloch-Williams는 자신의 저서 《옛 남부의 음식과 음료Dishes & Beverages of the Old》에서 "달걀 프라이는 거의 누구나 만들 수 있다. 하지만 제대로 만들려면 상당한 기술이 필요하다."[64]고 말했다. 백번 옳은 말이다. 스스로 달걀 프라이를 만들기보다는 대부분 어머니가 만들어 주는 것을 먹었을 이 저자가 진정 자기가 한 말의 뜻을 알고 있었는지 의문이지만 말이다. 뒤집을 필요가 없다면 노른자의 형태를 살려서 부치는 것은 어렵지 않다. 달걀 프라이는 심지어 규모가 작고 저렴한 식당의 요리사라도 기본적으로 할 수 있어야 하는 요리다. 그럼에도 달걀 프라이를 제대로 만들어 내는지 여부는 오늘날 요리사들의 실력을 평가하는 효과적인 척도다. 양면을 적당히 익혀 내는 것이 얼마나 어려운지는 '오버 이지(달걀의 한쪽은 완전히 익히고, 반대쪽은 흰자만 익히는 기법_옮긴이)'라는 모순된 별칭에서 나타난다. 한쪽 면만 익힌 달걀 프라이는 '서니사이드 업'이라고 부른다.

달걀 프라이 역시 다른 대부분의 달걀 요리와 마찬가지로 오랜 역사를 자랑한다. 고대 그리스 사람들은 오늘날 지중해 지역에서 사용되는 타진(원추형 뚜껑이 딸린 토기 냄비)과 비슷한 점토 냄비에 달걀 프라이를 해 먹었는데, 이 음식을 '오아 타제니스타'라고 부른다. 14세기 윌리엄 랭런드의 풍자 서사시 〈농부 피어스Piers Plowman〉에는 '기름에 지진 야생 수퇘지와 달걀'[65]이라는 구절이 나온다. 이는 햄과 달걀 프라이가 영국 요리 역사에서 확고한 위치를 차지하고 있다는 증거다.

1900년대 초반 이후, 영국과 미국, 그리고 캐나다의 어린이들은 에그 인 더 바스켓 혹은 에그 인 더 홀이라는 아침식사를 즐겼다.[66] 이 요리는 빵 가운데 구멍을 내고 버터를 두른 팬에 구우면서 그 구멍에 달걀을 깨뜨려 넣어 익힌 것으로, 준비 과정이 간단해서 캠핑장의 단골 메뉴이기도 하다. 1950년 월간지 《보이즈 라이프Boys' Life》에서는 이 요리를 네스트 에그(둥지 속의 알)라고 표현했다.

멕시코의 전통 저녁식사 메뉴인 우에보스 란체로스(목장식 달걀 요리)는 달걀 프라이나 스크램블 에그에 매운 칠리소스를 뿌려서 옥수수 토르티야에 얹은 음식이다. 1930~1940년대, 미국인들의 멕시코 여행이 급격히 활성화되면서 현지 호텔의 아침식사 메뉴로 처음 선보이기 시작했다. 우에보스 란체로스는 아침에 달걀을 즐겨 먹는 북미 사람들의 입맛에 잘 맞았고, 오늘날 미국인들의 아침 식탁에도 종종 오른다.

4

Around the World in a Meal

아침에 먹어도 맛있는 고기

우리 인류는 역사 초기부터 직접 사냥을 하든 동물이 사냥해 먹다 남긴 것을 얻든 다행히 고기를 먹을 수 있었다. 신석기 시대에 목축이 시작되자 고기는 공급을 예측할 수 있는 단백질 공급원으로 자리 잡았고, 정착 생활과 함께 불가에서 고기를 말려 장기 저장하는 방법도 개발되었다. 여기에 소금과 연기까지 더해지면서 보관기간을 연장하는 동시에 풍미도 한층 좋아진 절인 고기가 탄생했다.

육류가 아침식사 재료로 대중화된 것은 1800~1900년대 초반이었다. 《백악관 요리책The White House Cook Book》 저자인 패니 레미라 질레트Fanny Lemira Gillette가 1908년에 쓴 실용적 살림살이 책에는 간소한 아침식사에 적합한, 엄청나게 다양한 육류 요리가 나와 있다.

구운 돼지갈비, 구운 소고기 스테이크, 구운 닭고기, 구운 생선, 구운 메추라기 토스트, 구운 햄버거 스테이크, 빵가루를 입혀서 튀긴 송아지 커틀릿, 햄과 달걀 프라이, 돼지갈비 튀김, 간과 베이컨 튀김, 소시지 튀김, 굴 튀김, 돼지족발 튀김, 돼지 안심 튀김, 닭 튀김, 소 내장 튀김, 토마토와 양갈비 튀김, 소고기 살코기 튀김, 소 내장 스튜, 콩팥 스튜, 콘비프 해시, 대구 완자, 크림소스에 버무린 대구, 소고기 스튜를 얹은 토스트, 크림소스를 곁들인 말린 소고기, 수란 토스트, 굴 토스트, 연어 토스트, 다양한 오믈렛, 기타 달걀 요리.[67]

역사상 고기는 부자들만 먹을 수 있는 식재료였다. 이런 현상은 오늘날까지도 세계 대부분의 지역에서 이어지고 있다. 북유럽의 부자 나라에서는 거의 매일 아침 고기를 먹지만, 개발도상국에서 고기는 여전히 귀하고 사치스러운 식재료다. 일부 가난한 미국 사람들처럼 신선한 채소나 곡류보다 대량 생산된 패스트푸드 육류를 더 쉽게 접근하는 경우도 있다.

돼지고기

아침식사에는 돼지고기가 가장 많이 사용된다. 17세기 영국 작가 새뮤얼 피프스Samuel Pepys는 아침식사로 '돼지 브론coller of brawne'을 먹었다고 일기에 기록했다. 이것은 흔히 갈비라 부르는 돼지의 어깨 부위 살이다.[68] 선사 시대 유럽인들은 연기를 이용하여 돼지고기를 햄과 베이컨으로 만들었다. 하지만 훈제 기술이 완전히 자리 잡은 것은 영국 선교사 성 보니파키우스(Saint Bonifacius, 675?~754)가 독일의 이교 지역을 여행하면서 삶거나 훈제한 베이컨을 꼭 챙기라는 권고를 받았던 8세기였다.

◆ 베이컨

17세기 이후 돼지고기를 마다하지 않는 사람들에게 베이컨은 가장 즐겨 먹는 아침식사 재료였다. 19세기 의사 대부분은 아침부터 먹는 고기가 몸에 부담을 준다고 생각했다. 비공식적이긴 했지만 중세와 근대에 팽배했던 아침식사 금지와 통곡물을 적극 권장하는 클린 리빙 운동이 이들에게 특히 영향을 끼친 듯하다. 하지만 몇몇 의사들은 아침에 약간의 베이컨을 섭취하는 것이 건강에 도움이 되지 않을 수 있지만, 특별히 해롭지도 않다고 주장했다. 1890년 비만 전문의 아이작 버니 여Isaac Burney Yeo는 "아침식사 때 먹는 구운 베이컨은 많은 사람들의 경우 쉽게 소화할 수 있는 형태의 지방"[69]이라

| 베이컨

고 납득하기 어려운 주장을 했다. 물론 비만 전문의로서 베이컨 섭취를 장려하는 것이 자신의 미래 수입과 연관될 거라고 생각했을 가능성도 있다.

먹을 것이 넘쳐나고 각 가정에 하인들도 많았던 빅토리아 시대에 베이컨은 특별한 음식이 아니었다. 하인들은 베이컨을 미리 조리했다가 주인 내외가 기상해서 아침을 먹으러 나오기 전까지 보온 용기에 따뜻하게 보관했다. 미 서부 개척 시대에 베이컨은 개척자들의 필수 식량이었다. 소금에 절인 베이컨은 무게가 가볍고 다용도로 활용할 수 있었다. 1845년 여행 작가이자 개척자인 랜스포드 헤이스팅스Lansford Hastings는 오리건 주로 향하는 이주민들에게 적어도 약 70킬로그램의 베이컨은 반드시 챙겨 가야 한다고 조언했다. 당시 사람들이 가지고 다녔던 베이컨은 돼지 옆구리 위쪽 살을 두껍게 잘라 소금물에 담근 것이었다. 매일 아침 그들은 커피와 베이컨을 먹었는데, 전날 저녁 먹고 남은 콘브레드나 비스킷에 따뜻한 베이컨 기름을 발라 함께 곁들이기도 했다.

1920년대 초, 지그문트 프로이트의 조카이자 홍보PR의 아버지 에드워드 버네이스Edward Bernays는 '베이컨과 달걀'이라는 환상의 조합을 대중에게 널리 알렸다. 재림교가 주도한 광적인 건강 챙기기 열풍(이들이 권장한 전형적인 아침식사 메뉴는 커피, 통곡물 롤, 오렌지 주스가 전부였다)이 가라앉은 직후, 버네이스는 베이컨을 판촉하기 위해 의사 5천 명을 대상으로 설문 조사를 실시했다. 그 결과 미국인의 건강에는 가벼운 아침식사보다 '푸짐한 아침식사'가 더 적합하다는 권고를 이끌어 냈다. 이를 바탕으로 '베이컨과 달걀은 의사들이 추천하는 정말 푸짐한 아침식사'라는 홍보 문구를 만들어서 모든 신문을 도배하다시피 했다. 제3자 입장의 전문가들을 활용한 버네이스의 홍보 전략은 적중했고, 그 결과 미국에서 베이컨 판매량은 급증했다. 그리고 우연찮게도 1924년, 미국 심장병 협회가 출범했다.

◆ 햄

20세기 들어 미국과 영국의 베이컨은 물론, 기름기가 적은 등심으로 만든 햄과 비슷한 캐나다 베이컨도 아침식탁에 흔히 오르게 되었다. 특히 캐나다 베이컨은 수란과 함께 잉글리시 머핀에 얹어 홀랜다이즈 소스를 뿌린 에그 베네딕트에 많이 사용되었다. 1800년대 후반, 캐나다 베이컨은 우수한 품질을 인정받아 영국 시장에서 값싼 미국 베이컨을 밀어내기 시작했다. 콩을 먹고 자란 캐나다산 돼지는 기름기가 적고 담백해서 영국에서 높은 가격에 팔렸다. 반면 미국산 돼지는 주로 옥수수를 먹여서 살을 찌웠는데, 당시 캐나다 농업 관련 매체의 보도에 따르면 심지어 도토리를 먹여 키웠다고도 한다. 흥미롭게도 오늘날 도토리를 먹고 자란 돼지고기는 세계에서 가장 비싼 가격에 거래된다. 파운드 당 무려 100달러가 넘는다.

햄은 신대륙 가정의 필수 식품이었다. 1775년, 성직자이자 여행작가인 앤드루 버나비Andrew Burnaby는 버지니아 햄의 우수성을 기록하면서 "버지니아의 일부 지역에서는 아침식사 때 고기를 먹는 오랜 관습이 여전히 이어지고 있다.… 차가운 햄 한 접시를 식탁에 올리는 것은 이들의 관습이다. 햄이 없는 아침식사를 준비하는 버지니아 여성은 거의 없다."[70]고 적었다. 오늘날에도 미 남부에서는 옥수수죽이나 비스킷에 햄을 가장 많이 곁들여 먹는다. 햄과 달걀은 전 세계인이 즐겨 먹는 아침식사 메뉴다.

◆ 소시지

일찍부터 소시지의 용도를 설명한 글이 나왔다는 것은 그만큼 소시지가 널리 퍼져 있다는 의미일 것이다. 4세기 로마의 미식가 아피키우스Apicius는 자신의 요리책 한 장을 온전히 소시지에 할애했다.[71] 양념을 잔뜩 넣어 훈제한 소시지는 유효 기간을 넘긴 고기의 역한 냄새를 감춰 주었다. 소시지는 뜬금없이 로마 황제 콘스탄티누스 1세 때 잠시 금지되기도 했다. 성경이 금하는 동물 피로 만들어졌다는 것과 그 형상이 이교도의 다산을 기원하는 상징물과 비슷하다는 이유였는데, 다행히 금지령이 오래 가지는 않았다.

유럽 사람들은 소시지 제조 기법을 천 년에 걸쳐 완성시켰다. 하지만 브렉퍼스트 소시지라는 구체적인 먹거리가 영국과 미국의 요리책과 여성 잡지에 처음 등장하기 시작한 것은 19세기 말이었다. 당시 브렉퍼스트 소시지는 소금에 절이지 않은 돼지고기에 세이지(자극적이고 톡 쏘는 향을 지닌 약용 식물의 하나_옮긴이)를 넣은 것이 특징인데 오늘날도 그대로 사용한다. 세이지를 첨가하는 이유는 분

| 아침식사 메뉴에서 빠지지 않는 소시지

명치 않다. 아마도 세이지의 강한 향이 냉장 보관하지 못한 육류의 나쁜 냄새를 감춰 주기 때문이었을 것이다. 또 민트 계열 허브가 지닌 항균 효과가 식중독 예방에 도움이 되었을 것이다. 미국에서 컨트리 소시지라고 알려진 브렉퍼스트 소시지는 농촌의 전통적인 아침식사 메뉴 중 하나로, 지금까지 중요한 단백질 공급원 역할을 해왔다. 미 남부에서는 도시나 농촌을 막론하고, 잘게 썬 브렉퍼스트 소시지를 그레이비소스에 볶아서 비스킷에 곁들여 먹는다. 많

은 사람들은 이를 남부 요리 유산의 근간으로 여긴다. 돼지고기 패티를 샌드위치처럼 비스킷이나 잉글리시 머핀 사이에 끼워서 먹는 경우도 많은데(여기 달걀과 치즈를 더할 수도 있다), 이는 패스트푸드 식당에서 흔히 볼 수 있는 아침 메뉴이기도 하다.

소고기와 양고기

부자들은 아침식사 때 소고기를 먹는 것이 거의 일상이었다. 하지만 기름진 육류 위주의 아침식사를 선호하는 경향은 영양학자들이 꾸준히 노력한 결과 결국 줄어들었다. 그러나 20세기 초반 전쟁으로 식품 배급제가 시행되기 전까지 대다수의 노동자 계층에게는 건강을 위한 칼로리 조절이란 주제가 마음에 와 닿지는 않았다.

아침식사의 황금기였던 빅토리아 시대에는 무엇을 먹느냐보다 어떻게 조리해 먹느냐가 더 중요했다. 1864년, 건강 개혁가이자 물水 치료사인 토머스 로 니컬스Thomas Low Nichols는 "버터와 돼지기름이 값이 싸다는 이유로 지나치게 많이 사용되고 있다. 그래서 아무리 질 좋은 채소와 식품이라 하더라도 소화가 잘 되지 않는다."[72]고 지적했다. 그는 미국인이 아침에 '좋은 음식'들을 먹는데도 불구하고 질병 발생률이 높아지는 것은 조리시 기름을 너무 많이 사용하기 때문이라고 주장했다.[73]

거의 몸을 움직일 일이 없는 상류층이나 사무직 같은 이른바 정신노동자는 육체노동자에 비해 아침식사를 가볍게 할 필요가 있었다. 이는 1백 년 전이나 지금이나 마찬가지다. 농부나 벌목꾼들은 니콜스, 그레이엄, 켈로그 같은 건강 제일주의자들의 조언에 아랑곳하지 않았다. 그들은 치킨 프라이드 스테이크에 크림 그레이비소스를 곁들인 든든한 아침식사를 했는데, 이러한 경향은 21세기에 들어서도 변하지 않았다. 건강에 좋은 갈색 빵과 자몽이 전부인 건강증진센터 아침식사에 대한 반발 때문이었는지, 19세기 미국 요리책에는 빵가루를 입혀 기름에 튀겨 낸 비프스테이크가 등장했다. 메리 랜돌프Mary Randolph의 1838년 저서 《버지니아 가정주부The Virginia Housewife》에 나오는 송아지 커틀릿이 바로 그것이다. 치킨 프라이드 스테이크와 매우 비슷한 송아지 커틀릿은 아마도 1830년대 텍사스에 정착한 독일과 오스트리아 출신 이민자들이 즐겨 먹던 비엔나 슈니첼에서 영감을 얻은 것으로 보인다.

치킨 프라이드 스테이크(레드 강 동쪽에서 알려졌다는 이유로 컨트리 프라이드 스테이크라고도 불렸다)는 곧 미국 남서부까지 전해졌다. 목장지대인 이 지역에서는 닭고기 대신 남아도는 소고기에 빵가루를 입혀서 튀겨 냈다. 질긴 부위를 활용하기에 이보다 더 좋은 조리법은 없었다. 카우보이 요리사들은 조리법을 한층 완벽하게 보완했다. 1880년대 남북전쟁이 끝날 무렵부터 시작된 카우보이 전성기 때에는 이 스테이크에 그레이비소스, 감자튀김, 비스킷 빵, 커피를 곁들여 취사 마차의 아침 메뉴로 내놓기 시작했다. 1930년대가 되면 크림 그레이비소스를 뿌리는 조리법이 주류를 이루는데 오늘날

| 프라이드 스테이크

  아침식사로 가장 흔히 먹는 조리법이기도 하다. 농장이든 전국의 화물차 휴게소 식당이든 아침식사로 파는 프라이드 스테이크에 내부분 크림 그레이비소스를 곁들인다.

  근대 초기와 빅토리아 시대, 부유한 가정에서는 아침에 새끼 양으로 만든 양갈비 구이를 즐겨 먹었다. 요리책 저자 타복스 콜브레이스M. Tarbox Colbrath는 양갈비 구이를 "조리 순서를 지켜 주의를 기울이기만 하면 쉽게 만들 수 있는 간단하고 맛 좋은 아침식사 메뉴"[74]라고 썼다. 양갈비 구이의 맛을 칭찬한 사람은 또 있다. 토머스 제퍼슨 머리Thomas Jefferson Murrey는 1885년에 출간한 저서《맛있는 아침식사Breakfast Dainties》에서 "맛있는 양갈비 구이는 눈 깜짝

| 양갈비 구이

할 새 뚝딱 조리할 수 있다."면서 발효시키지 않은 감성 버터Sweet butter와 완두콩을 곁들일 것을 권했다.[75]

생후 20개월 이상의 양고기는 미국보다 영국에서 더 인기를 누렸던 것 같다. 1873년 영국의 요리책 저자 메리 후퍼Mary Hooper는 이른바 차가운 양고기 문제(아마도 그것을 먹느냐 마느냐의 문제를 뜻하는 듯함)에 관해 다음과 같이 썼다. "양고기 파테는 갈아서 달걀과 함께 먹거나 리솔(다진 고기 소를 파이 껍질에 싸서 튀긴 요리) 또는 드라이 해시나 커리를 만들 때 활용한다. 양고기는 베이컨과 달걀이라는 틀에 박힌 아침식사 메뉴에 변화를 주기에 더할 나위 없이 적합한 재료다."[76]

제2차 세계대전을 계기로 미국과 영국 사람들은 양고기에서 멀어졌다. 타지에서 거의 개 사료 수준에 가까운 저질 양고기 통조림을 잔뜩 먹었던 참전 군인들은 고향에 돌아온 뒤 양고기라는 말만 들어도 고개를 절레절레 흔들었다. 많은 이들에게 양고기란 곧 전쟁의 비참한 맛을 떠올리게 했다. 2004년 영국의 찰스 황태자는 영국인의 육류 선호도에 새로운 변화를 꾀하고자 양고기 부흥 캠페인을 일으켰다. 하지만 이 같은 노력에도 오늘날 아침식탁에 양고기 구이가 오르는 경우는 거의 찾아보기 힘들다.

가금류

제1차 세계대전의 발발로 많은 요리사들이 주방을 벗어나 전쟁터로 향하기 전인 빅토리아–에드워드 왕조 시대만 해도, 부유한 가정에서는 아침식사 때 닭고기를 즐겨 먹었다. 19세기 말에 출간된 많은 요리책에는 전날 저녁 먹고 남은 닭고기를 활용한 다양한 요리법이 소개되어 있다. 잘게 썬 닭고기와 채소를 육수에 끓여낸 치킨 아 라 킹(잘게 썬 닭고기와 채소를 크림소스에 버무린 요리_옮긴이), 걸쭉한 국물이 있는 프리카세(가금류로 만든 걸쭉한 크림 스튜_옮긴이), 빵가루를 입혀 튀긴 크로켓 등이 아침식탁을 위한 맛있는 대안이었다. 메리언 할런드의 1871년 저서 《살림의 기초: 주부의 역할에 관한 실용적 안내서 Common Sense in the Household: A Manual of Practical

《Housewifery》에는 칠면조 스튜를 만드는 법이 나와 있다. 이 요리는 크랜베리나 까치밥나무 열매 잼으로 달콤함을 더한 자극적인 소스가 들어가는 것으로 보아 추수감사절 만찬 뒤에 남은 음식을 활용하기 위한 것이 분명하다. 더욱이 저자는 "칠면조 배 속에 채웠던 재료를 말끔히 긁어내지 않으면 스튜 맛을 망칠 뿐 아니라 보기에도 좋지 않다."77는 설명까지 덧붙였다.

그러나 가정용 냉장고가 널리 보급되기 전, 보통 사람들이 아침식사 때 가금류를 먹는 경우는 찾아보기 힘들었다. 가금류는 잡는 즉시 털을 뽑고 손질해야 하는데, 이른 아침이나 전날 밤에 이런 과정을 거치기란 여간 번거롭지 않았다. 또 가금류 고기는 일반적으로 훈제나 소금 절임을 하지 않기 때문에, 대량 저장이 어려웠다.

사정이 이렇다 보니 아침식사 때 먹는 닭 요리는 쉽게 접하기 힘든 별미였다. 이와 관련해 미 남북전쟁 참전 병사들과 얽힌 몇 가지 일화가 기록으로 남아 있다. 한 병사는 오직 아침에 먹을 닭고기에 대한 열망으로 피비린내 나는 전투를 꿋꿋하게 버텨 냈다고 한다. 치열했던 이틀이 지난 뒤, 병사는 마침내 배낭 속에 든 닭고기를 꺼내 먹을 수 있었다. 소금조차 뿌리지 않았는데도 충분히 맛있었던 이유는 전쟁터의 화약 연기가 '진한 양념' 역할을 한 덕분이었다. 또 북군 병사 세 명이 한밤중에 남부 연합군 헛간에 침입해 닭을 훔쳐 낸 이야기도 있다. 목숨을 건 닭서리는 다행히 성공으로 끝나서 다음 날 아침 그들은 그토록 바라던 닭고기를 먹을 수 있었다. 하지만 셋 중 한 병사는 끝내 그 즐거움을 누릴 수 없었다.

닭을 훔쳐 도망치다가 그만 주인에게 쇠지렛대로 뒤통수를 얻어맞은 탓이었다. 그는 입을 벌리고 씹기가 힘들어 닭을 삶은 국물만 마셨다고 한다.[78]

남북전쟁이 끝난 후, 닭튀김에는 흑인 음식이라는 낙인이 찍혔다. 기름에 담가 튀겨 내는 조리법이 서아프리카 출신 노예들로부터 전해지긴 했지만, 정작 닭튀김은 아이러니하게도 대부분의 흑인들에게는 너무 비싸서 쉽게 접하기 힘든 음식이었다. 어쨌든 19세기 말의 아침식사 요리책들을 보면 닭튀김이 등장하기 시작한다. 냉장고가 도입되고 밀가루 값이 내려갔으며 주물 냄비와 돼지기름이 흔해진 덕분이었다. 머레이의 1885년 저서 《맛있는 아침식사》는 남부식 닭튀김이 먼저 빵가루와 밀가루를 묻힌 후 튀겨 내고 마지막에 화이트소스를 뿌리는 특징이 있다고 설명하고 있다.

오늘날 아침에 먹는 닭튀김에는 늘 와플이나 비스킷이 곁들여진다. 이는 1백 년 이상 이어져 온 유행이다. 가정학자 에스넬 우즈 윌콕스Estelle Woods Wilcox는 1880년대에 출간된 《남부 요리Dixie Cook-Book》라는 책에서 닭튀김과 와플을 남부 여성들을 위한 아침식사 메뉴로 소개했다. 하지만 남부 이외 지역에서 이 조합이 보편적인 아침식사 메뉴로 인식되기 시작한 것은 불과 수십 년 전이다. 최근 몇 년 사이 주요 패스트푸드 전문점에서는 비스킷 빵 사이에 닭튀김을 끼운 샌드위치가 폭발적인 인기를 끌고 있지만, 많은 미국인들에게 닭튀김 아침식사는 여전히 낯설다. 최근 맥도날드의 아침 메뉴에 치킨 비스킷이 추가된 사실을 두고, 미국의 저널리스

| 칠면조 베이컨

트 조엘 스타인Joel Stein은 2008년 〈타임〉 지를 통해 다음과 같이 말했다. "비스킷은 부드럽고 고소하다. 개인적으로 닭고기를 좋아하진 않지만, 치킨 맥너겟도 아니면서 과감하게 소스도 없이 서빙하는 치킨 비스킷은 그럭저럭 먹을 만한 음식인 것만은 분명하다. 하지만 난 아직도 치킨 비스킷이 아침에 먹는 음식이라는 생각이 들지 않는다."[79]

건강에 대한 관심이 커지면서, 1980년대에는 칠면조 고기로 만든 베이컨과 소시지가 큰 인기를 끌었다. 2006년에 출간된《칠면조 고기: 미국 이야기 The Turkey: An American Story》의 저자 앤드루 스미스 Andrew F. Smith 는 칠면조 소시지의 칼로리가 돼지고기 소시지의 20퍼센트에 그치는 반면 나트륨은 두 배나 더 많다고 지적했다. 그럼에도 돼지고기를 먹지 않거나 칼로리에 신경 쓰는 수백만 명에게 칠면조 베이컨은 신의 선물이나 다름없다.

해산물

1세기경 배고픈 어부에게 생선으로 만든 뜨거운 아침식사는 더없이 고마운 것이었다. 빵과 생선은 성경에 언급된 예수의 사후 출현 장면에서 등장하는 아침식사이다. 갈릴리 호수에서 밤새 고기잡이를 하고 돌아온 제자들은 불가에서 생선을 굽고 있는 예수를 본다. 요한복음에는 이 장면이 다음과 같이 묘사되어 있다. "예수께서 그들에게 '와서 아침을 먹어라' 하고 말씀하셨다."[80]

훈제 청어는 청어의 배를 갈라 평평하게 편 다음 소금에 절였다가 씻어서 말리는 냉훈冷燻 과정을 거쳐 만든다. 중세 게르만족과 스칸디나비아족은 훈제 청어를 많이 먹었다. 16세기에 와서 아침에 먹는 청어를 특별히 '붉은 청어'라고 언급하고 있는데, 금육재일(禁肉齋日, 가톨릭에서 영적, 도덕적 성장을 위해 육식을 금하는 날_옮긴이) 아침에는 반드시 먹었다. 붉은 청어, 즉 훈제한 청어는 수세기 동

| 훈제 청어

안 특별한 음식으로 여겨졌다. 고기를 먹을 수 없는 사순절에는 베이컨 대신 훈제 청어를 먹었다.

훈제 청어를 뜻하는 영어 단어 kipper는 연어의 수컷을 뜻하는 고대 영어 cypera에서 온 말로, 산란 중인 연어의 구릿빛 copper와도 관련이 있다. 이는 훈제용 물고기로 청어만 사용했던 것은 아니라는 증거다. 훈제 연어는 오늘날에도 많은 사람들이 즐겨 먹는 아침식사 메뉴다. 하지만 요즘 사람들이 베이글에 얹어 먹는 훈제 연어는 미국에서 개발된 것으로, 19세기에 처음 등장했다. 이즈음 미 북동부 뉴잉글랜드 지역 곳곳에 세워진 훈연실에서는 다양한 생선을 가공했다. 수십 년 뒤인 1869년 미 대륙횡단철도가 개통되면서 태평양 북서부에서 잡힌 다량의 연어가 곧장 동부 연안으로 운송되었다(훈제 및 값비싼 소금을 사용한 고가의 염장 연어의 소비가 가능했던 것은 동부의 수익성 높은 모피산업 덕분이었다). 때마침 대서양의 토종 연어

| 소금에 절인 생선

개체수가 감소하기 시작했던 시기와 맞물렸다.

대륙횡단철도가 개통되기 4년 전, 영국 요리책 저자인 조지아나 힐Georgiana Hill이 간단하게 연어 절이는 법을 소개했다. 훈제하기에 앞서 갈색 설탕, 소금, 초석(질산칼륨)으로 처리하는 것이었는데, 영국으로 이주한 유대인들의 일명 '런던 큐어London cure' 방식을 엿볼 수 있다. 설탕을 넣는 것은 미국 인디언의 전통을 따른 듯하다.[81]

18세기 말 미국 중서부와 서부에서는 달걀과 호케이크와 함께 기름에 지진 생선 요리가 아침식탁에 놓였다. 남부에서는 이 요리를 보통 옥수수죽과 함께 먹었다. 그러나 조지아 주나 사우스 캐롤라이나 주의 경우 적어도 1890년대에는 옥수수죽에 생선 대신 새

| 아키 열매

우 요리를 곁들였다. 아침에 먹는 생선 요리에 대해 타복스 콜브레이스M. Tarbox Clbrath는 "기름에 지진 생선 구이는 많은 사람들이 좋아하고, 비교적 준비하기도 편하다. 하지만 이 요리를 망치는 사람들이 너무 많아서 다른 요리보다 실패 확률이 높은 편"이라고 말했다.[82]

자메이카에서는 일요일 아침에 아키와 소금에 절인 생선 요리를 먹는 것이 전통이다. 아키 열매는 서아프리카 노예들에 의해 1770년대 이전에 알려진 과일이다. 리치의 친척뻘이지만 조리했을 때 식감과 맛은 스크램블 에그와 매우 비슷하다. 하룻밤 동안 물에 담가 부드럽게 만든 염장 대구를 삶은 아키와 양파, 매운 고추, 토마토 등과 섞어 기름에 볶은 뒤 후추와 파프리카 가루를 뿌려 주면 요리가 완성된다. 카리브해 연안 지역 바깥에서도 아침식사 때 염장 생선을 많이 먹는다. 노예제 폐지론자이자 살림 전문가였던 리디아 마리아 차일드Lydia Maria Child는 《알뜰한 주부The Frugal Housewife》라는 책에서 아침식사용 염장 생선 요리를 다음과 같이 소개했다. "염장 생선을 아침식사 때 먹으려면 이 방법이 최고다. 생선을 곱게 다져 으깬 감자와 섞은 뒤 작고 동그랗게 빚는다. 그다음 달걀물을 씌워 기름에 노릇하게 튀겨 낸다."[83]

일본에서 생선은 복잡한 조리 과정이 필요 없는 식재료다. 간단히 소금만 뿌려서 석쇠나 오븐에 구워 낸 생선을 쌀밥, 된장국, 채소 장아찌, 달걀말이와 함께 올리면 수세기 동안 이어져 온 전통적인 일본식 아침식탁이 완성된다. 일본인들은 구운 생선 외에도 다양한 해산물을 아침식사 때 먹는다. 대구알과 청어알은 특히 새해 첫날의 전통적인 아침상에 빠지지 않는 음식으로, 알주머니 형태 그대로 상에 올린다.

◆ 내장 및 기타 단백질 음식

식재료로 쓰이는 내장을 뜻하는 영어 단어 '오팔offal'은 도축장 주변에 버려진 부위라는 뜻의 중세 네덜란드어에서 파생된 것이다. 그런 만큼 내장 요리는 수세기 동안 부유층이 즐기는 색다른 별미 혹은 극빈층이나 먹는 쓰레기 음식이라는 극단적 평가를 오갔다. 양이나 콩팥 구이는 1912년 타이타닉 호의 일등실 아침식사 메뉴였고, 소의 위장(양)으로 끓인 수프인 메누도는 수백 년 동안 이어져 온 멕시코의 전통 농가 음식이다.

시럽 대신 송아지 췌장 튀김이나 콩팥 스튜를 와플 위에 올려 먹는 아침식사는 20세기 초에 등장했다. 요즘도 메릴랜드 주 볼티모어에서는 일요일 아침에 콩팥 스튜를 와플에 올려 먹는다. 하지만 미국과 영국의 아침식탁에서 내장 요리가 최고의 인기를 누린 시기는 19세기였다. 당시에는 알뜰한 주부를 위한 살림 참고서부터 고급 호텔 직원을 위한 지침서에 이르기까지 요리 관련 책자라면 대부분 송아지 간, 양의 혀와 뇌, 소 위장 등의 조리법이 넘쳐 났다.

특히 뇌는 저렴한 가격에 언제든 구할 수 있고 맛도 좋아서 환영받았다. 뇌는 달걀물과 빵가루를 묻히거나 튀김옷을 입혀 튀겨서 먹기도 하고, 화이트소스를 곁들여 토스트에 얹어 먹기도 했다. 오늘날에도 미국 중서부에서는 뇌와 달걀을 함께 스크램블하거나 오믈렛으로 만들어 먹는다. 필리스 브라운이 쓴 《아침식사 사전》에 따르면 뇌케이크는 전날 먹고 남은 뇌 요리를 활용하기에 아주 좋은 방법이다.[84] 저자는 또 "양 뇌를 아침에 튀겨 먹었다면, 나머지 머리 부위는 편육으로 만들면 된다."고 친절하게 덧붙였다.[85]

| 메누도

| 브론

고대 영어에서 브론(brawn, 소나 돼지의 머리 부위 고기를 삶아서 젤리처럼 압축한 음식_옮긴이)은 삶거나 초절임한 돼지고기를 의미했다. 이는 15세기 노섬벌랜드 공작 부부의 아침식사용 육류 목록이나 1660년대 새뮤얼 피프스의 일기에 기록된 것을 보면 알 수 있다. 이후 브론은 헤드 치즈를 뜻하는 용어가 되었다. 헤드 치즈는 실제 치즈와는 전혀 상관없는, 돼지 머리로 만든 차가운 젤리 형태의 테린을 말한다. 필리스 브라운은 브론에 대해 다음과 같이 말했다. "영리한 요리사라면 어떤 재료로든 브론을 만들 수 있다. 단, 절대적으로 맛있는 재료만 넣어야 한다."[86]

| 테린

폰하우스pon haus는 독일 서북부의 베스트팔렌에서 탄생한 음식이다. 참고로 이 지역은 2천 년 전 햄을 완성시킨 곳이기도 하다. 옥수숫가루를 첨가하기 시작한 19세기 초부터는 스크래플scrapple이라는 이름으로 더 잘 알려졌다. 이 음식은 미국 펜실베이니아로 이주해 온 네덜란드 사람들에 의해 전해졌으며, 지금도 미 동부 연안의 토속 음식으로 알려져 있다. 스크래플은 옥수수죽에 잘게 썬 돼지 내장을 섞은 뒤 메밀가루로 농도를 되직하게 맞춰서 튀겨 낸 요리다. 1877년에 출간된《오하이오 주 요리와 실용적 가정관리: 원조 요리법 모음Buckeye Cookery and Practical Housekeeping: Compiled

| 스크래플

 《from Original Recipes》에는 스크래플이 '겨울에 어울리는 아침식사 메뉴'라고 나와 있다. 실제로 오늘날 스크래플은 겨울철에 가장 많이 먹는다.[87]

 양 대창 부위도 아침식탁에 오른 내장 재료였지만 간, 뇌, 콩팥만큼 상류층에게 인기를 얻지는 못했다. 소 위와 이어지는 양 대창 부위는 고무처럼 질겨서 뭉근한 불에 오랫동안 삶거나 끓여야 했다. 이 때문에 대부분의 양 대창 요리는 스튜 형태다. 소의 양 대창과 우족으로 만드는 멕시코의 메누도는 조리 시간이 4~7시간이나 걸리는데, 아마도 전날 저녁 만찬에서 남은 음식을 활용한 최초의 요리일 것이다. 보통 식당에서는 메누도를 주말 아침식사 메뉴로만 판매한다. 조리 시간이 오래 걸리기 때문이고 또한 숙취 해소 음식으로 유명하기 때문이다.

베트남에서는 아침식사용 쌀국수에 내장 부위가 들어간다. 소꼬리와 생강, 샬롯(양파의 일종), 팔각을 함께 끓여서 만든 국물에 소 힘줄과 위장을 채 썰어 고명으로 올린다. 베트남 문화를 연구하는 어느 학자는 쌀국수가 인류의 행복에 공헌하는 베트남의 특산물이라고 공언한다. 실제로 베트남 쌀국수는 국가를 대표하는 음식으로서 흔히 '베트남의 영혼'이라고도 불린다.[88]

아침식탁에 온혈동물의 내장 부위만 오르는 것은 아니다. 전통 일본 아침식사의 쌀밥과 미소국 옆에 놓인 작은 그릇에는 발효시킨 해삼 내장에 갑오징어를 썰어 넣은 시오카라 젓갈이 들어 있을지 모른다. 시오카라는 워낙 냄새가 지독해 일본인들도 처음에는 쉽게 먹지 못한다. 내장 부위 음식이나 발효 음식이 대개 그렇듯 시오카라도 처음에는 맛보다 필요에 의해 먹기 시작한 것으로 보인다.

곤충도 아침식탁에서 한자리를 차지했다. 1700년, 예즈릴 존스 Jezreel Jones는 영국 사절단의 일원으로 모로코를 방문했다. 그는 모로코 유대인이 구운 달걀, 닭구이, 커민과 아니스 씨로 맛을 낸 빵과 함께 먹는 또 한 가지 음식에 대해 다음과 같이 설명했다.[89]

그들은 꿀을 건강에 좋은 아침식사로 생각한다. 가장 맛있는 꿀은 어린 벌(애벌레)이 안에 들어 있는 벌집을 그대로 먹을 때 맛볼 수 있다고 한다. 아직 벌 방에서 나오지 않은 우윳빛 애벌레를 꺼내 보면 낚시꾼들이 사용하는 벌레와 비슷하다. 나는 이 애벌레를 종종 먹었다. 특별한 맛은 느껴지지 않았지만 이따금 속이 쓰릴 때가 있었다.[90]

존스는 달콤한 밀랍을 씹을 때 애벌레가 입안에서 톡톡 터진다는 점은 언급하지 않았다.

5
Around the World in a Meal
영혼을 울리는 따뜻한 수프

수프와 스튜

미국인들은 수프나 스튜는 점심이나 그 이후로 미뤄 두는 편이다. 이는 다른 나라들과 차별화되는 미국만의 특징이다. 세상에는 따끈한 수프 한 그릇으로 하루를 시작하는 사람들이 매우 많다. 일본의 전통 아침상에는 된장국이 반드시 포함되고, 중국에서는 쌀로 끓인 수프의 일종인 죽을 먹는다. 지중해 연안의 농부들은 수세기 동안 아침에 물로 희석한 포도주와 함께 수프를 한 그릇 먹었다.

가난한 사람들에게 수프와 스튜는 부족한 음식의 양을 늘리기 위한 필수 요리였다. 많은 개발도상국의 국민 음식이 수프인 이유도 여기에 있다. 아시아 전역에서는 뜨거운 국물에 만 국수를 아침으로 먹는다. 대표적인 예는 '베트남의 영혼'이라고 불리는 쌀국수 포다. 싱싱한 생선이 많이 잡히는 미얀마 남부의 대표 음식은

| 거리에서 모힝가 파는 사람

메기로 끓인 크림수프의 일종인 모힝가다. 고고학적 증거 자료에 따르면 모힝가의 역사는 1세기까지 거슬러 올라간다고 한다. 아침 식사용 음식이지만, 최소한 1백 년 전부터는 미얀마 거리 행상에게서 하루 중 어느 때든 쉽게 사먹을 수 있다.

　홍콩의 서양 식당에서는 미국 음식을 중국식으로 해석한 결과로 탄생한, 조금은 기묘한 요리들을 접할 수 있다. 찻집 겸 간이식당인 차찬텡茶餐庭에서 맛볼 수 있는 햄 마카로니 수프가 대표적인 아침식사 메뉴 중 하나다. 맑은 국물에 마카로니와 얇은 슬라이스 햄(대개 샌드위치용 햄이지만, 통조림 햄인 스팸인 경우도 있다)이 들어 있는 이 수프는 인기가 높아서 2005년부터는 홍콩 맥도날드의 아침 메뉴에 추가되었다.

아시아와 지중해 연안에서는 오래전부터 양고기 스튜를 아침식사로 먹었다. 멀리거토니 수프(양고기, 베이컨, 당근, 닭다리, 커리, 정향 등으로 끓인 인도식 매운 수프_옮긴이)는 19세기 식민지 인도에 거주하는 영국인들을 위한 아침식사 메뉴로 유명해지면서 저녁식탁에서는 자연스레 밀려나게 되었다. 인도 요리 애호가였던 아서 로버트 케니-허버트Arthur Robert Kenney-Herbert는 1885년에 출간한 《요리 비망록Culinary Jottings》에 이렇게 기록했다. "영국인의 입맛을 고려한 커리나 멀리거토니 수프는 아침 또는 점심식탁에 자주 오르지만, 더 이상 저녁 메뉴에는 포함되지 않는다."[91]

초기 미국 정착민들도 간단한 스튜를 즐겨 먹었다. 1855년 역사가 기드온 히람 홀리스터Gideon Hiram Hollister는 17세기 코네티컷 농부들의 주된 아침식사에 대해 다음과 같이

| 멀리거토니 수프

적었다. "그들은 주로 염장 고기와 콩을 넣고 끓인 다음 허브로 양념한 푸짐한 수프로 아침을 해결했다. 콩죽이라고 불렸던 이 요리는 오랜 세월 동안 시의 소재로 많이 활용됐다."[92] 1884년에 출간된《링컨 부인의 보스턴 요리책Mrs. Lincoln's Boston Cookbook》에는 콩과 콘비프를 기본 재료로 만드는 스튜가 나온다. 저자는 이른 아침 일을 나서는 벌목꾼들에게 이 스튜를 냄비 통째로 들고 가게 하라고 권한다. "일꾼들이 검은 빵에 곁들여 먹는 영양만점의 이 스튜는 현대의 미식가들이 먹는 값비싼 프랑스 요리보다도 더 맛있었다."[93]는 것이 저자의 설명이다.

약 1세기 전 프랑스어를 쓰는 캐나다(프랑스 식민지 지역 출신) 사람들이 미국 루이지애나로 이주하면서 아침식사로 부용(bouillon, 육류나 생선, 채소, 향신료 등을 넣고 우려낸 수프_옮긴이)을 마시는 전통이 함께 전해졌다. 뉴올리언스에 있는 브레넌Brennan 식당은 이 전통을 반영하여 1964년부터 세 코스짜리 아침식사 메뉴를 선보였다. 여기에는 크레올 해산물 검보(뉴올리언스를 대표하는 걸쭉한 스튜_옮긴이)와 함께 프랑스풍의 거북이, 굴, 양파 수프를 포함시켰고, 그 전통은 지금까지 이어지고 있다.

전날 남은 음식

가난한 사람들은 전날 저녁 남은 음식으로 아침을 해결하곤 했

| 길거리에서 나시고랭을 만들고 있는 사람

다. 그것 외에는 변변히 먹을 것도 없었을 뿐더러 준비하는 시간도 중요했기 때문이다. 시간이 많이 걸리고 조리 과정이 번거로운 요리를 아침에 새로 준비하기는 어려웠으므로 전날 남은 것으로 해결하는 일이 많았다.

볶음밥은 특히 아시아 전역에 걸쳐 많이 먹는 전형적인 아침 메뉴다. 인도네시아 볶음밥인 나시고랭에는 중국 간장에 달콤새콤한 과일 타마린드와 재거리(인도산 사탕수수로 만든 흑설탕_옮긴이)를 섞어 만든 소스인 케첩 마니스Kecap Manis가 반드시 들어간다. 이것이 나시고랭을 중국식 볶음밥과 차별화하는 포인트다. 남은 밥을 활용

| 케저리

한 요리는 영국까지 퍼져 나갔다.

빅토리아 왕조와 조지 왕조 시대의 상류층 가정에서는 은접시에 소복하게 담긴 케저리가 매일 아침식탁에 올랐다. 케저리는 전날 먹다 남은 생선 요리를 잘게 부수어 넣고 버터를 섞어 지은 밥이었다. 요리책 저술가인 비튼 부인 Mrs. Beeton은 여기에 겨잣가루 한 작은 술과 반숙 달걀 두 개를 첨가했다. 또 몇몇 요리책은 빛깔과 매운맛을 내기 위해 사프란이나 붉은 고추, 커리 가루를 넣으라고 권한다. 심지어 1896년 출간된 《완벽한 요리사Thorough Good Cook》라는 요리책에서는 파르메산 치즈를 갈아 넣어 케저리를 퓨전 요리로 강등시키기도 한다.

빅토리아 시대의 조지애나 힐Georgiana Hill은 1865년 저서 《아침식사 요리The Breakfast Book》를 통해 남은 음식의 다양한 활용법을 선보였다. 고기의 종류를 막론하고 냉육만 있으면 돌페트(dolpettes, 다진 고기에 달걀노른자와 빵가루를 넣어 반죽한 뒤 동그랗게 빚어 달걀물과 파르메산 치즈 가루, 빵가루를 입혀 튀겨 낸 음식으로 토마토소스를 곁들인다_옮긴이), 리솔, 크로켓 같은 다양한 고기 완자 요리를 만들 수 있었다. 이러한 요리는 아침식사 메뉴로 손색이 없었다. 또 남은 로스트비프나 콘비프를 역시 남은 감자 요리와 섞어 해시 브라운을 만들었는데, 토스트에 올리거나 수란을 곁들이면 그 자체만으로도 훌륭한 아침식사가 되었다. 조지애나 힐은 가족을 위한 아침식사라면 수란보다 만들기는 좀 더 복잡하지만 "송아지 머리 고기로 해시 브라운을 만들 때 다진 뇌를 조그맣게 빚어서 튀겨 낸 것을 가니시로 곁들이면 좋다."[94]고 덧붙였다. 저자가 말한 가족 친화적인 뇌 튀김의 조리법을 살펴보면 그나마 조금 덜 무섭게 느껴질 것이다. "끓는 물에 데친 뇌를 두드려 부드러운 곤죽 상태로 만든다. 여기에 잘게 썬 세이지와 향신료, 달걀을 넣어 적당한 농도로 반죽한 뒤 노릇노릇하게 튀겨 낸다."[95]

영국에서는 저녁에 먹다 남은 구운 고기가 있으면 다음 날 아침 버블 앤드 스퀴크bubble and squeak를 먹을 수 있었다. 조지 웨브 대슨트George Webbe Dasent 경의 1872년 저서 《레이디 스위트애플, 또는 셋으로 하나Lady Sweetapple, or Three to One》에 나오는 미식가 비스윙 씨의 말을 빌리면 이 요리의 이름은 의성어에서 나온 것이다.

> 지금으로부터 30~40년 전, 내가 사립 기숙학교에 다니던 시절에는 이따금 아침식탁에 버블 앤드 스퀴크가 올라왔어요. 우리에게 '버블 앤드 스퀴크'는 어떤 은유가 아니라 끔찍한 현실이었지요(bubble and squeak를 말 그대로 해석하면 '거품을 물고 꺅꺅 비명을 지른다'는 뜻이다_옮긴이). 도대체 버블 앤드 스퀴크가 뭔지 아직 설명을 안 했군요. 먹다 남은 저질 콘비프를 얇게 저며서 녹색 채소나 양배추와 함께 볶은 거예요. 말이 음식이지, 영양 성분은 5퍼센트도 안 되고 나머지 95퍼센트는 그냥 쓰레기에 불과할 겁니다. 몸에 좋은 성분은 삶고 볶는 과정에서 모두 빠져 나갔을 테니까요. 고기는 가죽을 씹는 것 같고, 양배추에서는 특유의 고약한 냄새가 났어요. 튼튼한 치아와 종잇장이라도 씹어 먹을 먹성, 거기다 코까지 막힌 남자아이라면 30분쯤 걸려서 먹을 수 있을 겁니다. 다 먹고 나도 남는 건 더부룩한 배 속뿐이지만요.[96]

조지애나 힐은 버블 앤드 스퀴크를 '건강하지 못한 저질 음식'으로 평가했다. 이처럼 많은 비평에도 여전히 이 음식은 영국의 아침 정찬에 빠지지 않는 메뉴다.

6
Around the World in a Meal

과일을 먹기 가장 좋은 시간

메리언 할런드는 1875년에 출간한 《아침, 점심, 그리고 티타임》에서 "미국식 아침식사는 콜드비프(구운 쇠고기를 차게 식힌 것_옮긴이)와 게임 파이(꿩이나 산토끼, 사슴 등 사냥해서 잡은 고기로 소를 채운 파이_옮긴이)로 대표되는, 다소 부담스러운 영국식 아침식사와 그에 비해 지나치게 가벼운 프랑스식 아침식사를 적절히 배합한 것"[97]이라고 말했다. 이는 언뜻 공정한 판단으로 보인다. 하지만 우습게도 이 책에 소개된 아침식사 요리는 대부분 다진 고기로 만든 크로켓이다. 이 점에서 저자의 주장은 설득력이 떨어진다. 실제로 이 책에 소개된 아침식사 메뉴 가운데 채소를 사용한 것은 빵가루를 입혀 돼지기름에 튀겨 낸 감자 크로켓뿐이다.

아침식사로 기름에 볶은 콩팥을 먹는 것이 소고기 파이와 잼을 바른 바게트 한 조각을 먹는 것처럼 '기분좋은 배합'으로 여겨지던 당시, 아침에 과일과 채소를 많이 먹었다고 상상하기는 어렵다. 아침식사가 보다 확실한 문화로 정착된 17세기 후반에도 과일과 채소는 고기와 달걀, 빵에 밀려 대체로 뒷전이었을 것으로 보인다.

과일

TV 광고 속 아침식사 풍경에는 흔히 시리얼 한 그릇과 달걀 프라이, 베이컨, 토스트 한 조각이 보인다. 단백질 음식과 시리얼에는 으레 여러 종류의 과일이 곁들여진다. 시리얼 위에는 얇게 썬 바나나와 딸기가 올라가 있고, 그 옆에는 절반으로 자른 자몽과 오렌지 주스 한 컵이 놓여 있다. 광고에서는 항상 과일을 '완벽한 아침식사의 한 부분'이라고 주장하지만, 사실 아침식탁에 과일이 한자리를 차지하기 시작한 것은 얼마 되지 않은 비교적 최근의 현상이다.

아침식사가 그 중요성과 가치를 다시 인정받게 되었을 때, 과일은 그 영광을 함께 나누지 못했다. 구운 사과, 얇게 썬 토마토, 산딸기류 열매를 우려낸 위스키를 제외하면 요리책이나 식당 메뉴에서 과일을 찾아보기는 힘들었다.[98] 아침식사 때 과일이 먹고 싶다면 빵에 잼을 바르는 것으로 충분했다. 검소함을 뜻하는 영어 단어 frugal은 '과일을 먹고 산다'는 뜻의 라틴어에서 파생된 것이다. 하지만 알뜰한 가계 운영을 위한 지침서들에서조차 고기 중심의 아침식사가 권장되었으며, 과일은 주요리의 맛을 돋우는 양념에 불과했다.

변화가 시작된 것은 1830년대부터였다. 미국의 교육자이자 의사인 윌리엄 앤드러스 올컷William Andrus Alcott이 과일을 그저 후식으로 여기는 관행에 반기를 든 것이다. 그는 "아침이야말로 과일을 먹기 가장 좋은 시간"[99]이라고 주장했다. 40여 년 뒤, 메리언 할런드도 자신의 저서에서 "최근에는 아침식탁에서 과일 접시나 과일 바구니를 흔히 볼 수 있으며, 특히 제철에는 더욱 그렇다. 심지어 아침에 과일을 먹지 못하면 괴로워하는 사람들도 있다."[100]고 했다. 19세기 말 무렵에는 대부분의 사람들이 이러한 추세에 합류했다.

1891년 존 켈로그는 "나는 아침식사로 과일을 자주 먹는다. 있는 그대로 먹기도 하고, 약한 불에 뭉근하게 익혀서 먹기도 한다."[101]고 밝혔다. 오트밀에 구운 사과를 곁들여 먹으면 생각보다 맛이 좋다고도 했다. 인류가 사과주를 만들어 먹기 시작한 지 2백 년이 지난 뒤에야, 먹기 좋은 수천 가지 품종의 사과가 생산되기 시작했다. 하지만 당시만 해도 사과는 조리 과정을 거쳐야 아침식탁에 오를 수 있었다.

윌리엄 앤드러스 올컷은 1838년에 출간한 책인 《젊은 주부 혹은 음식과 요리에 대한 생각Young House-keeper, Or, Thoughts on Food and Cookery》에서 사과 애호가답게 자그마치 17쪽에 걸쳐 사과에 대한 찬사를 늘어놓는다. 그는 "건강한 사람이라면 아침식사로 사과만 먹어도 일하는 데 아무 지장이 없다."고 주장했다.[102] 남북전쟁 이후 부릴 노예가 없어진 남부 백인들에게 요리를 가르쳐 유명해진 엠마 파이크 유잉Emma Pike Ewing은 "아침식사 때 해시 브라운 대신 구운 사과를 내놓아도 좋다."고 말했다. 그러면서 얼핏 쉬워 보이지만 결코 그렇지 않은 사과 굽기에 대해 다음과 같이 설명했다. "가능한 한 가장 센 불에 단시간 구워 낸 사과는 일반 오븐에 구운 사과와 전혀 다르다. 전자는 특유의 풍미와 영혼이 살아 있지만 후자는 서서히 고통을 주어 생기가 다 빠져 버린 듯한 맛이다."[103]

사과에 향신료와 설탕을 넣고 퓌레처럼 조린 애플 소스도 여러 가지 이유로 인기가 있었다. 미리 만들어 단지 또는 유리병(1880년대 들어 가정에서도 흔히 병조림을 만들게 된 덕분이다)에 저장할 수 있다는 점, 병약자들을 위한 이상적인 식품이라는 점이 이유였다. 1850년대 많은 여성들이 존재 자체에 회의를 느끼게 만드는 생리통이나 기타 자궁 질환 같은 이른바 부인병을 치료하기 위해 수치 요법을 받는 환자들은 아침식사나 간식 시간에 잘 익은 과일 또는 사과 스튜를 많이 먹었다. 또 버터 대신 애플 소스를 빵에 발라 먹으라는 조언을 받기도 하였다.[104]

산후 조리 중인 여성이 아침에 사과를 먹을 수 있는 방법들은 더욱 다양했다. 잡지 《먼슬리 매거진 브리티시 레지스터Monthly Magazine and British Register》 1800년 9호에 실린 '켄터키의 툴민 씨가 보내온 편지'에는 다음과 같은 내용이 나온다. "대법원 판사 해리 툴민은 펜실베이니아 여관에서 차와 커피, 양갈비 구이, 햄 구이, 기타 등등으로 아침식사를 했는데, 특히 인상적이었던 것은 어느 날 새로 식탁에 오른 사과 파이였다."[105] 사과 파이는 다른 종류의 파이와 더불어 뉴잉글랜드와 남부 산악 지대의 전통적인 아침식사 메

| 아침식사 메뉴로 사랑받고 있는 과일인 사과

뉴였지만, 안타깝게도 이러한 전통은 19세기 말에 사라졌다.

향신료를 첨가하여 맛이 풍부한 사과 파이는 미국의 상징이긴 하지만 아침식사 메뉴로는 더 이상 인기가 없는 것 같다. 그러나 사과 파이에서 변형된 다양한 먹거리들이 여전히 대중의 사랑을 받고 있다. 토스터 페이스트리(토스터에 데워 먹는 페이스트리_옮긴이)에는 언제나 사과 맛이 포함된다. 또 미 전역의 커피숍에서는 사과가 들어간 데니시 페이스트리와 슈트루델(Strudel, 얇게 민 반죽에 과일을 없어 말아 구운 오스트리아식 전통 과자_옮긴이), 커피케이크를 맛볼 수 있다. 1967년 켈로그 사에서 출시된 네 가지 맛의 팝 타르트(토스터 페이스트리의 제품명_옮긴이)에도 사과 맛이 빠지지 않았다. 오늘날의 사과-계피맛 인스턴트 오트밀은 존 켈로그가 즐겨 먹던 구운 사과를 곁들인 오트밀과는 상당한 차이가 있다. 하지만 사과가 미국의 유산이라는 점을 반영하고 있음은 분명한 사실이다.

1830년대 켈로그가 주도했던 클린 리빙 운동의 영향으로, 대중에게 인기 있는 식품이 건강에 좋은 식품으로 혼동되기도 했다. 감귤류도 그런 경우 중 하나였다. 1875년 메리언 할런드는 "일상적인 아침식사를 하기 전 오렌지를 먹는 것이 유행이며, 이는 곧 건강을 위한 현명한 선택이다."라고 기록했다. 당시의 건강 관련 서적들은 "아침을 먹기 전 오렌지를 한두 개 먹으면 기분이 좋아지고 습관성 변비 증상도 완화된다."고 주장했다.[106] 그러면서 아침식사 전 오렌지를 먹는 것이 켈로그의 요구르트 관장 요법보다 훨씬 쉽다는 당연한 설명도 덧붙였다.[107]

콜럼버스가 플로리다에 오렌지를 전해 준 지 약 330년이 지난 1823년, 프랑스 귀족 오데 필리프Odet Philippe이 자몽을 들여왔다. 이후 농부들이 씨 없는 품종을 발견하기까지 40년, 오늘날 사랑받는 루비 레드 종이 나오기까지 다시 60년이 걸렸다. 1920년대 과학자들은 자몽의 당도를 높이고 아침식탁에서 주스를 짤 때 눈에 튀지 않도록 세포 구조를 바꾸는 연구에 착수했다. 새로운 식품이 다 그렇듯 처음 시장에 출시된 자몽은 부유한 사람들에게 유행처럼

| 자몽이 곁들여진 아침식사

퍼져 나갔다. 20세기 초 영양학 관련 정보지들은 아침저녁으로 자몽을 먹으면 다양한 만성 질환과 까탈스러운 성질을 완화하는 데 도움이 된다고 주장했다.

1919년 스페인 독감이 세계적으로 크게 유행했을 때 자몽이 독감 치료에 효과가 있다는 홍보 캠페인이 시작되었다. 이 캠페인은 엄청난 성공을 거두어 단 열흘 만에 감귤류 과일이 시장에서 동이 날 정도였다. 이후 1930년대에 불어 닥친 자몽 다이어트 열풍까지 지나간 뒤에야 비로소 자몽은 보다 균형 잡힌 아침식사의 동반자로 되돌아왔다. 오늘날과 마찬가지로 당시에도 자몽은 반으로 잘라 그대로 먹거나 설탕을 살짝 뿌려 먹는 것이 일반적이었다. 그러나 1940년대 말에는 구운 자몽 요리가 여성지와 요리책에 등장하기 시작했다. 1951년 월간지 《여성을 위한 가정의 동반자Women's Home Companion》에서는 구운 자몽을 '아침 입맛을 돋우는 산뜻한 자극제'로 표현하며 적극 추천했다.[108]

아침식탁에 '캔디 상태가 될 때까지 구워 낸' 바나나가 오르기 시작한 것은 자몽보다 더 먼저였다. 그러나 이 요리는 1889년 호텔 직원 교육 책자에 소개된 것으로, 일반 가정에서 만들어 먹을 수 있는 음식은 아니었다.[109] 값비싼 호사품이었던 바나나의 위상은 20세기 들어 일상적인 필수 식품으로 변신했다. 오늘날 바나나는 세계인들에게 가장 인기 있는 과일이다. 이렇게 혜성처럼 부각된 이유 중 하나는 운송의 편리성이었다. 바나나는 익지 않은 상태로 수확할 수 있어서 운송 중에도 단단한 과육의 상태가 그대로 유지되며, 각 가정에서 기호에 따라 익혀 먹을 수 있다. 무엇보다 중요한 사실은 일 년 내내 수확할 수 있다는 점이다.

1910년, 바나나 위에 아침식사 시리얼을 뿌리는 광고가 등장했다. 곧이어 대중 사이에서는 광고와는 달리 그릇에 시리얼을 담고 그 위에 얇게 썬 바나나를 얹은 뒤 우유와 설탕을 더해 차게 혹은 뜨겁게 먹기도 했다. 급기야 켈로그 사는 1963년 '우유만 부으면 바로 완성! 진짜 맛있는 바나나 맛!'이라는 광고 문구와 함께 인공 바나나 칩이 들어간 콘플레이크 제품을 선보였다. 하지만 인공 바나나 칩은 진짜 바나나 맛과는 달랐고, 결정적으로 우유 빛깔을 베이지색으로 변하게 만드는 문제가 있었다. 결국 이 제품은 출시된 지 3년 만에 단종되었다.

지난 1백여 년 동안 광고주들은 하루 중 언제든 다양한 방식으로 즐길 수 있는 음식이 바나나라는 인식을 심어 주기 위해 꾸준히 노력했다. 하지만 바나나는 여전히 시리얼 위에 얹어 먹는 것이 대세다. 시리얼에 곁들여 먹는 과일은 바나나만이 아니었다. 켈로그 사는 비운의 바나나 콘플레이크보다 약 40년 앞서 건포도가 들어간 레이즌 브랜Raisin Bran을 미국 시장에 내놓았다(호주와 뉴질랜드에서는 '술타아너 브랜'이라는 이름으로 판매되었다). 현재 시판 중인 수많은 아침식사용 시리얼 제품에는 건포도를 비롯한 다양한 말린 과일이 들어가 있다.

아침식사 때 섭취하는 과일이 잼이나 젤리, 콤포트(설탕에 조린 과일_옮긴이), 마멀레이드 같은 저장 식품이 전부인 이들도 많다. 4세

| 바나나

기 로마 요리책 《아피키우스》에 과일 설탕 조림 요리가 나와 있는 것으로 보아, 마멀레이드가 발명된 곳을 스코틀랜드라고 추정하기는 어렵다. 하지만 마멀레이드를 아침식사 때 처음 먹기 시작한 것은 스코틀랜드 사람들이었다. 영국 의사 토머스 엘리엇Thomas Elyot이 권장하는 만병통치약은 이른 아침 배 속이 차가울 때 '설탕옷을 입힌 오렌지 껍질 한 조각과 함께 소량의 음식을 먹는 것'이었다.110 그전까지 매일 아침 스코틀랜드 사람들은 먼저 위스키 한 모

금으로 배 속을 따뜻하게 데우고, 이어서 토스트 한 조각과 함께 에일을 마셨다. 그러다가 18세기 초 차 문화가 유행하자, 일부에서는 아침에 에일 대신 차를 마셨다. 또 배 속을 덥히는 용도로 위스키 대신 설탕옷을 입힌 오렌지 껍질이나 마멀레이드를 먹는 사람들도 생겨났다.

이런 추세가 못마땅했던 윌리엄 매킨토시 William Mackintosh 장군은 1729년 다음과 같은 기록을 남겼다. "예전에는 아침에 친구 집에 가면 해장술을 마셨냐는 질문을 받았는데 이제는 차를 마셨느냐는 질문을 받는다. 독한 에일 맥주와 토스트, 온 몸의 원기를 돋우는 훌륭한 스코틀랜드 위스키 대신 지금은 마멀레이드와 크림, 차가운 차 따위가 나온다."[111]

반면 영국의 문호 새뮤얼 존슨 Samuel Johnson은 스코틀랜드식 아침식탁에 놓이는 마멀레이드에 찬사를 보냈다. 그가 1774년에 남긴 글에는 "감각의 즐거움을 추구하는 미식가라면, 전날 어디서 저녁을 먹었든 아침식사는 스코틀랜드에서 하고 싶을 것이다."

| 마멀레이드

라는 대목이 나온다.[112] 이렇게 생각한 이유는 당연히 스코틀랜드식 아침식탁에 홍차와 함께 버터, 꿀, 과일 설탕 절임, 마멀레이드가 오르기 때문이었다. 본래 마멀레이드는 아주 두껍고 시큼한 맛이 나는 마르멜로의 과육을 의미했다(마르멜로는 향기는 좋지만 식감은 서양배처럼 푸석푸석하다). 하지만 새뮤얼 존슨이 살던 시대에는 감귤류의 껍질과 즙으로 만든 잼을 지칭하는 경우가 많았다.

채소

1660년 영국으로 돌아오는 찰스 2세의 호위병들과 함께 배에 올랐던 새뮤얼 피프스는 "사무장 선실에서 아침식사를 할 때 래디시(겨자과의 식물. 붉은 뿌리는 무와 비슷하지만 크기가 자다_옮긴이)를 먹었다."고 일기에 기록했다. 이 같은 특이 사례를 제외하면, 근대의 영국 상류 사회에서 채소를 즐겨 먹는 사람은 많지 않았다. 특히 아침에 채소를 먹는 경우는 거의 없었다.[113] 피프스의 친구이자 역시 일기 작가였던 정원사 존 이블린John Evelyn도 섬유질 섭취의 장점을 여러 차례 강조했다. 하지만 그 전까지 영양학자를 포함한 대부분의 사람들은 채소를 소화가 안 되는 질 낮은 식재료로 빈곤층이나 먹는 것이라 여겼다.

하지만 영국을 제외한 다른 지역의 상황은 달랐다. 지중해와 레반트 지역에서는 수천 년 전부터 아침식사 때 당근, 오이, 올리브

| 김치

같은 채소를 생으로 혹은 초절임해서 빵, 올리브유, 치즈와 함께 먹었다. 이스라엘 사람들은 아침에 오이와 토마토로 만든 샐러드를 기본으로 먹는다. 고대 이집트에서는 파라오부터 노예까지 모든 이들이 양파 렐리시(relish, 새콤달콤하게 초절임한 열매채소를 다져서 만든 양념류_옮긴이)를 빵에 곁들여 먹었다. 고대 중국에서는 죽에 채소를 곁들였고, 일본의 전통 아침상에는 쓰케모노라는 채소 장아찌가 절대 빠지지 않았다. 한국인들은 아침에 쌀밥과 함께 가지나물, 미

역국, 우엉 장아찌 같은 채소 반찬을 먹는다. 특히 배추, 파, 마늘을 고춧가루에 버무려 발효시킨 김치는 역사가 기원전 7세기까지 거슬러 올라가는 한국의 대표적인 전통음식이다.

18세기 초, 스코틀랜드의 의사이자 채식주의자인 조지 체인 George Cheyne은 채소 위주의 아침식사를 적극 권장했다. 하지만 19세기 중반까지도 아침에 채소만 먹는 사람은 식이요법을 할 수밖에 없는 환자들뿐이었다. 미국인들은 그나마 영국인들에 비해 아침에 먹는 채소를 훨씬 관대하게 받아들인 편이었다. 19세기 초 미국인의 아침식탁에는 채소 메뉴가 조금씩 꾸준히 오르기 시작했다. 오믈렛에는 버섯, 파슬리, 양파가 부재료로 들어갔고, 든든한 단백질 요리에 샐러드를 곁들이는 경우가 종종 생겨났다. 가지 튀김이나 가지 스튜 같은 새로운 요리도 속속 선보였다.

토마토는 코르테스 Hernan Cortes 선단이 아메리카 대륙에 상륙했던 1519년 이후 몇백 년이 지나서야 아침식탁에 올랐다. 토마토는 옥수수와 마찬가지로 아메리카 대륙이 원산지였지만, 이주민들이 영국과 유럽의 전통 식문화에서 벗어나기까지 수백 년 동안 관심을 받지 못했다. 그러나 1820년대에 이르러 미국은 새로운 토마토 마니아가 되었다. 1839년에 출간된 《켄터키 주부 Kentucky Housewife》의 저자 레티스 브라이언 Lettice Bryan은 "생 토마토를 두껍게 썰어 소금, 후추, 식초로 양념을 하면 훌륭한 아침식사 메뉴가 된다."고 주장했다.[114] 남부와 달리 싱싱한 토마토를 구하기 어려웠던 뉴잉글랜드 지역에서는 보통 생 토마토 대신 구운 토마토를 아침식탁에 올렸다.

토마토는 깍둑썰기 해 오믈렛에 넣거나, 부리토에 들어가는 살사 샐러드를 만들거나, 영국식 아침 정찬에 들어가는 것처럼 튀겨서 먹는다. 하지만 아침식탁에서 가장 흔히 볼 수 있는 토마토 요리는 소스, 바로 케첩이다. 1904년 미국의 원예 전문가 제임스 미즈James Mease는 토마토로 훌륭한 소스를 만들 수 있다는 사실을 알아냈고, 8년 뒤 요리책을 통해 자신만의 케첩 제조법을 공개했다.[115] 1940년대 케첩은 스크램블 에그나 감자튀김에 가장 잘 어울리는 소스로 대중에게 확실히 각인되었다.

감자는 16세기 말에 처음 유럽에 전해졌지만, 주식으로 자리 잡은 것은 18세기 말이었다. 감자의 원산지 역시 토마토나 옥수수처럼 아메리카 대륙이었다. 그러나 19세기에 접어들어서야 옥수수를 대신해 이주민들이 즐겨 먹는 아침식사가 되었다.

미국 요리책 저자들은 영국 요리책 저자들에 비해 감자의 가치를 훨씬 높게 인정했다. 엘리자 레슬리Eliza Leslie가 1847년에 출간한 자신의 요리책에서 소개한 아침식사 메뉴의 절반 이상은 감자 요리였다. 이로써 감자에 대한 저자의 정서가 분명히 드러난다.

1882년에 영국에서 출간된 《아침 요리책Breakfast Book》에는 채소 요리라고는 단 한 가지, 베이컨에 곁들인 감자튀김밖에 없었다. 이와는 대조적으로 미국의 토머스 제퍼슨 머리가 1885년에 펴낸 《맛있는 아침식사》에는 감자 요리만 여섯 가지에다 기타 다른 채소 요리도 다수 소개하고 있다. 그중에는 볶은 양파를 곁들인 리용

식 감자 요리도 있다. 그로부터 2년 뒤 미국의 요리 강사 마리아 팔로아Maria Paloa는 '감자로 만든 해시 브라운(감자를 다져 갈색으로 부쳐 낸 것)' 요리법을 최초로 공개했다.[116]

오늘날 해시 브라운은 깍둑썰기 대신 채를 썰어서 만드는데, 이는 스위스 베른 지역 농부들의 전통적인 아침 메뉴인 뢰스티rösti의 영향을 받은 것으로 보인다. 사과나 양파를 곁들여 먹는 뢰스티는 유대인들의 랏키latke와도 비슷하지만 베이컨이 들어간다는 점에서는 차이가 있다. 1970년대 들어 해시 브라운 패티는 대부분 채 썬 감자로 만들어졌고, 심지어 냉동 제품까지 등장했다. 냉동 해시 브라운을 최초로 시장에 내놓은 회사는 오리건 주에 있는 오리이다Ore-Ida였다. 이 회사는 1973년 '해시 브라운 포테이토 패티 제조 장비'에 대한 특허 등록을 마쳤다. 5년 뒤에는 맥도날드의 아침 메뉴에 노릇노릇 튀겨 낸 해시 브라운이 추가되었다.[117]

예전 해시 브라운은 주사위 꼴로 썰거나 잘게 다진 감자를 버터 또는 베이컨 기름에 볶아 낸 것으로, 여기에 양파 볶음을 곁들여 먹기도 했다. 이는 오늘날 '홈 프라이'라고 알려진 요리와 똑같다. 이름만 들으면 가정에서 만들어 먹는 음식으로 생각되지만, 사실 홈 프라이는 아침식사를 파는 싸구려 간이식당에서 흔히 볼 수 있는 메뉴다.

수많은 감자 조리법 가운데 지난 2백 년 동안 가장 선호하는 조리법으로 두각을 나타낸 것은 단연 튀김이었다. 1873년, 메리 후퍼Mary Hooper는 《아침을 위한 핸드북Handbook for the Breakfast Table》에

"감자튀김은 어떻게 하든 맛있다."고 썼을 정도였다.[118] 그로부터 100년 이상이 지난 지금도 감자튀김은 미국과 영국에서 즐겨 먹는 채소이며 아침식탁에서 가장 흔하게 먹는 음식이 되었다.

7
Around the World in a Meal

아침 음료로
커피가 최고라고 생각하면 오산!

포도주가 발명된 후 약 9천 년이 흘러 커피가 등장하기까지, 아침식사용 음료의 세계에는 놀라울 정도로 변화가 거의 없었다. 커피가 발명되고 드라이브 스루 에스프레소 판매점이 생겨나기까지 약 5백 년 동안은 변화가 더디웠 저었다.

술

고대 그리스 로마 시대에는 금욕이 거의 강조되지 않았지만, 그리스와 로마 사람들은 포도주에 물을 타서 마시는 것이 문명화된 방식이라고 여겼다. 고대 그리스 시대에는 희석한 포도주에 빵을 찍어 먹는 가벼운 식사, 아리스톤을 즐겼다. 기원전 5세기 고전 시대에 이르러 아리스톤은 점심식사가 되고, 아침식사용 포도주에 물을 타서 마시는 일은 없어졌다.

대부분의 그리스인들은 포도주를 희석하지 않고 마시는 것을 야만적인 행동으로 여겼다. 그렇다고 포도주 원액 아크라토스akratos를 마시지 않았던 것은 아닌 것 같다. 기원전 2세기 작가 아테나이오스Athenaeus의 저서 《현자의 연회Deipnosophistae》에는 "희석하지 않은 포도주에 빵을 적셔 먹는 것을 아크라티스모스akratismos라고 한다."는 문구가 나온다. 이미 3백여 년 동안 이어져 온 전통이었다.[119] 역사가인 마겔론 투생-사마Maguelonne Toussaint-Samat에 따르면 5세기 그리스인들은 아침으로 희석하지 않은 포도주에 빵을 찍어 먹었다. 이는 취하기 위해서가 아니라 신들에 대한 경배의 뜻이었다고 한다. 성찬 의식처럼 포도주 원액에 빵을 찍어 먹는 것은 하루를 시작하기 전 신에게 감사를 표하는 방법이었다.

중세 시대에는 수질이 아주 안 좋았기 때문에 도수가 높은 음료가 가장 안전한 음료인 경우가 많았다. 아침식사 때 에일을 마시는 전통은 엘리자베스 여왕 통치기간 내내 이어졌다. 심지어 19세기 역사가들은 《에일과 맥주의 모든 것Curiosities of Ale and Beer》이라는 책을 통해 "18세기에 들어서도 전통 생활 방식을 고수하는 이들 사이에서는 아침에 에일을 마시는 것이 흔한 일이었다."고 주장했다.[120] 엘리자베스 여왕 자신도 매일 아침 귀리 케이크와 함께 에일 한 주전자를 즐긴 것으로 유명했다. 그러나 미국의 벤저민 프랭클린은 아침에, 특히 평일 아침에 술을 마시는 습관을 그리 탐탁하게 생각하지 않았다. "신문사의 내 동료는 매일 아침을 먹기 전에 맥주 한 잔, 빵과 치즈로 아침을 먹으면서 또 한 잔, 아침과 점심 사이에 또 한 잔을 마셨다. 이는 정말 끔찍한 습관이었다. 그 친구는 독한 맥주를 마셔야 독하게 일할 수 있다고 생각하는 모양이다."[121]

프랭클린의 신문사 직원들뿐 아니라 18세기의 농부들도 아침식사 때 에일 맥주 마시기를 좋아했다. 그런데 대부분 에일에 단맛을 추가하고 곡물과 우유 또는 달걀을 섞은 걸쭉한 죽의 형태였다. '커들caudle'이라고 불렸던 이 음료는 에일과 귀리 비스킷을 한꺼번에 섭취할 수 있는 편리한 방법이었다. 반대로 우유와 달걀을 맥주나 포도주에 섞어 포셋(우유술)을 만들기도 했다.

포셋은 따뜻한 에그녹과 비슷한(브랜디 대신 에일이나 포도주가 들어갔다는 점만 다르다) 음료로 잠자기 직전과 잠에서 깬 직후에 마셨다. 이를테면 아침식사의 전식이었다. 포셋은 고형식을 먹기 어려운 환자들의 대용식이 되기도 했다. 18세기의 한 약초 의학서는 "보름달이 뜬 밤에 포셋을 마시면 어린이와 성인의 경기, 발작, 간질 증상을 치료할 수 있다."고 주장했다.[122]

아침식사용 음료인 커들과 포셋 가운데 더 걸쭉한 쪽은 커들이다. 14세기에 등장한 최초의 커들은 포도주에 밀 전분과 씨를 제거한 건포도를 섞고 마지막으로 설탕을 넣어 만들었다. 각종 부재료를 넣은 이유는 아침식사의 영양적 가치를 높이기 위해서가 아니라 '독한 포도주 맛을 순화시키기' 위해서였다.[123] 15세기에는 커들의 조리법이 약간 더 복잡해졌다. 포도주에 우유와 달걀을 넣어 영양을 더하고, 걸쭉한 농도를 만들기 위해 아몬드 가루와 빵 또는

▎아침식사 메뉴에서 후식으로 위상이 바뀐 커들

귀리 비스킷을 부수어 넣었으며, 마지막으로 사프란이나 생강 같은 호사스러운 향신료까지 첨가했다.

　미국에서 1727년에 출간된 최초의 요리책인 엘리자 스미스Eliza Smith의 《완벽한 가정주부Compleat Housewife》에 커들 요리법이 포함됐다는 것은 이 음료가 이주민들과 함께 신대륙에 정착할 만큼 대중적으로 인기가 높았다는 증거다. 하지만 그로부터 채 백 년이 지나지 않아 커들과 포셋은 아침식사 메뉴에서 후식으로 위상이 옮겨 갔다.

18세기 들어 카페인 음료가 널리 퍼지면서, 유럽의 아침식탁에는 더 이상 알코올 음료를 찾아볼 수 없게 되었다. 앞서 소개한 매킨토시 장군의 한탄에서 알 수 있듯, 그 희생양 중 하나는 위스키였다. 위스키는 홍차와 마멀레이드의 인기가 영국 전역을 휩쓸면서 자연스레 아침식탁에서 밀려났다. 위장을 따뜻하게 데워 주고 이른 아침 식욕을 자극하기 위해 마시는 약간의 위스키는 작가 새뮤얼 존슨이 스코틀랜드식 아침식사에서 가장 좋아한 부분이기도 했다. 거의 매일 아침 위스키 한 잔을 마신 뒤에야 본격적인 식사를 시작했던 존슨은 "아침에 마시는 위스키 한 잔을 거부할 정도로 자제력이 강한 인간은 없다."고 단언했다. 위스키는 자칫 과식을 부를 수 있는 푸짐한 스코틀랜드식 아침식탁에서 소화제 역할까지 담당했다. 19세기 초의 한 자기는 "낭시 유행에 따라 마신 식후 위스키 한 잔이 배 속에 들어간 다양한 음식을 깔끔하게 정리해 주었다."고 기록했다.[124]

카페인

16세기 말에서 17세기 초는 유럽인들에게 매우 바쁜 시기였다. 세 가지 종류의 카페인이 막 발견되어 수십 년 사이에 잇달아 도입되었기 때문이다. 아스텍 왕국 마지막 황제인 몬테수마Montezuma

의 싸늘하게 식은 시신 손에서 빼내 온 초콜릿(코코아)은 채 백 년이 지나지 않아 유럽인들의 혼을 빼놓았다. 그리고 홍차와 커피가 그 뒤를 따랐다. 이 세 가지 카페인 음료 가운데 유럽에서 가장 인기가 높았던 것은 코코아였다. 스웨덴의 식물학자 카를 린네Carl Linnaeus는 코코아 원료인 카카오 열매를 그리스어로 '테오브로마Theobroma'라고 불렀다. '신의 음식'이라는 뜻이다. 코코아는 실제로 아스텍인들에게 수천 년 전부터 '신의 음료'였다.

코코아는 스페인 정복자들의 눈에 띈 지 채 오십 년도 지나지 않아 이국적 음료에서 스페인 귀족들이 하루를 시작하기 전에 은밀하게 먹는 음식이 되었다. 17세기 들어 아침식사를 다시 인정하게 되면서 코코아도 덩달아 식탁에 오르기 시작했다. 가톨릭교회는 코코아를 마시기 위해 교회법까지 바꾸었다. 코코아에 대한 로마인들의 애정이 절정에 이르면서, 코코아를 음식이 아닌 음료로 봐야 한다는 주장이 터져 나왔다. 만일 그렇게 되면 금식 기간에도 코코아를 마실 수 있기 때문이었다. 급기야 1662년 프랜시스 마리아 브란카치오 추기경은 "음료의 섭취는 금식에 위배되지 않는다."고 선언했다. 이를 '금식 기간에 코코아를 마실 수 있다'는 뜻으로 해석한 대부분의 사람들은 기쁨을 감추지 못했다.[125]

18세기에는 아침식사 전에 코코아를 마시는 풍경을 유럽과 아메리카 대륙에서 흔히 볼 수 있었다. 커피나 홍차를 코코아와 함께 마시기도 했다. 19세기 초, 코코아는 멕시코 사람들의 주요 아침식사 메뉴였다. 가정생활에 관한 어느 책에는 다음과 같은 내용이 적

| 코코아

혀 있다. "미국인들이 멕시코인들에 비해 코코아를 덜 마시는 것은 매우 안타까운 일이다. 특히 겨울철 아침식사 메뉴로는 커피보다 코코아가 훨씬 더 바람직하다. 우유를 섞어 잘 끓이면 다른 어떤 음식보다 훌륭한 아침식사가 된다."[126]

그로부터 150년 이상이 지나, 워싱턴을 본거지로 한 카네이션 사에서 이에 부응하는 음료를 내놓았다. 무가당 연유를 전문으로 생산하던 이 회사는 1964년 플레인, 커피, 초콜릿 세 가지 맛의 인스턴트 브렉퍼스트를 출시했다. 현재 플레인과 커피 맛은 단종되었고, 대신 초콜릿 맛이 네 종류로 나뉘어 생산되고 있다. 비타민과 단백질을 보강한 분말 형태의 이 제품은 우유에 타서 마신다. 1960년대 인스턴트 브렉퍼스트 광고를 보면 '이 한 잔은 달걀 두 개 분량의 단백질과 베이컨 두 줄 분량의 미네랄을 담고 있다. 열량은 버터 바른 토스트 두 쪽보다 높으며, 심지어 비타민C까지 함유되어 있다'고 강조한다. 이후에 나온 다크 초콜릿 맛 인스턴트 브렉퍼스트는 '진하고 깊은 맛'을 내세우며 '녹차에 버금가는 양의 항산화 물질을 함유'하고 있다고 주장한다.

아스텍인들에게 초콜릿이 있었다면 아시아인들에게는 수천 년 동안 이어져 내려온 차茶 전통이 있었다. 초콜릿과 마찬가지로 차도 16세기가 되어서야 유럽에 전해졌다. 17세기 유럽에 차 열풍을 불러일으킨 장본인은 포르투갈의 캐서린 브라간자 공주였다. 그녀가 영국의 찰스 2세와 결혼하면서 가져온 어마어마한 혼수품 중에는 차 한 상자가 포함되어 있었다. 18세기에는 차가 아침식탁에 빠져서는 안 될 음료로 자리 잡았다. 이를 누구보다 반겼던 새뮤얼 존슨은 "차와 함께 아침을 맞이한다."는 기록을 남기기도 했다.[127]

19세기에 접어들면서 차를 마시는 문화가 유럽 전역, 영국, 아메리카 대륙에서 확고하게 자리 잡았다. 그러자 대부분의 전문가들은 아침에 차를 마시려면 다른 음식과 함께 먹어야 해롭지 않다는 데 의견을 모았다. 하지만 많은 사람들은 아침을 제대로 챙겨 먹는 대신 커피나 차 한 잔으로 간단히 때웠다. 카페인의 식욕 억제 효과로 점심 때까지 배고픔을 비교적 쉽게 견딜 수 있을 뿐 아니라, 시간과 돈까지 절약할 수 있었기 때문이다. 이들은 노동을 위해 특별히 많은 에너지가 필요하지 않다면 굳이 아침부터 음식을 먹지 않아도 된다고 생각했다. 이는 아침식사를 꺼렸던 근대 초기의 사회적 분위기를 떠올리게 한다. 1817년 농학자 존 싱클레어John Sinclair 경은 다음과 같은 글을 남겼다. "격렬한 신체 활동을 거의 하지 않고 편안히 사는 사람이라면 차 한 잔으로 아침식사를 대신하는 것도 바람직하다. 아니, 최근에는 그것이 최고의 선택일 수 있다."[128]

코코아는 차의 대체품이 되곤 했지만, 커피는 그러지 못했다. 16세기에 코코아, 차와 함께 유럽에 들어온 커피는 17세기에 들어와서야 주목받기 시작했다. 이 시기에 아침식사가 유럽과 아메리카 사교계 엘리트층에게 보편적인 일상으로 자리 잡았기 때문이었다.

커피를 물과 섞어 걸쭉하게 끓이는 터키 방식과 다른 여과 추출 방식이 처음으로 도입된 곳은 1710년의 프랑스였다. 18세기 후반에는 우유에 커피를 섞은 카페오레와 설탕이 아침식탁에 빠지지 않는 필수 요소가 되었다. 여류 작가 마르키즈 드 세비네Marquise de Sévigné에게 커피는 '세상에서 가장 좋은 것'이었다. 19세기 말 역사가 피에르 장-밥티스트 르그랑 도시Pierre Jean-Baptiste Legrand d'Aussy는 "1750년 이후 프랑스의 커피 소비는 세 배로 늘어났다. 가게 여점원, 요리사, 하녀 등 직업에 상관없이 모두가 매일 아침 카페오레를 마신다."고 썼다.[129] 이 같은 프랑스의 사회 분위기는 이후로도 변함없이 계속 이어졌고, 18세기가 저물기 전부터는 세계의 대부분 다른 지역에서도 비슷한 상황이 벌어졌다.

커피 한 잔으로 아침식사를 대신하는 경향은 18세기 무렵 대두되었다. 사람들은 대부분 바쁜 아침에 여러 코스의 호사스러운 아침식사를 즐길 형편이 못 되었다. 더욱이 커피가 지닌 식욕 억제 기능은 배고픔을 참을 수 있게 해 주는 장점이 있었다. 프랑스와 이탈리아 사람들은 커피에 빵이나 페이스트리 한쪽을 곁들일 뿐 그 이상의 식사를 하지 않았다. 그러다가 1830년대에 이르러 프랑스에서 모닝커피와 훨씬 궁합이 잘 맞는 새로운 짝이 등장했는데, 바로 담배였다.

켈로그를 비롯한 클린 리빙 운동가들은 커피를 대체할 수 있는 음료를 강력히 주장했다. 켈로그의 오랜 적수인 찰스 포스트는 커피 대용 음료로 상당한 수익을 올렸다. 시리얼 시장에 뛰어들기 전에 선보인 볶은 곡물 음료 포스툼Postum이 대성공을 거둔 것이다. 밀과 당밀로 만든 이 음료는 1895년에 처음 출시되었고, 이후 몇 년 사이에 유사한 곡물 음료가 여섯 종류나 등장했다.

제2차 세계대전으로 배급제가 실시되자, 커피 대용 음료의 매출은 더욱 급증했다. 더불어 과거의 커피 대용 음료까지 새삼 부각되었다. 길가에 피는 잡초 중 하나인 치커리의 뿌리를 볶아 만든 치커리 차는 1700년대 이후 프랑스, 독일, 기타 북유럽 국가에서 커피를 대체해 왔다. 1873년에 열린 아침식사용 치커리 차 시음회에서

| 현대인이 가장 즐기는 음료가 된 커피

세 명의 평가자는 모두 "커피의 특징인 구수하면서도 신선한 향기가 결여돼 있다."고 지적했다. 하지만 그 후로도 치커리 차의 인기는 여전했다.[130] 급기야 19세기에는 커피에 치커리 차를 몰래 섞어서 파는 비양심적인 커피 판매상들까지 나타났다. 오늘날까지도 치커리 차는 뉴올리언스 스타일 카페오레의 비법 재료이다.

곡물로 만든 커피 대용 음료의 인기가 수그러들 즈음에 인스턴트 커피가 등장했다. 1910년 시장에 첫선을 보인 동결건조 커피는 제2차 세계대전이 끝난 뒤 대량생산이 가능해졌고, 그 밖에 다양한 아침식사용 편의 식품과 함께 바쁜 주부들에게 반드시 필요한 품목으로 자리 잡았다.

1980~1990년대 미국 시애틀에서는 에스프레소가 대단한 인기를 누렸다. 하지만 에스프레소의 고향인 이탈리아에서는 카페라테(에스프레소에 우유를 섞은 것)가 여전히 아침식탁을 지배하고 있었다. 미국인들은 이탈리아식 커피를 에스프레소로 대체하고, 이름도 카페라테에서 라테라고 줄여 부르기 시작했다. 급기야 미국의 자동차 문화에 맞추어 라테도 패스트푸드화되었다. 주유소 편의점에는 인스턴트 라테 기계가 설치되었고, 차를 타고 지나가며 에스프레소를 살 수 있는 드라이브 스루 판매점도 미국 전역의 주차장에 생겨났다.

주스

과일 주스는 1800년대 초반까지만 해도 전형적인 아침식사 메뉴가 아니었다. 심지어 당시 사람들은 일반 주스 대신 포도와 사과를 발효시킨 음료에 주목했다. 그러다가 1920년대 캘리포니아산 감귤류를 적극적으로 홍보했던 앨버트 래스커Albert Lasker의 부단한 노력 덕에 베이비부머 세대의 부모들이 점차 아침식탁에 오렌지 주스를 올리기 시작했다.

래스커의 광고가 성공을 거둔 데는 몇 가지 요인이 있었다. 첫째, 캘리포니아에서는 과수원 주인들이 가격 안정을 위해 나무를 일부 베어 낼 정도로 오렌지가 잘 자랐다. 둘째, 일반 가정에 냉장고가 널리 보급되었다. 셋째, 시기적으로 우유의 저온 살균법이 이제 막 활용되기 시작한 단계였다. 마지막으로 1818~1819년에 대유행한 스페인 독감으로 전 세계에서 2,000~4,000만 명의 사망자가 발생했고, 미국에서도 76만 5,000명이 목숨을 잃었다. 이런 분위기에서 의사들은 질병 예방을 위해 우유와 주스를 적극 권장하기 시작했고, 부모들은 앞다투어 자녀에게 우유와 주스를 먹였다. 이때 등장한 래스커의 '과일을 마시자' 광고 캠페인 덕택으로 오렌지 주스는 사과와 자두를 밀어내고 아침식탁의 주역이 되었다.

자몽 주스도 또 다른 인기 음료다. 자몽 주스는 카페인의 생체이용률을 증가시켜 주는 효능이 있어서 아침에 다른 카페인 음료와 함께 마시면 더없이 좋다. 오렌지 주스와 함께 자몽 주스도 1920년

| 오렌지 주스

대 초반부터 유리병에 담겨 판매되기 시작했고, 1930년 이전에 캔 제품도 출시되었다. 1941년 《라이프LIFE》 지에는 "아침식사를 시작할 때 새콤한 맛으로 아침잠을 날려 주는 플로리다산 자몽 주스를 능가할 음료가 없다."는 내용의 광고가 실렸다.

  같은 해에 출간된 《젊은이들을 위하여For Young Souls》라는 책에서는 아침에 눈뜨자마자 배 채우기를 좋아하는 사람들을 위해서 "서둘러 아침을 해결해야 하는 경우 오렌지 주스 한 컵과 우유 한 컵을 마시라."고 권장한다.[131] 십대 기독교도들을 위한 지침서인 이 책에는 그 밖에도 오렌지나 자몽 주스에 꿀, 넛메그, 달걀노른자를 넣고 충분히 흔들어서 에너지 칵테일을 만들어 먹으라는 조언도 있다.

1930년대와 1940년대에는 다른 주스들도 등장하는데, 모두 아침 식사에 곁들이거나 아예 식사를 대체하는 용도였다. 리비Libby 파인애플 주스는 '캔을 따기만 하면 아침식사가 달라진다!'라는 광고 문구를 내세웠고, 하인즈Heinz 토마토 주스는 '남성들이여, 일단 한 잔 들이켜자. 나이에 상관없이 남성에게 이보다 좋은 강장제는 없다'는 식의 기사 광고를 내보냈다. 자두 주스와 비발효 포도 주스, 사과 주스도 광고 홍보를 위해 최선을 다했지만, 감귤류나 토마토 주스만큼 인기를 얻지는 못했다.

제2차 세계대전 이후의 경제 번영기에 미국은 과일이 풍족했다. 웨어링Waring을 비롯한 믹서기 제조사들은 파인애플이나 바나나 스무디 만드는 법을 제품 설명서에 포함시켰다. 1930년대부터는 과일 퓌레도 다이어트를 위한 아침식사로 주목받았다. 하지만 스무디는 1960년대 중반 건강식 열풍이 불기 전까지 폭넓은 인기를 끌지 못했다. 신선한 과일 혹은 얼린 과일을 주스, 우유나 요구르트 같은 유제품, 단백질 분말, 두유 등과 섞어서 갈아 먹는 스무디는 1970년대부터 미국 전역에 주스와 스무디 전문점 수천 곳이 문을 열면서 마시는 아침식사로 꾸준히 소비되고 있다.

상대적으로 뒤늦게 아침식탁에 합류했음에도 반짝이는 유리잔에 담긴 오렌지 주스는 베이컨, 달걀, 토스트가 담긴 접시와 시리얼 그릇과 한데 어우러져 이상적인 아침식탁의 풍경을 만들어 냈다. 미국 가정에 이런 풍경이 처음 등장한 것은 20세기에 접어들어서였다.

CHAPTER 3

아침식사,
온 가족이
함께하는 한 끼

Breakfast at Home

'외식'이라는 개념이 생겨나기 전에는 아침식사를 포함한 모든 식사를 집에서 했다. 식당이 대중화된 뒤에도 아침식사는 집에서 하는 경우가 대부분이었다. 영국에서 아침식사가 보편화되지 않았던 17세기에는 하루를 시작하기 전 침실에서 가벼운 요기를 하는 경우가 많았다. 그러다가 18세기에 이르자, 대저택에서는 아침식사를 위한 전용 공간을 마련해 손님을 대접하거나 식구들이 모여 토스트와 차로 아침을 먹었다. 아침식사 전용 공간은 식민지 시대 미국 저택의 건축적 특징이기도 했다. 20세기로 넘어오면서 미국의 크래프트맨 양식 목조 주택에는 부엌 한쪽에 조그만 간이식사 공간이 별도로 마련되었다.

산업혁명 이후 미국인의 삶은 더욱 복잡해졌지만, 아침식사는 다방면에서 간소화되었다. 19세기 말 전기가 널리 보급되면서 현대적인 주방 기기들이 등장했다. 또 얼마 지나지 않아 일반 가정에서도 불을 피울 필요가 없는 스토브, 얼음을 넣지 않아도 되는 아이스박스처럼 시간을 절약해 주는 신기술의 혜택을 보세 되었다.

제2차 세계대전 동안 그리고 전쟁이 끝난 후 여성들은 대거 일터로 뛰어들었다. 일하는 엄마 아빠들은 주말에 늦잠을 자야만 했고, 자연히 아침식사는 아이들이 처음으로 어른의 도움 없이 스스로 차려 먹는 식사가 되었다. 이처럼 직접 아침을 챙겨 먹는 아이들이 늘어나자, 시리얼 회사들은 기회를 놓치지 않았다. 분별력이 떨어지는 어린아이들을 대상으로 영업 전략을 짜기 시작한 것인데, 그 결과 아침식사의 영양학적 지평은 완전히 변해 버렸다.

1
Breakfast at Home

침대에 빵가루 흘리지 마!

식사에 대한 기록이 많아지기 전인 17세기 무렵 아침식사는 주로 침실에서 했다. 당시에는 침실이 사적인 공간이 아니었다. 침실이 오로지 잠자는 장소로 사용되기 시작한 것은 16세기 중순 무렵부터였다.[1] 대부분의 침실에는 의자와 탁자를 구비해 두었고 여흥의 공간으로 사용되는 경우까지 있었다. 사생활을 중시하는 여성들은 침실이 아닌 내실이나 드레스룸에서 하녀만 데리고 아침을 먹곤 했다. 이를 염두에 둔다면 일상적으로 아침을 먹은 역사는 역사가들의 추측보다 훨씬 더 오래되었을 수도 있다. 내실에서 일어난 일은 내실 밖에서는 알 수 없으니 말이다.

침대에서 먹는 아침식사는 에일을 넣은 포셋, 차, 토스트 정도로 간단했다. 17세기와 18세기 초가 되면 포셋 단지를 침대 옆에 두고 자기 전이나 일어난 후에 언제든 마셨다. 이 단지는 손잡이가 두 개 달린 찻주전자 모양이었다. 위에 떠 있는 우유크림과 달걀은 숟가락으로 떠먹고 향신료가 들어간 따끈한 에일은 빨대처럼 생긴 단지 주둥이에 입을 대고 조금씩 마셨다.

18세기에는 침대에서 아침 먹는 것을 응석받이 귀족들의 허세로 여겼다. 하지만 체질적으로 여리고 짜증을 잘 내는 병자나 임산부에게는 일부러 침대에서 아침식사를 하라고 권하기도 했다.[2]

19세기에는 오늘날과 마찬가지로 생일 등 특별한 경우에 한해 침대에서 아침식사를 했다. 침대에서 아침을 먹으면 대접 받는 듯한 기분이 들어서 좋지만, 한 가지 단점도 있다. 이에 관해 1847년 한 여성은 다음과 같은 불만이 가득한 글을 남겼다.

> 침대에서 아침을 먹을 때 최악의 문제는 귀찮은 뒤처리이다! 빵가루가 시트 위 사방에 떨어지고 바삭한 토스트라도 먹는 날이면 한 입 베어 물 때마다 가루가 온 몸에 들러 붙어 아침 한 끼를 편안히 먹자고 사포 위에 누워 있는 꼴이 되고 만다. 침구를 걷이 내고 꼼꼼히 털어 내지 않는 한 이 빵 부스러기를 없앨 방법은 없다.[3]

침대에 흩어진 빵 부스러기가 최대의 불평거리라니 딱히 동정이 가진 않는다. 게다가 아마도 이 여성에게는 침구를 털어 줄 하녀가 있었을 것이다.

| 침실에서 아침식사를 하는 여인

2
Breakfast at Home

아침 전용 식당은 동쪽에

　1740년대 말, 영국 상류층과 식민지 미국의 이주민들은 집 안에 아침식사 전용 공간을 마련하기 시작했다. 일상생활의 일부가 된 아침식사는 부를 과시하는 또 다른 수단이 되었고, 이를 건축 설계에 반영한 결과가 바로 전용 공간이었다. 농촌 주택에 마련된 아침 식당은 식사를 위한 공간일 뿐 아니라 오전에 사용하는 응접실이기도 했다. 대개 다이닝룸과 인접해 있어서(물론 안주인의 침실과 직접 연결되는 경우도 있었다) 대규모 파티를 열 때 손님들이 잠시 대기하는 공간으로도 활용할 수 있었다. 흐린 날이 많은 영국에서는 아침식사 공간을 집 동쪽에 두기를 선호했다. 금세 지나가 버리는 햇살이나마 받으며 하루를 화사하게 시작하고픈 바람 때문이었다.
　19세기에는 아침 식당을 꾸미는 것이 부유층 부인들의 소일거리였다. 1893년 《장식과 가구The Decorator and Furnisher》라는 잡지의 한 기사에서는 우아한 아침 식당의 사례를 소개했는데 뒤로 갈수록 더

| 1905~1945년경 백악관의 아침 식당 (미 의회 도서관 제공)

멋지고 화려해진다. 예를 들어 청색 바닥에 검은 염소 가죽 양탄자를 깔고 금박이 입혀진 가구와 파란 리본으로 장식한 방이 있다. 또 다른 예는 어린 소녀들의 꿈인 사과꽃 무늬에 분홍과 흰색 실크와 리본으로 장식한 방으로 의자 위에는 향주머니를 올려놓고 흰색 새장 안에 카나리아가 한 마리 들어 있다. 보다 점잖은 사례로는 체리

목 마감재나 적갈색 계열에 초점을 맞춘 아침 식당이 있었다. 이 기사를 작성한 해리어트 클라크Harriet E. Clark는 "시간과 돈, 에너지를 조금만 투자해서 아침 식당의 분위기를 바꾸어 보라. 1년 365일 내내 즐거워질 것이다."라고 주장한다.⁴ 이렇게 공들여 아침 식당을 꾸밀 작정이라면, 아침식사 메뉴도 신경 쓰는 게 좋을 것이다. 클라크는 "아침 식당이 아무리 훌륭해도 식사가 형편없다면 아무 소용없다."고 덧붙였다.

집이 좁아 별도의 공간이 없는 상황이라 해도 주부가 재능이 뛰어나면 아침 식당을 충분히 마련할 수 있었다. 주부의 바느질 솜씨와 예쁜 원단, 아내를 잘 도와주는 남편만 있으면 된다. 여성 교육 전문가인 캐서린 비처Catherine Beecher가 1869년에 쓴《미국 여성의 가정American Woman's Home》이라는 책에서 제시한 공간 활용법은 다음과 같다. "우선 바느질로 가리개를 만든 다음, 남편의 도움을 받아 가구를 새배치해서 통풍이 잘 되는 넓은 침실을 꾸민다. 그리고 아침에는 가리개를 이용해 침실을 절반으로 나누면, 한쪽은 거실로 나머지 한쪽은 아침 식당으로 활용할 수 있다."⁵

아침식탁 차리기

19세기의 아침식탁에서 여성은 온화하고 상냥해야만 했다. 아침식사 시간의 안주인 태도가 가족 모두의 하루 기분을 좌우했기 때문이다. 1891년에 출간된 《맛있는 요리와 상차림 What to Eat, How to Serve It》의 저자인 가정관리 전문가 크리스틴 터휸 헤릭Christine Terhune Herrick은 "다른 곳에서도 마찬가지지만, 특히 아침식탁에서는 온 가족의 행복이 어머니에게 달려 있다."면서 티 없이 깨끗한 주방과 정갈하게 차린 식탁이 그 시작점이라고 강조했다.[6] 저자는 또 아침식탁이

| 1900년대의 하녀 그림

늘 '최선의 상태'여야 한다고 주장했다. 이를 위해 색깔 있는 식탁보를 사용하는 것이 더 예쁘고 경제적인데, 흰색 식탁보는 작은 얼룩도 쉽게 눈에 띄기 때문이었다.[7] 저자의 간단한 조언을 따르기만 하면 아침식사를 망칠 가능성은 거의 없었다. "소화불량에 시달리거나 비관주의에 푹 빠진 사람이 아닌 이상, 깔끔한 공간, 밝은 색 식탁보, 반짝이는 유리잔과 은식기, 꽃병, 맛있는 음식이 제대로 갖춰진 아침식탁 앞에서 기분이 좋아지지 않을 사람은 없다."는 것이 헤릭의 주장이었다.[8]

안주인이 이 일을 혼자 해내야 할지, 누군가의 도움을 받을 수

있을지는 집안 형편에 달려 있었다. 부유한 가정에서는 하인들이 세심하게 아침식사를 차려 냈고, 가난한 집이라면 안주인이 혼자서, 운 좋게 딸이 있다면 딸의 도움을 받아 직접 아침을 준비했다. 대부분의 중산층 가정에서 일손이라고는 온갖 일을 도맡아 하는 하녀 한 명과 주부밖에 없었다.

19세기의 하인들을 위한 직업 안내서에 따르면 하녀는 새벽녘부터 아침 준비를 시작해야 했다. 우선 부엌 난로의 재를 긁어내고(일부는 남겨서 불을 피울 때 다시 사용한다) 불을 피워 물을 끓인 다음 안주인의 침실 문 앞에 가져다 둔다. 이후 본격적으로 집안일을 시작하는데, 제일 먼저 할 일은 아침 식당 청소였다. 1850년에 출간된 《하녀의 의무Duties of Female Servants》라는 책에는 하녀가 하는 업무 내용이 굉장히 세세하게 나와 있다. 이 책은 전체적으로 엄격한 안주인이 하녀 지원자를 면접하는 듯한 문답 형식을 취하고 있는데, 다음의 예를 보면 예비 하녀를 다그치는 산산한 안주인의 표정이 저절로 상상될 것이다.

질문: 커튼이나 아침식탁을 만지기 전에는 반드시 손을 깨끗이 해야 해요.
답변: 알겠습니다.[9]

두 시간 동안 아침 식당을 청소하고 나면 다시 손을 씻고 앞치마를 바꿔 입는다. 아침식탁을 준비할 차례이다. 요리는 아직 시작도

| 그릇을 닦고 있는 하녀

못했다.

   이 책에서는 아침식탁을 제대로 차려 내는 법에 한 장 전체를 할애하고 있다. 음식의 종류가 다양하고 푸짐한 것은 물론, 음식과 함께 놓아야 하는 물품들도 놀라울 정도로 많았다. 빵을 올려 두던 중세의 나무쟁반은 오래전에 사라지고 접시, 대접, 찻잔 같은 익숙한 자기류 외에 설탕통과 집게, 달걀 컵과 달걀 숟가락(1890년대에는 달걀 전용 그릇도 등장했다), 소금통, 고기 요리가 나올 경우에 필요한 겨자통, 매운 칠리 양념통, 버터 그릇과 나이프, 커피에 넣을 뜨거운 우유 단지도 있었다. 비프스테이크나 로스트비프 같은 요리에는 고기를 저밀 카빙 나이프와 포크도 필요했다.

드디어 아침식사를 요리할 순서다. 미국의 귀부인이자 탁월한 손님 접대로 명성을 떨쳤던 메리 푸트 헨더슨Mary Foote Henderson은 "프랑스인들은 아침을 거의 먹지 않고 영국인들은 아침을 비공식 식사로 생각해 식탁에서 별로 기대하는 것이 없다."고 설명한다.[10] 또 미국인의 아침식탁은 죽을 낼 때만 제외하고 모든 것을 한꺼번에 차리라고 조언한다. 헨더슨은 귀리죽을 추천하는데 이는 빅토리아 여왕이 자기 자녀들에게 먹인 메뉴였기 때문이기도 하고, 가족들이 죽을 먹는 동안 다른 메뉴를 준비할 여유가 생기기 때문이었다. 어떻든 식탁 위에는 커피 주전자, 베이컨과 달걀, 작은 공 모양으로 파낸 멜론 등 모든 것이 준비되어 있어야 했다. 그것도 제자리에 말이다. 헨더슨은 "비뚤어지게 놓아서는 안 된다. 접시들을 똑바로 줄 맞춰 배열하고 식탁 위의 다른 그릇들과도 사선을 이루도록 하는 것은 어렵지 않은 일이다."라고 했다.[11]

19세기 말부터 인기를 끌었던 버터 바른 뜨거운 토스트는 아침식탁에서 빠지지 않는 음식이 되었다. 전기 토스터기가 나오기 전에는 빵을 적당히 굽는다는 것이 매우 힘든 일이었다. 살짝 굳은 빵에 버터를 바르고 손잡이가 긴 포크에 빵을 끼운 후 갈색이 될 때까지 불 위에서 돌려 가며 구워야 했기 때문이다. 가족들이 식탁에 앉기 직전에 시간 맞춰 토스트가 완성되어야 했다. 역사가인 안드레아 브룸필드Audrea Broomfield가 2007년에 쓴 《빅토리아 시대 영국의 음식과 요리Food and Cooking in Victorian England》라는 책을 보면 "딱 먹기 좋게 구운 버터 토스트가 식탁에 놓였는데도 아무도 먹을 생각을 하지 않는다면 안주인과 하녀는 몹시 화가 날 것이다. 하지만 토스트가 시커멓게 타거나 버터를 너무 많이 발라서 눅눅해졌는데도 가장이 토스트와 함께 차도 한 잔 더 달라고 한다면 더더욱 화나는 일이었다."[12]라는 구절이 나온다.

이렇듯 따뜻한 빵 한 쪽으로 그날 아침의 분위기가 좌지우지되었다. 토스트는 하녀가 맡은 일을 얼마나 능숙하고 솜씨 좋게 처리할 수 있는지 보여 줄 뿐만 아니라 안주인이 가정을 잘 꾸려 가고 하인들을 제대로 부리고 있는지를 드러내는 증거였다. 일종의 시험대였던 셈이다. 이 때문에 빅토리아 시대의 요리책 저자들은 토스트에 상당한 분량을 할애하고 있다.

프랑스 요리사 알렉시스 수아에Alexis Soyer가 1891년에 쓴 《현대의 주부The Modern Housewife》는 소설 형식의 책이다. 서투른 주부 엘로이즈가 살림 9단인 호텐스 여사에게 집안일을 배워 나가는 과정을 담고 있다. 이 책에서는 첫 장부터 토스트 조리법을 강조한다. 간단하지만 결코 쉽지 않은 토스트 굽기도 마스터하지 못한 주부에게는 아무 희망도 없다면서 "요리에서 하찮은 일이란 없다."[13]고 덧붙였다.

소여의 주장이 아니라 해도 아침식사에서는 모든 요소가 중요했다. 가족들의 일상이 무사히 흘러가도록 하는 것, 또한 남편과 아이들이 행복감을 느끼게 하는 것은 주부의 의무였다. 아침식사가 제시간에 준비되지 않을 경우 안주인은 남편의 비난을 홀로 받아내야 했다. 1872년 이자벨라 비튼Isabella Beeton은 자신의 저서 《매일의 요리와 가사 가이드Everyday Cookery and Household Guide》에 "가장이 8시에 아침을 먹을 수 있게 한다면 매사가 평탄하게 흘러간다."고 썼다.[14] 주부에게는 가족들이 제때에 아침식사 하는 모습을 지켜보는 것이 가장 즐거운 일이었고, 그때만큼은 헤릭이 말한 대로 '밝고 환한 표정'[15]을 지어야 했다. 안 그랬다가는 남편이 아내가 아닌 신문에 집중할 위험이 컸다. 이런 남편의 모습은 20세기 중반까지만 해도 주부들에게 위협으로 여겨졌다.

남편들에게 신문은 아침식탁의 중요한 부분이었다. 18세기 말까시 미국과 영국의 신사들은 아침을 먹으면서 신문을 읽는 경우가 많았다. 1797년 《스코츠 매거진Scots Magazine》에 실린 〈신문에 대하여〉라는 에세이를 보면 "아침식탁조차도 신문이라는 활기찬 손님 덕을 본다."고 썼다.[16] 그로부터 30년 후 미국 저널리스트들은 "조용히 아침을 먹으며 신문을 보는 것은 즐거운 일이다."라고 언급했다.[17] 19세기 초에는 〈게으름뱅이, 그리고 아침식탁의 동반자The Idler, and Breakfast-Table Companion〉 같은, 전적으로 이른 아침에 재미있는 읽을거리를 제공한다는 목적으로 발행되는 신문도 있었다. 이 신문은 아침식탁으로 들어온 세계라 할 만했다.

빅토리아 시대 말엽부터는 이른 아침 가족이 모두 둘러앉아 식사하는 일이 점차 중요성을 잃기 시작했다. 가정학자 크리스틴 헤릭은 "결국 온 가족이 모여 정을 나눠야 하는 공간이 손님들이 제멋대로 들락거리는 호텔 아침 식당보다 나을 게 없게 됐다."[18]고 지적했다. 하지만 이 같은 추세와 동시에 가족이나 친구들과 어울려 아침을 즐기는 새로운 방식이 유행하기 시작했다. 바로 '조찬朝餐'이었다.

조찬 모임

주말이 되면 주중의 출근이나 아이들을 학교에 보내는 부담에서 벗어난 주부가 조찬 모임을 주관하는 경우가 있었다. 외지 손님이 방문했다거나 젊은 남녀가 자연스럽게 만날 기회를 제공한다거나 하는 등 조찬 모임을 마련하는 이유는 다양했다. 1850년대에 조찬 모임에 참석했던 작가 해리엇 비처 스토Harriet Beecher Stowe는 미국에서 아직 일반화되진 않았지만 "조찬은 가장 즐거운 사교 형태"라고 평가했다. 영국 시인이자 달변가였던 토머스 배빙턴 매콜리Thomas Babington Macaulay도 "만찬 파티는 형식적인 행사인 경우가 많지만 조찬 모임에는 정말 만나고 싶은 사람만 초대한다."[19]며 조찬의 장점을 인정했다.

마침내 바쁜 아침에도 '여유롭게' 식사를 즐길 수 있게 된 것이다. 물론 모든 준비를 끝냈을 경우에 그렇다는 말이다. 오늘날에도 그렇듯 의욕이 넘치는 여성들은 좀 더 신경 써서 조찬 모임을 준비했다. 본래 조찬은 가벼운 모임이었지만, 일부 가사 전문가들은 식탁에 흰 린넨이나 자수 식탁보를 깔고, 곳곳에 꽃 장식을 하고, 무수히 다양한 음식을 준비하라고 조언했다. 이는 손님을 위한 것이라기보다는 아침 식당을 멋지게 꾸미고 싶은 안주인의 욕심으로 보인다.

당시 파티플래너들이 제안한 조찬 메뉴는 끝이 없었다. 처음에는 설탕에 절인 산딸기나 크림을 얹은 복숭아 같은 과일류가 나왔다. 다음은 굴 요리, 이어서 콩팥 스튜 또는 버섯 크림소스를 뿌린 스위트브레드 볼로방(부드러운 송아지의 목젖을 넣어 만든 고기 파이_옮긴이), 마지막으로 감자를 곁들인 양갈비나 소 안심 요리를 냈다. 그 다음에는 차가운 게임 파이(game pie, 꿩이나 멧새, 토끼 같은 사냥감을 넣어 만든 파이_옮긴이), 마요네즈에 버무린 샐러드, 그리고 차갑고 달콤한 후식이 차례로 식탁에 올랐다. 샐러드에 치즈를 곁들이지 않았다면, 마지막 코스를 치즈로 해도 좋았다. 빵은 식사 내내 제공되어야 했고 커피, 코코아, 홍차도 안주인이 계속 따라주어야 했다. 이렇게 거한 식사를 마치고 난 손님들은 온종일 다른 일을 볼 여력이 없었을 것이다.

여성들만 초대받는 오찬午餐과 달리 조찬에는 남녀 모두가 참석해 함께 어울릴 수 있는 기회를 누렸다. 헤릭은 이상적인 손님 수는 6~12명으로, "이 정도면 너무 복닥거리지 않고 기분 좋게 어울

| 조찬 모임에 참석한 사람들

릴 수 있다."고 설명한다.[20] 조찬을 특히 선호했던 메리 푸트 헨더슨은 그 이유를 "매우 세련되고, 만찬에 비해 경제적이면서도 손님들의 만족도는 비슷하다."는 데서 찾았다. 또한 조찬이 영국의 '지식인들' 사이에서 인기가 높다는 점을 열정적으로 강조했다.[21]

미국 작가 올리버 웬델 홈스Oliver Wendell Holmes가 1858년에 쓴 연작 산문 〈아침식탁Breakfast Table〉은 아침식사 그 자체가 아니라 프랑스 정치꾼들과 영국 문학 애호가들이 주최하는 조찬 모임에서 벌어지는 지적 대화의 풍조를 반영했다. 당대 두각을 나타내던 시인 홈스 역시 자주 이런 자리에 참석했는데, 그중에는 영국 소설가 윌키 콜린스William Collins를 위한 조찬도 있었다. 1873년에 열린 그 모임에는 당대 미국 문학을 대표하는 윌리엄 컬렌 브라이언트William Cullen Bryant와 마크 트웨인Mark Twain, 존 그린리프 휘티어John Greenleaf Whittier, 헨리 워즈워스 롱펠로Henry Wadsworth Longfellow도 참석했다.

1822년 한 학자는 이 모임에 대해 "다양한 영국 작가들의 문체와 장점에 관해 이성적으로 의견을 나누는 자리였다."고 평가했다.[22] 쉽게 말해 조찬 모임은 재치 넘치는 사람들끼리 모여 한바탕 즐기는 사교의 장이라고 할 수 있었다. 작가 해리엇 비처 스토는 함께 조찬 모임에 다니는 사람들과의 대화에서 "조찬에 초대받았다는 것은 그 사람에게 매력이 있다는 뜻"이라고 말했다. 이에 스토 부인 옆자리에 앉았던 매력 넘치는 토머스 매콜리도 "지루한 사람이라면 절대로 아침 초대는 받지 못할 것"이라고 맞장구쳤다. 한편 이들의 대화를 엿들었던 한 여성은 "지루한 사람들에게는 너무 가혹한 일"이라고 한탄했다고 한다.[23]

3
Breakfast at Home

주부들의 로망, 현대화된 주방

중세 말엽부터 계급이 높은 하인들은 식료품실에서 아침을 먹는 일이 간혹 있었다. 식료품실이나 식기실이 먹고 마시는 공간이 되지 않도록 갖은 노력이 기울여졌지만 말이다.[24] 식기실은 부엌과 떨어진 작은 방인데, 19세기와 20세기의 주택 건축 양식에서 다시 유행한 특징 중 하나다. 그러나 수백 년 전에도 대규모 저택에는 이미 식기실이 마련되어 있었다. 은식기나 양초 같은 값비싼 주방 물품을 보관하는 식기실, 포도주나 맥주를 두는 주류 보관실은 상급 하인들이 식사도 하고 계급이 낮은 주방 하인들을 피해 잠시 시간도 보내는 공간이었다.

식료품실이 없는 스코틀랜드 부엌에는 죽 보관 서랍이라는 것이 있었다. 스코틀랜드 주부들은 매주 월요일에 일주일 분량의 죽을 만들어 웨일즈 스타일의 식기장(접시를 넣어 두는 식기장과 비슷한 것으로 윗 부분이 뚫려 있다.)에 달린 서랍 안에 붓고 일주일 후 귀리죽이 굳으면 뚝뚝 잘라 남편의 일주일치 점심 도시락을 만들었다고 한다. 코들러caulder라고 불렀던 이 귀리죽 비스킷은 그대로, 혹은 기름에 튀겨서 한 조각씩 종이에 싸면 완성되었다. 안쪽에 양철이 덧대어진 죽 서랍은 19세기 말 어느 시점부터 더 이상 사용하지 않은 듯하다. 죽 서랍은 스코틀랜드 문화와 요리에 관한 수많은 설명에 이야깃거리로 등장하지만, 20세기 이전까지 문헌으로 기록된 적은 없었다. 영국의 오래된 주택에서도 죽 찌꺼기가 말라붙어 있는 이상한 주방용 서랍이 발견되었다는 이야기를 들은 사람들은 많지만, 직접 눈으로 본 사람은 없는 듯하다.

1900년대 초 식료품실의 인기가 시들해지기 시작하면서, 대신 미국의 신식 크래프트맨 양식 목조 주택에는 조그만 간이식사 공간이 마련되었다. 그즈음 지어진 보통 주택들은 아침식사를 위한 방을 따로 만들 정도로 넓지 않았다. 무엇보다 가족 수가 줄어드는 추세라 굳이 그런 방이 필요하지도 않았다.[25]

아침식사를 위한 작고 아늑한 공간은 모든 주부들의 로망이었다. 남부와 뉴잉글랜드의 일부 부유층을 제외하고는 하인을 둔 가정을 거의 찾아보기 힘든 상황에서, 간이식사 공간은 주부의 노동을 크게 덜어 줄 수 있었다. 부엌에서 만든 음식 접시를 들고 다이닝룸까지 나르는 수고를 덜 뿐 아니라, 다이닝룸 청소를 따로 할 필요도 없었다. 더욱이 여기서는 주부들이 집안일을 하다가 잠시 잡지를 보며 쉴 수도 있었다. 1922년 《레이디스 홈 저널Ladies' Home Journal》에 실린 한 기사는 이 같은 상황을 잘 짚어 냈다.

| 간이식사 공간

집에서 하인을 부리던 시대가 끝나면서 주부들은 부엌이 많은 시간을 보내야 하는 작업 공간이자 업무 공간이라는 점을 깨달았다. 주부들에게는 이곳이 집에서 가장 중요한 공간이었다. 부엌에 작은 간이 아침식사 공간을 두면, 가까운 지인들과 부엌에서 점심도 먹을 수 있다. 이제 부엌에서 음식을 먹는 것은 더 이상 숨겨야 하는 천박한 행동이 아니라 자랑스럽게 드러낼 수 있는 일이 되었다.[26]

1920년대 무렵 간이식사 공간의 인기는 점점 높아졌다. 굳이 절약하지 않아도 되는 가정에서조차 새 집을 지을 때 이 같은 공간을 마련할 정도였다. 1922년의 할리우드 힐스 부동산 광고를 보면 최신식 설비를 갖춘 주방과 가정부 방은 물론 아침식사 공간까지 마련돼 있다는 내용이 나온다. 이 공간에 대한 논의는 남성 잡지에서도 이어졌다. 1921년 《포퓰러 미캐닉스 Popular Mechanics》지에는 다음과 같은 내용의 기사가 실렸다. "남편에게 약간의 손재주만 있다면, 단돈 몇 달러에 목재를 구입해 간이식사 공간을 직접 꾸밀 수 있다. 덕분에 아내는 부엌과 식당을 분주히 오갈 필요가 없어질 것이다."[27] 이렇게 노고를 덜게 된 아내가 남는 에너지로 할 수 있는 일 몇 가지는 남편들이 알고 있었을 것이다.

1940년대에는 간이식사 공간이 카운터 형태로 더욱 간소화되었다. 주방의 조리대를 연장해 의자 몇 개만 끌어다 놓고 간단한 식사를 할 수 있게 만든 것이다. 이제 주부가 가장 신속하게 움직여야 하는 아침식사 준비 과정은 한층 더 효율성이 높아졌다. 카운터 뒤에서 달걀 접시나 시리얼 그릇을 남편과 아이들에게 넘겨주기만 하면 되었으니 말이다. 전쟁 중에 편리성은 필수 덕목이었고, 주방의 현대화는 공간이 절약되는 카운터와 간이식사 공간에 집중되었다. 이 같은 공간적 변화는 20세기 초 일반 가정에서 크게 환영받았다. 하지만 이를 넘어선 진정한 돌파구가 있었으니, 바로 전기였다.

4
Breakfast at Home

토스터기,
포장 식빵을 업그레이드하다!

 편리한 간이식사 공간과 더불어 널리 보급된 전기는 가사 노동의 판도를 완전히 바꾸어 놓았다. 전기가 발명된 지 얼마 안 되어 대부분의 가정에는 냉장고가 보급되어 달걀과 우유를 냉장 보관할 수 있게 되었고, 전기 오븐과 스토브는 경험 없는 초보자도 쉽게 비스킷을 굽고 베이컨을 조리할 수 있게 해 주었다. 1895년 프린스턴 대학의 물리학 교수는 "전기를 이용한 조리 기기는 전기 조명과 더불어 이제 현대 주택에 없어서는 안 될 부속품이 되었다."고 평가했다.[28] 평범한 주부였던 모드 루카스 랭커스터Maud Lucas Lancaster는 일찌감치 주방에 전기 제품을 도입한 인물이었다. 최신 유행하는 기기의 한 가지 문제점은 아무도 그 사용법을 제대로 모른다는 것이었다. 주부들은 우선 익숙한 화덕 불 대신 눈에 보이지도 않는 전기를 사용해 요리하는 법부터 배워야 했다. 랭커스터가 1911년에 쓴 책은 전기 사용 매뉴얼로, 전기 사용에 불안감을 느끼

| 간단히 준비하는 아침식사

는 주부들을 위한 기초 안내서였다.[29]

  미국 가정의 주방에 전기가 자리를 잡은 직후 이 최신 기술은 특히 아침식사에 적용되었다. 바쁜 주부들에게는 아침이야말로 편리함이 가장 필요한 시간이었기 때문이다. 온 가족을 즐겁게 하고 부를 과시하며 주부들의 노고를 덜어 주는 소형 전기 제품들이 식탁에 자리를 잡았다. 1913년 《아메리칸 홈 앤드 가든 American Homes and Gardens》지에 실린 〈가정용 전기〉라는 제목의 칼럼에는 다음과 같은 내용이 나온다. "온 가족이 아침식탁에 둘러앉아 토스터에서 갓 구워 낸 바삭한 토스트에 각자 버터를 발라 먹을 수 있다는 것은 대단한 즐거움이다. 주부 혼자 가스레인지나 스토브 앞에서 뜨거운 열기를 얼굴에 쐬며 고생할 필요가 없으니 얼마나 좋은가."[30]

'주부를 돕는 것'이 목표인 이 잡지 칼럼은 드디어 주부에게 도움이 되는 제품들을 소개할 수 있었다. 스위치만 올리면 작동하는 커피 메이커, 더운 음식을 식지 않게 해 주는 식탁용 보온 냄비, 베이컨과 달걀을 굽는 전기팬 등이 바로 그것이다. 칼럼에는 이런 말도 나온다. "이제 아침식사 준비를 식탁에서 바로 끝낼 수 있게 되었다. 힘든 가사 노동이 즐거운 놀이가 된 셈이다. 이 제품들은 하녀가 없는 주부들에게 더없이 요긴하다."[31]

과연 요긴했다. 로봇 가정부라는 우주 시대의 공상 속 제품이 대중문화계에 등장하기 훨씬 전부터 이 같은 가전제품들은 주부를 위한 '작은 전기 하인'이 되었다. 1919년 《월간 에디슨Edison Monthly》의 다음 기사를 보자.

니켈 표면이 눈부시게 반짝이는 이 멋진 기기(토스터)는 아침식탁에 처음 등장한 이래 온 가족이 매일같이 사용하는 새로운 장난감이 되었다. (…) '지금까지 토스터 없이 도대체 어떻게 살았을까?'라는 질문은 요즘 사람들이 입버릇처럼 중얼거리는 말이다.[32]

토스트가 여성의 살림 솜씨를 보여 주는 상징이었다면, 전기 토스터는 진정 게임의 판도를 바꾸어 놓았다. 1923년 《전기 머천다이징Electrical Merchandising》지는 "전기로 구운 토스트야말로 최고의 아침식사"라고 칭송했다.[33] 최초의 전기 토스터는 1909년에 출시되었지만, 우리에게 친숙한 팝업 토스터(빵이 다 구워지면 자동으로 툭 튀어 오르는 토스터_옮긴이)의 효시인 워터스-젠터 사의 '토스트마스터 1-A-1'이 미국 가정에 널리 보급된 것은 1926년의 일이었다. 이 시기는 미리 잘라 놓은 형태인 원더스 식빵을 집집마다 많이 먹기 시작한 때와 일치한다.[34]

기호학 교수인 아서 에이사 버거Arthur Asa Burger는 1990년에 발표한 《토스트의 핵심The Crux of Toast》이라는 에세이에서 흰 식빵의 맛을 '중급'으로 칭했다. 하지만 공장에서 미리 잘라 포장한 흰 식빵은 전기 토스터 발명가들이 염두에 두었던 상품이 분명하다. 전기 토스터가 공장 식빵에 의존하는 것은 사실이나, 버거 교수는 이 현대식 기기가 저급 빵의 이용 가치를 높였다는 점을 묵살했다.

결국 토스터는 우리가 먹는 빵의 품질에 대한 변명이다. 용감하게도 이 기기는 우리에게 익숙한 들척지근하고 아무 특징도 없는 비닐 포장된 빵을 더욱 먹음직스럽고 관리하기 쉬운 먹거리로 변신시키려 한다. 맛없는 빵을 따뜻하게 구워 냄으로써 우리는 빵에 사람의 손길이 닿았다고, 그리하여 더 이상 추상적이고 비현실적인 제품이 아니라고 느끼게 된다. 전기 토스터는 포장 식빵을 구원하려는, 다시 말해 구제불능의 제품을 구해 내려는 영웅적 시도를 상

| 미국 역사에서 최초로 상업적 성공을 거둔 것으로 평가되는 제너럴 일렉트릭 사의 D-12 모델 토스터. 1909년부터 생산되었다. (PR 뉴스포토/그레인 푸드 재단, 마이클 맥코빅 제공)

징한다. (…) 그런 면에서 토스트 한 조각 한 조각은 모두 한 편의 비극과 같다.[35]

'비극'이라는 표현은 다소 과장된 면이 있다. 빵을 토스트하면 습기가 일부 제거되어 보존성이 높아지고 오래된 빵도 먹을 만하다. 마이야르 반응 Maillard Reaction이 일어나 풍미도 좋아진다. 1912

년 화학자 루이-카미유 마이아르Louis-Camille Maillard는 토스트하는 과정을 통해 빵 속에서 독특한 풍미의 화합물이 다량 생성된다는 것을 밝혀냈다. 캐러멜화 반응과 비슷한 마이야르 반응은 구운 육류, 튀긴 감자, 볶은 커피, 메이플 시럽, 잘 구운 팬케이크의 뛰어난 맛을 내는 일등공신이다. 이 반응 없이는 맛있는 아침식사가 완성될 수 없다. 전기 토스터가 없었다면 토스트의 마이야르 반응을 쉽게 끌어낼 수 없었을 것이다.

비영리 무역 기구인 국제가정용품협회International Houseware Association에 따르면 오늘날 미국 가정의 80퍼센트가 전기 토스터를 갖추고 있다. 와플 팬이 따로 없는 가정에서는 냉동 와플을 굽는 데도 토스터를 활용한다.[36]

최초의 전기 와플 팬은 1911년 미국의 토머스 스텍벡Thomas J. Steckbeck이 발명했다. 네덜란드계 미국 발명가인 코르넬리우스 스워트와우트Cornelius Swartwout가 미국 최초의 스토브용 와플 메이커를 특허 출원한 지 40년이 지난 때였다.[37] 제너럴 일렉트릭 사의 자금 후원을 받아 개발된 스텍벡의 전기 와플 팬에는 온도 조절 장치가 붙어 있어 와플을 태울 염려가 없었다. 제너럴 일렉트릭 사의 와플 팬이 출시되기 전까지, 주부들은 집에서 와플을 구울 엄두조차 내지 못했다. 와플 자체는 인기가 높았지만, 5킬로그램에 육박하는 뜨거운 철판을 다루기가 너무 부담스러웠기 때문이다.

최초의 와플 메이커는 고대 그리스인들이 오벨리오스obelios를 구울 때 사용하던 기구다. 긴 손잡이가 달린 쟁반 형태의 이 기구는 직접 불에 대고 조리할 수 있었다. 오늘날의 벌집 모양 팬은 13세기 유럽인들이 만든 것이다. 중세에는 문장紋章이나 풍경, 종교적 상징 등을 새긴 화려한 팬을 사용했다. 오늘날에도 예수의 얼굴 무늬가 찍힌 와플을 만들 수 있는 전기팬이 판매된다. 헬로키티나 미키 마우스 이미지가 찍히는 와플 팬도 있다.

소형 주방 기기는 아침식사 준비를 간소화시켰다. 뿐만 아니라 제품의 품질을 일관성 있게 유지시켜 주었고 꾸준히 향상시켰다. 가장 대표적인 사례는 커피다. 모드 루카스 랭커스터는 《전기요리 Electric Cooking》라는 책에서 "평범한 방식으로 준비한 커피와 전기 커피 메이커로 뽑은 커피의 차이는 말로 다 설명할 수 없을 정도"라고 강조했다.[38] 걸쭉한 진흙탕 같은 커피를 끓이면서 제발 괜찮은 맛이 나기를 바라던 시절은 영원히 가 버렸다. 전기 커피 메이커는 커피 사용량을 1/3 가까이 줄여 주었는데, 이 점이 제품 구입비와 전기료에 대한 보상이 될 수도 있었다. 아무튼 커피 메이커는 지금까지도 가장 많이 판매되는 소형 가전제품이며, 1백여 년 전 발명된 이후 해마다 매출 성장세를 이어가고 있다.

커피 메이커가 발명되기 전, 커피를 끓이는 일은 상당히 복잡하고 신경 쓰이는 작업이었다. 곱게 간 커피 가루를 끓이면 터키나 중동, 발칸 지역과 코카서스에서 마시는 것처럼 걸쭉한 진흙탕 같은 커피가 만들어지기 십상이었다. 이런 상황은 수백 년 동안 변함이 없었고, 결국 마시는 사람이 커피 찌꺼기를 가라앉히고 액체만 조심스레 삼키는 것이 최선이었다.

| 다양한 종류의 커피 메이커

    19세기의 역사가 로버트 휴이트Rober Hewitt는 "커피를 만드는 최선의 방법은 오랫동안 관심이 집중된 주제였다."고 기록했다.[39] 그의 저서인 《커피: 역사와 재배, 음용법Coffee: Its History, Cultivation and Uses》에는 몇 가지 커피 추출법이 나와 있다. 휴이트는 "커피에 달걀흰자나 녹용, 장어 껍질이나 말린 생선 부레로 만든 부레풀을 섞으면 커피를 단시간에 거를 수 있다."고 설명했다. 또 1700년대 영국의 럼포드Rumford 백작이 발명했다는 커피 메이커와 분수식 커피 메이커, 압축 필터에 대해서도 소개했다. 애국심이 넘치는 저자는 "독창성이 뛰어난 미국인들은 최고의 커피를 추출해 내기 위한

연구를 게을리하지 않았다."고 강조했다. 그러면서 미국 발명가들이 특허 출원한 175가지 커피 메이커를 일일이 검토한 뒤 이렇게 말했다. "이 가운데 호기심이 생기는 몇 가지 독창적인 장치가 있다."[40]

휴이트는 자기가 가장 선호하는 커피 추출법을 소개하면서 커피 메이커에 대한 검토를 마쳤다. 구체적인 이름을 밝히지는 않았지만 그가 상세하게 설명한 제품은 1825년 미국에서 특허를 얻은 최초의 커피포트였다. 특허장에 적힌 내용에 따르면, 이 기계는 단순히 '커피의 진한 풍미를 추출하기 위한 장치'에 불과했다. 하지만 휴이트는 이 기계로 뽑은 커피에 대해 "커피포트에서 쏟아지는 커피는 호박처럼 투명하며 포도주처럼 100퍼센트의 순도를 자랑한다."며 칭찬을 아끼지 않았다.[41] 휴이트로부터 "저렴한 가격에 진짜 커피를 추출할 수 있는 유일한 수단"이라는 찬사까지 들은 이 기계는 루이스 마텔리Lewis Martelley가 고안한 것이었다. 하지만 이 같은 평가에도 불구하고 그는 무명의 존재로 쓸쓸히 사망했다.

20세기 전반기 동안, 거의 모든 종류의 아날로그식 주방 기기를 대체할 수 있는 전기 제품이 등장했다. 팬케이크용 번철, 일인용 달걀 찜기, 티포트 등은 모두 전동화되었다. 그중에는 지나치게 많은 기능이 한데 장착된 제품도 있었다. 그 대표적 예는 커피 메이커와 토스터, 달걀과 소시지를 굽기 위한 핫플레이트식 전기팬이 모두 결합된 '삼단 브렉퍼스트 머신'이다. 21세기 초에도 이런 식의 다기능 제품이 몇 가지 있었지만, 단일 기능을 갖춘 제품만큼 폭넓은 인기를 얻지는 못했다. 《와이어드Wired》지는 이러한 제품에 대한 리뷰 기사에서 '자동화된 브렉퍼스트 머신, 소비자의 흥미를 깨우는 데는 실패'라는 표제로 현실을 요약했다.[42] 한편 "홀로 아침을 먹어야 하는 이들을 위한 완벽한 제품"이라고 평가한 매체도 있었다.[43]

아침식사를 편하게 만들어 주는 기기묘묘한 기기들이 등장했다가 사라지기를 반복했다. 대부분의 사람들은 지난 1백여 년 동안 주방을 지켰던 익숙한 기기를 더 좋아하는 듯하다. 아마존닷컴에서 가장 많이 팔리는 상위 열 개의 주방 기기를 보면 아침식사 준비에 사용되는 것이 무려 아홉 개나 된다. 블렌더 세 종류, 주서기 두 종류, 커피 메이커 두 종류, 토스터 오븐, 전기 주전자 그리고 나머지 하나는 팝콘 메이커이다.

물론 아날로그적 주방 기기들도 여전히 많다. 1910년대에 등장한 자몽 스푼은 커다란 감귤류를 보다 편하게 먹을 수 있게 해 주었다. 자몽 껍질을 과도로 깎아 내려면 힘들기도 하고 시간도 많이 걸렸다. 대신 자몽 스푼의 깔쭉깔쭉한 끝부분이나 자몽 나이프의 곡선형 칼날을 조각조각 연결된 틈새에 밀어 넣으면 씁쓸한 속껍질을 제외하고 즙이 많은 과육만 도려낼 수 있었다. 원래 자몽 스푼은 선물 가게에서 판매하는 신기한 발명품에 불과했다. 하지만 20세기 초 식탁 예절을 다룬 책에는 "자몽이나 오렌지를 상에 올릴 때는 전용 스푼을 함께 내야 한다."[44]는 주장이 실렸다. 또 아침식사용 시리얼을 디저트 스푼으로 먹는 것은 괜찮지만 티스푼은 절대 안 된다는 내용도 있다. 티스푼은 오직 커피나 홍차를 젓는 용도로만 쓰라는 뜻이다. 물론 시리얼이 개발된 지 한 세기가 지난 오늘날에도 많은 미국인들은 커다란 대접과 스푼 하나만 있으면 충분히 아침식사를 할 수 있다고 생각한다.

5
Breakfast at Home

시리얼, 아침식탁을 접수하다!

가정관리 전문가 크리스틴 터휸 헤릭Christine Terhune Herrick은 "아침식사로 시리얼을 먹는 습관이 거의 일반화되었다."고 기록했다.[45] 19세기 말, 미국 주부들이 고를 수 있는 시리얼 종류가 급속히 늘어나면서 "더 이상 단조롭다고 불평할 수 없게 되었다."고도 하였다. 하지만 헤릭은 제1차 세계대전 중에 직장 생활을 시작한 수많은 미국 주부들에게 시리얼 제품이 엄청난 도움이 될 거라는 사실까지는 알아채지 못했다. 당시 여성들은 하녀의 도움 없이 혼자 집안일을 해내야 했을 뿐 아니라 전시 지원 인력으로도 동원되었다.

영양학자들이 소화가 잘 안 된다고 수차례 경고했지만, 가공식품과 통조림의 판매량은 계속 치솟았다. 20세기 초 미국은 2차 산업혁명을 거치면서 주방의 현대화와 간편식품 도입이라는 변화를 겪었다. 이는 가정에서의 아침식사 풍경을 변모시켰고, 여성들의 사회 활동에도 영향을 미쳤다. 광고업자들은 일하는 여성들의 요구에 부응하는 제품을 생산하겠다고 약속했다. 1912년의 포스트 시리얼 광고를 보면 직장 여성들의 '긴장과 스트레스'를 덜어 준다는 점이 강조된다. 아침에 여유 시간이 늘어난 것은 제1차 세계대전 이후 미국 여성 참정권 운동이 활발해진 현상과도 무관하지 않았다.

직장에 나가지 않는 전업주부에게도 조리가 간편한 아침식사용 가공식품은 필요했다. 보다 창의적인 활동을 위한 자유 시간을 확보하기 위해서였지만, 광고업자들 말에 따르면 자녀들의 생명이 달린 문제이기도 했기 때문이다. 광고계에서 특히 강조하는 이유는 후자였다. 1920년대까지 일반 가정에서는 질병으로 인한 유아와 아동의 사망이 빈번했다. 초기 광고업자들은 여성들이 간편식품을 구입할 수밖에 없도록 압박하는 무서운 전략을 짜기 시작했다. 랠스턴 위트 푸드Ralston's Wheat Foods를 비롯한 아침식사용 제품들이 특정한 질병으로부터 자녀를 보호할 수 있는 유일한 방법이라고 홍보되었다. 네슬레 사에서는 '유아기는 위험하기 짝이 없는 시기'라며 자사의 청결하고 건강한 식품만이 아기의 생명을 구해 줄 수 있다고 강조했다.

1920~1930년대는 주방이 편리해지고 현대화된 시대였다. 미국인들이 아침식사라고 하면 떠올리는 식품들이 바로 이 시기에 등장했다. 발라드 오븐레디 버터밀크 비스킷(최초의 냉장 비스킷 반죽 제품으로 훗날 필즈버리 사로 소유권이 넘어갔다), 병에 든 과일 주스, 다양한

인스턴트 시리얼 제품, 뜨거운 물만 부으면 되는 인스턴트 커피 등은 모두 이 시기에 미국의 슈퍼마켓에 진열되었다. 몇 년 후 미국 가정의 부엌에 냉동고가 필수 아이템이 되면서 에고Eggo 냉동 와플도 상비 식품이 되었다. 심지어 와플 전용 팬이 있는 가정에서도 아침에는 간단히 토스터로 냉동 와플을 데워 먹는 경우가 많았다.

제2차 세계대전 중에는 전례 없이 많은 여성들이 일터로 뛰어들었다. 이러한 현실에 주목한 간편식품 제조사들은 일하는 엄마들을 직접 겨냥한 광고에 열을 올렸다. 하지만 여성들의 사회적 역할에 대한 우려는 1920~1930년대에 이미 커지기 시작했다. 게다가 '남자들을 위한 일'이긴 했지만 전쟁 기간 동안 바깥일을 시작한 여성들은 이 같은 우려를 한층 더 키웠다. 요리는 가정 내 권력 변화로 인한 부부 갈등을 해결하는 방법이었다. 아내는 남편이 좋아하는 음식을 준비함으로써 그의 상처받은 자아를 달래줄 수 있었다. 시럽을 듬뿍 뿌린 팬케이크는 이런 목적에 안성맞춤이었다. 물론 시어머니가 만든 것보다 더 맛있을 경우에 한해서 말이다.

전쟁이 끝난 후 미국의 베이비붐 가정은 인스턴트 오트밀, 요거트 컵, 시리얼 등 간편식품에 더 크게 의존하게 되었다. 마지못해 바깥일을 그만두게 된 미국 주부들에게 다시금 가장 중요한 일은 아침식탁에서 남편을 돌보고 기쁘게 만드는 것이었다. 최소한 잡지사들과 정부 관료들 입장에서는 그랬다. 간편식품과 현대 기기는 전시에 독립적 직장 생활을 경험한 여성들에게 해방의 원천으로 여겨졌다. 1963년, 여성주의 운동가 베티 프리던은 주방 기기와 간편식품이 전후 주부들에게 "시간을 절약해 주어 더 창조적인 일을 할 수 있도록 했다."고 하였다.[46] 그러나 이런 찬사에도 불구하고 그녀는 식품회사 마케팅이 자녀에 대한 여성의 죄책감을 강조한다는 공격도 잊지 않았다.

어린이를 직접 겨냥한 마케팅이 그런 교묘한 마케팅 전략 중 하나였다. 텔레비전이 일반화되면서 아침식사용 시리얼 광고는 매주 토요일 아침 애니메이션 방영 시간대를 공략했다. 어린이들이 어른의 간섭 없이 애니메이션에 빠져 있는 시간 말이다. 어린이 프로그램에 나오는 주인공들이 시리얼 광고에 동원되었다.

예를 들어 1958년 켈로그 사의 마스코트인 호랑이 토니는 애니메이션 제작사인 해너-바버라Hannah-Barbera의 대표 캐릭터인 파란색 사냥개 허클베리 하운드와 분홍색 퓨마 스내글퍼스와 팀을 이루어 등장했다.[47] 1940년대에는 치리오 시리얼 상자에 미키 마우스가 등장하기도 했다. 아침식사를 제대로 준비해 주지 못해 죄책감을 느끼는 엄마들은 광고에 등장하는 달콤한 시리얼을 먹고 싶어 하는 아이들의 요구를 쉽게 들어주곤 했다.

설탕 섭취량 증가가 어린이 비만을 부르면서 시리얼 광고에 만화영화를 활용하는 전략이 도마에 오르게 되었다. 급기야 1970년대 미연방무역위원회는 어린이를 상대로 한 광고의 애니메이션 캐릭터 활용을 금지하려 했지만, 성공하지는 못했다. 2009년 어린이 건강에 좋지 않은 식품 광고에 기업들이 자발적으로 캐릭터를 활용하지 않도록 유도하려는 시도가 또다시 있었지만, 당연히 효과

| 시리얼 상자에 등장한 애니메이션 캐릭터

는 없었다.

  시리얼 회사들은 어린이들의 변덕스러운 입맛을 공략하기 위해 제품의 포장 단위를 아주 작게 줄이는 전략도 내놓았다. 1940년대 초 켈로그 사는 어린이들이 가장 좋아하는 시리얼만 골라서 한 끼 분량으로 포장한 버라이어티 팩 상품을 출시했다. 시리얼을 고르는 문제로 식료품점에서 벌어지는 실랑이를 끝내 버린 것이었다. 1956년의 켈로그 사 광고를 보면 '이 제품처럼 취향대로 골라 먹을 수 있는 시리얼은 (엄마를 포함한) 온 가족에게 보다 많은 자유를 안겨 준다'고 강조한다. 더불어 '현대의 엄마들'에게 아이 스스로 의사결정을 내리도록 유도하는 것이 심리학적으로 얼마나 중요한지도 알려 준다. 한 광고에서는 열 가지 시리얼을 앞에 두고 '어떤 선택을 할지 홀로 고민하는 꼬마 사장님'의 모습을 담았다.[48]

한 끼 분량의 시리얼 상자가 그릇 역할까지 하도록 만든 제품도 있었다. 어린이는 더 쉽게 시리얼을 먹을 수 있어서 좋았고, 어머니는 그릇을 덜 써서 좋았다. 켈로그 사는 또 안쪽에 왁스지를 댄 켈보울팩 상자에 우유를 부어 상자에서 바로 떠먹는 것도 또 다른 재미라고 광고했다. 광고에서는 '양손으로 상자를 잡고 절취선을 따라 뚜껑만 따면 끝! 간단하게 완벽한 한 끼 해결!'이라고 했다. 하지만 안타깝게도 대부분의 아이들은 이 과정을 매끄럽게 수행할 만큼 손재주가 좋지 못했다. 절취선을 따라 뚜껑을 따고 안에 든 시리얼이 쏟아지지 않도록 조심스럽게 유산지 또는 비닐 포장을 찢어야 하는 일련의 과정은 숙련된 종이접기 전문가의 섬세한 손길이 요구되는 일이었다.

제품 상자를 열어 바로 먹을 수 있는 간편한 시리얼을 택할 것인가, 아니면 번거롭더라도 베이컨, 달걀, 갓 구운 브렉퍼스트 케이크를 택할 것인가? 선택의 기로에 선 미국인들은 팬케이크 믹스와 비스킷 믹스 등 반제품이라는 중간 지점을 찾아냈다. 1920년대에 접어들면서 이미 보편화된 '작은 전기 하인들'은 참신함을 많이 잃었고 신세대 주부들은 아침식사 준비에 또다시 부담을 느끼게 되었다. 따뜻한 음식을 만들기 위해 밀가루와 우유를 계량하고 달걀을 깨고 불 앞에 서 있는 것이 결코 쉬운 일은 아니기 때문이다. 부엌일을 도와줄 하녀는 없지만, 대신 미국 주부들에게는 팬케이크와

| 팬케이크 믹스

머핀, 비스킷 등을 쉽고 간편하게 만들 수 있도록 도와주는 앤 필스버리Ann Pillsbury, 베티 크로커Betty Crocker, 앤트 제미마Aunt Jemima가 있었다(이들은 인명이 아니라 베이킹용 혼합가루 제품의 브랜드명이다_옮긴이).

일부 제품은 여성들의 삶을 간편하게 만들어 주는 데서 더 나아가 집에서 만든 것보다 더 우수하다고까지 주장했다. 비스퀵의 도움을 받으면 시어머니보다 더 맛있게 만들 수 있다는 광고는 요리 솜씨와 남편의 사랑을 두고 시어머니와 경쟁을 벌이는 주부들의 마음을 흔들기에 충분했다. 1930년대 비스퀵 광고는 '남편이 자기 어머니 것보다 더 훌륭한 비스킷이라고 칭찬할 겁니다'였다.

팬케이크와 비스킷 믹스는 주부들에게 축복이나 다름없었다. 재료를 일일이 계량하고 체 치는 수고를 덜어 주었을 뿐 아니라(베티 크로커는 '일요일에 보다 많은 자유 시간'을 약속했다), 다양한 활용까지 가능했던 것이다. 혼합가루 한 상자로 팬케이크, 비스킷, 와플, 크레페, 머핀, 시나몬 롤을 모두 만들 수 있었고 모험심 넘치는 주부라면 크루아상까지 시도할 수 있었다. 무엇보다 약간의 조리 과정을 거쳐야 해서 주부들이 최소한의 할 일은 했다는 체면치레를 할 수 있다는 점이 반제품의 매력이었다.

간편식품 사용을 꺼리는 여성들이 적지 않다는 시장 조사 결과가 나오면서 광고업자들은 새로운 전략을 동원해야 했다. 제2차 세계대전 이후 대용량 동결 건조 커피가 등장했지만, 시장 조사 결과 주부들이 네스카페 인스턴트 커피의 구매를 꺼리는 이유는 게으르고 쓸데없이 돈을 낭비한다는 인상을 주기 때문이라는 사실이 밝혀졌다. 그때부터 광고업계에서는 상품의 경제성을 내세우기 시작했고, '커피에 끓는 물을 부은 뒤 잠시 놓아두면 네스카페 커피의 깊은 맛과 진한 향기가 배가된다'고 홍보했다. 몇 년 후에는 네스카페 전용 커피 메이커도 등장했다. 막 추출한 신선한 커피라는 착각을 불러일으키기에 충분했지만 실제로는 더운 물에 커피를 타서 넣는 보온병에 불과했다.

카페인이 없는 인스턴트 커피인 상카Sanka는 1930년대에 등장했다. 본래 저녁식사 후 커피 마시는 사람들을 겨냥했지만 카페인 불안증을 피하려는 이들도 즐겨 마시게 되었다. 상카 커피의 밝은 오렌지색 포장이 미국 대중의 뇌리에 얼마나 깊이 박혔는지 아직까지도 카페인이 없는 커피 주전자에는 오렌지색 손잡이가 달려 있는 경우가 많다. 1980년대 중반까지 상카 커피는 카페인을 없애기

| 네슬레 커피메이트

위해 페인트 제거제로 사용되는 달콤한 맛의 용해제 디클로로메탄을 사용했다.

상가 커피 외에도 품질 관리 차원이라는 미명 아래 화학 처리 과정을 거친 다른 가공식품들이 속속 등장했다. 1950년대에 나온 인스턴트 커피와 합성 크림이 대표적이다. 커피 속에서 크림이 뭉치는 것을 싫어하는 사람들을 위해 네슬레에서 선보인 커피메이트는 일반 크림보다 더 잘 녹고 유통기간도 길었다. 하지만 진짜 크림에는 없는 한 가지가 더 있었으니, 바로 '화기에 가까이 하지 마시오'라는 주의사항이었다.

일부 간편식품은 천연식품보다 저렴한 가격으로 소비자들을 유혹했다. 탱이나 서니 딜라이트 같은 분말형 오렌지 주스는 진짜 주스보다 더 싸고 오래 보관할 수 있었다. 1959년에 처음 출시된 탱 인스턴트 브렉퍼스트 드링크는 아이들을 위한 인스턴트 커피와 같았다. 실제 오렌지 과즙의 함유량은 2퍼센트에 불과했지만, '고영양, 고열량 음료'라는 이유로 전미 미식축구연맹의 공식 지정 음료로 선정되기까지 했다. 실제로 1회 권장량인 밥숟가락 두 개 분량의 탱 분말에는 설탕이 무려 23그램이나 들어 있었다.

간편식품이 본격적으로 등장하기 전에도 주방 일의 간편화는 주부들의 오랜 열망이었다. 플로라 헤인즈 로그헤드Flora Haines Loughead의 《신속한 요리Quick Cooking》 같은 책들은 19세기 주부들에게 "주방에서 보내는 시간만큼 안타까운 낭비가 없다."고 강조한다.[49] 로그헤드는 "주방에서 보내는 시간을 줄이면 대신 휴식이나 자기계발, 야외 활동, 자녀 양육, 그 밖에 더 급한 문제를 해결하는 데 활용할 수 있다. 이는 오로지 주부의 선택에 달린 문제다."라며 당시로서는 상당히 대담한 발언을 했다.[50] 이후 80년이 지나 여성운동가인 베티 프리던도 비슷한 취지의 주장을 펼쳤다.

6
Breakfast at Home

아이들도 차리는 아침식탁

　간편식품과 베이킹용 믹스 제품 덕분에 미국 어린이들은 여전히 갓 조리된 따뜻한 아침식사를 할 수 있었다. 또 엄마가 아침식탁에서 아이들을 일일이 시중들 필요도 없어졌다. 1920년대에 출간된 소년지 《보이즈 라이프》에는 앤트 제미마 팬케이크 믹스 광고가 등장했다. 그보다 앞서 테코 사는 스스로 발효되는(별도로 발효과정을 거치지 않는) 쌀가루와 옥수숫가루 믹스를 출시했다. 이 회사는 자사 제품에 물만 섞으면 보이스카우트들도 '어머니가 집에서 만들어 주는 것만큼 훌륭한' 팬케이크를 만들 수 있으며, 또 한편으로는 전쟁 기간 동안 귀한 밀을 아껴 '자유 수호라는 명분'에 기여한다고 홍보했다.

　어린이들의 요리 체험은 아침식사에서부터 시작되었다. 어려서 팬케이크를 직접 구울 수는 없더라도, 잠옷 차림으로 졸린 눈을 비비며 우유와 시리얼을 그릇에 부어서 텔레비전 앞까지 뒤뚱대며

| 시리얼 먹는 아이 광고

걸어갈 수는 있었다. 주말을 맞아 늦잠 자는 부모를 귀찮게 하지 않고서 말이다. 1920년대에는 어린이가 혼자 시리얼에 우유를 부어 먹는 모습을 흔히 볼 수 있었다. 1928년 한 시리얼 제품 광고에는 '아침은 스스로 챙겨먹어요'라는 문구와 함께 겨드랑이에 시리얼 상자를 끼고 있는 볼이 발그레한 사내아이가 등장했다. 1990년대 들어 스스로 아침식사를 차려 먹는 어린이의 비율은 약 80퍼센트에 이르렀다. 간식을 제외하고는 아이가 직접 선택하고 차려 먹는 경우는 아침식사가 가장 많다.[51]

1948년의 한 기사에는 "여성 열 명 중 아홉 명이 콘프레이크나 그 당시 아이들이 좋아하는 인스턴트 시리얼 박스를 식탁에 준비해 둔다. 아이들은 엄마가 사다 놓은 시리얼이나 개별 포장된 것이 있으면 그것을 부어 먹는 것을 좋아한다."는 글이 실렸다.[52] 주부들은 부엌에서 시리얼을 그릇에 담아 내오는 대신, 식탁에 빈 그릇과 함께 시리얼 상자를 올려 두는 것을 새롭고 낯설다고 생각했다. 이러한 풍경은 부엌 내 간이식사 공간에서 아침을 먹는 것처럼 처음에는 볼품없고 상스러운 습관으로 여겨졌다. 하지만 얼마 지나지 않아 보편적인 관행으로 자리 잡았다.

어떤 엄마들은 아이들 스스로 아침을 준비하는 것이 시간 절약일 뿐만 아니라 훈육의 방법이라 생각했다. 1831년 노예제 폐지론자이자 여권 운동가인 리디아 마리아 차일드Lydia Maria Child는 "아주 어린 유아들도 자신이 유용한 사람이라고 느끼면 기뻐한다."고 썼다. 여권 신장을 위해 싸우는 투사들은 엄마의 부담을 덜어주기 위해 어린 자녀에게 자기 일을 스스로 해결하도록 가르쳐야 한다고 생각했다. 스스로 아침을 해결할 수 있는 아이에게 굳이 아침식사를 준비해 주면 자녀에게 독립심이나 생활기능을 가르칠 수 없다. 하지만 열 살짜리 아이가 신발 끈을 매달라고 요구하면 질색하는 엄마들도 아침식탁에서는 여전히 자녀의 시중을 들고 있는 것이 현실이다. 물론 이런 행동이 결국 아이의 장래에 해가 된다고 믿는 엄마들도 있다. 일례로 1988년《워킹 마더Working Mother》지에는 '자기 집에서 아이를 손님처럼 대접하는 것은 결국 그 아이를 망치는 지름길'이라는 한 어머니의 글이 실렸다.[53] 1980년대 들어 맞벌이 부모, 혹은 가계를 책임지는 편부모가 밖에서 일하는 동안 집 열쇠를 목에 걸고 다니는 아이들이 증가하면서, 이 말은 현실이 되었다. 보통 아이들은 가정 경제를 위해 자신의 일은 스스로 알아서 해야 했다.

1908년에 출간된 어린이 요리책《엄마가 요리해도 된다고 할 때 When Mother Let Us Cook》에 등장하는 첫 번째 요리는 삶은 달걀이다.

요리에 조금 더 익숙해지면 스크램블 에그를 얹은 토스트에 도전할 수 있었다. 이 책에 나오는 요리의 대부분은 오믈렛, 과일 스튜, 팬케이크 같은 아침 메뉴였다. 요리를 처음 배우는 아이들에게는 역시 아침 메뉴가 가장 적합했던 것이다(이 책에 소개된 나머지 요리는 아이들에게 어울리는 먹거리인 사탕류였다).

아침 요리를 배우는 것은 여자들만의 몫이 아니었다. 젊은 남자가 미트 로프나 체리 파이 같은 요리를 꼭 배워야 하는 것은 아니었지만, 적어도 아침식사는 남성성을 위협받지 않고 얼마든지 준비할 수 있었다. 1936년 《딜리니에이터The Delineator》 지에는 '청년들이여, 부엌으로 가라'는 제목으로 젊은 남성들을 스토브 앞으로 끌어내기 위해 호소하는 기사가 실렸다. 필자는 "15분 안에 먹을 만한 식사를 만들어 내지 못하는 남자는 결혼 생활에 적합하지 않고, 가장의 역할도 제대로 해낼 수 없다."고까지 주장한다.[54]

캠핑 요리에 대해 많은 글을 쓴 래드 플럼리Ladd Plumley는 1917년에 쓴 〈남자와 요리〉라는 글에서 "훌륭한 시민이 되려면 남자도 커피를 내리고 비스킷을 굽고 오믈렛을 만들 줄 알아야 한다."고 주장했다.[55] 또 《미국 요리American Cookery》에 기고한 글에서는 어린 시절 어머니를 지켜보며 요리를 배웠다고 회상했다. 결론적으로 그가 미국 여성들에게 호소하고 싶었던 말은 "어린 아들 스스로 커피를 끓이고 가공되지 않은 식재료로 마술을 부려 요리를 완성하는 일이 얼마나 중요한지 잠시 생각해 보라."는 것이었다.

기초 생활 기능의 하나로서 요리의 중요성을 강조했던 플럼리도

| 1918년, 보이스카우트 단원들이 캠프에서 불을 피우고 식사를 준비하고 있다. (미 의회 도서관 제공)

정작 남자의 삶에서 요리 솜씨가 필요한 순간은 극히 드물다는 점은 인정했다. 소년들은 그저 아침식사나 비상시나 캠핑을 대비해 스테이크나 생선구이 같은 대표 요리 한두 가지를 배워 두는 것으로 충분했다.

7
Breakfast at Home
부엌으로 들어오는 남자들

　간편식품이나 아이들의 일손으로도 충분하지 않게 되자 어린 시절 보이스카우트의 기억을 간직한 남자들이 요리에 나섰다. 이 같은 현상은 지난 수십 년 동안 급속히 확산되었다. 1965년만 해도 규칙적으로 부엌일을 하는 남자의 비율은 5퍼센트에 불과했지만, 오늘날에는 집에서 먹는 식사의 거의 1/3이 남자들 손으로 만들어진다. 이러한 경향은 과로에 시달리는 수많은 주부들에게 요긴했을 뿐 아니라 가사 노동의 균형추를 아주 조금이나마 중앙으로 향하게 했다. 그러나 지난 반세기 동안 아버지들이 준비했던 식사는 뒤뜰에서 조리하는 바비큐를 제외하면 대부분 아침이었던 것 같다.

　전쟁 이전에 남편이 부엌일을 거드는 것은 금기였다. 직접 아침식사를 준비하는 남자는 어머니와 아내의 중간 역할을 하는 딱하고 한심한 존재로 여겨졌다. 1920년 《월간 대중 과학Popular Science Monthly》지는 "전기 커피 메이커와 토스터만 있으면 아침을 준비할 수 있다."며 소형 전자 제품을 활용할 것을 권했다.[56] 그러면서도 남성이 요리를 즐겨야 할 필요까지는 없다면서 "직접 아침식사를 준비하는 게 싫다고? 그야 기혼 남성 대부분이 공감하는 것이다."라고 주장한다. 기사의 나머지는 직접 아침을 만들어 먹어야 하는 끔찍한 상황에서 독신 남성들을 구원해 줄 아내를 얻는 데 필요한 몇 가지 유용한 기술들로 채워져 있다.

남자들을 주방으로 이끄는 데 걸림돌이 된 요소 중 하나는 1927년 로터리 클럽 회원지에서 지적했듯 괜찮은 요리책은 대부분 여성에 의해, 또 여성을 위해 만들어졌다는 점이다. 예외는 프랑스의 저명한 미식가 장 앙텔름 브리야 사바랭Jean Anthelme Brillat-Savarin이 쓴 요리책 정도였다. 또 다른 남성 저자는 여성들이 쓴 요리책을 "결국 헛소리만 잔뜩 모아 놓은 책"이라고 비난했다. 1921년 《레이디스 홈 저널》지에는 '아내가 집을 비웠을 때 요리하는 법'이라는 기사가 실렸다. 언론인인 보즈먼 벌저Bozeman Bulger가 아내가 휴가를 떠난 후 친구 한 명과 부엌에서 쩔쩔맸던 경험을 기록한 글이었다.[57] 두 친구를 구하기 위해 요리가 취미인 독신 친구가 찾아와 아침 요리 중심으로 생존법을 가르쳐 준다. 아침 준비의 달인이 된 벌저 기자는 일주일 뒤 돌아온 아내에게 구운 달걀과 베이컨으로 감동적인 식탁을 차려 낸다.

요리하는 남편은 기혼 여성들의 로망이었다. 1917년에 나온 소설 형식의 가이드북 《남편을 기쁘게 하는 천 가지 방법A Thousand Ways to Please Husband》을 보면 매력적인 남편 밥이 아내 베티나를 위해 일요일 아침을 준비하겠다고 선언한다. 베디나는 기뻐하며 발코니에 꽃까지 꽂은 식탁을 준비하고 남편이 쩔쩔매며 만들어 낸 크림소스에 버무린 소고기 구이와 토스트, 커피를 행복하게 즐 긴다. '즐겁고 여유로운' 식사를 마친 후 남편이 설거지까지 말끔하게 끝낸다는 설정은 이 책이 새색시를 위한 가이드북이라기보다 주부들의 포르노그래피에 가깝다는 증거다.

제2차 세계대전 이후 남성을 위한 요리책들이 쏟아져 나오기 시작했지만, 대부분 스테이크 같은 '남성적인' 요리에 초점을 맞춘 것이었다. 이름부터 남성적인 브릭 고든Brick Gordon이라는 사람은 1947년에 쓴 글에서 "남자가 비스킷을 구워야 한다면 밀방망이 대신 맥주병을 사용하라."고 주장했다.[58] 달걀 프라이를 만들 때에도 사내답게 버터를 왕창 사용할 것을 권했다. 토스트와 커피로 아침을 해결하던 시대는 지나갔으며 진정한 사내라면 아내의 도움이 있든 없든 베이컨과 달걀 프라이 정도는 먹어 줘야 한다고도 했다. 하지만 남자들은 취미로 혹은 필요에 의해 어쩔 수 없이 요리를 했을 뿐이고, 일상적인 요리는 여전히 여자들의 몫이었다. 어쩌다 한 번 가장이 준비하는 식사는 대개 토요일이나 일요일 아침이었다. 주말은 여전히 특별한 날이었기 때문에 요리에 투자할 시간적 여유가 있었다. 더욱이 달걀, 염장 고기, 영양가 있는 팬케이크 등 푸짐한 요리 중심이어서 남성성을 훼손할 염려도 없었다.

제2차 세계대전 중 미국인이 힘든 시기를 버텨 낼 수 있게 한 힘은 '사소한 기쁨'이라는 공익성 광고의 등장이었다. 1943년의 한 광고에서는 포터 씨라는 가공 인물이 아침식사 쟁반을 들고 아내의 침대로 향한다. 얼굴에는 옅은 미소가 번져 있지만 긴장을 숨길 수는 없다. '포터 씨가 준비한 일요일 아침 특별 메뉴는 스크램블 에그, 받침접시에 조금 엎질러진 커피, 한쪽을 살짝 태운 토스트입니다. 오랫동안 곁을 지켜준 아내에 대한 그만의 감사 표현이지요'라는 설명이 덧붙여진 이 광고는 흥미롭게도 맥주 회사에서 제작한 것이다. 배급제와 전쟁으로 피폐해진 마음을 맥주로 달래라는 의미이다. 이런 광고에서 남성은 여전히 부엌일에 서툴지만 그 나름대로 귀엽고 사랑스럽게 그려진다. 남성으로서의 자아를 살짝 억눌렀을 때 얻을 수 있는 장점을 생각해 보라는 메시지인 것이다.

이와 반대로 아침식사 준비가 남성의 자아를 오히려 강화한다는 주장도 있었다. 유머 작가 프랭크 설리번Frank Sullivan은 1938년 저서 《미혼 남성의 아침식사A Bachelor Looks at Breakfast》에 다음과 같이 썼다. "남성이 아침식사를 직접 준비하면 안 되는 이유는 하나도 없는 반면, 요리를 해야 하는 이유는 무수히 많다. 그중 하나는 자긍심에 유익하다는 것이다. 나는 지난 3개월 동안 일요일 아침마다 직접 식사를 준비했는데, 그 결과 내 자긍심은 지역 축제에서 일등상을 받은 호박만큼 커졌다."[59]

아버지들에게 아침식사 준비는 가정에서 영웅적 위치를 유지하는 방법이었다. 남성을 위한 요리책 저자인 밥 슬론Bob Sloan은 《아버지만을 위한 요리책Dad's own Cookbook》에서 "아침식사는 전통적으로 아버지의 영역이었다."고 말했다. 다른 가사를 돕지 않아

| 앤트 제미마 팬케이크 믹스 광고

도 주말 아침식사만큼은 책임지는 남편들의 모습이 광고에서 반복적으로 등장했다. 1962년의 앤트 제미마 팬케이크 믹스 광고를 보면 아내의 프릴 달린 앞치마를 두르고 주말에 팬케이크를 굽는 아버지가 천사 같은 딸의 포옹을 받는 장면이 나온다.

아버지들은 어머니들이 바쁜 평일에 시도하지 못하는 새로운 요리에 도전하는 경향이 있었고 일상 요리가 아닌 특별 요리라는 점 때문에 찬사를 받았다.[60] 자신만의 특별 요리를 정해 두고 정기적으로 시간과 공을 들여 완벽하게 만들어 내는 가장들도 드물지 않았다.

1981년 미국의 민속학자 토머스 애들러Thomas Adler 역시 다음과 같은 글을 남겼다. "주말 식사 메뉴는 선택의 폭이 아주 넓었음에도 불구하고 남성들은 대개 주말 메뉴에 대한 전권을 행사하며 늘 똑같은 음식을 준비하곤 했다."[61]

아버지들이 부엌에서 씨름하는 동안 어머니들은 오전 자유 시간을 즐겼고 아이들은 차가운 시리얼이나 오트밀 대신 팬케이크와 베이컨 먹을 생각에 들떠 있었다. 1964년, 유명한 요리사이자 요리책 저자인 제임스 비어드James Beard는 아버지가 일요일에 준비하던 아침식사의 기억을 다음과 같이 기록했다.

겨울을 제외한 매주 일요일 느지막한 아침, 아버지는 우리에게 프라이팬에 맛있게 졸인 닭고기에 베이컨과 크림을 넣고 만든 베이컨 크림소스를 곁들여 주었다. 이 요리는 보통 갓 구운 비스킷이나 크럼펫 또는 토스트와 함께 먹는데, 그 맛이 정말 일품이었다. 겨울철이면 소시지, 훈제 생선, 햄으로 메뉴가 바뀌었다. 아버지의 요리 솜씨는 한번 맛보면 기억에 남을 정도라, 주말에 집에 놀러온 친구들도 아버지가 차려 주는 아침식사를 고대하곤 했다.[62]

2012년 6월, 남성 잡지 《에스콰이어》는 유명 요리사 19명에게 어릴 때 아버지가 만들어 준 음식에 대한 설문 조사를 실시했다. 이 중 절반 정도가 잊을 수 없는 요리로 꼽은 것은 달걀 프라이나 구운 베이컨을 곁들인 와플이었다.[63]

Breakfast at Home

어머니 손맛 그대로

오늘날 많은 미국인들이 주말에 아버지가 만들어 주던 아침식사의 추억을 갖고 있긴 하지만, 광고업자들은 남성을 주요 구매층으로 여기지 않았다. 요리는 대개 여성의 일이었고 어머니가 해 준 음식은 향수 어린 기억으로 오래 간직되기 때문이었다. 1874년 유행했던 '어머니가 만들어 주시던 그대로like mother used to make'라는 표어는 커피를 마시다가 느닷없이 아침식사를 준비하는 어머니 품속으로 옮겨 가는 남자를 그린 제임스 휘트컴 라일리James Whitcomb Riley의 시에서 따온 말이다.[64]

여성들을 주방에서 벗어나게 하려는 몇몇 여권 운동가의 시도에도 불구하고 대부분의 아내와 어머니들은 감히 그러지 못했다. 가정관리 지침서에서 "여성은 밝고 예쁜 모습으로 아침식사를 차려야 한다고, 그렇게 하지 않으면 실망한 남편이 신문만 들여다보게 된다."고 최초로 주장한 지 백 년이 지난 1950년대의 요리책들

| 1962년, 한 가족의 아침식사 (베트먼/코비스/AP 영상 자료)

도 똑같은 조언을 계속했다. 기자이자 요리책 저자인 아이다 베일리 앨런Ida Bailey Allen은 1952년에 아침식사 시간은 주부가 '가장 즐겁고 너그러워야' 하는 중요한 때이며, 그러지 못할 경우 식구들의 하루를 망치게 된다고 썼다. 그러면서 주부가 바꿔야 할 태도의 방향을 노골적으로 제시했다. "선의를 발휘해서 세상의 모든 짐이 자기 어깨에 얹혀 있다는 부담감을 떨쳐 버리고 하루를 맞이하기

로 마음먹으면, 얼굴에는 미소가 떠오르고 눈은 초롱초롱 빛나며 목소리는 쾌활해져서 온 가족을 기쁘게 할 수 있을 것이다."[65] 저자는 혹시 이러한 눈속임이 통하지 않는다면 언제든 각성제인 암페타민의 힘을 빌리라는 조언까지 덧붙였다.[66]

가족을 행복하게 만드는 것이 주부에게 가장 중요한 일이라고는 해도 아이들과 남편이 학교와 직장에 늦지 않도록 시간에 맞춰 아침을 먹여 보내는 일 또한 못지않게 중요했다. 일상적인 아침식사는 신속해야 했다. 하지만 주부들은 자신들이 선택한 제품을 통해 애정을 표현할 수 있었다. 20세기 초반의 잡지와 신문에는 환하게 빛나는 모습으로 금발의 천사들을 위해 애정 어린 따뜻한 음식을 준비하는 어머니의 환하게 빛나는 모습이 자주 등장했다. 식료품 광고들은 하나같이 '자녀를 지극히 사랑하기 때문에' 어머니들이 자사의 제품을 선택한다고 주장했다. 1960년 퀘이커 오츠는 하루를 시작하는 최고의 방법이 '포옹, 입맞춤, 그리고 뜨거운 오트밀 아침식사'라고 광고했다. 이러한 광고들을 통해 따뜻하고 푸근한 아침식사가 곧 어머니의 사랑이라는 이미지가 만들어졌다.

하지만 '어머니가 집에서 해 주는 요리'가 환상에 불과했던 시절이 있었다. 남북전쟁부터 흑인 민권 운동이 펼쳐진 1960년대까지 아침에 즐겨 먹었던 컴포트 푸드는 어머니가 아니라 각 가정에 고용된 흑인 요리사의 작품이었기 때문이다. 마사 매컬로 윌리엄스가 1913년에 쓴 요리책을 보면 남북전쟁 이전의 요리 문화에 대한 그리움이 드러난다. 또 1980년대까지 자주 볼 수 있었던 앤트 제미

| 1899년경, 개인 요리사로 취업하기 위한 훈련을 받고 있는 미국 흑인 여성들 (미 의회 도서관 제공)

마 팬케이크 믹스나 미세스 버터워스 메이플 시럽, 크림 오브 휘트 시리얼 등의 광고는 흑인 요리사에 대한 향수를 오랫동안 불러일으켰다.

많은 이들은 팬케이크 믹스의 상표명이었던 가공인물 앤트 제미마가 미국 사회 내에 팽배했던 인종 및 계급 차별을 상징한다고 비난해 왔다. 하지만 적어도 팬케이크 조리에 관한 한 앤트 제미마는 요리에 익숙지 않아 불안해하는 백인 주부들에게 소언해 주던 그 분야의 전문가였다. 1953년의 애드버토리얼(기사 형식의 광고_옮긴이)을 보면 '팬케이크 여왕이 미세스 아메리카에게 최신 팬케이크의 성공에 관해 이야기하다'라는 제목이 붙어 있다. 현명하고 노련한 전문가인 앤트 제미마는 '살림의 여왕'에게도 아침식사에 대한 한두 마디 조언을 할 수 있을 정도였다.

미국의 다른 지역에서도 전통 가정식 요리는 주부가 아닌 법적 권리가 없는 계층의 전통 음식에서 영향을 받은 것이었다. 애팔래치아 지역의 가정 요리는 아메리카 원주민의 음식과 비슷했다. 18세기 서부개척시대로부터 1950년대의 극단적 빈곤 시대에 이르기까지 옥수수죽 부침이나 훈제 고기, 사과 튀김, 콩을 곁들인 옥수수빵 같은 이 지역의 전통적인 아침 메뉴는 대부분 체로키 인디언에게 전수받은 것이었다. 과거 영국 방식을 고수하는 퀘이커 교도들마저도 옥수수죽이나 토마토 같은 아메리카 원주민들의 먹거리를 아침식탁에 도입했다.

기타 전통 가정식이라는 것도 이민자들이 고국에서 가져와 미국식으로 변형시킨 경우가 대부분이다. 미 남서부에서 아침에 즐겨 먹는 칠라낄레스(chilaquiles, 튀긴 토르티야에 살사소스를 얹어 살짝 쪄낸 뒤 양파, 닭고기, 아보카도 등을 곁들인 요리_옮긴이), 우에보스 란체로스(huevos rancheros, 토르티야에 삶은 달걀이나 달걀 프라이를 얹고 토마토소스를 뿌린 요리_옮긴이), 미가스(migas, 마늘 수프에 하루 묵힌 빵을 뜯어 넣어 걸쭉하게 만든 요리. 돼지고기나 햄, 오레가노, 칠리 등으로 맛을 더하기도 한다_옮긴이) 등은 모두 멕시코에서 온 것이다. 노란 옥수수 대신 푸른 옥수수를 사용한다는 점만 제외한다면 뉴멕시코의 전통 음식 차우케후에chauquehue는 북아메리카 대평원의 원주민 아낙들과 그들에게서 요리를 배운 개척자의 아내들이 만들던 옥수수죽 부침과 다를 것이 없다. 아미시Amish 지역의 전통 아침식사인 사과 파이, 더치 베이비(독일식 팬케이크_옮긴이), 스크래플은 독일 이민자들이 전해 준 것을 미국 재료에 맞게 변형시킨 것이다. 치커리차에 곁들여 먹는 달콤한 반죽 튀김인 베녜Beignet는 18세기에 프랑스인들이 뉴올리언스에 들여온 음식이다.

전통적인 음식이란 결국 세대에서 세대로 전해져 내려왔다는 의미일 뿐 어머니의 맛도 조금씩 달라질 수밖에 없다. 아이가 좋아하는 블루베리 머핀은 그 어머니의 어머니가 만든 것과 조금은 다를 것이다. 예를 들어 엄마는 할머니보다 넛메그를 더 많이 넣었을 수도 있다. 물론 나중에 아이가 커서 만드는 머핀 또한 조리 기술이나 재료의 품질에 따라 엄마가 만들어 준 머핀과 맛에서 미묘한 차이를 보일지도 모른다.

9
Breakfast at Home

특별한 날의 아침식사

 현대에 와서 삶이 복잡해지면서 전통적인 아침 음식은 대부분 주말이나 기념일로 옮겨졌다. 제2차 세계대전 후 팬케이크나 오믈렛은 주말에 먹는 음식이 되었다. 18~19세기의 풍성한 아침식탁은 집안의 하인이 없어지면서 사라지고 말았다. 하지만 온 식구가 모이는 명절이나 기념일이 되면 아침에 팬케이크와 오믈렛, 베이컨과 포테이토까지 먹을 수 있었다. 바야흐로 아침식사가 그날의 성찬이 된 것이다.
 20세기 중반까지 일요일 아침식사는 교회에 가기 전, 간단히 먹거나 아예 건너뛰기 일쑤였다. 대신 교회에서 돌아온 뒤에는 브런치를 제대로 차려 먹었다. 타복스 콜브레이스가 1882년에 쓴 책 《아침식사로 무엇을 먹을까 What to Get for Breakfast》에서 언급한 것처럼, 일요일 아침은 대개 토요일 저녁에 만든 음식을 데워 먹었다. 이 책의 취지에 따라 콜브레이스는 절대 아침식사를 거르지 말

아야 하며, 특히 교회 가기 전에는 반드시 요기를 해야 한다고 조언했다. 배고픈 상태에서는 제대로 예배를 보기 어렵다는 것이 이유였다. 그는 "손쉽게 준비하는 영양가 있고 소화도 잘 되는 아침식사가 일요일에 꼭 필요하다는 것은 경험으로 알고 있지 않은가?"[67]라고 말한다.

영양도 풍부하고 만들기도 쉬워서 콜브레이스가 이상적으로 생각한 일요일 아침 메뉴는 오븐에 구운 쇠고기와 콩이었다. 전통적인 일요일 아침 메뉴였던 돼지고기와 콩에 반기를 든 셈이다. 콜브레이스는 "돼지고기는 소화가 제일 안 되는 육류인 데다 성경의 교리에도 위배된다."고 주장했다.[68] 서부의 카우보이들은 콜브레이스가 제안한 아침식사를 환영했지만, 돼지고기를 사랑하는 보스턴 사람들은 아마 콧방귀도 뀌지 않았을 것이다.

20세기로 들어오면서 일부 교회가 주일 예배 시간을 늦췄다. 아침 먹을 여유 시간을 주어 더 많은 신자들이 예배에 참석하도록 하기 위함이었다. 여전히 일찌감치 요기를 하고 아침 7시에 오라고 하는 교회들도 물론 있었다. 유대 가정에서는 샤밧 키두쉬shabbat kiddush라는 안식일 오후 기도 전까지 빵을 먹지 않는다. 가족들은 과일, 시리얼, 머핀 정도를 먹고 유대교 회당으로 향한다.

종교적 의식 전에는 아침을 건너뛰는 경향 때문에 유대교의 축일과 관련해서 전통적으로 특별한 아침식사는 없는 것으로 보인다. 모든 축일에는 고유의 전통 음식이나 제례 음식이 있고 훌륭한 아침식사로 손색 없는 음식들이 많은데도 말이다. 예를 들어 하누카(유대교의 봉헌절) 때 먹는 맛있는 튀김 도넛은 아침식사용은 아니지만, 비유대인이라면 기꺼이 아침에 먹으려고 할 것이다. 해시브라운과 비슷한 감자 팬케이크 '랏키latke'도 특별히 하누카 아침에 먹는 메뉴는 아니다. 팬케이크에 감자를 넣기 시작한 것은 18세기 말 독일인들이 처음이었고, 그로부터 50년쯤 후 동유럽 유대인들이 뒤따랐다. 하지만 하누카를 위한 요리는 아니었다. 유대교 개혁 이후 미국에서 나온 최초의 유대 요리책은 1889년에 출간된 《바베트 아주머니의 요리책Aunt Babette's Cook Book》이다. 이 책에는 감자 팬케이크가 포함되었고 "추운 날씨에는 아침식사용 접시를 데워서 사용하라."는 조언도 나온다.[69] 하누카가 12월임을 감안하면 접시가 차가워지는 것을 걱정하는 것은 당연했다.

콜브레이스는 성탄절 같은 특별한 날의 아침식사에 대해서는 언급하지 않았다. 성탄절 아침은 아이들이 선물을 풀어본 후 집에서 먹는 것이 보통인데도 말이다. 20세기 초까지만 해도 성탄 축하 식사는 저녁이었다. 화려한 저녁식사 준비를 그만두고 편안한 아침식사를 선택하기까지는 결단이 필요했다. 메리 우드-앨런Mary Wood-Allen 박사는 1906년 《아메리칸 마더후드American Motherhood》에 실린 '성탄절 아침식사'라는 글에서 명절 저녁식사 준비에 스트레스를 받은 주부 윌리스 부인에 관한 이야기를 들려준다.[70] 윌리스 부인은 자녀들의 선생님인 미스 잉걸스에게서 자기 주변 사람들 사이에서는 성탄절 아침식사를 차리는 게 유행이라는 말을 듣는다. 어린 딸도 선생님의 세련된 도시 친구들이 즐겨하는 일이라면 틀림없이 멋질 거라며 맞장구를 친다. 결국 월리스 부인은 고민 끝에 '그 참신하고 독특한 행사'를 시도하기로 결심한다. 그렇게 비교적 간단히 준비한 성탄절 아침식사는 뜻밖에 엄청난 호응을 얻는다. 아들은 "어머니, 크리스마스 아침식사를 준비해 주셔서 얼마나 기쁜지 몰라요."라는 감격스러운 칭찬까지 늘어놓는다. 그날 온 가족은 월리스 부인을 '크리스마스의 여왕'으로 칭송한다.[71]

좀 진부해 보이긴 하지만 이 이야기는 20세기 초 미국의 현실을 그린 흥미로운 초상화라고 할 수 있다. 시대가 변하면서 갖가지 전통도 조금씩 변화하고 진화하기 시작했고, 사람들은 이런 추세에 흥분했다. 여성 잡지들은 '성공적인 성탄절 계획' 같은 기사에 아침식사를 포함시키기 시작했다. 특별한 성탄절 아침식사는 《남편을 기쁘게 하는 천 가지 방법》에도 나왔다(물론 가족들에게 와플을 만들어 주는 이상적인 아버지도 존재하긴 했지만 말이다). 주방 기기 회사들은 당장 쓸 수 있는 자사의 아침식사용 제품이야말로 어머니를 위한 완벽한 성탄 선물이라고 광고했다. 1938년의 키친-에이드Kitchen-Aid 전기 커피 그라인더 광고를 보면 '성탄절 아침부터 시작해 날마다 기분 좋게 해 줄 선물'이라고 강조한다.

성탄절 아침은 갖가지 음식을 다양하게 차려 내거나 양을 많이 만들어 사람들이 실컷 먹을 수 있게 했다. 대공황 때 어린 시절을 보낸 애팔래치아 출신의 한 사람은 "성탄절은 원하는 만큼 달걀을 실컷 먹을 수 있는 유일한 날이었다."고 추억했다.[72] 또 성탄절은 특별히 아침식사용 빵과 케이크를 굽는 날이기도 했다. 집에서 아침에 먹을 빵과 케이크를 굽는 풍경은 1910년대 이후 좀처럼 찾아보기 힘든 광경이었다. 여유로운 성탄절 아침식탁에는 커피 케이크, 시나몬 롤, 애플 케이크 등이 올랐고, 오늘날까지도 많은 가정에서 이 전통이 이어진다.

아침에 먹는 특별한 음식들 중에는 특정 명절을 위한 것들도 있다. 펜실베이니아에서는 사순절이 시작되기 전날 파스트나흐트 쿠헨(Fastnacht kuchen, 참회의 화요일 케이크)이라는 감자 도넛을 먹는다. 튀긴 음식을 먹는 전통 때문에 이날을 마르디 그라(Mardi Gras, 기름진 화요일)라고 부르기도 한다. 1915년 에디스 토머스Edith M. Thomas가 쓴《농장의 메리Mary at the Farm》라는 책에는 "매년 사순절 전날인 파스트나흐트, 즉 참회의 화요일이 되면 어김없이 감자 도넛을 만든다."는 구절이 나온다. 이 책은 펜실베이니아에 정착한 네덜란드 출신 이민자들에 대한 소설로, 저자가 실제 인물들을 인터뷰한 내용을 근거로 했다.[73] 저자는 파스트나흐트 쿠헨(또는 그냥 파스트나흐트)을 만드는 전통에 대해 다음과 같이 설명했다. "아주 특별히 중요한 일이 있지 않은 한, 그날은 집에서 맛있는 파스트나흐트 쿠헨을 굽는 것이 관례였다."[74]

영국에서 '참회의 화요일'은 '팬케이크의 날'로도 알려져 있다. 사순절 금식 기간에는 설탕, 달걀, 밀가루, 버터 같은 영양가 높은 식품을 사용할 수 없었다. 그래서 각 가정에서는 사순절을 앞두고 이러한 식품들을 찬장에서 없애기 위해 팬케이크를 만들었다. 영혼의 정화를 위해 자신의 죄를 고백하는 일이 어떻게 팬케이크 축

| 팬케이크 경주를 그린 그림

제와 함께 이루어질 수 있는지 미스터리이지만, 오랫동안 이어진 전통임은 분명하다. 18세기의 한 자료에는 이것이 그리스 정교회에서 비롯된 전통이라고 나와 있다.[75] 어느 날, 죄를 고백하러 교회로 나오라고 신자들을 부르는 종소리가 평소와 달리 이른 아침부터 울렸다. 아침식사 준비에 한창이던 주부는 팬을 손에 든 채 교회로 달려가면서 팬케이크를 뒤집었다. 바로 여기서 팬케이크 경주라는 행사가 탄생했다는 것이다. 1445년, 버킹엄셔의 작은 마을 올니Olney에서 처음 열린 후 지금까지 약 560여 년 동안 이어져 온 이 대회의 참가자들은 결승점인 성 베드로와 바울 교회까지 397미터 거리를 팬케이크를 계속 뒤집으면서 달려야 한다. 역사적 정통성을 살리기 위해 앞치마와 흰 보닛을 착용하는 것은 필수다.

팬케이크의 날 전날은 아침식사기 중심이 되는 또 다른 축일이다. 사순절을 앞두고 마지막으로 육식이 허용되는 참회의 월요일인데, 얇게 썬 고기를 먹는 전통에 따라 칼러피 먼데이Collopy Monday로도 알려져 있다. 엘리자베스 여왕 시대부터 얇게 썬 고기를 칼럽collop이라고 부르긴 했지만, 사순절을 준비하며 베이컨과 달걀 프라이로 아침을 먹는 전통은 신성로마제국 시대까지 거슬러 올라간다. 중세 시대 겨울철에 먹을 수 있는 고기는 실상 염장해 말린 베이컨과 햄뿐이었다. 칼러피 먼데이에 이어지는 팬케이크의 날의 경우에서 보듯, 사순절을 앞두고 겨우내 저장했던 먹거리를 모두 먹어치움으로써 식품 창고를 깨끗하게 비우는 것은 죄의 고백을 통해 양심을 정화하는 행위와 일맥상통한다.

부활절이 되면 상황이 완전히 바뀐다. 부활절 아침식사는 '금식을 깬다break+fast'라는 어원이 빛을 발하는 시간이다. 16세기의 부유증 가정(특히 식욕 왕성한 노섬벌랜드 백작 부부)의 경우 사순절 기간 동안 아침식사로 평소에 먹던 양고기나 소고기 등뼈 부위 대신 염장 생선, 청어 등을 먹었다. 부활절이 되면 등뼈 부위뿐 아니라 송아지 머리도 먹을 수 있었다. 영국 북서부 체셔에서는 송아지 머리와 베이컨이 나오는 조찬 전에 치안 담당관 두 명이 화살과 활을 하늘로 던져 올리는 관습이 있었다. 시장과 부시장, 그리고 부유한 시민들이 참석하는 친목 모임 행사의 일환이었다. 1670년에는 이 관습이 더욱 강화되어, 부활절 송아지 머리 축제를 열지 않을 경우 치안 담당관들이 벌금 10파운드를 내야 했다.

식사 참석자들에게 사순절이 끝났다는 것을 상기시키기 위해 빵 같은 상징적 음식을 아침식탁 위에 매달아 놓기도 했다. 1900년 크리스틴 터휸 헤릭이 지적한 대로, 달걀은 "없어서는 안 되는 부활절 음식이었다."[76] 헤릭은 부활절 아침에는 성 금요일에 먹고 남은 핫크로스번(hot cross bun, 건포도 등이 들어간 십자가 무늬 빵_옮긴이)과 예쁘게 장식한 부활절 달걀로 간단히 아침을 먹으라고 제안했다. 삶은 달걀과 핫크로스번은 오늘날 엘리자베스 2세 여왕이 즐겨 먹는 아침 메뉴이기도 하다.

1905년에 출간된 《오하이오 정통 요리와 실용적인 살림법》을 보면 훨씬 더 푸짐한 부활절 아침식사가 등장한다. 등심 스테이크, 프랑스 빵, 감자 요리, 붉은 무, 삶은 달걀, 와플과 꿀로 이어지는 메뉴이다. 20세기 초에는 조찬의 마지막을 아이스크림이 아니라 꿀이나 시럽을 곁들인 와플로 끝내는 것이 정석이라고 여겼다. 특히 부활절에는 더더욱 그러했다. 요리책 저자들은 부활절 아침식사도 여느 아침처럼 사전 계획이 필요하며, 아침 식당을 돋보이게 하려면 식탁이 눈부시게 빛나야 한다고 주장한다. 1904년 《테이블 토크Table Talk》지에 실린 한 기사에는 "부활절을 제대로 보내려면 아침식탁에 꽃과 달걀이 반드시 있어야 한다."고 나와 있다. 저자는 부활절 몇 주 전에 미리 제비꽃을 심거나 수선화 구근을 관리해서 제때 꽃을 피울 수 있게 하라고 조언했다.[77]

폴란드의 부활절 전통인 시비엥촌카(święconka, 축성 받은 부활절 바구니)는 최소한 중세 기독교까지 거슬러 올라가는데, 근원적 뿌리는 토속 신앙에 있는 듯하다. 사람들은 고기, 달걀, 케이크, 빵 등으로 풍성하게 채운 바구니를 성 토요일(부활절 전날)에 교회로 가져가 축성을 받아온다. 그리고 다음 날인 부활절 아침, 새벽 미사를 드리고 난 뒤 집으로 달려와 사순절 동안 금지되었던 바구니 속의 음식을 허겁지겁 먹어치운다. 이 전통은 17세기 제임스타운(영국이 미국에 건설한 최초의 식민지_옮긴이)에 정착한 이주민들에 의해 미국에도 전해졌다. 오늘날 시비엥촌카는 폴란드계 미국인들이 마지막까지 고수하고 있는 문화유산 가운데 하나다.

마더스 데이는 1914년부터 공휴일이 되었다. 이날은 원래 자녀를 둔 여성에게 공경을 표하는 진지하고 엄숙한 기념일이었다. 하지만 1940년대에 이르러 어머니들이 진심으로 원하는 것, 다시 말해 침대에서의 아침식사(또는 브런치)를 대접받을 수 있는 날로 바뀌었다. 이날의 아침식사는 전통적으로 아버지의 감독 하에 자녀들이 서툰 솜씨로 준비한다. 지난 1백여 년 동안 마더스 데이는 정성스러운 아침 한 끼를 대접함으로써 가정을 위해 헌신한 어머니의 크나큰 노고를 기리는 날이었다. 그러나 본래 이 날은 여성이 가정에서 벗어나 정치 활동을 하게 된 것을 축하하기 위해 만들어진 날이었으니, 아이러니가 아닐 수 없다. 인스턴트 오트밀과 전기 토스터 등 여성들이 진정으로 원했던 일상의 편의를 얻게 된 것도 그런 정치 활동 덕분이었다.[78]

더 심한 아이러니는 마더스 데이 선물로 아침식사 준비에 필요한 각종 주방 기기를 추천하는 1950년대의 광고들이다. 이 제품들이 기념일을 뺀 나머지 364일 동안 어머니의 노고를 덜어 줄 수 있다는 것이다. 1940년 선빔 사는 자동 커피 메이커를 마더스 데이를 위한 완벽한 선물이라고 광고했다. '물을 넣고 스위치만 누르면 편안하게 다른 집안일을 할 수 있다'는 것이 그들이 내세운 홍보 문구였다.

10
Breakfast at Home

만족스러운 섹스 이후의
아침 당번은?

 1903년 미국의 건축가이자 유머 작가인 허먼 리 미더_{Herman Lee Meader}는 "밤마다 열심히 술병을 따는 남자는 그날 아침 알코올램프로 손수 아침을 만들어 먹었을 것"이라는 글을 남겼다.[79] 전날 밤 술을 잔뜩 마시면, 아내가 준비해 준 아침식사를 침대에서 편안하게 받아먹을 가능성이 줄어드니 조심하라는 뜻이다. 반대로 미혼 남성은 간밤에 일이 잘 풀리면 다음 날 아침 두 사람 몫의 아침식사를 준비하게 될 가능성이 높다. 그리고 "당신 달걀은 어떻게 만들어 줄까?"라는 대사를 날릴 준비를 해 두는 게 좋을 것이다.

 남자가 아침을 준비하는 일이 사회적으로 용납되는 이유 중 가장 높은 순위는 데이트 상대에게 좋은 인상을 남기는 것이다. 음식 전문 작가로 유명한 피셔_{M.F.K. Fisher}는 1948년《고메 매거진 Gourmet Magazine》에 "미혼 남자들의 요리는 기본적으로 성적 관심에서 비롯된다. 예쁜 여자를 위해서가 아니라면, 80세 이하의 남자

치고 굳이 스스로 식사 준비를 하겠다고 나설 사람은 거의 없다."
고 썼다.[80] 미혼 남자가 이미 성관계까지 가졌다면 스크램블 에그
를 만드는 것이 한층 중요해진다. 성과학 교수 제서민 노이하우스
Jessamyn Neuhaus도 "남성들을 위한 요리책에서는 아침식사를 미혼
남자의 성교 후 활동과 관련해 설명하곤 한다. 이는 물론 성 역할
에 대한 통념을 뒷받침하는 것이다."라고 했다.[81] 남자가 아침식사
를 능숙하게 차려 낼 줄 알면 성적 능력이 조금 떨어지더라도 용서
가 된다. 요리책 저자 로키 피노Rocky Fino는 2005년에 출간한 《섹스
를 위한 요리Will Cook for Sex》에서 이렇게 말했다. "그녀에게 멋진
아침식사를 차려 주라. 그러면 당신에 관한 공식적인 평가 자리에
서 그녀는 친구들에게 당신의 능력을 부풀려 말해 줄 것이다."[82]

성性과 음식은 오래전부터 떼려야 뗄 수 없는 관계였다. 1930년
대 영화에서부터 일찌감치 등장한 남녀의 아침식사 장면은 두 사
람이 전날 밤을 함께 보냈다는 은유적 표현이었다. 아침을 같이 먹
자는 요청은 밤을 함께 보내자는 수줍은 유혹이다. 침실에 함께 들
어갔지만 아침을 먹고 가지 않았다면, 그날 밤의 관계가 썩 인상적
이지 않았거나(이 경우 아마 상대가 한밤중에 몰래 빠져나갔을 것이다), 그
일로 감정적 친밀감까지 쌓으려는 의도가 없었다는 뜻이었다. 자
기 집에 가서 아침을 먹을지, 혹은 상대의 집에서 먹게 될지는 대개
상황에 따라, 개인 취향에 따라, 운에 따라 결정되었다.

아침식사,
집 밖에서는
간편한 게 최고!

Breakfast Out

집 밖에서 먹는 식사는 대개 점심이지만 미국인의 3분의 2는 이동 중에 아침식사를 해결한다. 역마차나 기차 안에서 먹었던 적도 있고, 버스를 기다리면서, 혹은 교통체증으로 꽉 막힌 출근길 차 안에서, 호텔이나 식당, 학교나 회사의 구내식당에서 먹기도 한다. 아침 시간이 워낙 바쁜 만큼 아침식사를 아예 생략하거나 간단하게 때우는 일도 많다.

이동하면서 아침을 먹는 미국의 전통은 메이플라워 호에서부터 시작되었다. 물론 유럽인이 도착하기 전에도 아메리카 원주민들은 수천 년 동안 아침 사냥을 떠나는 길에, 혹은 농사일을 하러 가면서 육포 등으로 아침을 해결해 왔지만 말이다. 배를 타고 신세계로 향했던 사람들은 형편없는 식사로 고통을 받았다. 건빵 비스킷과 오트밀에 들끓는 구더기들이 유일한 단백질 공급원이 될 정도였다. 20세기 후반부에는 들고 다니면서 먹을 수 있는 아침식사 식품이 대거 등장했다. 비타민이 강화된 캔 포장 셰이크, 시리얼 바, 튜브에서 바로 입속으로 짜 먹을 수 있는 과일 향 요구르트까지 나왔을 정도였다.

미 서부로 떠난 이주민들과 개척자들은 마차 행렬 도중에 든든한 아침을 지어 먹는 것으로 하루를 시작했다. 아침식사 메뉴는 커피, 콩, 콘브레드, 베이컨 등으로 다른 끼니와 별반 다르지 않았다. 긴 여정 끝에 캘리포니아에 도착한 사람들 중에는 콩 요리 대신 식당에 편안히 자리 잡고 앉아 행타운 프라이(Hangtown fry, 굴과 돼지고기가 들어간 오믈렛. 1850년대 서부의 골드러시 때 황금을 찾은 사람들이 근처 식당에서 무조건 비싼 재료로 요리를 만들어 달라고 주문한 데서 유래했다고 한다_옮긴이)를 먹게 된 행운아들도 있었다.

19세기 중반에는 카우보이 요리사가 대거 늘어났다. 강인한 정착민들은 거친 서부에서 살아남은 정도가 아니라 번창했다. 카우보이들은 미국인의 아침식탁 풍경을 완전히 바꿔 놓았다. 닭고기에 튀김옷을 입혀 튀겨 낸 컨트리 프라이드 스테이크와 콩 요리, 모닥불 위에 주물 프라이팬을 놓고 구워 낸 비스킷, 당밀로 단맛을 낸 걸쭉한 커피는 이들의 전형적인 아침 메뉴였다.

여자들은 처음으로 부엌에서 벗어날 수 있었다. 하긴 포장마차에는 부엌이랄 것도 따로 없었다. 한 가족, 혹은 한 공동체가 정착지를 찾으면 여자들도 남자와 함께 농사를 짓고 돈벌이를 했다. 또 남자를 대동하지 않고도 혼자 자유롭게 식당을 드나들며 남이 만들어 준 음식을 편안하게 즐길 수 있었다.

출장이나 여행(혹은 정복)을 떠나 보면 그 사람의 음식 취향이 드러나기 마련이다. 특히 해외여행에서 아침식사로 선택하는 메뉴를 보면 그 사람의 취향은 물론 성격까지 대충 알 수 있다. 외국인을 싫어하는 사람들은 어디를 가든 자신이 아침에 먹을 것을 싸가지고 다닌다. 그런가 하면 자기에게 익숙한 음식과 현지의 음식을 섞어 새로운 문화적 혼합물을 탄생시키는 경우도 있다. 예를 들면 인도의 케저리가 그렇다. 또 새로운 음식이라면 무엇이든, 심지어 소의 양으로 끓인 매운 스튜까지 기꺼이 시도하는 음식 모험가들도 있다.

1870년대부터 고급 호텔에서 콘티넨털 브렉퍼스트를 내놓기 시작했는데 이는 익숙한 음식이었을 뿐 아니라 간단해서 인기를 끌었다. 다양한 빵과 과일, 따뜻한 요리를 내놓는 호텔이나 식당은 집에서 아침식사를 준비할 줄 모르거나 직접 콩팥 스튜와 와플을 만들 시간이 없는 대부분의 사람들에게 환영받아 왔다. 콘티넨털 브렉퍼스트는 미국 밖의 호텔에서도 맛볼 수 있는데, 이 경우 그 지역 문화를 반영한 고유 음식이 종종 더해진다. 예를 들어 도쿄의 한 호텔에서는 서양식 커피, 과일, 크루아상 외에도 녹차, 일본 된장국, 구운 생선을 내놓는다.

1920년대 중반, 소규모 이동식 식당인 런치 카lunch car가 기존의 파이와 샌드위치 외에 아침식사 메뉴까지 선보이면서 다이너diner라는 새로운 이름으로 불리기 시작했다. 제2차 세계대전 이후 폭발적으로 증가한 다이너에서는 하루 종일 아침식사 메뉴를 제공했

| 소규모 이동 식당인 다이너(diner)

는데, 처음에는 야간 근무를 마친 공장 노동자들이, 나중에는 밤늦도록 술을 마시며 흥청댄 사람들이 즐겨 찾았다. 이들은 넉넉한 양의 커피와 버터밀크 팬케이크를 맛보면서 정감 어린 고향의 편안함을 느낄 수 있었다.

1940년대에는 도넛 가게가 아침식사를 제공하는 최초의 패스트푸드점이 되었다. 아침식사용 패스트푸드 시장은 1970년대에 급격히 성장했다. 1971년 잭 인 더 박스(Jack in the Box, 1951년에 설립된 미국의 패스트푸드 체인_옮긴이)에서 '브렉퍼스트 잭'을 처음 선보였고, 바로 다음 해에는 맥도날드의 에그 맥머핀이 등장했다. 커피 판매에 고무된 주유소와 편의점들도 포장된 베이글 샌드위치와 전자레인지에 데워 먹는 부리토 등을 선보이며 이러한 추세에 합류했다. 이런 저렴한 아침식사는 아침부터 길을 나선 피곤에 지친 사람들에게 크게 환영받았다.

사 먹는 아침식사가 일반화되면서 어린이들도 혜택을 받았다. 20세기에 접어들면서 미국을 포함한 전 세계의 공립학교들은 어린이들에게 아침 급식을 제공하기 시작했다. 그 이유는 어린이의 건강 유지와 학업 성취도 향상에 아침식사가 얼마나 중요한지 인식했기 때문이었다. 학교 아침 급식 프로그램은 린든 존슨Lyndon B. Johnson 대통령이 1966년에 서명한 아동 영양법에서 파생된 정책이다. 늘어나는 맞벌이 근로자 가정의 요구에 부응하여 어린이들에게 아침식사를 제공하는 것이 요지다. 이 프로그램을 시행한 결과 미국 내 저소득층 또는 불우 아동 수백만 명이 학교에서 연방 정부가 지원하는 아침을 먹을 수 있게 되었다.

사람들이 밖에서 아침을 사 먹는 이유는 주말 아침에 게으름을 피우기 위해서일 수도 있다. 하지만 가장 큰 이유는 바쁜 아침에 시간을 절약하기 위해서이거나 출근길에 먹기 위해서다. 혹은 단순히 집에서 멀리 떠나 있기 때문이거나.

1
Breakfast Out

타국에서 맛보는 고국의 맛

1828년 제임스 파크스James Parks라는 이민자는 부모에게 보낸 편지에서 영국 서섹스에서 출발해 뉴욕 올버니로 향하는 배의 음식에 대해 불평했다. "홍차는 밍밍하고 오트밀은 반쯤 갈아 놓은 콩 같아요." 이로써 파크스는 아침식사에 대해 불평한 최초의 미국인 중 한 명이 되었다.[1] 그러나 그는 시대를 잘못 타고난 불운아일 뿐이었다. 1770~1840년대까지는 영국에서 신대륙으로 이주하는 데 짧게는 넉 달에서 길게는 1년이나 걸렸다. 하지만 1850년대에 등장한 호화로운 증기선은 이 기나긴 여정을 불과 12일로 단축시켰다. 배 안에서의 식사도 이전에 주로 먹던 말린 소고기나 오래된 크래커에 비하면 많이 좋아졌다.

뉴욕의 아일랜드 협회가 1817년에 발간한《미국 이민Emigration to America》이라는 안내 책자를 보면 "우선 식습관을 규칙적으로 하고 먹는 양을 적당히 해야 한다."고 나와 있다.[2] 비싼 음식이나 독한

| 배를 타고 이민 가려는 사람들

술을 거의 소비하지 않는 미국 노동자들을 보고 배워야 한다는 것이다. "유럽 출신 노동자들은 고기나 생선, 커피로 아침식사를 하기 때문에(게다가 나머지 두 끼도 고기가 들어간다) 자기도 모르게 과식을 하게 된다. 그래서 여름과 가을의 뜨거운 햇볕 아래 일할 때 일사병에 걸리기 쉽다."고 이 책은 설명한다.[3] 하지만 미국에 정착하는 데 드는 많은 비용과 그에 비해 낮은 평균 임금을 감안하면 지나친 고기 섭취가 이민자들 전반에 걸친 문제였다고 보이지는 않는다.

이민자들은 자신들 고유의 음식 문화를 들여오거나 최대한 그와 가깝게 유지하려 했다. 음식을 바꿀 때는 새로운 요리를 추가하거나 익숙한 음식에 새로운 재료를 더하는 식이었다. 근대 미국 이민자에 관한 연구 결과를 보면, 가장 먼저 바뀐 것이 아침식사라고 한다. 아마도 아침식사에 문화적 의미가 가장 적게 담겨 있기 때문일 것이다.⁴ 실상 아침은 이동 중에 급하게 먹는 경우가 많고, 아예 건너뛰는 경우도 있어서 변화에 가장 쉽게 적응할 수 있는 식사다.

신대륙으로 이주한 영국인들은 처음에는 어쩔 수 없이 미국 음식을 받아들였지만 나중에는 미국 음식을 선택하기에 이르렀다. 아메리카 원주민이 즐겨 먹던 식재료 삼총사인 콩, 옥수수, 호박은 어느새 영국인 이민자들의 아침 메뉴에 융화되었다. 영국식 죽, 빵, 팬케이크에 밀이나 오트밀 대신 옥수숫가루가 사용되었고, 나중에는 감자, 토마토, 기타 가짓과 채소도 영국계 미국인들의 아침 식탁에서 빠지지 않는 중요한 재료가 되었다.

19세기 중반에 독일과 북유럽 출신 이민자들이 미국 중서부로 몰려들면서 다양한 음식들이 미국 아침식사에 포함되었다. 펜실베이니아에 정착한 네덜란드인들은 푸줏간에서 돼지고기를 손질하고 남은 자투리를 활용하기 위해 폰하우스(pon haus, 일명 스크래플 scrapple) 같은 고기 요리를 개발해 냈다. 원래 전통적인 독일식 폰하우스는 다진 돼지고기에 호밀 같은 짙은 색 곡물을 섞어서 만들지만, 신대륙에서는 호밀을 구하기 힘들었기 때문에 옥수숫가루를 이용했다.

19세기 요리책들은 여러 문화를 섞어서 녹여내는 미국의 '용광로' 특징을 두드러지게 보여 준다. 그리스 이민자이자 세계적인 작가인 라프카디오 헌Lafcadio Hearn이 1885년에 쓴 《크레올 요리La Creole Cuisine》 역시 미국 요리의 다문화적 속성을 보여 준다. 이 책에는 아일랜드식 감자 스튜, 아메리카 원주민식 케이크와 옥수수 부침, 수란을 곁들인 정통 영국식 송아지 해시(잘게 썬 고기와 감자에 양념을 해서 볶은 요리_옮긴이) 같은 아침식사 요리가 소개되어 있다. 그런데 저자는 이 같은 외국 조리법이 아직 완전히 정착되지 않았다는 사실에 주목하기도 한다. "드립 커피는 프랑스식이다. 하지만 아직도 많은 사람들은 예전처럼 커피를 끓여서 추출한다. 이 자유의 땅에서는 모든 것에 대해 누구의 간섭도 받지 않는다. 다만 개인의 취향 문제다."[5]

　육로 여행이 일반화되기 전에는 미국 내 지역 간 이동을 위해서도 배를 타야 했다. 이는 이동 시간 면에서도, 음식을 비롯한 다른 상황 면에서도 유럽-미국 간 이동에 비해 나을 것이 없었다. 1853년 뉴올리언스에서 샌프란시스코까지 배를 타고 이동했던 감리교 전도사 H. C. 베일리H. C. Bailey는 열악했던 당시의 상황을 다음과 같이 설명했다.

　우리는 후줄근한 꼴로 주린 배를 움켜쥔 채 갑판에서 아침식사를 기다렸다. 뭐가 어떻게 나올지 궁금했다. 식탁도 없었고, 8시가 다 되도록 식사가 나올 기미조차 보이지 않았다. 그러다 마침내 커다란 양철 컵 몇 개와 크래커 한 통이 나왔다.

승객 두 명이 승무원 대신 나서서 모두에게 커피 한 잔과 약간의 설탕을 나눠 주었다. 크래커는 각자 집어 먹는 식이었다. 그게 아침 식사의 전부였다.[6]

2
Breakfast Out

황무지를 달리는 역마차에서도 굶을 순 없지

1840년대 미국인들은 위대한 국가를 만들겠다는 확신이 있었다. 중서부에는 독일, 스웨덴, 폴란드 출신들이 대거 정착해 있었지만, 더 먼 서부로 향하는 개척자들은 대부분 신과 조국에 대한 의무감으로 새로운 기회를 찾아 나선 초기 이민자들이었다. 미국 역사 저술가 캐시 루케티Cathy Luchetti는 1993년에 출간한 《언덕 위의 집Home on the Range》에서 "개척자들의 요리는 원주민과 이주민의 역사를 결합하여 한 단계 발전시킨 것"이라고 평가했다.[7]

미국 작가 로라 잉걸스 와일더Laura E. Wilder는 1935년에 쓴 《초원의 집Little House on the Prairie》에서 개척자 가정에서 보낸 어린 시절을 묘사한다. 와일더 가족은 19세기 말 미 중서부 곳곳을 돌아다니며 정착했다 떠나기를 반복했다. 인디언 보호구역(현재의 캔자스 주 인디펜던스 근처)을 지나 서쪽으로 향하던 시절을 그린 대목에서 작가는 언니 메리와 함께 "어느 날 아침 깨끗한 풀밭에 앉아 무릎에 양철 접시를 올려놓고 팬케이크, 베이컨, 당밀을 먹었다."고 회상한다.[8] 또 다른 날에는 "해 뜨기 전에 일어난 메리와 로라는 옥수수죽과 그레이비소스를 얹은 산토끼 고기로 아침을 먹은 후 서둘러 엄마를 도와 설거지를 마쳤다."라고 썼다.[9] 당시에는 마차가 동틀 녘에 출발할 수 있도록 해가 뜨기 전에 아침을 준비해 먹어야 했던 것이다. 식사가 끝나면 마차에 세간살이를 모두 싣고 마차에 말을 묶고 제대로 된 길도 없는 초원을 따라 여행을 계속했다.

서부로 가져간 음식은 대개 부피와 실용성을 기준으로 선택한 것이었다. 그중 아침식사 때 주로 먹은 것은 콩, 밀가루, 커피, 소금 통에 파묻은 베이컨 같은 건조식품이었다. 음식은 아껴가며 나눠 먹었고 아침은 대개 전날 저녁 때 남은 것으로 해결했다. 오리건 트레일(Oregon Trail, 미국 개척사상 유명한 이주 도로로, 길이가 3,200킬로미터에 달한다_옮긴이)에 관련된 문헌을 보면 개척자들은 보통 비스킷과 커피, 염장 돼지고기 등으로 아침을 먹었다고 한다. 우유를 얻기 위해 젖소를 데리고 다니는 이들도 있었다. 일부러 수소를 데려가기도 했는데 이는 소가 육중한 걸음으로 느릿느릿 걷는 동안 마차가 흔들리는 힘을 이용해 버터를 만들기 위해서였다.

3
Breakfast Out
열차 안 최악의 아침식사

한 세기가 흐르면서 부유한 사람들은 역마차로 서부를 여행하는 것이 훨씬 더 간편하다는 것을 알게 되었다. 그렇다고 역마차가 우마차보다 훨씬 더 안락했다는 의미는 아니다. 영국 여성 프랜시스 밀턴 트롤럽Frances Milton Trollope은 남북전쟁 이전의 미국에 관련된 사실들을 적나라하게 기록했는데, 그중 하나가 역마차 여행에 대한 이야기였다. 그녀는 역마차 여행에서는 식사를 위한 정차 시간이 따로 정해져 있지 않았다면서, "대부분 즉흥적으로 결정되는 식사 시간은 정말 끔찍할 만큼 열악했다."고 썼다.[10]

마크 트웨인은 1872년에 출간한 《서부 유랑기Roughing It》에서 역마차 역에서 먹었던 아침식사를 특유의 문체로 유려하게 설명했다. "역참지기가 크기와 모양이 옛날 치즈와 비슷한 둥그런 빵을 가져와 잘라 주었다. 지난주에 구운 듯 바싹 마른 빵은 역시나 니컬슨 포장재(18세기 중반 도로에 깔던 나무 포장재의 이름_옮긴이)를 씹는

| 역마차로 여행하는 사람들

것처럼 맛이 형편없었다. 그나마 차이점은 빵이 좀 더 부드럽다는 것뿐이었다."[11] 마크 트웨인과 동행한 다른 승객들에게는 '미합중국 정부라면 요새의 병사들에게도 먹이지 않았을' 저질 군용 베이컨이 나왔다. "이런 저질 군용 베이컨은 역마차가 아닌 전장에서 나 볼 법한 것이었지만, 우리는 일찌감치 깨달았다. 여기서 불평해 봤자 소용없다는 것을."[12] 마지막으로 역참지기는 그들에게 슬럼 걸리온(빈민굴의 한심한 인간이라는 뜻_옮긴이)이라는 음료를 따라 주었다. 아마도 무언가로부터 영감을 얻어서 그런 이름을 지은 것이 분명했다. 그 음료는 얼핏 차처럼 보이지만, 영리한 여행자라면 그

안에 든 행주 조각이며 모래, 오래된 베이컨 껍질 등을 못 보고 지나갈 리 없었다.[13] 1873년에 나온 비속어 사전에서는 슬럼 걸리온을 '지저분하고 멀건 싸구려 음료'라고 정의하고 있는데, 마크 트웨인의 묘사에 비추어 볼 때 이는 상당히 정확한 평가인 듯싶다.[14]

하지만 트웨인을 가장 놀라게 한 것은 거친 동행인들이 식탁에서 나누는 대화였다. 그는 "처음에는 무척 새롭고 신선한 서부 분위기가 놀랍고 흥미로웠지만 점차 익숙해지면서 매력이 사라졌다."고 썼다.[15] 그러나 이 책에서 트웨인은 구체적인 대화 내용에 대해서는 언급하지 않았다. 아마도 글로 쓰기에는 너무 저속하다고 생각했을 것이다. 트웨인이 여행길에 그토록 다양한 사람들을 만난 것은 그리 놀랄 일이 아니었다. 당시 역참에 자주 드나드는 사람들은 혼자서 또는 남자들끼리 살거나 여행하는 데 익숙한 사내들이었다. 덫을 놓는 사냥꾼, 광부, 포니 익스프레스(19세기 중반 조랑말 릴레이를 통해 미국 미주리 주와 캘리포니아 주 사이의 우편물을 배달하던 속달 우편 사업_옮긴이)에서 근무하는 우체부 등은 점잖은 사람들과 어울리기에 적합하지 않은 사람들이었다.

덫 사냥꾼은 거의 사냥감을 먹고 살았는데, 대부분 모피를 얻으려고 잡은 짐승의 고기였다. 너구리, 주머니쥐, 토끼, 다람쥐 같은 작은 동물들이 아침식사 재료가 되었다. 19세기의 한 개척자는 "우리는 아침, 점심, 저녁을 채소 한 점 없이 오로지 너구리 고기로만 해결했다. 특별한 경우에는 너구리 기름으로 팬케이크를 부쳐 먹었다."는 기록을 남겼다.[16] 전설적인 덫 사냥꾼 키트 카슨Kit

Carson은 덫에서 꺼낸 비버로 아침을 만들어 먹었다고 전해진다. 대니얼 분Daniel Boone은 버팔로 한 마리를 잡아 푸짐한 아침식사를 했다고 한다. 이 용감무쌍한 개척자는 들소 떼가 우르르 몰려갈 때 나무 뒤에 숨어 있다가 자기 앞으로 지나가는 겁먹은 들짐승을 총신으로 힘껏 내리쳤다.[17]

반면 역마차로 여행하면서 만족스러운 식사를 했다는 이들도 있다. 언론인 새뮤얼 보울스Samuel Bowles는 말린 복숭아, 과일 통조림, 채소, 베이컨, 따뜻한 비스킷, 녹차와 커피를 먹었다고 기록했다. 그의 1865년 저서 《대륙 횡단Across the Continent》에는 "시간이 다를 뿐 아침, 점심, 저녁 세 끼가 모두 똑같았다."는 불만이 적혀 있다. 하지만 콜로라도 줄스버그Julesburg에서는 "양철 접시에 담긴 통조림 닭고기와 굴을 맛있게 먹고, 갈색 설탕과 진한 우유를 넣은 커피를 마셨다."고 썼다. 그레이트솔트 호수에 있는 모르몬교 마을에서는 출발 전에 주민들과 어울려 '푸짐한 아침식사'를 했다고도 한다.[18]

영국의 탐험가이자 지리학자인 리처드 프랜시스 버튼Richard Francis Burton 경은 1860년 포니 익스프레스의 이동 경로를 따라 여행하면서 먹게 된 음식을 가차 없이 비판했다. 네브래스카에서는 여러 가지 혐오스러운 음식으로 아침식사를 했는데, 특히 "밀가루와 지방, 당밀, 흙먼지가 거의 같은 분량으로 들어간 케이크가 제일 끔찍했다."고 기록했다.[19] 서쪽으로 더 이동하자 독일인이 운영하는 역참에서 더욱 실망스러운 식사를 마주하게 되었다. 버튼은 "평범한 방식으로 조리한 아침식사라고 했지만, 커피는 처음부터 너무 졸아서 떫은맛이 났고, 고기는 수프인지 스튜인지 알 수 없었으며, 소다로 신맛을 숨긴 사워밀크를 넣어 부풀린 빵에서는 밀가루 맛이 심하게 났다. 그런데도 우리는 그 독일인 악당에게 75센트를 지불해야 했다."며 분개했다.[20] 여기서 더 주목할 만한 사실은 이것이 그가 경험한 최악의 식사가 아니라는 것이다.

아침식사는 여느 때처럼 대초원 스타일로 준비되었다. 맨 처음 나온 커피는 거의 태우다시피 볶은 원두를 곱게 갈아 공기 중에 방치해 두었다가(아마도 커피의 진한 향을 우리가 싫어할까 봐 배려한 처사인 듯하다) 불에 올려 모든 유해 물질이 남김없이 녹아 나올 때까지 은근히 끓인 것이었다. 다음에는 두껍게 썰어 프라이팬에 대충 구운, 곰팡이 슨 베이컨이었다. 이곳 사람들은 석쇠라는 게 있는지도 모르는 듯하다. 설사 안다 해도 뚝뚝 떨어지는 기름이 아까워 쓰지 않겠지만. 세 번째는 파리 떼를 배불릴 목적으로 아무렇게나 매달아 두었던 영양의 몸뚱이에서 살점을 뚝 떼어낸 뒤 베이컨을 구웠던 프라이팬에 넣어 뭉근하게 익힌 영양 스테이크였다. 처음에 나왔어야 할 빵은 제일 마지막을 장식했다.[21]

새뮤얼 보울스는 1860년대 스네이크 강 근처에서 캠핑을 하면서 집에서 먹는 단순한 아침식사가 너무나 그립다고 기록했다. "일요일 아침마다 먹었던 크림 토스트나 반숙 달걀, 우유를 탄 커피처럼 세련된 음식에 대한 갈증을 느꼈다. 여기서는 굽지 않은 햄과 빵, 버터와 블랙커피로 아침을 먹거나 아니면 아예 굶거나 둘 중 하나이다."²² 이후 보울스는 1863~1869년에 건설된 대륙횡단열차를 타고 여행한 기록도 남겼다.

식당차가 도입되기 전까지 기차 여행객들은 열차가 정차할 때까지 기다렸다가 배고픈 다른 승객들과 함께 후다닥 뛰어내려 인파로 미어터질 듯한 역내 식당으로 비집고 들어갔다(이 과정은 그야말로 장관이었다). 그러고는 아침식사를 거의 욱여넣다시피 하고 열차가 출발하기 전에 급히 되돌아와야 했다. 당시 미국인들의 신속한 아침식사 속도에 관해 외국인들이 많은 기록을 남겼는데, 다소 부당하다고 생각될지 몰라도 전혀 놀랄 일이 아니다. 기차 안에서 하룻밤을 꼬박 보낸 승객들은 아침에 배가 몹시 고팠을 것이다. 영국 작가 조지 월터 손버리George Walter Thornbury는 1873년 뉴욕 주 버팔로에서 목격한 장면을 다음과 같이 묘사했다.

기차가 서서히 속도를 늦추면서 멈춰 서자 굶주린 무리가 우르르 쏟아져 나왔다. 다섯 곳의 식당이 곧 승객들로 가득 차면서 시끌벅적한 소음이 천둥치듯 울려대기 시작했다. 나도 곧 서른 명 남짓 되는 사람들 틈에 자리를 잡고, 수북이 담긴 흰 옥수수죽과 대패밥처럼 얇게 썬 분홍색 콘비프, 사발에 담긴 굴 스튜를 허겁지겁 먹기 시작했다. 그러는 동안 한 흑인 소년이 내 머리 위에서 야생 타조털로 만든 멋진 부채를 흔들며 파리를 쫓아 주었다.²³

| 1869년, 태평양 철도의 풀먼 팰리스(Pullman Palace) 식당차에서 식사 중인 승객들의 모습 (미 의회 도서관 제공)

대륙횡단열차가 개통되기 이전에도 장거리 여행을 할 때는 식당차에서 식사를 할 수 있었다. 하지만 음식은 형편없었다. 열차에서 먹을 수 있는 음식은 기껏해야 악취 나는 고기와 차가운 콩, 멀건 커피 정도였다. 볼티모어와 오하이오를 오가는 열차에서는 진짜 요리사가 준비한 호텔급 식사를 제공했지만 1등석 승객들만 대

상으로 했다. 열차 내 식당에서 체계적으로 준비된 음식을 맛볼 수 있게 된 것은 남북전쟁 이후였다. 철도 회사들의 경쟁이 심화되면서 식사의 질도 좋아졌다.

1870년대에 침대차나 식당차를 이용할 수 있을 정도로 부유한 승객들은 아침식사 때 "빵 다섯 종류, 냉육 네 종류, 따뜻한 요리 여섯 종류, 달걀 요리 일곱 종류와 다양한 계절 채소 및 과일 가운데 원하는 것을 자유롭게 선택할 수 있었다. 이 정도면 제아무리 까다로운 사람도 입맛에 맞는 음식을 쉽게 고를 수 있고, 엄청난 대식가도 충분히 배를 채울 수 있었다."고 한 작가는 격찬했다.[24] "거의 시속 50킬로미터로 달리는 열차 안에서 아침, 점심, 저녁을 이런 식으로 먹을 수 있다는 사실은 새로웠고 대단히 편안했다."[25] 더불어 이 작가는 남의 불행에서 쾌감을 느끼는 듯 "특히 다른 칸 승객들이 잠깐 차가 멈춘 사이에 역내 식당에 달려가 형편없이 주려 된 음식으로 허겁지겁 배를 채울 것을 생각하면 더 기분이 좋다."고 기록했다.[26]

1870년대 철도 여행을 통해 최초로 계층 간 평등이 이루어졌다. 에이미 리히터Amy Richter는 2005년에 출간된 《철도 위의 집Home On The Rails》에서 "이민 노동자들은 기차에서 판매하는 10센트짜리 소책자를 통해 기본적인 예의범절을 배울 수 있었다. 흑인 여성들은 공립학교에서, 중산층 여성이라면 호화 장정된 책을 통해서 배우는 것들이었다."고 밝혔다. 철도를 문명화하고 '달리는 세계'에 약간의 집같은 분위기를 조금이나마 더할 수 있었던 것은 남자들의

| 하비 걸스

세계에 등장한 여성들이었다. 서부로 가기를 원하는 젊은 여성들, 특히 교사나 여자 목동, 또는 매춘부로서의 삶이 적성에 맞지 않았던 이들은 표 값을 지불하는 대신 열차 내 호텔과 식당에서 일했다.

요식업자 프레드 하비Fred Harvey는 이 점에 착안해 '하비 걸스Harvey Girls'라는 여종업원들을 대거 고용했다. 하비 걸스는 미 서부행 열차, 특히 식당차가 없는 산타페 철도가 지나가는 간이역에서 열차 승객들에게 '우아한 식사'를 제공했다. 하비 걸스의 단정한 제복과 정숙한 몸가짐은 당시의 강인한 남성 여행객들을 홀딱 반하게 했다. 이들이 보여 준 여성으로서의 품위와 빅토리아 시대의 미덕은 하비 걸스를 유명하게 만든 대표적 특징이었다. 얼마 지나지 않아 여성과 가족 단위 승객들도 투박한 서부 사내들이 운영하는 믿을 수 없는 식당 대신 하비 걸스가 일하는 업체로 몰리기 시작했다.

4
Breakfast Out

운전자를 공략하라

자동차가 늘어나면서 1920년에서 1934년 동안 열차 승객은 큰 폭으로 줄어들었다. 하지만 서비스가 개선되고 디젤 기관이 장착된 파이오니어 제피르(Pioneer Zephyr, 사상 초유의 빠른 속도를 자랑해서 일명 '은빛 광선(Silver Streak)'이라고도 불린다) 같은 유선형 열차가 등장하면서 1930년대 사람들은 다시 기차에 매력을 느꼈다. 그럼에도 고급 식당차의 전성기는 완전히 지나가 버렸다. 고속 통근 열차는 아침식사를 제공하지 않았다. 음식과 음료 섭취를 일체 금지하는 곳이 대부분이었다.

말이 끌지 않는 객차가 발명된 것은 1769년이었다. 하지만 1920년대 들어 미국의 기업가 헨리 포드Henry Ford가 자동차를 대량 생산하기 시작하면서 모든 것이 바뀌었다. 미국인들은 마음 내키는 대로 오갈 수 있는 자유를 반겼고, 자동차 안에서 모든 일을 해결했다. 장거리 여행이든 출근길이든 운전 중에 음식을 먹는 것은 위험하

| 파이오니어 제피르(Pioneer Zephyr)

기는 해도 시간을 효율적으로 절약할 수 있는 방법이었다. 1914년 《포퓰러 미캐닉스》지에서는 운전을 하면서도 쉽게 식사를 할 수 있게 제작된 '차량용 접이식 식탁'을 소개했다.27

1939년 로터리 클럽 회원지에 '그래도 운전을 할 것인가So You Will Drive'라는 기사가 실렸다. 이 기사에서 《고속도로 살인Highway Homicide》등 안전 운전에 관한 책을 많이 썼던 필자 폴 커니Paul Kearney는 장거리 자동차 여행을 떠나기 전에 간단한 아침식사를 하는 것이 좋다고 권한다. 덧붙여 "자동차로 여행할 때 아내는 오렌지 주스와 우유를, 나는 몰트 밀크(싹을 틔운 겉보리와 우유를 혼합하여 건조시킨 분말. 물에 타서 먹는다_옮긴이)나 오렌지 주스와 달걀을 함께 먹는 걸 좋아한다."고 소개했다.[28]

1930년대와 40년대에 미 전역에 고속도로망이 확충되면서 도로변 식당이 생겨나기 시작했다. 덕분에 운전자들은 출근길에 간단히 아침을 사 먹을 수 있었다. 1940년대에는 드라이브 인Drive-In 식당이 생겨 자동차에서 내리지 않고 차창으로 서비스를 받게 되었다. 1950년대부터는 몇몇 드라이브 인 식당에서 아침식사 메뉴를 제공하기 시작했다.

초기 드라이브 인 식당의 효율성은 식당 경영자들의 기대에 미치지 못했다. 1940년대 후반에 처음 등장한 드라이브 스루Drive-Through 식당은 자동차 사이를 뛰어다니는 종업원들 대신 양방향 무선 통신을 도입해 이 문제를 해결했다.

1971년에는 드라이브 스루 식당에서 최초로 아침식사용 샌드위치를 판매하기 시작했다. 그 주인공은 패스트푸드 프랜차이즈 잭 인 더 박스의 '브렉퍼스트 잭'이었다.[29] 그해, 잭 인 더 박스는 자사의 상징인 어릿광대 인형을 옥외 메뉴판 위에 설치했다. 식당 안으로 들어와 먹을 시간이 없는 바쁜 운전자들에게 이 인형은 자신을 반갑게 맞아주는 존재였다.

운전 중에 음식을 섭취하는 행위가 얼마나 위험한지는 이미 여러 차례 지적되었다. 조수석에서 아침식사를 하는 것 또한 분명 위

| 잭 인 더 박스의 어릿광대

험한 행동이다. 1992년 뉴멕시코에 사는 79세 스텔라 리벡 할머니는 손자가 운전하는 차의 조수석에 타고 맥도날드 드라이브 인에서 커피를 샀다. 손자는 할머니가 커피에 설탕과 크림을 넣을 수 있도록 잠시 차를 세웠다. 할머니는 무릎 사이에 스티로폼 컵을 끼운 채 플라스틱 뚜껑을 벗기다가 그만 커피를 쏟고 말았다. 섭씨 85도 전후의 뜨거운 커피로 할머니는 허벅지와 사타구니에 3도 화상을 입어 여드레 동안 입원 치료를 받아야 했다.

맥도날드에서 1만 1,000달러의 병원비 지급을 거절하자 할머니는 소송을 걸었고, 배심원단은 맥도날드 측에서 의료비 20만 달러와 징벌적 손해배상금 270만 달러를 지급해야 한다고 판결했다.[30] 이 재판은 개인의 책임, 일반 상식, 사소한 사건에 대한 미국인들의 법적 대처를 둘러싸고 논쟁을 일으켰다. 이 모두가 드라이브 스루 식당의 뜨거운 커피 한 잔이 촉발한 일이었다.

스텔라 할머니가 자전거를 타고 있었다면 그런 고통을 당할 일이 없었을 것이다. 맥도날드는 드라이브 스루에 자전거 진입을 허용하지 않는다. 커피 업계의 거물 스타벅스도 마찬가지다. 이는 자

| 드라이브 스루 프랜차이즈

전거로 출퇴근하는 미국인 수천 명에게 불편을 안겨 주고 있다.

  오리건 주 포틀랜드는 2011년 여론 조사 결과 전체 통근자 가운데 자전거를 이용하는 시민의 비율이 무려 6.3퍼센트에 이른다. 이는 전국 평균인 0.6퍼센트의 열 배가 넘는 수치다.[31] 포틀랜드에 거주하면서 자전거로 통근하는 한 어머니의 노력 덕분에(또 이러한 노력이 널리 알려져서), 태평양 연안 북서부의 패스트푸드 프랜차이즈인 버거빌Bugerville에서는 자사의 드라이브 스루에 자전거의 출입을 허용했을 뿐 아니라, 자전거 전용 진입로까지 만들었다. 그리하여 버거빌은 자전거를 탄 채 소시지와 달걀이 들어간 잉글리시 머핀을 구입할 수 있는 미국 최초의 식당이 되었다.[32]

5
Breakfast Out

호텔 조식은 왜 뷔페일까?

　미국의 공공숙소는 1680년대 식민지법의 여러 조항에서 볼 수 있듯 '부랑자와 떠돌이를 방지하고 억제하는' 수단이었다.[33] 노숙은 의도나 목적과 상관없이 무조건 불법 행위로 간주되었고, 특히 이민자들은 더 심한 단속을 받았다. 여인숙은 집 없는 이들이 상류 계층의 눈에 띄지 않고 모여 지낼 공간을 제공했다.
　18세기 말에는 많은 여관이 숙박비에 아침식사를 포함시켰다. 일부 선술집은 숙박을 제공하기도 했다. 1789년의 어느 일요일, 코네티컷 지역을 여행하던 미국 초대 대통령 조지 워싱턴은 현지 주민들이 안식일에는 여행을 권장하지 않는다는 관례를 알게 되었다. 결국 퍼킨스 여관이라는 허름한 곳에서 하룻밤을 보내게 된 그는 이곳이 '썩 좋은 숙소는 아니었다'고 기록했다.[34] 영국 이민자 출신의 대법관 해리 툴민(2장에서 언급된, 아침식사 때 사과 파이를 맛있게 먹었던 바로 그 판사)은 한 편지에서 "미국 여관에서는 모든 남자 손님

들이 아침과 저녁을 함께 모여 먹는다."고 썼다.[35]

값이 저렴하고 허름한 여인숙의 경우, 손님들은 식사를 함께하는 것에 그치지 않고 모두가 한 방에서, 심지어 한 침대에서 잠을 자기도 했다. 하지만 이런 절약형 숙소에서도 아침식사는 다채롭고 푸짐하게 제공했는데, 보통 고기와 생선, 빵과 버터, 달걀, 커피, 홍차 등을 먹을 수 있었다. 그럼에도 한 비평가는 여인숙을 도저히 정이 안 가는 곳으로 평가하고, 특히 "흑인과 유색 인종들이 우글거리는 지저분하고 어두컴컴한 부엌은 끔찍할 정도"라며 진저리를 쳤다.[36]

금광 열풍이 불었던 19세기 중반, 초기의 광산 캠프들은 주요 교통로에서 너무 멀리 떨어져 있던 탓에 이미 부패하거나 해충이 득실거리는 상태로 식료품이 도착하기 일쑤였다. 매일 먹는 음식인 팬케이크를 만들려면 우선 밀가루를 체에 쳐서 벌레와 바구미를 걸러 내야 했다. 깡통에 든 버터는 갈색으로 변해 악취를 풍겼다. 금광 사업이 호황을 누리던 1860~1870년대에는 고급 숙박업소가 속속 생겨났다. 샌프란시스코에는 호텔 수가 네 배로 늘어나서 1876년 기준으로 안락한 방과 푸짐한 아침식사를 제공하는 숙박업소가 70곳이 넘었다. 세계적으로 유명한 여행안내서 전문 출판사인 포도스는 1894~1895년에 《어디서 묵지? 세계 최고의 호텔: 미 서부 편》을 펴냈는데, 콜로라도 유레이에 있는 보몬트Beaumont 같은 몇몇 고급 호텔은 이 책에 수록될 만큼 훌륭한 시설과 서비스를 자랑했다.

19세기의 호텔들은 여전히 숙박비에 아침식사가 포함돼 있는 경우가 많았다. 1890년대 언론인 리처드 하딩 데이비스Richard Harding Davis는 "델모니코스에서는 한 주 숙박비 17달러(현재 시세로는 약 425달러)만 내면 훌륭한 아침식사까지 할 수 있다."고 기록했다.[37] 대부분의 호텔들은 식사가 포함된 균일요금제로 운영되었는데, 이것이 이른바 미국식 방침이었다.

1836년, 뉴욕에 문을 연 고급 호텔 애스터하우스에서 외국인 손님들은 훌륭한 아침식사에 놀라고 미국인들이 식사하는 속도에 또 한 번 놀랐다고 한다. 이는 촉박한 열차 정차 시간을 맞추느라 생긴 버릇이었다. 애스터하우스의 아침식사에는 메밀이나 호밀 혹은 옥수수로 만든 팬케이크, 햄과 달걀, 소시지, 굴, 생선, 닭고기, 소고기 스테이크, 돼지고기, 여러 종류의 비스킷과 빵, 코코아, 커피, 홍차가 나왔다. 이 같은 진수성찬은 균일요금에 포함된 일반 식사로, '평범한 조식'이라 불렸다. 호텔 내의 식사 공간은 당시의 사회적 관행에 따라 남녀가 엄격히 구분되어 있었다.

19세기의 고급 호텔들은 뷔페식 아침식사를 도입하기 시작했다. 이전에는 대체로 푸짐한 아침식사를 했기 때문에, 오늘날의 기준에서 보면 뷔페식이라고 여겨질 상차림이 1890년대에는 그저 당연한 차림이었다. 20세기 초 켈로그와 포스트 사가 차가운 우유에 부어 먹는 아침식사용 시리얼을 대량 판매하기 시작한 이래, 푸짐한 아침식사는 일상의 즐거움에서 사라졌다. 특히 열 가지 코스로 이어지는 호화로운 아침식사는 휴일이나 주말에만 즐길 수 있는

| 미국식 조식 뷔페

것이 되었다. 일부 호텔에서는 공짜로 식사를 하려는 사람을 막기 위해 숙박비를 지불한 투숙객에 한해 조식 뷔페 식권을 나누어 주었다.

뷔페가 항상 음식에만 국한된 단어는 아니다. 한 가정용 비품 사전에서는 뷔페를 가구, 특히 아침식사에 어울리는 가구라고 설명했다. 고급 가구류를 다룬 이 책에서는 "뷔페는 현대에도 적절하게 사용될 수 있어서 아침 식당에 장식용으로 놓기에 좋다."고 설명한다.[38] 여기서 말하는 뷔페는 도자기를 진열하는 장식장을 뜻하지만, 18세기 프랑스의 귀족들은 값비싼 화병과 장식용 분수대를 보관하는 방 자체를 뷔페라 부르기도 했다. 같은 시기, 영국의 부유층 가정에서는 화병이나 도자기를 부엌과 식당 사이의 식기실에 보관했다. 식기실은 하인들이 남의 눈에 띄지 않게 아침식사를 하려고 즐겨 찾는 공간이기도 했다.

그보다 더 이전에는 뷔페가 직접 덜어 먹을 수 있도록 음식 접시들을 줄지어 놓은 기다란 테이블을 뜻했다. 19세기에 접어들면서 뷔페는 음식 자체를 의미하게 되었다. 오늘날 널리 쓰이는 '뱅킷(banquet, 연회)'이라는 단어도 본래는 간이식사 공간에 놓인 벤치를 뜻하는 '뱅킷banquette'에서 유래한 것이다. 사실 'banquette'의 어원은 '작은 벤치'라는 뜻의 이탈리아어 'banchetto'이지만, 훗날 뱅킷은 대규모 축하연을 의미하는 말이 되었다. 오늘날 호텔에서는 빅토리아 시대의 조식에 버금가는 푸짐한 아침식사를 가리켜 뱅킷 또는 뷔페라고 혼용해서 사용한다.

6
Breakfast Out

보딩 하우스와 베드 앤드 브렉퍼스트(B&B)

　1600년대부터 큰 집을 소유한 사람들은 적당한 값에 숙박객을 받곤 했다. 식사가 포함된 숙박을 '룸 앤드 보드room and board'라고 표현하는데, 여기서 보드는 식탁이 일반화되기 전인 16세기 가난한 가정에서 식사를 위해 무릎에 올려놓던 받침용 널빤지에서 온 말이다. 그러므로 숙박 시설인 보딩 하우스boarding house를 차별화하는 것은 숙박이 아니라 식사였고, 대개 그 식사는 아침을 의미했다. 보딩 하우스의 손님들은 정해진 시간에 다른 투숙객들과 함께 공동 식탁에서 아침식사를 하고, 때로는 저녁도 먹었다. 이들은 설거지를 돕기도 했다. 미 서부 개척 시대에는 투숙객이 아침과 점심은 각자 해결했고, 대신 저녁을 제공받았다.
　1832년 영국의 여행 작가 프랜시스 밀턴 트롤롭Frances Milton Trollope은 보딩 하우스에서 아침을 먹으려면 "일찌감치 일어나 정해진 시간에 정확히 식탁 앞에 앉아야 한다. 그렇지 않으면 안주인이 군은 얼굴로 달걀도 없이 달랑 식은 커피 한 잔만 내줄 것이다. 나는 가끔 맞닥뜨리는 이런 상황이 상당히 재미있었다."고 기록했다.[39]

보딩 하우스는 대부분의 미국 도시에는 흔했지만, 런던에는 드물었다. 1890년에 나온 《오늘의 런던 안내서London of To-Day: An Illustrated Handbook》를 보면 "뉴욕과 보스턴의 보딩 하우스는 처지나 신분을 막론하고 남녀노소 누구나 머물 수 있는 보편적 숙소다. 반면 런던의 보딩 하우스는 주로 교양 있는 떠돌이를 위한 시설이다. 물론 교양 있는 떠돌이는 이 재미없는 세상에서 가장 친절하고 유쾌한 벗이 되어 주긴 하지만 말이다."라고 나와 있다.[40]

19세기 말에는 숙박과 아침식사만 제공하고 저녁은 주지 않는 보딩 하우스가 상대적으로 드물어졌다. 《리핀컷 매거진Lippincott's Magazine》 1888년 10월호에 실린 '늙은 영국의 젊은 미국인들'이라는 기사를 보면 런던을 여행하던 미국 여성 세 명이 허기로 쓰러질 지경이 되어 보딩 하우스에 저녁식사를 요청하는 장면이 등장한다. 주인 제임스는 "이런, 저희는 저녁을 드리지 않습니다. 여기서는 숙박과 아침식사만 제공한다고요."라고 참을성 있게 설명하지만, 여성들은 쉽게 수긍하지 못한다. 결국 주인이 나가서 저녁을 먹고 오는 것이 좋겠다고 하자 여성들은 "나가라고요? 어디로요? 지저분한 식당으로요?"라고 되묻는다. 제임스는 "손님들이 어디서 저녁을 드실지 알아봐 드리는 일은 저희 업무가 아닙니다."라고 대답한 후 입술을 깨물었다. 여성들이 진짜 가야 할 곳을 말해

주고 싶었지만 꾹 참았던 것이다.⁴¹

침대와 아침식사를 합친 B&B Bed and Breakfast는 오늘날 호텔을 대신하는 아늑하고 낭만적인 공간으로 여겨지지만, 실은 저녁 대신 아침식사만 제공하는 보딩 하우스와 다를 것이 없다. 최근에는 역사적 의미를 지닌 집을 개조해 B&B로 운영하는 경우가 많다.

1892년 손도끼로 아버지와 계모를 살해한 리지 보든 Lizzie Borden이 살던 집도 그런 경우다.⁴² 현재 이 집에는 리지가 어린 시절에 쓰던 침실을 포함, 총 여덟 개의 객실이 마련돼 있다. 투숙객들은 리지의 부모가 살해되던 날 먹었던 것과 똑같은 아침식사(바나나, 옥수숫가루로 만든 조니케이크, 설탕 쿠키, 커피)를 제공받는다.⁴³

7
Breakfast Out

아침식사 팁은 넉넉히

가정학자 캐롤라인 리드 워댐스Caroline Reed Wadhams는 1917년에 출간된 《웨이트리스 또는 호텔 메이드를 위한 간단 지침서Simple Directions for the Waitress or Parlor Maid》에서 "아침식사는 가장 불규칙적이고 신속하게 이루어지는 식사이므로 웨이트리스는 손님이 원하는 시간에 필요한 것을 정확히 제공해야 한다."고 조언한다.[44] 본래는 가정에서 일하는 하인도 웨이트리스라 불렸지만, 20세기 초 이 책과 같은 안내서에는 가정의 하인은 물론 식당 종업원들에게도 유익한 조언이 다수 실려 있다. 지금과 마찬가지로 1백여 년 전에도 아침식사 담당 웨이트리스의 업무는 까다로우면서 보수는 적었다.

그래서 잭슨 브라운H. Jackson Brown은 1995년 펴낸 《삶을 위한 작은 가이드북Life's Little Instruction Book》에서 "아침식사 담당 웨이트리스에게는 팁을 넉넉히 주라."고 조언한다. 그는 한 인터뷰에서 자신의 조언에 대해 보다 구체적으로 설명한다. "그들은 숨은 영웅이다. 아무리 일찍 식당에 가도 웨이트리스는 항상 자리를 지키고 있다. 나보다 더 일찍 일어났다는 얘기다. 그러니 식사비의 15퍼센트인 팁은 결코 그들의 노고에 대한 충분한 대가가 못 된다."[45] 보통 아침식사 비용은 점심이나 저녁에 비해 저렴한 편이므로, 식사비의 15퍼센트라고 해봤자 얼마 되지 않는 돈이다.

　미국의 웨이트리스들이 늘 팁을 받았던 것은 아니다. 최초의 식당이라 볼 수 있는 고대 로마의 테르모폴리아Thermopolia에서는 노예들이 시중을 들었다. 이 같은 경향은 18세기 프랑스에 오늘날과 같은 식당이 처음 등장하기 전까지 줄곧 이어졌다. 미국 독립 전쟁을 계기로 프랑스가 신생 독립국가인 미합중국의 중요한 우방으로 자리 잡으면서, 미국에서 프랑스 요리가 널리 인기를 누렸다. 미국의 제3대 대통령 토머스 제퍼슨은 대부분의 민주당 인과 마찬가지로 프랑스 요리를 무척 사랑했다. 1700년대 말 프랑스 주재 미국 대사로 근무하면서 얻은 취향이었다. 급기야 제퍼슨은 하인 제임스 헤밍스를 파리로 보내 전문 프랑스 요리를 배워 오게까지 했다.

　미국에서 가장 먼저 아침식사를 제공한 식당 중 하나가 뉴욕의 델모니코스Delmonico's였다. 이 식당이 위치한 브로드 스트리트 76번지에는 원래 조제프 콜레Joseph Collet라는 프랑스인이 운영하던 호텔이 있었다. 조제프 콜레는 "그대가 무엇을 먹는지 말하라. 그러면 나는 그대가 누군지 말해 주겠다(이 말은 '당신이 먹는 음식이 바로 당신이다'라고 잘못 인용되는 경우가 많다)."라는 말로 유명한 프랑스의 미식가 브리야 사바랭의 친구였다. 이들 두 사람은 모두 토머스 제퍼슨과 동시대인이다. 델모니코 형제가 식당 문을 연 1827년보다 7년 앞서, 콜레는 자신이 운영하는 커피 하우스에서 호화로운 아침식사를 제공한다고 광고했다. 뉴욕에 본격적인 프랑스 식당이 등장한 것이다. 당시 광고에는 '커피, 코코아, 다양한 수프, 송아지 커틀릿, 양갈비, 자고새, 꿩, 닭, 비프 알라모드(스튜의 일종), 돼지족발, 굴, 그 밖에도 아침, 점심, 저녁 어느 때나 어울리는 온갖 요리를 맛볼 수 있다'고 나와 있었다.

델모니코 형제가 인수한 식당과 호텔은 아침식사로 유명세를 떨쳤다. 델모니코스는 대도시가 상징하는 세련미의 정수였다. 제대로 인상적인 파티를 열고 싶다면 반드시 이곳을 선택해야 했다. 델모니코스의 아침식탁에서는 정치인이나 군 고위 장성, 유명 영화배우들을 자주 볼 수 있었다.

1866년에는 미국선교복음연구학회가 주최하는 조찬 모임이 델모니코스 연회장에서 열렸다. 《계간 미국 교회 평론The American Quarterly Church Review》지는 열두 코스로 이루어진 아침식사에 대해 상세히 보도하면서 이날의 행사 자체에 대해서는 부정적으로 평가했다. "조금은 역겨운 이야기일 수도 있다."고 심각하게 포문을 연 필자는 뒤이어 "곪은 상처에서 악취가 풍기는 병실의 분위기라고나 할까."라고 덧붙였다. 여기까지 읽은 독자라면 다음 이야기가 궁금해질 수밖에 없다. 이어서 기사에는 이날의 아침식사 메뉴

| 델모니코스 식당

와 이 자리에 참석한 여섯 명의 주교 이름이 줄줄이 나온다. "성직에 몸을 바쳤다는 이들이 세속과 허풍에 물들어 이런 곳에서 조찬 모임을 연다는 것은 기독교 공동체에 대한 모욕이다."[46] 안타깝게도 이날 조찬 회동에서는 설교도 생략되었다. 복음 학회가 복음 전파보다는 아침식사에 더 관심이 많았던 셈이다.

커피 하우스

1830년대에 선보인 커피 하우스와 오이스터 바oyster bar는 정해진 식사 시간을 지키지 않아도 언제든 편하게 가서 요기를 할 수 있는 최초의 식당이었다. 19세기 뉴욕 시에서는 노동자층을 위한 저렴한 아파트에는 별도의 부엌 시설을 만들지 않았으므로 이러한 식당은 시의적절하게 등장했다고 볼 수 있다. 설계할 때부터 아예 주방을 제외하는 건축 경향은 20세기까지 이어졌다. 소형 아파트의 경우 대부분의 세입자는 독신 남성으로, 이들은 직접 요리하는 대신 식당을 이용할 가능성이 크기 때문에 굳이 주방을 만들 필요가 없었던 것이다. 아침식사를 밖에서 해결하는 이유는 또 있었다. 예를 들어, 전기 와플 팬이 등장하기 전에는 집에서 번거롭게 와플을 구우려는 사람이 별로 없었다. 이런 일은 긴 손잡이가 달린 묵직한 와플 팬을 불 위에서 기술 좋게 다루는 전문 요리사에게 맡기는 것이 나았다.

커피 하우스는 문학계의 비트 세대(기성세대의 질서를 거부하고 자유를 주창하며 현대적인 재즈를 좋아했던 1950~1960년대 초의 청년 그룹_옮긴이)와 연관되기에 앞서 유럽의 정치인들을 위한 공간이었다. 1830년대 미국에도 프랑스와 영국 정치인들이 즐겨 하던 조찬 모임이 전해졌다. 미국의 지식인들도 커피 하우스에서 아침부터 페이스트리와 커피를 앞에 놓고 노예 해방이나 영국의 휘그당 문제 등에 대해 열띤 논쟁을 벌였다. 아침식사는 이런 혁명적인 담화에 에너지를 불어넣었다. 종군기자 조지 알프레드 타운센드George Alfred Townsend는 "미국인들은 정치 성향을 대대로 이어받는 경향이 있다. 하지만 아침식탁에서만큼은 놀랄 만큼 다양하고 폭넓은 의견이 오간다."고 지적했다.[47]

미국 작가 해리엇 비처 스토는 1850년대 초반 영국을 여행하는 동안 현지의 노예 해방론자인 토머스 매콜리나 아서 헨리 핼럼Arthur Henry Hallam 등과 조찬 모임을 즐겨 가졌다. 해리엇은 그들과 함께 건축, 문학, 종교 등 다양한 주제로 재치 넘치는 대화를 나누었다. 극단적 보수주의자이며 전통적 교회를 지지하는 영국 보수당 정치인 로버트 잉글리스Robert H. Inglis와도 이야기를 나누었는데, 그와의 대화를 즐겼는지에 대해서는 예의상 언급하지 않았다. 유대인과 불교도에 대한 편견이 심했던 잉글리스의 성향을 생각하면 현명한 선택이었던 것 같다.

잉글리스의 편협한 시각은 그가 14년 동안 몸담은 하원의 도서관에도 크게 반영되어 있었는데 1850년 로버트 필Peel 총리에 의해 완전히 뒤집혔다. 필 총리는 1846년 영국 빈민 노동자들을 괴롭히던 옥수수법(곡물 가격 통제법)을 폐지했다. 이를 기점으로 존 글래드스턴John Gladstone 총리는 버터와 달걀에 붙이는 세금을 폐지했고, 뒤이어 소설가이자 총리였던 벤저민 디즈레일리Benjamin Disraeli도 1874년 설탕 세금을 없앴다. 사실 필과 글래드스턴, 디즈레일리는 서로 증오하는 사이였지만, 결과적으로는 아침식탁을 과세의 압박에서 벗어나게 하는 데 함께 기여한 총리 3인방이 되었다.

서부의 시골 식당

미국 동부 해안의 휘황찬란한 대도시를 벗어난 곳에서도 식당은 역시 크게 늘어났다. 미 서부의 기차역과 역마차 정류장에서는 배고픈 승객들을 위한 식사를 제공했다. 시골 여인숙에서 내놓는 음식은 양은 많았을지 몰라도 집에 편지를 써서 알릴 만한 것은 없었다. 다만 가끔이지만 훌륭한 아침식사를 대접하기 위해 보여 주는 정성과 노력은 칭송할 만한 가치가 있었다.

1800년대 초 토머스 제퍼슨의 명령으로 미 서부 지도를 만들던 스코틀랜드 출신의 존 멜리시John Melish는 어느 날 오하이오 주 코속턴Coshocton에 있는 두메산골의 여관에서 묵게 되었다. 멜리시의 1811년 기록에 따르면, 여관 안주인은 아침식사를 위해 닭 두 마리를 잡으려 했고, 이에 놀란 멜리시는 닭 요리 대신 삶은 달걀과 빵, 차 한 잔만 달라고 요구했다. 시간 여유도 없는 데다 굳이 안주인에게 그런 수고를 끼치고 싶지 않았기 때문이다. 다음은 그의 글이다.

"그럼 달걀하고 햄을 부쳐 드릴까요?"

안주인이 묻기에 나는 괜찮다고 했다.

"돼지고기 스튜는요?"

"필요 없습니다."

"튀김을 좀 할까요?"

"아니, 괜찮습니다."

"그럼 대체 뭘 드시겠다는 건가요?"

"빵이랑 차, 달걀 한 개면 됩니다."

"댁처럼 특이한 손님은 처음이네요. 그렇게 상을 차릴 수는 없어요."
시간이 없었던 나는 결국 안주인이 원하는 대로 차리라고, 다만 나는 내가 먹고 싶은 것만 먹겠다고 말했다. 30분 뒤, 햄과 달걀, 튀김, 빵, 버터, 아주 훌륭한 차가 식탁에 올라왔다. 안주인은 계속 다른 것도 먹어보라고 강권했지만 나는 앞서 말했던 대로 차와 빵, 달걀 외에는 손도 대지 않았다. 안주인은 어지간히 놀란 눈치였고 내가 숙박비 25센트를 다 내자 어떻게 해야 할지 모르겠다고 민망해했다. 내가 이 이야기를 하는 이유는 여관 안주인의 친절함과 두메산골 사람들의 후한 인심을 알리고 싶어서다.⁴⁸

서부로 더 깊이 들어가면 식당이라고 해 봤자 그저 '직접 구운 빵'이라는 간판이 붙은 천막 같은 곳이 대부분이었다. 1850년대에는 이런 시골 식당에서 광부, 벌목꾼, 철도 노동자들이 주린 배를 채웠다. 하지만 얼마 지나지 않아 이런 식당도 황금을 찾아내 벼락부자가 된 이들 덕분에 이익을 챙기는 재미를 보았다. 캘리포니아 플레이서빌에서 횡재를 축하하는 최고의 방법은 행타운 프라이(행타운은 플레이서빌의 별명이었다)를 주문하는 것이었다. 속설에 따르면, 행타운 프라이는 황금을 발견한 사람이 호기롭게 캐리 하우스 호텔(플레이서빌의 유명한 호텔_옮긴이)에 들어가 제일 비싼 아침식사 메뉴를 주문한 데서 시작되었다고 한다. 호텔에서는 현지에서 구하기 힘든 재료를 총동원해 오믈렛, 베이컨, 굴튀김을 한 접시에 담아 내왔다. 당시 이 음식의 가격은 7~8달러(현재 가치로는 175달러)였다.

이 특별한 아침식사 요리는 곧 시에라네바다 산맥 일대의 금광촌에서부터 태평양 연안까지 퍼져 나갔다. 사내들은 샌프란시스코에서 시애틀까지 돌아다니며 이 음식을 사 먹는 것으로 자신의 재력을 과시했다. 특별히 잘나가던 사람들은 '치즈케이크를 곁들인' 행타운 프라이를 주문했는데, 이는 오믈렛과 매춘부가 함께 나오도록 하는 것이었다.

아침식사 전문점

1920년대로 들어오면서 미국 전역에서 외식은 여가 문화가 되었다. 특별히 아침식사 전문 식당들이 곳곳에 문을 열었다. 뉴저지 오션 시티의 크레올 도넛Creole Donut과 와플 숍Waffle Shop은 1927년 화재 이전까지 많은 이들이 뜨거운 커피와 함께 '보송보송한 도넛'과 '폭신한 남부식 와플'을 즐기던 장소였다.

1930~1940년대 사보이Savoy나 라듐 클럽Radium Club 같은 뉴욕 할렘의 댄스홀에서는 매주 일요일 새벽 4~5시에 '조식 댄스' 타임을 만들었다. 전날 밤 늦게 들어와 댄스를 즐기던 손님들에게 식사를 제공하기 위해서였다. 1950년대에는 캔자스시티, 마이애미, 리

노 등에서도 같은 제도를 도입했다. 위대한 재즈 연주가 카운트 베이시Count Basie 덕분이었다. 그 식사가 손님들을 위한 것인지 밤새도록 연주한 악사들을 위한 것인지는 분명치 않다. 어쨌든 밤을 꼬박 새우며 술 마시고 춤을 춘 사람들에게 따뜻한 닭튀김과 와플, 햄과 달걀, 커피가 차려진 아침식탁은 더없이 반가운 광경이었을 것이다.

밤새 불을 밝히는 재즈 클럽 이외에 공장 주변을 중심으로 24시간 문을 여는 다이너 식당이 많이 생겨났다. 《아메리칸 레스토랑 American Restaurant》지 1943년 판에서는 24시간 운영되는 식당을 '전쟁의 새로운 산물'로 지칭한다. 주로 공장 지대에 자리한 24시간 간이식당과 카페테리아는 3교대의 모든 노동자들을 상대했다. 특히 '죽음의 교대조'라 불리는 야간 조원들이 주된 손님이었다.

1942년 판 《포퓰러 미캐닉스》 지에는 전쟁에 대해 불평하는 기사가 실렸다. "미국의 군수 공장을 순조롭게 돌아가게 하려면 국민 수백만 명이 야간 조로 투입돼야 할 것이다. 이는 그 많은 사람들이 오후 3시나 밤 11시에 아침을 먹게 된다는 뜻이기도 하다."[49] 식료품 가게들도 남편의 특별한 근무 시간에 맞춰 여성들이 식사 준비를 하도록 24시간 문을 열기 시작했다. 남편과 상관없이 자신의 근무 교대 시간에 맞춰 출근해야 하는 아내들도 있었다. 24시간 운영되는 간이식당은 남녀를 불문하고 모든 이들이 교대 근무 전이나 후에 따뜻한 아침식사를 즐길 수 있게 해 주었다.

전쟁이 끝난 후에도 야간 근무제를 계속하는 공장들이 많았고

| 1950년경의 와플 숍(Waffle Shop) (미 의회 도서관 제공)

식당 역시 그랬다. 1950년대에는 미국의 와플과 팬케이크 체인점들이 잇달아 문을 열었다. 1953년에는 오리지널 팬케이크 하우스 Original Pancake House와 데니스Denny's가, 1958년에는 인터내셔널 하우스 오브 팬케이크International House of Pancakes가, 1962년에는 밥 에반스Bob Evans 체인 식당이 시작된 것이다. 밥 에반스는 1940년대

말부터 아침식사를 파는 간이식당과 소시지 회사를 운영해 온 성공한 사업가였다. 1950년대 이전에도 아침식사를 판매하는 식당들이 많았지만, 새로 등장한 이들 가게는 전후 중산층의 소비 성향에 맞추어 아침식사 전문 식당으로 자리매김했다. 이들은 온종일 아침 메뉴를 제공했고 스테이크도 판매했다. 언제든 아침식사를 할 수 있다는 것은 미국인들에게 삶의 질이 향상되었다는 인식을 심어 주었다.

아침식사 전문점들은 아침식탁에 꼭 있어야 하는 홈 프라이(가정식 감자튀김)를 포함해 자신들만의 특화된 메뉴를 개발했다. 크리스 온스태드Chris Onstad가 그린 웹툰 애치우드Achewood의 등장인물인 로스트비프는 식당에서 파는 감자튀김이 홈 프라이라는 이름과 달리 더 이상 가정에서 튀긴 것이 아니라고 했다. 뿐만 아니라 식당에서 만든 홈 프라이의 주요 문제점 가운데 하나는 감자의 가장자리가 적절히 바삭하지 않다는 것이다.

> 내가 접한 홈 프라이 중에는 심지어 감자가 질긴 경우도 있었다. 이 지경이면 주방장의 솜씨가 형편없는 것이니, 아예 손님들에게 생감자를 내주어 집에 가서 직접 튀겨 먹게 하는 편이 낫다.[50]

1940년대 이후가 되자 운전자들은 길을 떠나기 전 언제든 화물차 휴게소에서 식사와 주유를 동시에 해결할 수 있게 되었다. 24시간 식당 옆에 주유소가 자리 잡았기 때문이다. 화물차 휴게소의 식당들은 화물차 운전사들의 야간 운전 습관에 맞춰 메뉴를 내놓았다. 그레이비소스와 비스킷을 곁들인 프라이드치킨 스테이크, 오믈렛, 스테이크와 달걀 등이 대표적인 메뉴였다.

1962년 《라이프》지에 실린 '화물차 휴게소 음식의 치명적 전설Lethal Legend of Truck-Stop Food'이라는 기사에서 필자인 엘리어트 체이즈Elliott Chaze는 이렇게 썼다. "루이지애나 화물차 휴게소의 특별 메뉴는 그레이비소스를 곁들인 옥수수죽과 구운 햄이다. 운전자들이 이 음식을 선택하는 이유는 맛이 좋아서가 아니다. 오랜 시행착오 끝에 그나마 허기를 면할 정도는 된다고 생각해서다." 화물차 휴게소 스무 곳을 직접 방문 취재한 필자는 휴게소마다 아침식사의 수준 차이가 크다면서, 특히 디프사우스(미국 남부의 미시시피, 루이지애나, 앨라배마, 조지아, 사우스캐롤라이나 등 5개 주를 가리키는 말_옮긴이) 지역에서는 차가운 너구리 찜 요리까지 선보인다고 소개했다. 필자는 화물차 휴게소 음식을 '살면서 한 번쯤 경험해 봐야 하는' 것이라고 했지만, 대부분의 화물차 운전사들은 경험을 위해서가 아니라 필요하기 때문에 이곳에서 끼니를 해결했다. 길이가 18미터나 되는 화물차를 세우고 아침식사를 할 만한 곳은 달리 없었기 때문이다.

패스트푸드

출근 전 패스트푸드 식당에서 아침을 먹는 것은 새로운 현상도, 20세기 이후의 일도 아니다. 빅토리아 시대의 언론인 헨리 메이휴 Henry Mayhew는 1851년에 쓴 《런던의 노동자와 빈민들London Labour and the London Poor》이라는 책에서 "날이 밝기도 전에 런던으로 들어온 수천 명의 행상들은 커피를 파는 수레나 가판에 들러서 이른 아침을 해결한다. 그들이 주로 먹는 것은 청어 두 마리나 약간의 베이컨, 기타 등등이었다."라고 썼다. 여기서 '기타 등등'이란 아마도 소시지나 달걀을 뱁bap이라는 빵에 끼운 샌드위치일 것이다. 이들은 커피나 홍차를 홀홀 마시고 잔을 돌려준 뒤 남은 음식을 씹으며 서둘러 자기가 장사할 자리로 돌아갔다.[51]

월터 스콧 경도 빵과 에일 맥주로 간단히 아침을 해결한다는 기록을 남겼다. 스코틀랜드의 풍자 만화가 존 케이John Kay는 1838년에 "스코틀랜드의 급격한 인구 증가와 이에 따른 위생 문제로 요즘은 반 페니짜리 뱁과 아주 적은 양의 맥주로 식사를 해결한다."고 말했다. 16세기부터 영국에서 먹던 둥근 빵의 일종인 뱁은 아침식사 때 베이컨과 달걀을 끼워 샌드위치를 만들 때 많이 쓰였다.

패스트푸드 아침식사가 영국에서 먼저 등장했는지는 몰라도 이를 완성시킨 것은 미국인이라 할 수 있다. 캔자스 위치타Wichita의 햄버거 체인 화이트 캐슬White Castle은 제2차 세계대전 중에 달걀 프라이 샌드위치를 출시했다가 전쟁과 함께 육류의 배급제가 끝나자 판매를 중단했다. 아침 식사 전문 패스트푸드 식당의 첫 열풍을 불러온 것은 1948년 로스앤젤레스의 윈첼 도넛 하우스, 1950년 매사추세츠 퀸시 Quincy의 던킨 도넛 같은 도넛 가게였다. 커피와 도넛

| 맥도날드 에그 맥머핀

은 통근자들과 경찰이 점심식사 전까지 허기를 달랠 수 있는 가장 빠른 방법이었다.

  다른 아침식사 메뉴와 달리, 샌드위치는 드라이브 스루 방식에 이상적인 메뉴였다. 종이로 포장만 잘하면 한 손으로 들고 먹을 수 있었기 때문이다. 잭 인 더 박스가 1971년(실외 메뉴판 위에 업체의 상징인 어릿광대 인형을 설치한 바로 그해)에 처음 선보인 잭 앤드 에그 베네딕트 샌드위치는 드라이브 스루 아침식사용 샌드위치 열풍이 시작된 출발점이었다.

  같은 해 말 맥도날드의 한 지점을 운영하던 허브 피터슨Herb Peterson은 잭 앤드 에그 베네딕트 샌드위치를 변형한 에그 맥머핀을 개발했다. 맥도날드의 창립자 레이 크록Ray Kroc은 새로 개발한 이 샌드위치를 앉은 자리에서 두 개나 먹어치웠다고 한다. 에그 맥머핀은 이듬해인 1972년부터 당장 소비자에게 판매되기 시작했는데, 최초로 이 메뉴를 도입한 지점은 뉴저지 벨빌Belleville점이었다.

1975년 맥도날드는 드라이브 스루 시설을 갖추었다. 때마침 에그 맥머핀이 전국적으로 알려지면서 패스트푸드 아침식사의 두 번째 열풍을 불러왔다. 현재 맥도날드의 아침식사 메뉴는 전체 매출의 15퍼센트를 차지한다. 또한 미 전역의 거의 모든 패스트푸드 체인점에서 아침식사 메뉴를 제공하고 있다.[52]

카페테리아와 오토매트

패스트푸드점보다 더 빠르면서 종업원은 최소화한 곳이 셀프서비스 카페테리아와 오토매트였다. 스웨덴식 뷔페 식당인 스머르고스보드smörgåsbords를 관찰하고 돌아온 사업가 존 크루거John Kruger는 1893년 시카고에 최초의 카페테리아를 열었다. 주방이 들여다 보이게 개방해서 위생 문제를 안심할 수 있게 하는 특징을 그대로 살렸는데, 이는 19세기 말 위생 열풍에 딱 들어맞는 조치였다. 차일즈Child's Restaurant라는 전국적 규모의 프랜차이즈 식당도 음식 쟁반을 들고 줄을 서게 하는 셀프 서비스 방식을 도입했다. 1905년 로스앤젤레스에 문을 연 카페테리아는 전략적으로 상호 자체를 '카페테리아'라고 정했다. 이 카페테리아는 그 밖에도 '미리 볼 수 있는 음식'과 '노 팁No Tips' 같은 눈에 띄는 홍보 문구를 내세웠다. 원할 때 들고날 수 있는 자유, 팁을 주지 않아도 된다는 자유는 직접 음식을 들고 식탁으로 날라야 하는 수고를 기꺼이 감수하게 했다.

| 루비스 카페테리아

저렴한 음식 값과 자유로움을 내세운 카페테리아는 제2차 세계대전 기간 동안 절정의 인기를 누렸다. 엄격한 식량 배급제를 잠시나마 잊고 쪼들리는 가계 상황에서 벗어나 당시 누구도 쉽사리 엄두를 내지 못했던 외식 기분을 즐길 기회였기 때문이다. 전쟁이 끝나고 간이식당과 패스트푸드 체인점이 늘어나면서 카페테리아는 대부분 문을 닫았다. 하지만 텍사스의 루비스Luby's 카페테리아는 1947년부터 지금까지 변함없이 주말 아침 뷔페를 내놓고 있다.

가능한 한 다른 사람과 접촉하지 않고 식사를 하고 싶은 이들은 오토매트를 이용할 수 있었다. 스웨덴과 독일 일부 지역에서 볼 수 있던 오토매트는 미국에서는 1901년 필라델피아에 처음 생겨났다. 오토매트는 쉽게 말해 자동판매기가 죽 들어서 있는 식당이었는데, 오늘날의 자동판매기와 달리 즉석에서 만든 따뜻한 요리도 판

| 혼 앤드 하다트 사의 오토매트

매했다. 기계 뒤에 숨어 있는 요리사가 음식을 만들어 금속 투입구에 넣으면, 주문한 사람은 동전을 넣고 유리문이 달린 라커를 열어 음식을 꺼내 가도록 했다. 동전 몇 개만 있으면 따뜻한 한 끼를 해결할 수 있었다.

10센트 동전 하나로 커피와 머핀을 살 수 있는, 가장 유명한 혼 앤드 하다트Horn & Hadart 사의 오토매트는 필라델피아와 뉴욕 곳곳에 있었다. 타임스 스퀘어에 있는 혼 앤드 하다트 오토매트는 직원이 한 명도 없는 데다 폐쇄된 공간이어서 1920년대 후반 특히 뉴욕의 동성애자들이 애용했다.[53]

미국 작가 찰스 레즈니코프Charles Reznikoff의 1937년 작 《맨해튼 물가에서By the Waters of Manhattan》에 등장하는 21세 주인공 에제키엘 볼스키Ezekiel Volsky가 아침을 먹은 장소도 바로 그곳이었다. '날이 밝기 전, 그 오묘한 하늘 아래 있고 싶었던' 에제키엘은 주머니 속에서 5센트짜리 몇 개와 잊고 있던 10센트짜리 동전 하나를 찾아낸다.

그는 아침을 먹으러 집에 갈 필요가 없었다. 자유의 맛이 너무 좋아서 가능한 한 돈을 절약하며 자유로운 시간을 연장하고자 했다. 그는 전날 오후에 커피를 사 마셨던 오토매트를 찾아갔다. 붉은빛을 띠는 노란 멜론 반쪽, 그리고 달걀 스크램블 옆에 놓여 색깔이 더 진해 보이는 베이컨이 있었다. 하지만 그는 커피와 흔해빠진 옥수수 머핀 세 개를 먹었다. 그것만으로도 충분히 만족스러웠다.[54]

이 짧은 막간을 통해 흔해빠진 옥수수 머핀 세 개를 고른 에스겔의 선택은 그가 미국으로 이민 온 유대계 노동자라는 것을 상징한다. 그는 오토매트를 통해 휘황찬란한 대도시의 삶을 경험한다. 작가 레즈니코프는 당시 많은 이들에게 오토매트라는 소박한 아침식사 시설이 얼마나 매력적이었는지 이 한 장면을 통해 보여 주고 있다. 정겨운 음식을 작은 유리문 너머로 내주는 오토매트는 익숙하면서도 참신한 장치였다. 그러나 카페테리아와 마찬가지로 오토매트 역시 드라이브 스루 패스트푸드 식당이 급증하면서 대부분 사라졌다. 혼 앤드 하다트 사에서 만든 최후의 오토매트는 1991년에 영구히 문을 닫았다.

8 Breakfast Out
도넛 걸, 전장을 누비다

오토매트와 카페테리아가 직장 내에 마련되기 전, 사람들은 대부분 먹을 것을 집에서 싸가거나 집에서 음식을 보내 줄 때까지 기다려야 했다. 그 전에는 일거리를 찾아 먼 여행을 떠나는 이들도 많았다. 집을 떠나왔지만 신흥 도시가 아닌 허허벌판에서 일하게 된 사람들은 취사 마차에서 아침을 해결했다.

취사 마차와 캠핑 요리

남북전쟁 이후 서부로 대규모 이동이 이루어지면서 가축몰이꾼들은 몇 달씩 집을 떠나 지내는 일이 많았다. 텍사스부터 뉴멕시코까지 가축을 몰고 다니는 카우보이들의 식사 문제를 고민하던 텍사스의 목장주 찰스 굿나잇Charles Goodnight은 1866년 취사 마차를

| 1880-1910년경, 취사 마차 옆에서 아침식사를 하고 있는 카우보이들 (미 의회 도서관 제공)

고안했다. 낡은 군용 마차에 음식을 담을 '척 박스(취사도구를 보관하는 나무 박스_옮긴이)'를 붙여서 개조한 것이다. 널찍한 박스의 뚜껑은 조리대 역할을 했고, 장작을 담은 자루와 물통은 마차 옆에 매달았다. 이 취사 마차는 개발자의 이름 대신 고기의 한 부위를 뜻하는 17세기 단어 'chuck'이라는 말이 붙어 척 왜건chuck wagon이라고 불렸다. 19세기 들어 'chuck'이라는 단어는 '소의 목덜미와 어깨 사이의 저렴한 부위'라는 뜻과 '카우보이들의 식사'라는 뜻을 동시에 갖게 되었다.

미국의 작가이자 삽화가인 로스 샌티Ross Santee는 1928년 작《카우보이Cowboy》에서 20세기 초 취사 마차의 식사 장면을 그리고 있다. "음식은 늘 비슷했다. 아침이면 스테이크와 달걀 혹은 염장 돼지고기에 베이킹파우더를 넣어 구운 따뜻한 비스킷, 까치콩과 당밀을 먹었다."[55] 그 밖에 구운 베이컨과 진한 블랙커피, 옥수숫가루로 만든 다저(dodger, 모닥불 재 속에 파묻어 구워 낸 작고 단단한 빵)를 아침식사로 내놓는 취사 마차도 있었다. 훗날 설탕으로 단맛을 추가하거나 번철에 지져 낸 다저도 나왔지만, 강인한 카우보이들이 즐겨 먹던 것은 투박한 맛의 다저였다.

카우보이들은 요리가 여성의 일이라는 사회적 통념에 아랑곳하지 않고 스스로 음식을 준비했다. 서부 목장 지대의 여성들은 자신들 못지않은 요리 실력을 갖추고 심지어 요리까지 가르쳐 주는 카우보이들을 퍽 마음에 들어 했다. 결혼을 통해 목장 안주인이 된 한 여성은 '진짜 카우보이'와의 신혼 생활에 대한 기록을 남겼다. 신혼여행이 끝나자마자 본격적인 결혼 생활의 냉혹한 현실이 닥쳐왔다. 새신랑이 그녀에게 아침식사를 요구했던 것이다. "당신은 나와 결혼한 걸 감사하게 생각해야 해. 매일 아침 직접 식사 준비를 하게 됐으니 말이야." 그러자 새 신부는 담담한 표정으로 남편의 말을 재치 있게 받아쳤다. "어머, 당신은 내가 당신과 결혼한 진짜 이유가 뭔지 모르는 모양이네요."[56]

이 새색시의 말은 충분히 일리가 있었다. 캠핑에서 요리는 남성의 영역이었다. 음식 맛에 대한 기대치가 상대적으로 낮다고는 해도 아침식사 준비를 통해 자신의 능력을 과시하려는 남자들도 있었다. 1925년에 《젊은이를 위한 요리책The Young People's Cookbook》을 쓴 엉클 존Uncle John은 자칭 캠프 셰프라 주장했다. 그는 "흔히 콩, 베이컨, 빵을 캠핑 음식의 세 가지 핵심 재료로 꼽는데, 이는 맞는 말이다. 하지만 야외에서도 다양성은 필요하며 다양한 요리에 대한 호응은 대단히 크다."면서 약간의 '진취성과 독창성'만 있으면 얼마든지 다양한 요리를 만들 수 있다고 강조했다.[57]

다양한 캠핑 요리라는 주제는 20세기 초부터 중반까지 남성을 대상으로 한 잡지나 서적에서도 꾸준히 다루어졌다. 특정한 재료를 사용하면 캠핑에서도 다양한 음식을 만들 수 있다는 것이었다. 앤트 제미마 팬케이크 믹스는 물만 부으면 엄마가 만들어 주던 것과 똑같은 팬케이크를 구워 낼 수 있다고 광고했다. 순진한 보이스카우트 단원들은 엄마 역시 그 제품을 사용한다는 사실을 몰랐을 것이다. 1920년대 앤트 제미마 사는 캠핑 요리 시장을 장악하기 위해 일 회분씩 개별 포장된 팬케이크 믹스를 출시했다. 대용량 믹스를 야영장에 가져가면 자칫 눅눅해져서 남은 가루를 모두 버려야 하는 경우가 생기는데, 이를 방지하기 위한 전략이었다. 제미마 팬케이크 믹스는 '신입 단원을 10분 만에 훌륭한 요리사로 변신시킬 수 있는' 훌륭한 교재이기도 했다. 하지만 안타깝게도 청년들은 대부분 이렇게 갈고 닦은 요리 실력을 야영장 밖에서는 발휘하려 들지 않았다.

메스 홀

메스 홀mess hall은 군대나 공장 안 식당을 가리키는 말이다. 음식을 설명할 때 'mess'라는 단어를 사용하기 시작한 것은 13세기부터였다. 1인분의 음식을 뜻하는 옛 프랑스어 mes는 mittere(보내다 혹은 놓다라는 뜻)라는 라틴어에서 온 것이다. 따라서 mess의 본래 의미는 '식탁에 차려진 한 끼의 식사'라고 할 수 있다. 그러다가 15세기 들어 '함께 식사하는 사람들의 무리'를 뜻하는 말로 사용되면서 군대 내 식당으로 의미가 확장되었다. 또한 19세기 후반에는 카우보이, 벌목꾼, 탄광 채굴꾼들이 식사하는 천막 식당을 뜻하는 말로도 사용되었다.

메스 홀은 노동자들이 정해진 시간에 식사를 하는 공간으로, 많은 경우 그저 탁자만 죽 늘어놓은 천막에 지나지 않았다. 해뜨기 전에 일어나는 목장 일꾼들은 우선 불을 피워 밤새 추위에 꽁꽁 언 몸을 녹였다. 그런 다음 우르르 메스 홀로 가서 스테이크와 소시지, 햄과 달걀, 갓 구운 옥수수빵이나 비스킷, 뜨거운 블랙커피로 말없이 아침을 먹고는 해가 떠오를 때쯤 식탁에서 일어나 하루 일과를 시작했다.

벌목장의 메스 홀에서 제공되는 음식은 간신히 허기만 면할 정도였다. 1887년 메인 주의 벌목지에 출장 갔다가 숲속 식당을 지켜본 한 모직공은 다음과 같은 기록을 남겼다. "벌목장의 일반적인 식사는 다음과 같다. 아침: 콩, 버터를 바르지 않은 따뜻한 비스킷,

설탕이나 우유를 넣지 않은 홍차, 돼지고기 볶음, 감자튀김.(…) 비좁은 오두막에서 마흔 명이 넘는 사내들이 모여 이런 음식을 먹을 때 어떤 냄새가 날지는 독자의 상상에 맡기겠다."[58]

20세기까지 병사들이 먹은 아침식사는 벌목공이나 카우보이가 먹는 것과 별반 다르지 않은 콩, 염장 돼지고기, 커피였다. 하지만 남북전쟁 당시 노예제도로 인해 나뉜 양쪽 진영의 군인들은 먹는 음식 또한 확연히 달랐다. 남군 병사들은 돼지고기와 옥수수죽, 옥수숫가루로 만든 다저(굽기 전에 가루를 체로 쳐서 벌레를 골라내는 것은 필수였다)를 먹었다. 다저는 주로 뜨거운 재 속에 파묻어 구웠기 때문에 잿불빵이라고도 불렸다. 반면 북군 병사들은 비스킷과 소금을 뿌려 말린 대구 튀김을 아침으로 먹었다.

북군 병사들은 건빵도 많이 먹었다. 맛보다는 보존성 위주로 만들어진 이 딱딱한 빵에는 소금이 다량 들어 있어 쥐나 바퀴벌레는 피할 수 있었지만 바구미는 예외였다. 바구미가 들끓는 건빵은 '벌레 소굴'이라는 별명으로 불리기도 했다. 소총의 개머리판으로 건빵을 부수어 물을 섞으면 빽빽한 반죽이 되는데, 이것을 돼지기름에 부쳐낸 것이 스킬리갈리skillygalee라는 음식이다. 스킬리갈리는 버터를 발라 먹거나 바스러뜨려서 커피에 섞어 먹었다. 가루로 만든 건빵에 옥수숫가루, 물, 생강, 포도주를 섞어서 끓이면 '깡패 수프bully soup'라는 따뜻한 곡물 요리가 만들어졌다. 다른 전쟁과 달리 남북전쟁 때는 별도의 메스 홀을 마련하지 않고 대부분 식사를 야외에서 했다. 병사들은 분대나 소대 단위로 식량을 모아서 고용

| 메스 홀

된 요리사에게 조리를 맡겼다. 취사 마차 요리사와 비슷한 이들 요리사는 능력에 따라 건빵으로 맛깔 나는 새로운 요리를 만들어 내기도 했다.

남북전쟁 기간 동안 심각해진 인플레이션 문제로 많은 이들은 아침식사의 대안을 강구해야 했다. 전쟁 첫해인 1861년 파운드당 12센트였던 베이컨이 불과 4년 뒤인 전쟁 막바지에는 파운드당 11~13달러까지 치솟았다.[59] 남부는 북부보다 식품 조달이 훨씬 더 힘들어서 어처구니없을 정도로 값이 비쌌다. 1865년에는 아무리 돈을 많이 줘도 커피, 홍차, 설탕, 우유를 구하기 힘든 지경이 되었다. 아침에 뜨거운 커피를 마실 수 없는 상황에서 전투력은 기대할 수 없었다. 결국 그해 전쟁은 북군의 승리로 끝났다.

제1차 세계대전 기간에는 아침식사부터 시작해 병사들을 더 잘 먹이기 위해 갖은 노력이 기울여졌다. 하지만 비교적 풍족했던 식사량에 비해 질은 그렇지 못한 편이었다. 1917년 한 병사가 애인에게 보낸 편지에는 뉴욕 항의 슬로컴 요새Fort Slocum에서 공급된 아침식사에 대한 내용이 나온다.

> 아침식사는 꽤 괜찮았어. 먼저 콘플레이크와 우유가 나와. 난 우유를 좋아하니까 잔뜩 받아 왔어. 그런데 우리 동네 우유랑은 모양도 맛도 완전히 다르더라고. 처음에는 우리가 늦게 간 바람에 누군가가 실수로 우유통에 구정물을 쏟은 줄 알았어. 나중에 알고 보니 맹물에 농축 우유를 섞어서 적당히 색깔만 낸 거였더군. 나머지 음식은 대부분 괜찮았어. 아, 마지막에 나온 삶은 달걀 두 개는 닭장에서 바로 꺼내온 것 같더군.[60]

제1차 세계대전 중 구세군은 고향의 맛에 굶주린 프랑스 주둔 미군 병사들을 위해 젊은 여성들을 파견했다. 일명 '도넛 걸'이라고 불린 이들은 깡통이나 고철로 급조한 주방 시설과 화덕에서 병사들을 위해 비가 오나 눈이 오나 커피를 끓이고 도넛을 만들어 냈다. 1938년 구세군은 전장을 누빈 도넛 걸의 노고를 치하하기 위해 6월 1일을 '도넛의 날'로 지정했다.

제2차 세계대전 중에도 '도넛이 승리를 이끈다!'는 기운찬 슬로건을 내건 미국 적십자의 도넛 수레가 등장했다. 여기서 가장 유명한 인물은 미군위문협회United Service Organizations의 유럽 순회에 합류해 병사들에게 커피와 도넛을 나누어 준 영부인 엘리노어 루스벨트일 것이다. 병사들과 일일이 대화를 나누던 루스벨트 여사는 아침식사를 준비하는 취사병들을 보게 되었다. 그런데 한 취사병이 반죽을 자신의 가슴팍에 찰싹찰싹 부딪치는 것이었다. 호기심이 생긴 루스벨트 여사가 "팬케이크를 왜 그렇게 만들지요?"라고 묻자 취사병은 이렇게 대답했다. "이건 아무것도 아닙니다. 저희가 도넛을 어떻게 만드는지 보시면 아마 기절하실 걸요."[61]

1941년 켈로그 사에서 출시한 '켈보울팩'은 박스에 우유를 부어 바로 먹을 수 있는 시리얼로, 군대의 요구에 완벽하게 부응할 수 있는 제품이었다. 1944년에는 전쟁을 기회로 삼기 위해 '이 시기에 이보다 더 완벽한 음식은 없다'는 광고까지 내보냈다. 하지만 이 제품은 군대에서보다는 어린이를 위한 여름 캠프나 레크리에이션 센터, 학교 등에서 더 애용되었다.

전투 식량

미국 작가 커트 보네거트Kurt Vonnegut는 1969년에 출간한 전쟁을 다룬 기념비적 소설 《제5 도살장Slaughterhouse-Five》에서 "통조림으로 훌륭한 아침식사를 했다."고 썼는데 이는 정확한 표현이었다. 병사를 위한 전형적인 식사는 갓 구운 신선한 도넛과 구더기

들끓는 건빵의 중간쯤 된다. 콩을 조리하는 냄비는 어느 군부대에서나 볼 수 있었다. 1862년에 출간된 《캠프파이어와 캠핑 요리, 병사들을 위한 요리 비법Camp Fires and Camp Cooking, or Culinary Hints for the Soldier》같은 군대 요리책에는 콩에 잘게 썰어 볶은 양파를 곁들여 식초만 살짝 뿌리면 요리 하나가 뚝딱 완성된다고 적혀 있다. 여기에 빵과 커피를 함께 내면 "병사들을 위한 1등급 아침 또는 저녁식사가 된다."고도 했다.[62] 하지만 군인들이 더 자주 먹은 것은 깡통에 든 전투 식량이었다.

미국 독립전쟁 당시 대륙군의 식량은 어느 정도 민간업체에서 해결했다. 대체로 군부대를 따라다니는 식료품 상인들이 공급을 맡았다. 염장 고기와 말린 음식이 주종을 이뤘던 대륙군 초기 시절부터 에이레이션A-ration은 병사들의 복지와 사기 진작을 위해 꼭 필요한 음식이었다. 에이레이션은 신선한 재료로 부대 현장이나 별도의 업체에서 조리해 병사들에게 공급되었다. 현대식 에이레이션에는 아침식사용 샌드위치와 켈로그 사가 제2차 세계대전 때 출시한 켈보울팩과 비슷한 일인용 시리얼이 들어 있다. 비레이션B-ration은 냉장 보관이 필요 없도록 깡통에 포장되어 있지만, 에이레이션처럼 급식소에서 취사병의 조리 과정을 거쳐야 했다. 씨레이션C-ration은 야전에서 바로 먹을 수 있도록 조리를 완료하여 깡통에 포장한 것이다. 제2차 세계대전 당시 병사들에게 공급된 아침식사용 씨레이션은 비스킷, 잘게 썬 고기와 채소 볶음, 캔디, 커피로 구성되었다. 1981년 씨레이션은 바로 먹을 수 있는 식사, 즉 '엠

알이MRE, Meal Ready to Eat'로 대체되었다. 군인들 사이에서는 엠알 이를 'Mr. E' 또는 '미스터리mystery'라고 부르기도 한다.

제2차 세계대전 당시 미 육군은 K형 야전식량, 일명 케이레이션 K-rations을 지급받았다. 케이레이션에는 하루 세 끼 분량의 음식이 담겨 있었다. 과일이나 우유 같은 신선식품이 들어 있는 에이레이션이나 급식소에서 한 번 더 조리 과정을 거쳐야 하는 반조리 식품으로 구성된 비레이션과 달리, 케이레이션은 비상시 야전에서 바로 섭취할 수 있도록 개별 포장된 완전 조리 식품이었다. 케이레이션의 아침식사는 잘게 썬 햄과 달걀이나 송아지 고기 완자가 들어 있는 깡통, 비스킷, 말린 과일이나 시리얼 바, 정수용 알약, 사제 담배 네 갑, 설탕 옷을 입힌 껌, 인스턴트커피, 각설탕(가루 또는 얼음설탕)으로 구성되었다.

맛이 없기로 유명한 것은 둘째 치고 군 보급 식량은 방귀와 변비를 동시에 유발하는 특성이 있어 다양한 별명이 붙었다. 씨레이션의 혼합가루로 만든 딱딱한 팬케이크와 군용 메이플 시럽은 '400W(엔진오일 이름)를 곁들인 무릎보호대'라 불리곤 했다. 제2차 세계대전 당시 군대에서는 얇게 썬 소고기를 크림소스에 버무려 토스트에 얹어 먹는 음식이 아침식사로 인기를 모았다. '판자 위의 똥shit on a shingle', 보다 점잖게는 '늘 먹던 그것same old stuff', 또는 두 표현을 줄인 말로 'SOS'라고 불렸던 이 음식은 군 생활의 상징이 되었다. 참전 군인들이 고향으로 돌아온 후에도 오랫동안 기억하고 그리워하는 것이 바로 이 크림 소고기 토스트다.

| 제2차 세계대전의 K-레이션. 1943년 (미 의회 도서관 제공)

아침식사는 총성 없는 전투에 활력이 되기도 했다. 19세기 말 시어도어 루스벨트는 공화당의 대표 주자인 뉴욕 주 상원의원 톰 플랫Tom Platt과 뉴욕 주지사 자리를 놓고 싸우면서 연이어 조찬 회동을 가졌다. 1904년 루스벨트의 전기를 집필한 작가 해럴드 하울랜드Harold Howland는 "이론적 이상주의자들이나 무조건적 비판론자들은 루스벨트가 걸핏하면 플랫 의원과 아침식사를 함께한다는 사

실에 대해 개탄했다."고 썼다.[63] 또 개혁가들은 루스벨트가 플랫 의원과 아침식사를 위해 그가 묵는 호텔로 직접 찾아간다는 사실을 두고 비난을 퍼부었다. 주지사가 상원 의원과 모종의 관계가 아닌 이상 함께 어울려 아침식사를 할 수는 없다는 것이 그들의 추측이었다. 그러나 하울랜드는 두 사람의 아침식사 자리가 도리어 "루스벨트가 상원의원을 자기 뜻대로 설득할 수 있었던 좋은 기회"였다고 주장한다.[64] 이후 뉴욕 주 주지사를 거쳐 대통령이 된 루스벨트도 플랫 의원을 찾아갔던 일에 대해 회고하면서 "그와의 아침식사는 늘 열띤 전쟁의 서막"이었다고 말했다.[65]

9
Breakfast Out
우주에서의 아침식사

1962년 우주인 존 글렌John Glen은 지구 궤도를 돌면서 외계에서의 첫 식사를 했다. 알루미늄 튜브에서 짜 먹는 애플소스였다. 4시간 55분에 걸친 비행 동안 글렌은 큐브형 고체 식품과 반액체 상태의 식품을 다양하게 섭취했다. 당시 과학자들은 거의 무중력에 가까운 환경에서 음식을 삼키고 소화시키는 일이 가능한 것인지 정확하게 알지 못하는 상태였다. 하지만 존 글렌의 비행을 통해 음식 섭취와 소화는 문제가 없는 것으로 판명되었다.

우주인의 세 끼 중 제일 까다로운 식사가 아침이었다. 우주인들도 평범한 미국인들처럼 각자 원하는 아침식사 메뉴가 다르다는 게 첫 번째 문제였다. 누구는 블랙커피와 토스트면 충분했지만, 누구는 베이컨과 달걀, 버터와 시럽을 곁들인 팬케이크를 배불리 먹고 싶어 했다. 두 번째 고민은 아침에 주로 먹는 음식을 준비하고 포장하는 방법이었다. 그러나 사람도 우주로 보내는 미 항공우주국NASA에게 달걀의 탈수 건조쯤이야 식은 죽 먹기였다.

우주 식량 연구소는 달걀을 탈수 건조하여 노란 스티로폼 조각처럼 만들었고 달걀 스크램블은 우주 프로그램의 첫 아침식사 음식이 되었다. 하지만 우주인들이 그 음식을 맛있다고 느끼도록 만들 기술까지는 없었다. 다수가 현역 군인 신분이었던 우주인들은 달걀을 입에 대는 것조차 거부했다. 탈수 건조했다가 되살려 낸 달걀은 군기지에서 복무하던 시절을 생각나게 했기 때문이다.[66] 우주인의 식사 문제 중 세 번째는 우주 공간에서 달걀 스크램블을 먹을 때 발생했다. 스크램블 조각들이 접시에서 떠올라 허공에 둥둥 떠다니며 벽과 환풍구, 머리카락, 바닥에 마구 달라붙었다.

아침식사용 식품 중 몇 가지는 우주용 음식으로 잘 맞았다. 물에 타 먹는 오렌지 맛 분말 음료 탱은 흔히 우주 비행을 위해 개발되었다고 생각하지만, 실은 1957년에 이미 만들어졌던 제품이다. 1965년 제미니 호 우주인들이 마시기 전까지 탱은 매출이 형편없었다. 그런데 존 글렌이 머큐리 호에서 여러 가지 큐브형 음식을 맛본 후 탱을 요청했다고 한다. 반면 새로 개발되어야 하는 음식도 있었다. 달걀 스크램블에 꼭 곁들여야 하는 베이컨은 우주선에서 조리가 불가능했다. 그래서 제미니 호에 승선한 우주인들은 조리 후 잘게 부순 베이컨을 압착한 베이컨 바를 먹었다. 토스트도 문제였다. 무중력 상태에서는 빵 부스러기가 어디로든 날아 들어갈 수 있었다. 특히 우주인의 콧구멍 속에라도 들어가면 그야말로 낭패였다. 결국 제미니 호에는 한입 크기의 토스트 제품이 실렸지만 샐

| 우주용 음식

러드 크루통과 비슷한 느낌 때문에 크게 환영받지는 못했다.

우주인, 특히 초기의 우주인들은 평균적인 입맛을 지닌 보통 사람들이었고 전통적인 스테이크와 달걀 요리를 가장 좋아했다. 1961년 5월 6일 아침, 앨런 셰퍼드Alan Shepard는 베이컨으로 감싼 안심 스테이크와 달걀 스크램블을 먹고 프리덤 7호에 승선해 미국 최초의 우주인이 되었다. 셰퍼드의 아침식사는 오랫동안 포만감을 주고 천천히 소화되도록 고안된 것이었다. 그날 이후 남성 취향의 고단백 아침식사는 발사를 앞둔 우주인들에게 제공되는 공식적인 행운의 메뉴로 자리 잡았다.

1981년 4월 12일 최초의 우주 왕복선이 첫 번째 비행에 성공한

날, NASA의 통제실에서는 음식과 관련된 새로운 전통이 생겼다. 테스트 국장인 노엄 칼슨Norm Carlson이 콩 요리 한 솥과 옥수수빵을 가져온 것이다. 발사에 성공한 기념으로, 미국 개척자들의 전통적인 아침식사였던 콩과 옥수수빵을 다 같이 신나게 먹어 댔다. 그 후 30년 이상이 지난 지금도 NASA에서는 "콩을 가져와!"라는 외침으로 우주선이 성공적으로 발사됐음을 알린다. 그리고 칼슨 국장의 조리법대로 만든 콩 요리와 옥수수빵을 함께 먹으며 기쁨을 나눈다.[67]

10
Breakfast Out

비둘기 타르트와 날개 편 독수리

1891년 미국 언론인 앨버트 쇼Albert Shaw는 "배 속이 빈 아이들에게 머리를 채우러 학교로 오라는 것은 체에 물을 붓는 것과 같다. 배 속이 채워지지 않으면 공부도 머리에 들어가지 않는다."고 주장했다.⁶⁸ 1867년 프랑스 파리에는 바로 이 문제를 해결하기 위해 학교 재단 협회가 설립되었다. 1890년 즈음 영국 버밍엄에서는 무료 아침식사 프로그램을 통해 어린이들에게 '큼지막한 빵과 따뜻한 우유 한 잔'을 제공했다.⁶⁹ 이전까지는 아침을 굶고 학교에 가는 학생들이 무수히 많았다. 심지어 1819년에 영국 골동품상 토머스 포스브록Thomas Fosbroke이 남긴 기록은 충격적이다. "담배가 상용화되기 시작했던 18세기 글로스터Glocester에서는 어린이들이 책가방에 담뱃대를 넣어 갖고 다녔다. 담뱃대에 담배를 채워 준 것은 다름 아닌 아이들의 어머니였다. 그것이 아침식사 대신이었다."⁷⁰

배곯는 아이들은 제대로 공부할 수 없다는 인식이 유럽 전역에 퍼져 나가자 1860년대부터 1920년대 사이에 유럽 전역에서 아이들에게 무료 아침식사를 제공하게 되었다.

1920년대 후반 노르웨이 학생들은 아침식사를 따로 챙길 필요가 없었다. 학교에서 일명 '오슬로식 아침식사'를 무료로 제공했기 때문이다. 학생들은 호밀 비스킷, 흑빵, 비타민이 보강된 버터나 마가린, 훼이 치즈(치즈의 제조 과정에서 나오는 부산물인 훼이를 재가공해 만든 치즈_옮긴이), 대구 간유 페이스트, 우유 0.3리터, 생 당근, 사과, 오렌지 반 개를 먹었다.

일찍이 1905년부터 종교 자선 단체에서는 가난한 학생들에게 교회에서 무료 아침 급식을 했다. 어린이의 영양 및 교육과 관련된 책을 쓰는 저자들은 하루빨리 버밍엄의 무료 급식 프로그램을 미국에도 도입해야 한다고 목소리를 높였다.

미국 최초의 무료 급식 프로그램은 1930년 필라델피아의 기업인들이 빈곤 가정을 대상으로 시작했지만, 2년 만에 재정이 바닥났다.[71] 마침내 1966년 아동 영양법에서 파생된 학교 아침식사 프로그램이 2년간 시범 운영에 들어갔다. 이는 가족의 소득을 근거로 영양 결핍 상태라고 판명된 어린이들에게 학교에서 아침식사를 제공할 수 있도록 지원하는 사업이었다.[72] 이 사업은 차별화된 급식 지원 프로그램으로서 확실한 성공을 거두었고, 결국 1975년 의회의 영구 승인을 얻어 냈다.

아동을 위한 무료 아침 급식 프로그램은 미국의 흑표당(Black Panther Party, 급진적인 흑인민권단체)이 이루어 낸 중요한 정치적 성과

| 1969년 흑표당의 아동 무료 아침 급식 프로그램 (베트먼/코비스/AP 영상자료)

중 하나로, 1969~1970년에 절정에 달했다. 이들이 이끈 무료 아침 급식 프로그램으로 인해 당시 미연방수사국FBI 국장이었던 에드거 후버J. Edgar Hoover가 "흑표당은 이 나라의 국내 안보에 가장 큰 위협이 되는 단체"라고 공공연히 선언하기도 했다.[73]

2002년 〈후버와 FBI〉라는 다큐멘터리를 제작한 감독 로저 겐뵈르 스미스Roger Guenveur Smith는 "흑표당은 전투적 행동이 아닌, 아동 무료 아침 급식 프로그램 운동으로 미 정부를 가장 괴롭혔다.

흑인 공동체는 이를 전폭 지지했다. 공짜 아침에 반대하는 사람은 아무도 없었다."라고 말했다.[74]

1968년 캘리포니아 오클랜드의 어느 교회 주방에서 처음 시작된 아동 무료 아침 급식 프로그램에서는 빈곤층 아동들에게 먹을 것을 주었을 뿐 아니라 흑인 사회의 역사도 가르쳤다. 마치 유대 학교에서 유대인들의 전통을 교육하듯이 말이다. FBI는 이를 선전 선동이라 비난했지만, 그 덕분에 매일 수천 명의 아이들이 달걀, 베이컨, 옥수수죽, 토스트, 오렌지 주스로 영양가 있는 아침식사를 할 수 있었다. 많은 이들은 이 급진적이고 직접적인 사회 운동이 흑인 공동체에 진정한 도움이 되었으며 도시의 수많은 가구들이 굶주림에 시달리던 시대에 꼭 필요한 조치였다고 평가했다. 배를 불리고 정신을 채우는 것은 억압에서 벗어나기 위한 첫걸음이었다.[75]

대학 내 아침식사

대학에 갓 입학하고 성인이 된 학생들이 집을 떠나 처음으로 혼자 식사를 해결해야 하는 상황은 녹록지 않다. 엄마가 해 주던 균형 잡힌 식사 대신 패스트푸드에 의존하면서 대학 신입생들은 '1학년 때 7킬로'라는 말처럼 체중이 급격히 늘어난다. 아침식사는 건너뛰든가 아니면 기껏 먹는다 해도 전날 남은 피자나 스티로폼 사발에 담긴 라면 정도가 고작이다. 하지만 대학생들의 아침식사 풍경이 늘 이렇게 암울하지는 않았다.

1890년대 옥스퍼드대 학생들은 아침식사로 '비둘기 타르트와 날개 편 독수리'를 제공받았다.[76] 1893년에 출간된 《옥스퍼드 신입생 버던트 그린 씨의 모험The Adventures of Mr. Verdant Green: An Oxford Freshman》에서 주인공 그린은 아침에 눈을 뜨자마자 비둘기 타르트와 날개 편 독수리를 먹는다는 기대감에 한껏 부풀어 있었다. 하지만 이 요리가 어떤 요리인지 궁금하다고 입을 열기도 전에 그의 무지함에 놀란 동료 바운서가 다음과 같이 설명해 주었다.

> 비둘기 타르트는 흔히 비둘기 파이라 부르는 음식이야. 난 시를 그다지 좋아하는 편은 아니지만, 비둘기 타르트가 날개 편 독수리보다는 좀 더 시적이라는 생각이 문득 들었어. 날개 편 독수리는 납작하게 눌러 놓은 닭에 버섯 소스로 단장을 한 거지. 몸에 좋은 게 엄청 많이 들어갔어. 닭을 어떻게 그렇게 납작하게 만드는지 알 수 없어. 아마 그걸 깔고 앉는 것 같아. 자세히 물어보면 일부러 비쩍 마른 닭을 내줄지도 모르니까 그냥 가서 일단 먹어 봐.[77]

대학생들의 아침식사가 엉망이라면 그건 학교 식당 탓이라기보다는 하숙집의 문제였다. 토머스 드 윗 텔메이즈Thomas De Witt Talmage 목사는 1798년에 출간된 《차탁에 둘러앉아Around the Tea Table》라는 책에서 자신이 가르치는 예일대나 프린스턴대 신학과 학생들의 비참한 생활상을 폭로했다. "문제는 대학 기숙사에서 시작된다. 신학 전공 학생들은 대개 경제적으로 넉넉하지 못해서 싸구려 하숙집을 찾을 수밖에 없다."[78] 오늘날에도 그렇지만, 19세기의 대학 기숙사도 가난한 신학생들에게는 너무 비쌌다. 탤메이즈는 신학생들이 사는 하숙집에서 일반적으로 내주는 조악한 아침식사를 다음과 같이 시적으로 묘사했다.

> 접시 위로 흐르는 그레이비소스 강을 헤엄쳐 건너려다가 결국 가라앉아 버린 얇은 소시지 조각, 이미 오래전에 파리 떼 등쌀에 단맛을 잃어버린 당밀 컵, 물렁뼈가 박힌 질긴 소고기, 작디작은 비스킷, 요리사의 앞치마처럼 뻣뻣한 메밀 팬케이크, 미처 소스 팬에서 도망치지 못하고 전사한 벌레들과 뒤섞인 오래된 콩 요리, 언제 썰어 두었는지 알 수 없어 배앓이가 예약된 오이……. 우리의 젊고 유능한 목회자 후보생들 중 다수가 이 같은 순교자적 고통을 겪고 있다.[79]

대학의 식생활에 대한 이후 기록들을 보면 금전적인 문제뿐 아니라 시간적 문제도 중요하다는 사실이 드러난다. 교육자이자 성직자였던 찰스 프랭클린 트윙Charles Franklin Thwing은 1902년에 출간한 책 《내가 대학생이라면If I Were a College Student》에서 "대학생에게 가장 부족한 것은 시간"이라고 설명한다.[80] 그는 도넛과 볼로냐 소시지로 '가볍게' 아침을 때우는 대학생들의 현실을 묘사하면서 "이런 식의 아침식사는 대학생들에게 가장 적합한 음식이라고 할 수 없다."고 주장한다. 이후의 다른 책들에서 트윙은 학생들을 위한 다섯 가지 지침을 제시했는데, 충분한 수면, 적절한 운동, 가공되지 않은 천연식품(단, 과식은 금물), 걱정하지 않기, 즐겁게 살기였다. 이는 '요컨대 착한 사람이 되라'는 말이다.[81]

대학생들은 아침을 먹는다 해도 달려가면서 먹었다. 미국의 교육자이자 작가인 윌리엄 펠프스William Phelps는 1930년에 《아침 먹기Eating Breakfast》라는 책을 출간했다. 예일대 학부 시절을 그린 그 책에는 예배 시간에 늦지 않기 위해 달려가는 학생들로 넘쳐나던 거리 모습이 묘사된다.[82] 남학생들이 하나같이 혀를 빼물고 달려가는 모습에 한 여학생이 깜짝 놀라자 펠프스가 "저건 혀가 아니라 핫케이크에요!"라고 외쳐 안심시켰다는 일화도 들어 있다.[83]

11
Breakfast Out

사형수의 아침식사

앞서 소개한 찰스 트윙의 다섯 가지 지침을 지키지 않았다고 해서 꼭 나쁜 사람이 되는 것은 아니다. 그러나 나쁜 사람들은 범죄를 저질러서 결국 제대로 된 아침식사를 하지 못하게 된다. 아침을 거르는 사람은 폭력 범죄를 저지를 가능성이 높다는 연구 결과도 있다. 미국의 테러리스트 티모시 맥베이Timothy McVeigh는 1995년 4월 19일 오클라호마시티의 알프레드 머라 연방정부 청사를 폭파시켜 168명이 사망했다. 그는 그날 아침, 전투 식량으로 나온 차가운 스파게티를 먹었다고 한다.[84] 갓 구운 팬케이크와 오믈렛을 먹었더라면, 범행을 저지르기 전 다시 한 번 고민하지 않았을까?

인간의 자기 통제 능력은 혈당 수치와 관련되는데, 이 수치는 아침을 먹기 전에 가장 낮다.[85] 아침을 건너뛰는 경우 그 영향은 다양한 사회적 행동에서 나타난다. 한 연구에 따르면 이러한 사회적 행동에는 "주의력 조절, 감정 조절, 금연, 스트레스 관리, 충동 자

| 사형수의 마지막 식사

제, 공격적 범죄 행동 억제 등 수많은 자기 통제 행동이 방해를 받는다."고 한다.[86] 사회적으로나 경제적으로 취약한 계층에서 범죄자들이 많은 것도 이 때문인지 모른다. 이들은 제대로 된 아침식사를 하기 힘들 만큼 가난했거나, 너무 바빠서 아침을 챙겨 주지 못하는 부모 밑에서 자랐을 것이다.

정말 나쁜 사람들은 아침식사를 생애 마지막 식사로 하게 되기도 한다. 교수형을 앞둔 사람들이 스스로 선택한 것은 아니었지만, 사형 당일 마지막 식사가 아침인 경우가 많기 때문이다. 아서 코난 도일 경의 셜록 홈스 단편에도 등장하는 영국의 살인범 찰스 피스 Charles Peace는 1879년 2월 25일 아침 교수대로 가기 전 아침식사로 달걀 요리와 베이컨을 많이 달라고 요청했다.[87] 베이컨이 썩 마음에 들지 않는다고 하면서도 실컷 먹은 그는 물 한 잔을 추가로 부탁했지만 그 부탁은 받아들여지지 않았다.[88]

악명 높은 연쇄 살인범이자 강간범, 시간증屍姦症 환자였던 테드 번디Ted Bundy는 최후의 특별식을 거부하고 대신 미디엄 레어로 구운 스테이크와 양쪽 모두 살짝 익힌 달걀 프라이, 해시 브라운, 버터와 잼을 바른 토스트, 우유, 주스, 커피를 받았다. 하지만 그는 음식을 입에 대지 않았다.[89] 스테이크와 달걀은 사형수 본인의 별도 요청이 없을 경우 제공되는 전통적인 마지막 식사 메뉴다. 우주인들이 발사를 앞두고 먹는 음식도, 제2차 세계대전 이후 병사들이 전투 현장에 투입되기 전에 먹는 음식도 스테이크와 달걀이다.[90] 이처럼 아침식사는 보통 하루의 첫 식사이지만, 누군가에게는 생애 마지막 식사가 될 수도 있다.

12
Breakfast Out
친밀감의 상징, 조찬회 초대장

죽음을 앞둔 또 다른 집단인 노인들에게도 아침식사는 중요한 역할을 한다. 미국 전역에 있는 수백 곳의 조찬 클럽은 외로운 노인들이 저렴하게 혹은 무료로 식사를 하면서 친구나 동료와 어울릴 수 있는 사교의 장이다. 로터리 클럽은 백 년 동안이나 한 주에 한 번씩 조찬 클럽 모임을 주최하고 있다. 여기 참석하는 로터리 회원들은 19세기의 정치인들이 그랬듯 베이컨과 달걀을 앞에 두고 담소를 즐긴다. 조찬 모임은 보통 새벽잠이 없는 노인들에게 호응이 높은 편이다. 하지만 흥미롭게도 지금까지 조찬 클럽을 이용해온 이들은 로터리 클럽 회원의 평균연령보다 십 년이나 젊었다.

남북전쟁 이후 설립된 전미농민공제조합은 공동체의 정치·경제적 복지와 농업을 발전시키자는 취지에서 결성되었다. 인구밀도가 낮은 시골에서는 아직까지도 이 조합 건물이 사교 활동의 중심 역할을 맡고 있다. 몇 킬로미터씩 떨어져 사는 이웃들끼리 조합에서 아침식사를 함께하면서 교류의 시간을 갖는 것이다. 단돈 몇 달러에 판매되는 팬케이크, 소시지, 감자를 먹으면서 옥수수 수매가에 대해 활발한 토론을 벌인다.

팬케이크 파티는('참회의 화요일'에 먹는 팬케이크는 예외로 하고) 최소한 19세기부터 시작된 것으로 보인다. 특히 교회나 주부 단체에서 참전 군인을 위로하고 자선기금도 마련하려는 선의의 목적으로 많이 개최했다.

제1차 세계대전 이후 마이 아메리카 리그My America League이라는 단체가 주최한 팬케이크 파티에는 크리스털 헌Chrystal Herne, 마거릿 데일Margaret Dale, 버지니아 폭스 브룩스Virginia Fox Brooks 등 미녀 여배우들이 대거 참석해 무사히 귀국한 참전 용사들의 노고를 치하했다고 한다.[91] 하지만 장병들을 위로하는 데는 미녀보다 팬케이크가 더 큰 효과를 발휘했던 것 같다. 팬케이크 스무 장을 먹고 외상 후 스트레스 장애 증상이 크게 줄어들었다는 한 수병의 사례가 《맥클루어McClure》라는 잡지 1919년 기사에 실렸으니 말이다. 우울증에 시달리던 그 수병은 팬케이크를 배불리 먹고 나자 자신의 삶에 드리웠던 어두운 장막이 사라졌다는 것을 깨달았다고 한다.[92]

자녀들이 직접 아침식사를 준비해 엄마의 침대로 갖다 주는 어머니의 날을 제외하면 대부분의 기념일 아침은 외식으로 이루어진다. 어머니의 날 또한 점점 더 외식업체들이 북적이는 날이 되어가고 있다. 기념일이든 아니든, 집 밖에서 먹는 아침식탁에는 블러디 메리나 미모사처럼 아침에 어울리는 칵테일을 마시는 경우가 많다.

결혼식 날 아침식사

고대 그리스에는 결혼식 당일 아침식사 때 까마귀가 보이면 모든 손님들이 한 목소리로 "새색시, 까마귀를 쫓아 버려!"라고 외쳐야 한다는 미신이 있었다. 그렇게 하지 않으면 반드시 이혼하게 된다는 것이었다.[93] 또 물의 요정이 결혼을 훼방 놓지 않게 하려면 신랑신부가 아침식사 때 손 씻는 물그릇을 같이 사용해야 한다는 속설도 있었다.[94] 그러나 16세기 종교개혁 이전까지 결혼은 성당의 혼배성사를 통해 이루어졌기 때문에 신랑신부는 그 전까지 금식을 해야 했다. 따라서 결혼식 후 첫 식사는 아침식사일 수밖에 없었다.

19세기 요리책 저자인 이자벨라 비튼Isabella Beeton은 "결혼식 당일, 신랑신부와 하객들이 다 같이 모여 아침식사를 하는 풍습은 이제 과거의 일이 된 듯하다. 이제는 오후 결혼식 후의 다과로 대체되는 경향이다."라며 안타까워했다.[95] 그러면서도 여전히 희망을 버리지 않았다. "그러나 아직까지 전통 방식을 선호하는 사람들도 많다. 이들은 프랑스의 데쥬네(dejeuner, 늦은 아침식사)처럼 느지막한 오전 시간에 식사를 준비해서 손님들이 제대로 음식 맛을 즐길 수

| 결혼식 날 아침식사

있게 배려한다."[96] 아울러 비튼은 각 계절에 어울리는 메뉴를 두 가지씩 소개했다. 오늘날의 기준으로 보면 음식의 가짓수나 양이 지나치게 많다고 느껴질지 모르지만, 빅토리아 시대에는 평균 수준이었다.

미국에서는 이런 전통이 20세기 초까지 유지되었다. 이후 결혼식 자체가 신성한 성찬식이 아닌 보다 자유로운 의례가 되면서 아침식사 대신 점심 오찬으로, 이어 파티 형식으로 바뀌었다. 파티 음식은 아침과 점심 요리를 모두 선보인다. 1905년 저명한 가정학자 메리언 할런드가 제안한 결혼식 아침식사 메뉴는 이렇다. 마라스키노 체리(마라스카 종 체리를 설탕에 절인 것_옮긴이)를 곁들인 자몽을 시작으로 굴이나 대합 요리, 가벼운 수프, 생선 요리, 감자를 곁들인 양갈비나 닭구이, 커피와 디저트가 차례로 이어진다. 이때 샴페인은 필수다. 할런드는 교회에서 결혼한 신혼부부에게 마지막 에티켓을 귀띔하는 것도 잊지 않는다. "식사가 끝나면 신부는 조용히 그 자리에서 빠져나와 신혼여행용 의상으로 갈아입어야 한다."[97] 이렇게 푸짐한 아침식사를 한 뒤라면 하와이 여성들의 전통 의상인 헐렁한 무무muumuu를 입을 수밖에 없었을 것이다.

페요테 아침식사

북미 인디언, 특히 멕시코 중부에서 대평원에 이르는 지역의 부족들이 행하는 페요테 의식(환각 성분이 있는 선인장의 일종인 페요테를 이용한 종교 의식_옮긴이)에서 아침식사는 중요한 역할을 담당한다. 페요테 의식은 19세기 후반에서야 미국 전역의 인디언 부족에게 알려졌다. 물론 그보다 훨씬 이전에 이 의식을 받아들인 일부 아파치 족 사람들도 있었다.[98] 페요테 의식에 참여한 사람은 죽은 선조들과 소통할 수 있고, 신에게 환자의 회복을 기원하는 명상 기도와 주문을 전하는 영매 역할을 할 수 있다고 한다.

페요테 의식의 기원은 콜럼버스 시대 이전의 멕시코까지 거슬러 올라간다. 이 종교 의식의 핵심은 환각 성분이 함유된 페요테 차를 마시고 티피라는 천막 안에서 하룻밤 동안 명상하는 것이다. 동이 트면 '샛별의 노래'를 부르고 아침식사 의식을 시작한다. 물동이를 인 여자들이 시계 방향으로 돌면서 물이며 옥수숫가루, 과일, 고기 같은 신성한 음식을 나눠 준다. 식사를 마친 뒤에는 '고기의 노래'를 부르는 것으로 의식을 마무리한다.

전통적인 의식용 메뉴는 사슴 고기와 수이트(suet, 소나 송아지, 양, 새끼양 등의 콩팥과 허리살을 둘러싸고 있는 단단하고 하얀 지방질_옮긴이), 말린 과일을 섞어 만든 육포의 일종인 페미컨, 마른 옥수숫가루, 옥수수죽, 물 등이었다.[99] 미국 원주민들은 멕시코 중서부의 후이촐족 Huichol이 페요테 의식 때 사슴 고기와 말린 옥수수를 먹는 것에서 착안, 비슷한 고기와 옥수숫가루를 의식용으로 쓰고 있는 듯하다. 후이촐족은 페요테 차의 쓴맛을 빨리 없애기 위해 과일이나 기타 단것을 먹기도 했다.

물과 옥수숫가루, 과일, 고기가 전부였던 전통 의식용 아침식탁과 달리 20세기 페요테 의식에는 깜짝 놀랄 만큼 다양한 먹거리가 오른다. 과일 맛 젤리, 부러진 막대형 박하사탕, 소다크래커, 크래커잭(Cracker Jack, 설탕옷을 입힌 팝콘의 제품명), 가당 크림 오브 휘트(Cream of Wheat, 보통 죽으로 끓여 먹는 통밀 시리얼의 제품명), 과일 칵테일 통조림, 콘비프 통조림 등등 모두 전통과는 거리가 먼 식품들이다.[100] 이는 과거의 성스러운 전통이 가난과 미국식 편의주의라는 렌즈를 통해 걸러진 오늘날 아메리칸 인디언의 현실을 보여 주는 것인지도 모른다.

페요테 의식을 마감하는 인디언 교회의 예배가 끝나면 두 번째 아침식사를 하게 된다. 해가 뜬 뒤에 하는 두 번째 아침식사 메뉴는 전형적인 미국식으로 달걀, 토스트, 해시 브라운, 커피 등이다. 페요테 아침식사는 제대로 집행되기만 하면 성스러운 의식으로서 충분한 가치가 있다. 그러니 지난 수세기 동안 예술 작품의 소재가 되어 온 것도 놀랄 일이 아니다.

CHAPTER 5

아침식사,
예술과 세상을
품다

Breakfast in the Arts and Media

일상의 한 부분으로서 아침은 다른 무엇 못지않게 중요한 예술의 소재가 되었다. 비록 아침식사에 관한 희곡이나 오페라는 없지만, 몇몇 영화감독은 아침식탁을 주요 장면의 배경으로 택했다. 유럽의 17세기는 아침식사의 황금기였던 동시에 네덜란드 정물화의 황금기이기도 했다. 이에 대한 가장 확실한 증거는 17세기 네덜란드 정물화에 '조찬화'라는 별칭이 붙었다는 데서 찾을 수 있다.

커트 보네거트Kurt Vonnegut의 1973년 작 《챔피언들의 아침식사, 또는 우울한 월요일이여 안녕Breakfast of Champions, or Goodbye Blue Monday》에 등장하는 웨이트리스는 손님들에게 마티니를 가져다 줄 때마다 위티스Wheaties 브랜드의 아침식사용 시리얼 제품 슬로건을 웅얼거린다. 이 소설(실제 소설의 내용은 아침식사와는 아무 상관도 없다)의 화자는 필보이드 스터지Philboyd Studge인데, 이는 작가가 에드워드 시대의 풍자가인 사키Saki의 단편 〈필보이드 스터지, 유용한 쥐 이야기Filboid Studge, the Story of a Mouse that Helped〉에 대한 헌정의 의미로 택한 이름이다. 사키의 이 작품(역시 쥐와는 아무 상관도 없다)은 맛도 인기도 없는 시리얼에 대한 관심을 끌기 위해 교묘하게 광고를 이용하는 이야기를 담고 있다. 무엇보다 이 작품은 당시 유행했던 클린 리빙 운동을 은근히 비꼬고 있다.

1961년에는 〈티파니에서 아침을Breakfast at Tiffany's〉이라는 로맨틱 코미디 영화로 소년같이 마른 몸매의 여배우 오드리 헵번이 일약 스타가 된다. 영화는 여주인공 홀리가 지방시 드레스와 커다란 선글라스 차림으로 티파니 보석 가게 진열창을 구경하면서 커피와 페이스트리로 아침을 먹는 장면으로 시작된다.

반면 또 다른 상징적 영화인 존 휴즈John Hughes 감독의 1985년 작 〈조찬 클럽The Breakfast Club〉에는 아침식사 장면이 단 한 컷도 나오지 않는다. 이 영화의 제목은 휴즈 감독의 친구 아들이 다니던 뉴 트라이어 고등학교의 학생과 교직원들이 '방과 후 남아서 받는 벌'을 일컫는 별칭에서 따왔다. 그 별칭은 또 1933~1968년 시카고에서 전파를 탔던 미국 라디오 사상 최장수 프로그램의 제목에서 힌트를 얻었던 게 아닌가 싶다.[1]

1

Breakfast in the Arts and Media

문학

문학작품에서 아침식사가 등장하는 것은 수백 년, 아니 수천 년 이상 이어져 왔다. 기원전 8세기에 나온 호메로스의 《오디세이아》에도 아침식사 장면이 들어가고,² 샬럿 브론테Charlotte Bronte의 여주인공 제인 에어는 시커멓게 탄 죽을 한 입 먹고 메스꺼워한다. P. G. 우드하우스P. G. Wodehouse의 1916년 단편 〈지브스가 책임진다 Jeeves Takes Charge〉에서 주인공 지브스는 주인의 숙취 해소를 위해 달걀노른자, 우스터소스, 계피유, 코냑, 기타 수상한 재료를 섞은 음료를 준비한다. 소설가 앤서니 트롤롭Anthony Trollope도 많은 작품에서 아침식사 장면을 상세히 묘사했다. 심지어 1883년에 출간한 자서전에서는 아침식사와 관련해 작가로서의 자기 역량을 자랑한다. 그는 매일 아침 잠옷을 갈아입고 식사를 하기에 앞서 작품을 2,500단어나 썼다고 한다.³

19세기 문학작품에서는 당시 상류사회를 반영해 아침식사를 중요하게 다룬다. 월터 스콧 경의 1874년 작 역사 소설《웨이벌리Waverley》에는 호화로운 스코틀랜드식 아침식탁이 상세히 묘사된다. "식탁 위에는 달걀, 순록고기 햄, 양고기와 소고기 햄, 훈제 연어, 마멀레이드와 함께 각각 밀가루, 귀리, 보릿가루로 갓 구워 낸 따뜻한 빵 세 종류(기본 빵, 케이크, 비스킷)가 차려졌다."[4]

토머스 러브 피콕Thomas Love Peacock의 1831년 작《크롯쳇 성Crotchet Castle》에 등장하는 식탐 많은 중년의 성직자 폴리엇Folliott은 자신이 좋아하는 아침 메뉴를 자세히 설명한다. "코코아, 커피, 홍차, 크림, 달걀, 햄, 혀 요리, 차가운 가금류 요리 등을 모두 좋아한다. 이러한 것들을 제대로 차려 낸다면 요리에 조예가 있다는 뜻이다. 하지만 진짜 실력을 판단할 수 있는 기준은 생선 요리다."[5] 뒤이어 폴리엇은 아침을 함께할 동료들과 식탁에 자리를 잡고 앉아야 '커다란 잔에 담긴 부드럽고 매혹적인 홍차, 자극을 가라앉혀 주는 버터를 듬뿍 바른 머핀, 원기를 북돋는 작은 가재 즙'[6]으로 영혼을 가다듬는다고 썼다. 이 선량한 목사는 동석했던 사람에게 생선 요리로 아침을 차려 내는 그 나라의 요리 솜씨에 칭찬을 아끼지 않았다.

미국 작가 허먼 멜빌Herman Melville의 1851년 작《모비 딕Moby-Dick》5장에서는 '아침식사'라는 제목 아래 아침식탁 주변에서 일어나는 상황이 유머러스하게 묘사된다.[7] 고래잡이 배 피쿼드Pequod 호의 선원들은 하룻밤 동안 항구에 머물게 된다. 다음 날 아침 스파우터Spouter 여인숙 주인이 "식사들 하슈!"라고 외친다. 떠돌이 선원 이시마엘(작품의 화자)은 고래잡이 경험담이 떠들썩하게 오가는 유쾌한 아침식사를 기대하며 식당에 들어선다. 하지만 바다에서 잔뼈가 굵은 용감무쌍한 선원들은 격식을 갖춘 상차림에 주눅이 들었는지 묘한 긴장감 속에 침묵할 뿐이다.

피쿼드 호의 수상쩍은 작살잡이 퀴케그는 아침식탁에까지 작살을 가져와 멀찌감치 놓인 음식을 작살로 찍어 옮긴다. 식탁에 무기를 가지고 온 퀴케그의 행동은 결례가 아니라 자기 나름의 체통을 지키는 행동이다. 검은 피부에 온몸에 문신이 가득한 퀴케그는 상류사회의 상징인 커피와 롤 대신 핏기가 남은 스테이크를 먹는다. 이는 식인 부족 출신인 이 인물의 뿌리뿐 아니라 그가 지닌 원초적 힘과 적나라한 남성성을 드러내는 은유적 표현이다. 작가 멜빌은 독자에게 '야만적인' 퀴케그의 매력을 부각하기 위해 이국적이고 가치 전도적인 사회 규범을 익숙한 일들과 효과적으로 대비시키면서 문화적 관점을 신랄하게 꼬집는다.

너새니얼 호손Nathaniel Hawthorne의 고딕 소설(중세적 분위기를 배경으로 공포와 신비감을 불러일으키는 유럽 낭만주의 소설 양식 중 하나_옮긴이)《일곱 박공의 집The House of Seven Gables》을 보면 "가정생활에서 정갈하게 잘 차려진 아침식탁보다 더 큰 기쁨을 주는 것은 거의 없다."는 구절이 나온다.[8] 주인공 헵지바 핀천Pyncheon은 한때 사교계 명사였다가 현재는 곤궁한 처지가 된 중년 여인이다. 그녀는 하숙집을 운영하면서 가정식 아침식사로 하숙생들에게 좋은 인상을 심어 주고 싶어 한다. 문제는 헵지바가 부엌일에 서툴다는 것이다. 결국 그녀는 젊고 매력적인 사촌 포에베에게 도움을 청한다.

두 여성은 '이교도 사원의 향불처럼 좋은 향을 풍기는' 고등어구이와 '미다스 왕의 손길이 닿자마자 황금으로 변한 빵처럼 눈부시게 밝은 노란색을 띠는' 인도식 버터케이크를 만든다.[9] 여기 곁들일 음료로는 '수호신의 코끝을 간질일 만큼 달콤한 향기를 풍기는' 모카커피를 준비한다.[10] 고대 로마의 수호신들이 마셨을 법한 커피는 원두 한 알 한 알까지 직접 골랐던 헵지바의 정성과 열의를 증명해 준다.

헵지바는 아침식탁 위에 가장 멋진 다마스크천 식탁보를 깔고 최고급 자기 그릇, 은제 크림통, 문장이 새겨진 스푼을 놓는다. 포에베는 유리 항아리에 담긴 장미꽃과 배꽃으로 식탁을 장식하여 봄날의 아침식탁임을 알린다. '가장 즐거운 파티의 무대가 되기에 충분해 보이는' 식탁이 완성되자 헵지바는 눈물을 흘린다.[11] 그녀가 아침식탁에 그토록 정성을 쏟은 이유는 살인 누명을 뒤집어쓰고 삼십 년 동안 옥살이를 한 오빠 클리포드가 마침내 집에 오게 되어서다.

《일곱 박공의 집》에서 아침식사는 일상의 고뇌에서 벗어나는 순간이다. '물질적 기쁨'을 '충분히 누리는' 시간, 육체뿐 아니라 영혼까지 살찌우는 시간이다.[12] 그 기쁨을 박탈당한 채 인생의 절반을 보내 버린 클리포드는 아침식탁에서 과거의 모습으로 돌아가려 노력한다. 그리고 허겁지겁 음식을 먹는 동안 그 기쁨을 느끼는 능력이 되살아난다. '영혼이 되돌아왔음을 보여 주듯 어슴푸레 눈을

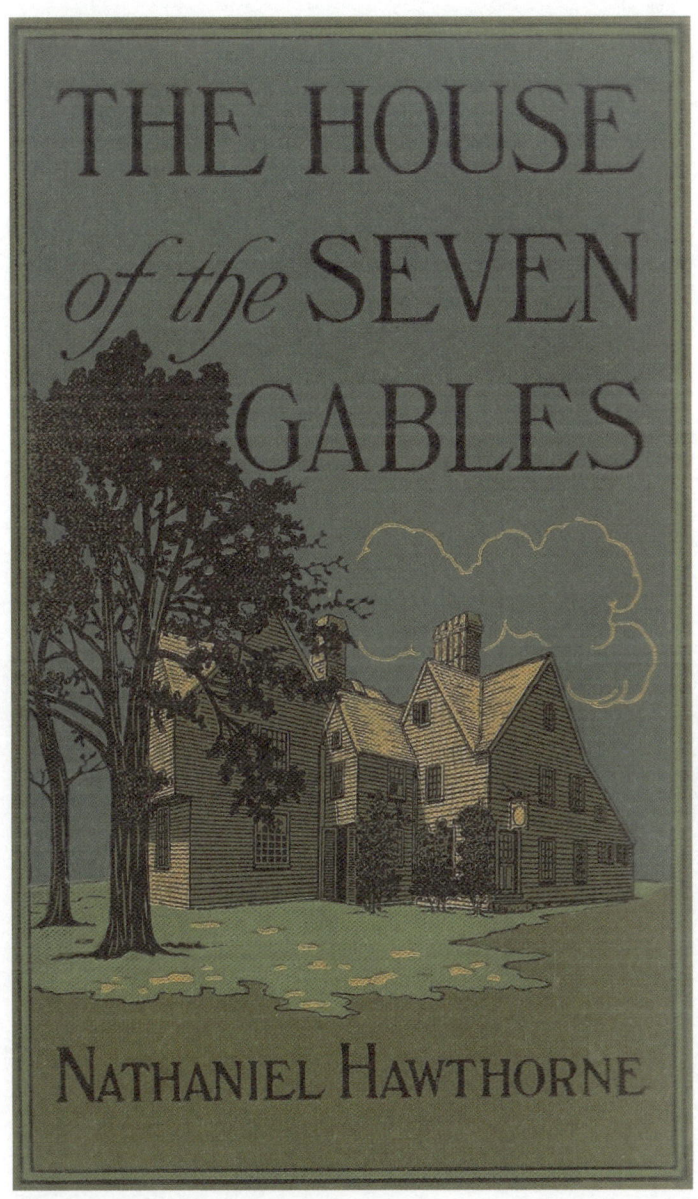

| 너새니얼 호손의 《일곱 박공의 집》 표지

빛내는' 그의 모습에서 독자들은 한 인간에게 귀향이 어떤 의미인지 목격하게 된다.¹³

미국 문학작품에서는 미국의 아침식탁이 영혼을 새롭게 해 주는 찬란한 태양빛으로 묘사되지만, 이에 대해 영국 작가들은 종종 의혹의 시선을 보냈다. 음식의 질이나 엉성한 준비가 비판을 당하기도 하고 진지하게 건강 문제를 제기하는 경우도 있었다. 영국의 여행 작가 해리어트 마티노Harriet Martineau는 클린 리빙 운동가들과 마찬가지로 아침에 갓 구운 빵과 각종 돼지고기 제품을 먹는 미국인의 식습관에 난색을 표했다. 사실 마티노는 미 남부의 한 부유한 저택에서 묵었을 때 푸짐한 아침식사를 대접받은 적이 있다. 그러나 그것이 모든 미국인의 생활상을 대변한다고 할 수는 없었다.

요리책 저자이자 가사 관리 전문가인 메리언 할런드는 대표 저서인 《살림의 기초: 주부의 역할에 관한 실용적 안내서》 외에 몇 편의 소설도 펴냈다. 그중 1870년에 출간한 《마침내At Last》의 등장인물 서튼 부인은 50세의 과부지만, 남편을 기쁘게 해 주는 방법을 알려 준다는 주부 안내서에 따라 화사하게 차려입고 아침식탁에 등장한다. "그녀는 9월 초의 날씨처럼 밝고 산뜻해 보였다. 얼굴은 환하게 빛났고 옷차림은 우아했다." 그 밖에도 이 책에는 아침식사에 관한 언급이 곳곳에 나오는데, 매번 '기분 좋은 식사'로 묘사된다.¹⁴ 이는 작가가 살림 안내서에서 강조했던 바와 일치한다. 가사 관리 전문가로서의 면모는 소설 속 요리에 대한 상세한 서술에서도 잘 드러난다.

19세기 초부터 중반까지 가정소설이나 감상적인 소설을 낸 미국 작가들 중 많은 수가 요리책이나 살림 안내서의 저자였다. 너새니얼 호손을 포함해서 한 세대의 작가들은 아침식사를 통해 미국인의 생활 방식을 문학적으로 묘사하는 추세를 낳았다. 주방 관리와 요리라는 주제는 주방의 현대화 흐름과 소설 양쪽 모두에 중심이 되었던 것이다. 여성 독자들을 겨냥한 1917년의 교육적 소설 《남편을 기쁘게 하는 1천 가지 방법A thousand ways to please a husband》 같은 책들이 20세기 초까지 계속 출간되었다.[15] 젊은 여성들로 하여금 '요리와 가사를 낭만적으로 인식하게 하는' 이러한 책은 자칫 히스테리, 폭력, 조숙증을 유발할 수 있는 자극적인 저질 삼류 소설보다 훨씬 환영받았다.[16]

잭슨 대통령 시절 일어났던 클린 리빙 운동 지지자들이 시리얼을 전면에 내세운 이후 20세기 초에 접어들면서 아침식탁에 대한 문학적 묘사가 점차 빛을 잃어갔다. 오히려 문학에서 아침식사는 풍자의 대상이 되었다. 영국 작가 사키의 〈필보이드 스터지, 유용한 쥐 이야기〉는 이런 추세를 대변하는 작품이다.[17]

가난한 청년 예술가 마크 스페일리는 사업가 던컨 덜러미의 딸 레오노레와 사랑에 빠진다. 피펜타라는 아침식사 시리얼 판매에서 고전을 거듭하고 있는 덜러미는 '허울뿐인 재산'이 모두 사라지기 전에 딸을 결혼시키려고 한다. 그는 마크에게 결혼을 전제로 피펜타의 광고를 성공시키라고 제안한다. 마크는 처음에는 당황하지만 결국 제안을 받아들인다.

마크는 우선 '보다 인상적인 제품명'이 필요하다고 판단, 피펜타의 이름을 필보이드 스터지로 바꾸고 3주 후 새 광고를 내보낸다. 이 시리얼을 먹고 튼튼하게 잘 자라는 아이들 대신 이 시리얼을 먹지 않고 죽어서 지옥에 가는 사람들을 보여 주는 새로운 형식의 광고였다. 광고에는 상류층 귀부인, 정치인, 유명인 등 당시의 사회 지도층 인사들이 등장한다. 이들은 습관적으로 얼굴에 미소를 머금고 있지만, 그 미소의 이면에는 영원한 지옥행 선고를 받고 망자들 가운데로 떨어지게 된 당황한 표정이 역력하다. "이 광고 포스터는 새로운 아침식사용 제품의 장점을 결코 지나치게 드러내지 않는다. 대신 하단에 굵은 글씨로 '이제는 돈이 있어도 살 수 없습니다'라는 무시무시한 단 한 줄의 문장이 적혀 있을 뿐이다."[18]

마크 스페일리는 사람들이 욕구보다는 의무감으로 행동한다는 사실을 간파한 것이다. 시리얼이 좋아서 먹는 사람은 아무도 없었지만, 주부들은 시리얼을 사야 한다는 생각에 떼를 지어 식품점으로 몰려갔다.

도무지 맛이 없다는 것을 안 후에도 가족들에게 그것을 억지로라도 먹여야겠다는 주부들의 열정은 끝이 보이지 않았다. 입맛이 없다며 아침식탁을 외면하는 사무원 남편은 "필보이드 스터지를 안 먹었잖아요!"라는 잔소리를 들어야 했다. 그날 저녁 메뉴는 '아침에 먹지 않은 필보이드 스터지'로 만든 뜨끈한 죽으로 시작될 가능성이 컸다.[19]

이는 식생활 개혁, 금주, 금욕을 강조한 실베스터 그레이엄과 존 하비 켈로그 같은 재림교 신자들의 종교와 건강에 대한 열정을 풍자한 것이다. 작가 사키는 필보이드 스터지가 지배하는 세상을 묘사함으로써 '건강에 좋은 비스킷을 먹고 건강에 좋은 옷을 입으면서 안팎으로 과도하게 절제하는 광신도들'이 계속 득세한다면, 미국은 디스토피아를 맞이할 수밖에 없음을 재치 있게 경고했다.[20] 결국 사업가 덜러미는 더 맛없는 시리얼이 시장에 나오기 전에, 혹은 다시금 '맛있고 입맛을 돋우는 음식'이 되돌아오기 전에, 그리고 가정요리에서 당시의 청교도적 엄격함이 사라지기 전에 무사히 제품을 다 팔고 다시 부자가 된다.[21]

〈필보이드 스터지〉가 실린 사키의 단편집 《클로비스 연대기The Chronicles of Clovis》의 서문은 영국 작가 알렉산더 밀른(Alexander Milne, 《곰돌이 푸(Winnie the Pooh)》로 유명하다)이 썼다.[22] 당시 미국 작가들은 아침식탁이 화목한 가정의 중심이라는 생각에서 벗어나기 시작했다. 하지만 밀른 같은 영국 작가들은 여전히 아침식사의 가치를 높이 평가하고 있었다. 실제로 20세기 전반까지도 영국 문학작품에는 아침식사 풍경이 빈번히, 그리고 아름답게 그려졌다.

옥스퍼드대 영문과 교수 톨킨J. R. R. Tolkien이 쓴 중간계Middle-earth 이야기에 등장하는 호빗족은 하루 여섯 끼를 먹는다. 그중 세 끼가 아침, 두 번째 아침, 일레븐시스elevenses로 모두 점심 전이다. 사실 이는 많은 영국인과 북유럽인들의 생활 습관이기도 하다. 시리즈의 첫 번째인 《호빗: 또 다른 시작Hobbit: There and Back Again》의

| 《호빗: 또 다른 시작》 영화 포스터

주인공 빌보 배긴스는 마법사 간달프가 들이닥쳤을 때 두 번째 아침을 먹으려던 참이었다. 아침을 먹고 난 후 신선한 공기와 햇볕이 들어오도록 문을 열어둔 다음이었다. 간달프는 집 안으로 들어서자마자 회의에 늦은 빌보를 꾸짖는다. "지금 먹으려는 게 아침식사인지 뭔지는 모르겠다만 10시 반이나 된 시간에 이러고 있단 말이냐!"[23] 결국 빌보는 마지못해 두 번째 아침을 먹다 말고 설거지도 못한 채 집을 나선다.

빌보는 모험 여행 중에 아침식사가 충분치 못하다고 자주 투덜거린다(두 번째 아침식사나 일레븐시스는 말할 것도 없다). 아침을 제대로 푸짐하게 챙겨 먹는 사람은 간달프뿐이다. 버터, 꿀, 크림을 잔뜩 바른 빵 두 덩어리에 벌꿀 술을 곁들여 먹은 뒤 마지막으로 아침식사용 담뱃잎을 채운 담뱃대로 은빛 연기를 기분 좋게 뻐끔거리는

것이다.[24]

톨킨이 두 번째 아침식사를 설정한 것은 고대 게르만족 민속 문화에 해박했기 때문인지도 모른다. 영국인과 마찬가지로 독일인들도 오전 중의 또 다른 식사에 열광한다. 바바리아와 폴란드에는 두 번째 아침식사만을 위한 특별한 요리가 있을 정도다.

20세기 독일 문학작품 중 가장 영향력이 큰 것으로 평가되는 토마스 만Thomas Mann의 1924년 작 《마의 산Der Zauberberg》에도 두 번째 아침식사가 아주 상세히 묘사된다. 보통 아침식사는 빵과 '매우 진한 커피'로 시작되며, 특별히 일요일에는 '따뜻한 롤과 훈제 소고기, 포트와인 한 잔'을 즐긴다.[25] 반면 두 번째 아침식사에서는 맥주와 함께 '냉육을 얹은 토스트'를 먹는다.

영국 작가들은 두 번째 아침보다는 일레븐시스를 더 자주 언급한다. 물론 첫 번째 아침식사에 대한 이야기도 빠지지 않는다. 《곰돌이 푸》의 주인공 푸가 친구 피글렛과 아침에 나누는 대화를 보자.

"푸, 아침에 일어날 때 제일 처음 무슨 말을 해?" 피글렛이 물었다.
"그야 아침밥이 뭘까 묻는 거지. 넌 무슨 말을 하는데?"
"오늘은 어떤 즐거운 일이 있을지 궁금하다고 말해."
푸는 잘 알았다는 듯 고개를 끄덕이며 말했다.
"다 같은 말이야."[26]

빌보 배긴스처럼 푸도 끼니를 챙기는 일에 유난히 집착한다. 1928년 작 《푸 모퉁이의 집 House at Pooh Corner》에 나오듯, 푸는 오전에 아침을 먹고 시간이 좀 지났을 때 또다시 '무언가로 살짝 입맛 다시기'를 좋아한다. "난 보통 지금쯤, 그러니까 오전 이 시간쯤에 뭔가를 조금 먹어."라고 푸는 친구 아울에게 말한다.[27] 두 번째 아침과 점심 사이의 일레븐시스 때는 꿀 바른 빵 한쪽에 연유한 입을 먹는다. 이 책에서 푸는 틈만 나면 시간을 확인하며 뭔가 조금 먹고 싶다고 말한다. 마이클 본드 Michael Bond의 1958년 작 《내 이름은 패딩턴 A Bear Called Paddington》에 등장하는 또 다른 곰 패딩턴도 친구 그러버 씨가 운영하는 포르토벨로 거리의 골동품 가게에서 종종 일레븐시스를 먹는다. 그러버 씨는 꿀을 바른 번과 뜨거운 코코아를 패딩턴과 나눠 먹으며 "번과 코코아를 먹으며 친구와 가벼운 대화를 나눌 때만큼 행복한 순간은 없어."라고 말힌다.[28] 번과 코코아, 친구와의 대화를 모두 좋아하는 패딩턴도 그의 말에 동의한다.

후대 소설들에서도 아침식사에 대한 열광은 여전하다. 아침식사는 혼란스러운 디스토피아에 평화와 질서를 가져다준다. 토머스 핀천 Thomas Pynchon이 1973년에 출간한 《중력의 무지개 Gravity's Rainbow》에는 "지난 밤 담배 연기, 술과 땀 냄새를 대신해 이제 방안에는 겨울철 햇살의 색깔보다 더 놀라운 아침식사 향기가 서서히 퍼지고 있다."는 문장이 나온다.[29] 프렌티스라는 인물은 친구들과 함께 파초과 바나나속 식물(바나나와 플랜틴 바나나를 포함)로 아침 식사를 준비하는데, 바나나 와플, 바나나 크루아상, 바나나 크레플락(kreplach, 만둣국과 비슷한 유럽계 유대인의 전통 요리_옮긴이), 바나나 잼이 차려지고 꿀과 건포도를 넣어 발효시킨 바나나술도 커다란 항아리째 놓인다. 밖에는 머리 위로 포탄이 요란하게 날아다니는 차디찬 얼음판이지만, 방 안에는 바나나로 만든 아침식사의 향긋한 냄새가 가득하다. '냄새 분자'와 파티 유전자가 섞여 따뜻한 방에 생기를 불어넣는다.

2
Breakfast in the Arts and Media

화가들이 본 아침식사 풍경

　종교화를 벗어난 중세 최초의 회화는 정물화였다. 15세기 무렵에는 음식을 소재로 한 정물화가 많이 나왔다. 레오나르도 다 빈치는 15세기 말 종교적 주제를 벗어나 과일 그릇을 그린 선구적 화가 중 한 명이었다. 하지만 본격적으로 아침식사 풍경이 화폭에 담긴 것은 아침식사가 사회에서 널리 용인된 이후였다.

네덜란드의 조찬화

　네덜란드 회화의 황금기는 정물화가 이끌었다. 17세기 초 바로크 미술을 대표하는 플랑드르 화가 클라라 페테르스Clara Peeters는 꽃과 과일을 함께 배치한 그림으로 호평을 받았다. 이런 그림은 이후 '조찬화'로 알려진 그림 속에 등장했다.

해골이나 썩은 과일을 소재로 한 이전의 은유적, 교훈적 바니타스Vanitas 정물화와 달리, 조찬화는 17세기 네덜란드 사람들의 일상을 보여 준다. 바니타스 회화는 이 세상 삶의 덧없음을 상징적으로 담고 있지만 조찬화에는 그런 숨겨진 의미가 없다. 1600년대 전반기의 조찬화들을 보면 빵, 청어나 치즈, 맥주 한 잔이 전부인 농부의 단순한 식사(피터르 클라스Pieter Claesz), 파이와 신선한 과일이 담긴 접시(플로리스 헤리츠 판 스호턴Floris Gerritsz van Schooten), 햄과 치즈, 포도주 잔까지 놓인 식탁(야코프 판 휠스동크Jacob van Hulsdonck)이 공존하지만 계층에 대한 의식은 담고 있지 않다. 그저 기분 좋은 아침 식탁을 묘사한 그림일 뿐이다. 치즈, 버터, 맥주와 빵은 17세기 네덜란드인들이 일반적으로 먹던 아침 메뉴였던 만큼, 당시의 그림에는 이런 음식들이 자주 등장한다.

식탁 한구석에 놓인 몇 가지 음식은 네덜란드 조찬화에 전형적으로 등장한다. 상류층이나 즐길 수 있는 귀한 음식을 보여 주는 작품에도 과식에 대한 종교적 경계를 드러내기 위해 성찬식을 연상시키는 빵과 포도주, 혹은 초기 기독교 상징인 생선을 함께 그리곤 했다. 흥미롭게도 이러한 음식들은 교회의 아침식사 금지 대상에서 오랫동안 배제되었던 것들로 유럽의 노동 계층이 즐겨 먹던 음식과 일치한다.

네덜란드 정물화는 1630년대 후반, 조찬화가 소박한 연회 장면을 그린 그림으로 발전하면서 절정기에 이른다. 빌럼 클라스존 헤다Willem Claeszoon Heda와 피터르 클라스Pieter Claesz가 그린 17세기

| 게오르크 플레겔 작 〈물고기가 있는 정물〉

식탁 풍경을 보면 멋지게 장식된 술잔, 누군가가 실수로 쓰러뜨린 은식기, 코르크 마개가 열린 포도주 병, 최음 효과가 있는 굴, 식탁 가장자리에 매달려 있는 돌돌 말린 레몬 껍질 등이 세밀하고도 외설적으로 표현되어 있다. 구겨진 흰 식탁보는 여성의 속옷처럼 뚤

둘 뭉쳐 있다.

조찬화의 인기는 네덜란드에서 플랑드르와 독일, 이어 스페인과 프랑스로 퍼져 나갔다. 유럽 다른 나라의 화가들은 조찬화에 나름의 색채를 더했다. 독일의 게오르크 플레겔Georg Flegel은 벌레와 새를 포함시킨 정물화를 그렸다. 1637년의 〈물고기가 있는 정물Still Life with Fish〉을 보면 청어 접시와 포도주 병이 놓인 단순한 아침식탁인데 빵 위로 파리 한 마리가 기어 다니고 있다.

초상화

17세기 네덜란드 화가들은 정물화를 주로 많이 그렸지만, 초상화에도 아침식사 풍경을 삽입했다. 먹고 마시는 모습을 그림에 담은 것이다. 조찬화는 대부분 정적인 것이었지만 1600년대 말 피터르 판 슬링엘란트Pieter Cornelisz van Slingelandt의 〈청년의 아침식사 Breakfast of a Young Man〉 같은 그림은 음식에 즐거움과 활력을 불어 넣었다. 접시 위의 청어는 이미 먹기 좋게 살만 발라져 있고, 칼은 식탁에 꽂혀 있다. 푸른 무늬가 박힌 흰 자기 접시 위의 검은 빵은 청년이 부유하다는 것, 그렇지만 노동 계층 출신임을 보여 준다. 윗옷과 조끼는 숨 쉬기 편하도록 아래쪽 단추를 풀어 놓은 상태다. 청년은 익살스러운 미소를 머금은 채 맥주가 가득 담긴 잔을 바라보고 있다.[30]

| 피터르 판 슬링엘란트 작 〈청년의 아침식사〉

17세기 네덜란드 초상화에는 요리를 하는 남녀의 모습이 종종 등장한다. 요리는 노동자 계층이 찾는 일 가운데 하나다. 얀 스테인 Jan Steen의 〈늙은 팬케이크 장수〉(1664), 헤리트 다우Gerrit Dou의 〈팬케이크 장수〉(1650~1655), 렘브란트의 〈팬케이크 파는 여자〉(1635)는 모두 팬케이크를 기다리며 미소 짓는 손님들과 바쁘게 움직이

는 팬케이크 장수를 담았다. 팬케이크 장수는 수세기 동안 무수히 많은 작품에 그려졌다. 18세기 중반 이탈리아 화가 피에트로 롱기Pietro Longhi도 팬케이크 파는 여자를 그렸고, 19세기 중반 알렉시스 반 함Alexis van Hamme은 팬케이크보다 벨기에인들에게 더 친숙한 와플 장수를 그렸다. 19세기 무렵 초상화가들은 새로 등장한 중산층을 모델로 삼게 된다. 미국의 삽화가 에드먼드 애시즈Edmund Ashes의 1894년 작 〈독신남의 아침식사A Bachelor's Breakfast〉는 결혼하지 못한 남자들의 애처로운 삶을 그린 작품이다. 아이들이 키득거리며 창밖에서 구경하는 가운데 중년의 남자가 허리를 굽혀 팝콘을 튀기고 있다.

에두아르 마네Edouard Manet는 1868년 작 〈작업실의 아침식사Breakfast in the Studio〉에서 네덜란드 정물화의 황금기로 돌아가려는 듯 식탁 가장자리에 걸려 있는 구불구불한 레몬 껍질을 그렸다. 하지만 19세기 말에 그려진 아침식사 풍경은 더 이상 값비싼 갑각류 요리나 감귤류, 은제 식기 등에 집착하지 않았다.

인상주의 예술은 가정에 초점을 맞추었고 조용한 가족의 삶에서 빛나는 중심이 되는 안주인을 보여 주었다. 식탁에서 커피 잔을 치워 가는 하인의 모습이 뒤쪽 배경으로 그려지기도 했다. 이런 풍경은 대부분의 사람들에게는 현실이 아닌 꿈에 불과했지만, 부유한 가정의 아침식탁과는 일맥상통했다. 화가들의 곤궁한 처지를 생각하면, 호화로운 아침식탁을 담은 초상화는 1930~1940년대 대공황기 당시 주로 음식을 소재로 삼았던 재즈 음악과 비슷해 보인다. 현

| 에드먼드 애시즈 작 〈독신남의 아침식사〉, 1894년 (미 의회 도서관 제공)

실에 결핍된 것에 대한 환상을 예술을 통해 구현했던 것이다.

프랑스 인상파 화가 르누아르Pierre Auguste Renoir는 노동 계층 출신이었지만 주로 상류층의 생활상을 화폭에 담았다. 이는 화가의 환상보다는 부유층의 그림 주문 때문이었다. 1898년 작 〈베르느

발의 아침식사Breakfast at Berneval〉는 전형적인 중산층 가정의 일상을 보여 준다. 어머니가 아침식탁 차리는 모습을 아이가 바라보고 앞쪽에 앉은 젊은 남자는 책을 읽고 있다. 이보다 한 해 앞서 미국 화가 메리 커셋Mary Cassat이 그린 〈침대에서의 아침식사Breakfast in Bed〉는 침대에 앉아 엄마 품에 안겨 있는 어린아이의 모습을 통해 가족과 함께하는 조용한 아침식사라는 인상파 화풍의 주제를 다시 드러낸다. 따뜻한 그림과는 다소 거리가 있는 앙리 드 툴루즈 로트렉Henry de Toulouse-Lauterec도 1883년 아침식사 중인 자신의 어머니를 그렸다. 어머니는 아이의 얼굴을 다정하게 들여다보거나 식탁을 지그시 바라보는 대신, 우울한 얼굴로 찻잔을 마주한 채 시선을 내리깔고 있다.

당대의 몇몇 화가들은 가족이 빠진 아침식사 모습을 그렸다. 기욤 판 스트리돈크Guillaume Van Strydonck의 1890년 작 〈블랑켄베르허의 아침식사Breakfast at Blankenberge〉에는 커피와 빵을 먹는 신사들의 모습이 담겨 있다. 아마도 정치나 문학과 관련된 주요 문제를 논의하는 중이리라. 이 그림은 여성이 한 명도 등장하지 않는 아침식탁 풍경을 그린 몇 안 되는 작품 가운데 하나다.

20세기에 접어들면서 그림 속 아침식사 풍경은 낭만적 색채를 잃기 시작했지만, 그럼에도 일부 사람들만 누리는 현실이 종종 담기곤 했다. 미국의 인상파 화가 윌리엄 맥그리거 팩스턴William McGregor Paxton은 말없이 홀로 아침을 보내는 두 여자의 모습을 그렸다. 1911년 작 〈아침식사The Breakfast〉는 조간신문에 빠져 버린 남

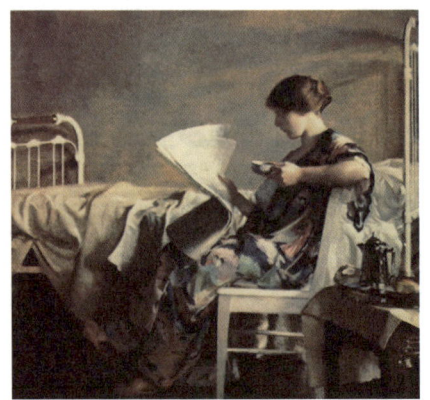

| 맥그리거 팩스턴 작 〈조간신문〉

편 앞에서 뾰로통한 얼굴로 바닥을 내려다보고 있는 아내의 모습을 담았다. 남편을 신문에 빼앗겨 어쩔 수 없이 혼자만의 시간을 보내게 된 것이다. 반면 1913년 작 〈조간신문The Morning Paper〉에는 침대 옆에서 커피를 마시며 혼자 신문을 읽고 있는 여성이 등장한다.

20세기에 큰 인기를 누린 초상화가 노먼 록웰Norman Rockwell은 미국인의 아침식사 풍경을 그린 두 작품을 남겼다. 모두 결혼 생활이 썩 행복하지 못한 부부의 사생활을 엿보는 느낌이다. 예를 들어 1930년 작 〈아침식탁The Breakfast Table〉에서는 자녀 없는 부부가 오붓하게 마주 앉아 있지만, 남편은 신문에 머리를 파묻어 버렸고 외로운 아내는 허공을 바라보고 있다. 앞서 소개한 팩스턴의 작품과 함께 이 작품은 가정생활 지침서들의 경고를 반영하는 듯하다. 아침식탁에서 아내는 반드시 유쾌하고 재미있어야 하며, 그렇지 않으면 남편을 신문 스포츠 란에 빼앗길 거라는 경고 말이다.

20여 년 뒤인 1948년, 록웰은 아침식탁에 앉은 또 다른 부부를 그린다. 이번에는 남편과 아내가 각자 신문을 들고 있다. 〈아침식

| 노먼 록웰 작 〈아침식탁의 정치 논쟁〉

탁의 정치 논쟁Breakfast Table Political Argument〉이라는 작품인데 여기서 부부는 토스터의 열기 못지않은 뜨거운 설전을 벌이는 중이다. 예쁘고 젊은 아내는 해리 트루먼 지지자로서, 방어적으로 팔짱을 낀 채 입을 꾹 다물고 있다. 반면 남편은 흥분한 표정으로 신문 1면에 실린 공화당 후보 토머스 듀이의 사진을 손가락으로 가리키고 있다. 부부의 몸짓은 두 정당의 차이점에 대한 록웰의 시각을 드러내는 것이기도 하다. 식탁 밑에 앉아 잉잉 울고 있는 어린아이는

5. 아침식사, 예술과 세상을 품다   425

선거철의 날선 공방에 지쳐 버린 미국 국민들을 상징한다.

1960년대의 팝 아트에서도 음식은 보편적인 소재였다. 미국 화가 웨인 티보Wayne Thiebaud는 케이크 그림으로 유명하지만 에칭화인 1964년 작 〈베이컨과 달걀Bacon and Eggs〉이나 1995년 작 〈아침식사Breakfast〉를 보면 표준적인 아침 요리에 대한 열정이 드러난다. 놀랄 만큼 똑같은 이 두 작품에서 차이점은 케첩 종지의 위치, 냅킨에 싸였거나 싸이지 않은 나이프와 포크, 반으로 잘렸거나 잘리지 않은 토스트뿐이다.

두 작품의 유사성은 데니스Denny's나 인터내셔널 하우스 오브 팬케이크International House of Pancakes 같은 프랜차이즈 식당의 아침 메뉴를 생각나게 한다. 오클라호마 털사Tulsa에 있는 데니스든, 오하이오 콜럼버스에 있는 데니스든 베이컨과 달걀을 주문하면 똑같은 형태의 음식이 나온다. 아마도 웨인 티보는 30년의 세월 동안 아침 식사에서 변한 건 케첩의 위치뿐이라는 것, 다시 말해 많이 변한 것 같지만 실은 거의 변하지 않았다는 점을 지적하려 했는지도 모르겠다.

똑같음이라는 주제는 다른 팝 아티스트들도 사용한다. 반복을 통해 메시지를 전달하는 앤디 워홀Andy Warhol도 그중 하나이다. 수프 캔 그림으로 더 유명하긴 하지만 1971년 그는 콘플레이크 포장 상자에서 영감을 얻어 똑같은 상자들을 쌓아 작품을 만들었다. 창고형 대량 판매 마트에서 볼 수 있는 모습으로 말이다. 훗날 앤디 워홀은 독일에서 판매되는 켈로그 콘플레이크 상자를 들고 미국 작가 보비 그로스먼Bobby Grossman의 사진에 등장하여 메타 팝의 진수를 보여 주었다. 상자에는 록밴드 벨벳 언더그라운드의 싱어 루 리드Lou Reed의 모습이 겹쳐져 있었다.[31] 완고한 금욕주의자였던 존 하비 켈로그가 자신이 만든 제품 상자에 루 리드가 들어가 있는 것을 보았다면 어떤 생각을 했을까? 루 리드는 공인된 양성애자였다.

3
Breakfast in the Arts and Media

아침식탁의 다양한 얼굴들

    보비 그로스먼은 앤디 워홀 외에도 수많은 팝 아트의 상징적 인물들을 여러 사진에 담아 1978~1979년의 〈콘플레이크〉 시리즈를 만들어 냈다.[32] 그로스먼은 1970년대와 1980년대 뉴욕 문화를 보여 주는 기념비적 사진을 찍은 작가이다. 콘플레이크 시리즈는 록 밴드 토킹 헤즈Talking Heads의 보컬 데이비드 번David Byrne, 펑크 그룹 블론디Blondie의 보컬 데보라 해리Deborah Harry 등 스타 연예인들의 인간적인 모습을 효과적으로 드러냈다. 거칠고 반항적인 펑크 록 가수들이 콘플레이크 그릇을 들고 천진난만하게 미소 짓는 장면은 팝 아트의 유머 넘치는 접근법을 잘 보여 준다.

    아침 먹는 장면을 찍은 유명인은 그 외에도 많다. 엘비스 프레슬리는 1958년에 콘플레이크 상자를 들고 있는 사진이 있고, 그룹 비틀스는 1960년대에 토스트와 홍차, 혹은 도넛으로 아침을 먹는 모습이 여러 번 포착되었다.[33] 월간잡지 《패전트 매거진Pageant Magazine》1952년 판에는 침대 위에서 시트로 알몸을 가린 마릴린 먼로가 날달걀을 우유 잔에 깨 넣는 사진이 실렸다.[34] 톱스타의 먹거나 마시는 모습은 그 역시 평범한 보통 사람임을 깨닫게 해 주었고 그래서 이런 사진은 특히 인기가 있었다.

사진작가 존 헉John Huck은 친구들 수백 명을 대상으로 소박하고 일상적인 아침식사 장면을 표현해 냈다.[35] 그의 2007년 작 〈아침식사Breakfast〉 시리즈는 훔쳐보기라는 특징도 있다. 사람들은 아침마다 같은 것을 습관적으로 먹는 경향이 있고 또 혼자 먹는 경우가 많다. 아침식사는 점심이나 저녁에 비해 훨씬 의례적이고 사적이다. 헉의 작품에 등장하는 몇몇 사람들은 자기가 먹는 음식과 닮았다. 삶은 달걀을 먹는 대머리 남자, 오트밀 그릇을 앞에 둔 연갈색 머리카락의 아가씨, 블랙커피 잔을 든 검은 눈동자의 심각한 남자 등이 그렇다.

헉의 사진들을 보다 보면 아침식사 메뉴를 바탕으로 그 사람을 판단하게 된다. 사과, 아몬드, 밀싹 등 몸에 좋은 음식이 쪼르르 놓인 식탁은 건강에 무척 신경 쓰는 사람이라는 느낌을 준다. 반짝이는 눈으로 환하게 미소 짓는 피사체의 얼굴은 이러한 추측을 뒷받침해 준다. 모험가처럼 수염을 덥수룩하게 기른 사내는 아침식사도 자기 인상만큼 대담해서 핫소스를 잔뜩 뿌린 햄과 수란을 먹는다. 카메라에서 슬쩍 시선을 돌리는 여윈 여자 앞에는 달랑 군고구마 한 개가 놓여 있을 뿐이다. 이 경우, 섭식장애가 있거나 채식주의자라는 결론을 내릴 수 있다.

4
Breakfast in the Arts and Media

영화 속 갈등 현장, 아침식탁

　식당에서 원하는 메뉴를 주문할 수 없는 당황스러운 상황은 누구든 겪어 보았을 것이다. 하지만 아침 첫 식사부터 이렇게 된다면 정말 화나는 일이다. 식당의 아침식사는 하루를 활기차게 할 수도, 망쳐 버릴 수도 있다. 또한 아침식사는 영화를 살릴 수도, 망칠 수도 있다. 영화 속 아침식사 장면은 조용한 일상의 순간, 인물의 특징 등 정상적인 상태를 설정하는 역할이고 여기서부터 일탈이 일어난다. 아침식사가 하루 중 가장 중요한 끼니라는 말은 진부하지만 영화 속 아침식사의 역할은 과소평가되어서는 안 된다.
　아침 시간의 긴박함 탓에, 혹은 아침 시간에는 인내나 예절을 발휘하기 어렵다는 이유로 영화 속 아침식사 장면에는 갈등 상황이 많이 벌어진다. 1970년 영화인 〈잃어버린 전주곡Five Easy Pieces〉의 식당 장면에서 젊은 잭 니컬슨이 연기한 보비는 감자 대신 토마토를 넣은 오믈렛과 커피, 토스트를 주문한다.[36] 하지만 웨이트리스는 정해진 메뉴를 바꾸지 않는 것이 식당의 원칙이라며 사이드 메뉴로 토스트를 주문할 수 없다고 맞서고, 두 사람은 실랑이를 벌인다. 토스트를 꼭 먹어야 했던 보비는 치킨 샐러드 샌드위치를 주문하며 마요네즈와 채소, 치킨은 빼고 토스트 빵만 가져다 달라고 한다. "치킨 샐러드 샌드위치에서 치킨을 빼라고요?" 웨이트리스가 놀란 얼굴로 묻자 보비는 "그건 당신 가랑이 사이에 넣어 버리라고."라는 유명한 대사로 답한다. 물론 그는 토스트를 먹지 못하고 식당에서 쫓겨난다. 이 장면은 1960년대 말을 특징짓는 세대 갈등을 생생하게 그려 내는 동시에 아침식사 주문에서 겪는 일상적 불편함을 유머 있게 보여 준다.

식당 서비스에 더 크게 분노하는 영화가 또 있다. 1993년 작 〈폴링 다운Falling Down〉에 나오는 유명한 왬미 버거Whammy Burger 장면에서 주인공 윌리엄 디펜스 포스터(마이클 더글러스 분)는 햄치즈 오믈렛을 먹으러 패스트푸드 식당에 갔다가 참담한 일을 겪는다. 불과 4분 전에 식사 주문이 마감되었다는 것이다.[37] 단단히 꼬인 디펜스가 "아침을 달라."고 했다가 안 된다는 대답을 듣는 장면은 디펜스의 정신이 한계점에 이르는 순간이다. 결국 그는 조용히 가방에서 반자동 권총을 꺼내 천장을 향해 쏘아댄다. 이어 손님들을 인질로 잡고 음식이 나오기를 기다린다. 이 장면은 진정 고객은 늘 옳은 것인지에 대한 사회적 논의를 이끌어 냈을 뿐 아니라, 아침에 무언가를 먹지 못한 인간이 보여 주는 취약한 심리 상태를 잘 그려 냈다.

시나리오 작가 겸 감독인 쿠엔틴 타란티노Quentin Tarantino는 아침식사에 큰 관심을 가진 듯하다. 그의 작품 중에는 아침식사가 핵심적 순간이 되는 경우가 여럿 있다. 1992년 작 〈저수지의 개들Reservoir Dogs〉에는 잔혹한 범죄자 여덟 명이 다이아몬드 강도에 나서기 전에 아침을 먹는 장면이 나온다.[38] 식사를 끝내면서 미스터 핑크라는 인물(스티브 부세미 분)은 웨이트리스에게 1달러 팁 주기를 거부한다. "모두들 그래야 한다고 말하기 때문에 팁을 줄 수는 없어. 물론 마땅히 팁을 받을 만한 사람한테는 줄 거야. 특별히 더 애써줬다면 더 줄 수도 있고. 하지만 이렇게 자동적으로 팁을 주는 건 말도 안 돼. 내 보기에 여기 직원들은 딱 할 일만 했단 말이야."[39] 곧이어 대화는 왜 식당 웨이트리스에게는 팁을 주면서, 패스트푸드 직원들은 '팁을 받을 가치가 없는' 것으로 사회적 인식이 자리 잡았느냐는 철학적 논쟁으로 옮겨 간다. 미스터 오렌지는 미스터 핑크에게 설득당한 나머지 이미 준 팁 1달러를 되돌려 달라고 요구한다. 나머지 남자들은 웨이트리스와 그 직업을 옹호해 준다.

타란티노의 1994년 작 〈펄프 픽션Pulp Fiction〉에는 아침식사 장면이 한 번도 아니고 세 번씩이나 들어간다.[40] 영화는 아침식사 장면으로 시작해 역시 아침식사 장면으로 끝난다. '빅 카후나 버거 장면'이라고 알려진 두 번째 식사 장면에서 줄스 윈필드(새뮤얼 잭슨 분)는 "햄버거는 영양 만점 아침식사의 주춧돌이지."라고 말한 뒤 에스겔서 25장 17절(내가 노하여 무섭게 벌하며 그들에게 크게 보복하겠다. 내가 그들에게 나의 원한을 갚으면 그때에야 그들은 비로소 내가 주인 줄 알 것이다_옮긴이)을 암송하고는 설교를 듣던 상대에게 9밀리미터 권총을 발사한다. 토스터에서 튀어 오르는 팝 타르트를 신호로 부치 쿨리지(브루스 윌리스 분)는 암살자를 향해 기관총을 갈긴다. 쿨리지의 부엌 찬장에 숨어 있던 암살자는 분명 배를 충분히 채운 뒤였으리라. 영화의 에필로그에서는 아침식사를 하던 식당에서 줄스 윈필드가 갑작스럽게 자기 운명을 깨닫는다. 그리고 더욱 대단한 그의 운명이 드러난다. 인물의 결정적 변화가 아침식탁에서 이루어지는 것이다.[41]

과거의 사회 관행을 흥미롭게 포착한 영화들도 있다. 1931년 영화 〈공공의 적Public Enemy〉에서 톰(제임스 캐그니 분)은 아침식사로 독주를 마시지 못하게 하는 키티(매이 클라크 분)에게 화가 나 반으로 자른 자몽을 여자 얼굴에 대고 뭉개 버린다.[42] 영화감독 윌리엄 웰먼William Wellman은 이후 인터뷰에서 자신이 아내와 부부싸움을 할 때면 아내가 차갑게 입을 다물어 버린다고, 그럴 때면 아내가 늘 아침으로 먹는 자몽을 얼굴에 뭉개 버려 감정 표현을 하지 않을 수 없게 만드는 상상을 했다고 털어놓았다.[43] 감독의 아내에게는 남편이 실제가 아닌 영화에서 그 환상을 실현한 것이 다행이었다. 아침식탁에서 아내는 늘 유쾌해야 한다는 고정관념이 웰먼 감독을 버려 놓았다고 볼 수 있다.

영화에 대한 검열이 심해 성관계 묘사가 일체 불가능했던 초기에는 아침식사가 성관계를 암시하는 장치로 쓰였다.[44] 1939년 영화인 〈바람과 함께 사라지다Gone with the Wind〉에서 남부 미녀 스

| 1931년 영화 〈공공의 적〉에서 제임스 캐그니가 매이 클라크의 얼굴에 자몽을 뭉개고 있다. (AP 사진/워너 브라더스)

칼렛 오하라(비비언 리 분)는 밤늦게 서재에서 레트 버틀러(클라크 게이블 분)와 몸싸움을 벌인 후 그 품에 안겨 발버둥 치며 계단을 올라간다.[45] 검열관들은 이 장면을 결코 강간을 암시하는 것으로 볼 수 없다고 주장했지만 그건 설득력이 없었다. 다음 장면에서 침대 옆

에 놓인 아침식사를 마주한 채 미소 띤 얼굴로 기지개를 펴며 수줍은 듯 한숨을 내쉬고 있는 스칼렛의 모습은 성관계에 대한 명백한 암시라고 할 수 있다.

침실 바깥에서 서로에 대해 알아가는 어색한 행동이 아침식탁에서 나타나는 영화 장면도 있다. 1945년 작 〈더 클락 The Clock〉에서 새 신부 앨리스(주디 갈런드 분)는 신혼여행 호텔 방에서 신랑 조(로버트 워커 분)에게 말없이 커피를 따라준다. 결혼 첫날이라 신랑이 평소 커피를 어떻게 마셔왔는지 몰라 눈치를 살피면서 조심스레 설탕 한 숟가락과 약간의 크림을 넣는다.[46]

제2차 세계대전 이후 1948년에 제작된 또 다른 영화 〈윈터 미팅 Winter Meeting〉에는 '다음 날 아침' 장면이 두 번 나오는데 둘 다 그리 훈훈한 분위기는 아니다.[47] 첫 번째는 수전 그리브(베티 데이비스 분)와 슬릭 노박(짐 데이비스 분)이 수전의 좁은 부엌에서 옹색한 자세로 아침을 해결하는 장면이다. 두 번째는 수전이 눈에 띄게 밝은 모습으로 슬릭에게 아침식사 쟁반을 가져다주는 장면이다. 게걸스럽게 아침을 먹어 치우는 슬릭의 모습은 간밤의 격렬한 정사를 추측하게 한다. 하지만 그것으로 끝이다. 결국 슬릭은 성직자가 되겠다고 고백하고 만다. 밀회도, 침대에서의 아침식사도 그를 성직자의 길에서 돌려놓지는 못했던 것이다.

5
Breakfast in the Arts and Media

TV 어린이 프로는
왜 아침에 할까?

영화와 달리 텔레비전에서는 아침식사가 성관계를 암시하는 수단으로 사용되지 못했다. 초기 텔레비전 방송 프로그램은 핵가족에 초점이 맞춰져 있었고 검열 기준도 엄격했기 때문이다. 21세기 초입에 방송된 〈섹스 앤드 더 시티〉에서는 네 여자가 지난밤의 일을 털어놓으며 아침 먹는 장면이 자주 등장하지만, 이런 예외적 경우를 제외한다면 아침식사 장면은 가정생활의 상징, 미국식 미덕과 가치의 상징이었다.

1990년과 1991년에 방영됐던 텔레비전 드라마 〈트윈 픽스Twin Peaks〉는 두 시즌에 걸쳐 여러 번의 아침식사 장면이 포함되어 있다. 우연찮게도 1992년의 속편에서는 〈아침식사〉 시리즈 작품을 찍은 사진작가 존 헉이 음향 엔지니어를 맡았다. 〈트윈 픽스〉에서 커피 마시는 장면은 대개 더블 R 다이너라는 곳에서 일어나지만, 가장 유명한 아침식사 장면은 그레이트 노던 호텔 식당을 배경으로 한다. 이곳은 살인 사건을 수사하는 데일 쿠퍼(칼 매클래런 분)가 묵고 있는 숙소다.[48] 진한 블랙커피를 좋아하는 쿠퍼는 웨이트리스를 불러 커피가 아주 마음에 든다고 알려 준다. "이건 정말 끝내주게 훌륭한 커피군." 이어 그는 '완숙한' 달걀을 주문한다. "혈관에 나쁘다느니 하는 소리는 하지 말라고. 나도 아니까. 습관은 고치기 어려운 것이거든. 내가 원하는 만큼 단단하게 삶으란 말이야." 베이컨은 "타기 직전까지 구워 바삭해야" 한다. 그러다가 그 당시의 기준에 완벽히 들어맞는 미인이 걸어 들어오는 것을 본 쿠퍼는 자몽 주스도 주문한다. "가능한 한 신선한 상태로 짜 오라"는[49] 주문과 함께. 이 아침식사 장면은 쿠퍼 수사관의 단순함을 잘 그려 낸다. 그는 아침식사 음식과 커피, 그리고 미인을 좋아하는 인물인 것이다.

등장인물이 아침식사에 애정을 보이는 장면은 정직한 미국식 가치를 의미하는 데도 사용되었다. 현대적 시트콤 〈팍스 앤드 레크리에이션Parks and Recreation〉에 등장하는 콧수염 인물 론 스왠슨(닉 오퍼먼 분)은 쿠퍼 수사관과 아주 흡사하다. 그는 "난 단순한 사람이야. 검은 머리 미인과 아침식사를 좋아하지."[50]라고 말한다. 그의 사무실 벽에는 눈에 잘 띄는 곳에 베이컨과 달걀이 그려진 포스터가 붙어 있다. 와플은 그의 동료 레슬리 놉(에이미 폴러 분)이 즐겨 먹는 음식이기도 한데 그녀는 양심의 가책을 많이 받는 인물이다.

텔레비전 앞에서 아침 먹는 사람들이 늘어나던 1950년대에는 몇몇 방송사가 아침식탁에서 시청할 수 있는 프로그램을 기획하기 시작했다. 1952년 호주, 뉴질랜드, 영국에서 아침 뉴스 프로를 '브렉퍼스트 텔레비전'이라고 불렸고, 같은 해 미국의 NBC도 〈투데이 쇼〉를 출범시켰다. NBC는 1933년부터 방송된 〈브렉퍼스트 클럽The Breakfast Club〉이라는 라디오 버라이어티 쇼로 이미 아침 프로그램을 독점한 상태였다. 돈 맥닐Don McNeill이 진행하는 〈브렉퍼스트 클럽〉은 15분 길이의 네 코너로 구성되었다. 맥닐이 '아침을 부르는 소리'라고 불렀던 이 프로는 시사문제를 가볍게 다루고 음악과 코미디를 군데군데 삽입했다. 이를 그대로 텔레비전으로 옮기려 했던 1950년대 초의 시도는 실패로 돌아갔다.[51]

1945년부터 1963년에는 〈도로시와 딕이 함께 하는 아침식사Breakfast with Dorothy and Dick〉라는 또 다른 라디오 버라이어티 쇼가 인기를 끌어 2천만 명이나 되는 애청자들이 참여했다. 도로시 킬걸런(Dorothy Kilgallen, 브로드웨이 칼럼니스트)과 남편 리처드 콜머(Richard Kollmar, 배우 겸 프로듀서)가 파크 애비뉴 자택 식탁에서 뉴욕 사회의 온갖 소문과 나이트클럽 소식에 대해 대화하는 형식이었다.[52] 식탁을 차리는 가정부와 두 자녀도 종종 등장했다. 부부가 진행하는 아침식사 라디오 쇼라는 장르는 1938년에 에드Ed와 페긴 피츠제럴드Pegeen Fitzgerald가 진행했던 좀 더 저속한 분위기의 쇼가 시초였다. 1942년에 그들이 방송사를 옮기면서 그 빈자리를 도로시와 딕 부부가 채우게 되었다. 뒤이어 사람들에게 잘 알려진 부부가 경쟁에 뛰어들었다. '두뇌 남편'과 '미녀 아내'가 팀을 이룬 〈텍스 앤드 징크스(Tex and Jinx, 1946~1959)〉였다. 예일대 출신의 텍스 맥크러리Tex McCrary와 패션 모델 징크스 팔켄버그Jinx Falkenburg는 끊찍할 만큼 무난한 방송을 고집함으로써 쇼의 재미를 형편없이 떨어뜨렸다. 시사문제를 토론할 때는 심지어 아침식사를 하는 흉내도 내지 않았다.[53]

1950년대의 아침 뉴스 프로그램들은 수많은 방송사에서 반복적으로 시도했음에도 신문만큼 대중에게 가닿지는 못했다. 특히 아침 프로들은 라디오에서 텔레비전으로 전환되는 과정에서 살아남지 못했다. 결국 아침 시간은 어린이 프로그램을 방송하는 것으로 자리 잡게 되었다. 전국 방송으로 1955년부터 1984년까지 나간 〈캡틴 캥거루Captain Kangaroo〉, 오리건 포틀랜드 지역 방송의 〈램블린 로드 쇼(Ramblin' Rod, 1964~1997)〉 등이 그 예다.[54] 인기 TV 프로그램 〈앤디 그리피스 쇼The Andy Griffith Show〉에서 술 취한 오티스 캠벨 역으로 유명해진 할 스미스는 인터내셔널 하우스 오브 팬케이크 사가 제작 지원한 〈팬케이크 맨The Pancake Man〉이라는 어린이 아침 방송을 진행하기도 했다.[55] 어린이 프로는 호감 가는 진행자의 농담이나 단막극 등으로 이루어져 있었는데 아동 프로의 핵심이었던 애니메이션 사이사이에 끼워 넣었다.

어린이와 시리얼 광고

텔레비전이 등장한 1920년대 이래 TV 프로그램은 제품 판매 수단으로 동원되었고 시리얼 회사들은 협력 광고를 통해 오랫동안 수

익을 올렸다. 아역 배우들, 인기 있는 어린이 프로의 배우들, 만화 주인공들이 시리얼 광고에 등장했다. 켈로그 프로스티드 플레이크의 1950년대 광고에는 영화 〈슈퍼맨〉의 주인공 클라크 켄트로 출연했던 조지 리브스George Reeves가 "슈퍼맨도 이 플레이크가 최고래요."[56]라고 말하는 어린이들과 함께 등장한다. 애니메이션 〈록키와 불윙클The Rocky and Bullwinkle〉은 파일럿 방송이 나간 지 8개월 후부터 제너럴 밀스 사의 후원을 받기 시작했고, 다람쥐와 큰 사슴 캐릭터는 제너럴 밀스의 트릭스, 치리오, 코코아 퍼프 광고에 곧장 등장했다. 1950년대에는 포스트 사가 워너브라더스의 〈루니 튠스 Loony Tunes〉와 계약을 맺고 벅스 버니 토끼와 대피 덕 오리 캐릭터를 슈거 크리스프 광고에 사용하게 되었다. 1971년에 출시된 페블스 시리얼은 고인돌 가족이 등장하는 만화 〈플린스톤(The Flintstones, 1960~1966)〉에서 영감을 얻었다. 이 제품은 텔레비전 캐릭터나 연재물을 바탕으로 만든 가장 오래된 시리얼이라는 기록을 남겼다.

  1980년대 초부터는 영화도 시리얼 회사들과 손을 잡았다. 〈E.T.〉, 〈스타워즈〉, 〈그렘린〉, 〈고스트 버스터스〉 등의 가족 영화는 모두 협력 광고를 활용했다. 달콤한 맛을 낸 O형 시리얼과 캐릭터 모양의 마시멜로를 혼합한 것들이 대부분이었다. 광고 문구는 영화 대사에서 바로 가져오는 경우가 많았다. 고스트 버스터스 시리얼 광고에는 "Who ya gonna crunch(넌 누구를 깨물어 먹을래?)"라는 질문이, 켈로그 사의 C-3PO에서는 "아침을 위한 새로운 와싹 팀"이라는 문구가 나왔다.[57] 영화 제목도 활용됐다. 1990년 〈빌과

테드의 엑설런트 어드벤처Bill and Ted's Excellent Adventures〉라는 영화 이후 "완벽한 아침식사의 가장 엑설런트한 부분"이라는 광고 문구가 등장했다. 〈E.T.〉 제작진은 시리얼 회사 제너럴 밀스, 초콜릿 회사 허쉬와 3자 마케팅 전략을 펼쳤다. E와 T 모양의 시리얼은 초콜릿이었고 ET가 좋아했던 리스 피스Reese's Pieces 사탕처럼 땅콩 맛이 났다. 시리얼 회사들은 시리얼 구입시 공짜 영화표를 제공하기도 했다.

비디오 게임 또한 예외가 아니었다. 닌텐도의 게임 캐릭터 동키콩 주니어Donkey Kong는 자체 시리얼이 있었고, 팩맨이 출시한 '강력 알갱이' 시리얼 광고에서는 여덟 살 꼬마였던 크리스천 베일이 처음 배역을 맡았다. 1988년 한 상자 안에 '슈퍼 마리오 브라더스Super Mario Bros'와 '젤다의 전설The Legend of Zelda'을 함께 담은 랠스턴 사의 닌텐도 시리얼 시스템이 출시되었다. 상자를 두 부분으로 나누어 놓아 섞어 먹을 수도, 따로 먹을 수도 있었다. 오늘날 이 제품은 비디오 게임 관련 제품 수집가들 사이에 인기가 높다. 2012년, 포장을 뜯지 않은 닌텐도 시리얼 시스템이 이베이에서 최고 200달러 넘는 가격에 거래되기도 했다.[58]

TV 광고를 통해 '특별한 표시가 있는' 시리얼 상자를 찾아 상품을 받는 방법을 아이들에게 알려 주는 경우도 있었다. 시리얼 상자 두 개를 구입한 후 10센트를 내면 입체 그림책 《퍼니 정글랜드 무빙 픽처북Funny Jungleland Moving Pictures Book》을 우편 주문할 수 있도록 한 1909년 켈로그 사의 판촉이 그 시초였다.[59] 시리얼 회사에서는 놀이 책자, 연, 자석 장난감, 성냥갑 자동차, 잭슨 파이브의 LP 음반(시리얼 상자 안에 붙여서 제공했다), 미니 수족관, 비디오 게임 등으로 동심을 자극해 아이들로 하여금 엄마를 끊임없이 졸라대게 했고, 식료품점들도 엄마들과 머리 싸움을 벌였다. 심지어 1996년에 발매된 쉐 퀘스트라는 시리얼은 비디오 게임까지 상품으로 넣었다.[60]

어린이들을 직접 겨냥한 대대적 마케팅에 대한 비판의 목소리는 설탕이 잔뜩 들어간 시리얼 제품들이 장난감과 캐릭터로 아이들을 유혹한다는 점에 주목했다. 2005년에 《소비하는 아이들: 마케팅과 광고의 홍수 속에서 우리 아이 지켜내기 Consuming Kids: Protecting Our Children from the Onslaught of Marketing & Advertising》라는 책을 쓴 수전 린Susan Linn은 "재미는 어린이 대상 식품 마케팅에서 빠지지 않는 요소이다."라고 썼다.[61] 1995년에 이루어진 소아과 연구에 따르면 어린이의 TV 시청 시간 중 16퍼센트가 광고 시청이고, 이 광고 중 47.8퍼센트가 음식 광고이다. 광고되는 시리얼 중 84.6퍼센트는 설탕이 다량 함유된 제품이라고 한다.[62] 두 살 이상 어린이를 대상으로 가장 공격적인 마케팅을 펼치는 상품이 몸에는 가장 해로운 시리얼이라는 사실이 수많은 연구 결과를 통해 입증되었다. 기업들은 시리얼 제품의 영양성분을 전반적으로 강화했지만, 영양가가 제일 적은 제품의 광고를 늘려왔던 것이다.[63] 토요일 아침 어린이 애니메이션 방송 시간 광고의 27퍼센트가 시리얼 광고라는 점, 전체 광고의 90퍼센트가 달거나 기름진 음식 광고라는 점은 충격적이다.64 1990년에 제정된 어린이 텔레비전법Children's Television Act은 의도는 상당히 좋았지만 설탕 범벅 시리얼 광고가 어린이들에 미치는 영향에 대해서는 전혀 설명하지 못했다.

협력 광고 전략은 설탕이 듬뿍 들어간 시리얼에 국한되지 않는다. 영양적으로 훌륭한 위티스Wheaties 시리얼은 1933년부터 스포츠 마케팅을 시작했다. 미네소타 미니애폴리스의 마이너 리그 야구 경기장 벽에 광고판을 설치한 것이다. 미니애폴리스의 광고 회사 창립자인 녹스 리브스Knox Reeves는 광고판 문구를 써 달라는 부탁을 받자 잠시 생각한 후 '위티스, 챔피언의 아침식사'라는 슬로건을 만들어 냈다고 한다.65 1934년에는 야구선수 루 게릭Lou Gehrig이 시리얼 포장 상자에 등장한 최초의 운동선수가 되었고, 두 해 뒤에는 육상선수 제시 오언스Jesse Owens가 흑인 선수로는 최초로 시리얼 포장 상자에 등장했다. 1930년대 위티스의 베이스볼 시리즈는 전국을 휩쓸었고 시리얼에 대한 운동선수들의 증언이 광고의 핵심요소가 되었다. 조 디마지오나 베이브 루스 같은 전설적 선수들이 초기 시리얼 광고에 동참했다. 2012년까지 5백 명에 가까운 선수들이 위티스 포장을 장식했다. 초기의 위티스 광고는 잭 암스트롱이라는 가상인물을 내세워 젊은 라디오 청취자들을 공략했다. 1950년대에 성인들의 제품 소비가 줄어들기 시작하자 위티스는 〈론 레인저〉, 〈미키 마우스 클럽〉 등 어린이 프로그램과 협력을 꾀했다. 하지만 1950년대 말에 다시금 스포츠와 건강 중심의 마케팅으로 되돌아왔다.

6
Breakfast in the Arts and Media
아침식사를 연주하다

1930~1940년대는 대공황으로 식량 부족이 심각했다. 하지만 음식에 대한 노래는 넘쳐났다. 패츠 월러Fats Waller와 루이스 조던Louis Jordan 같은 재즈 음악가들은 음식을 주제로 한 노래를 수십 곡 작곡하며 현실도피를 보여 주었다. 1930년대 초, 블루스 음악가인 보 카터Bo Carter는 음식을 이용해 외설적인 뉘앙스를 전달하는 데 특히 능숙했다. 이러한 경향은 '당신 과일 바구니 속의 바나나', '당신 비스킷은 내겐 너무 커요'와 같은 노랫말에서 드러난다.

음식 준비에 대한 노래는 대체로 남녀의 애정을 드러내는 것으로 특히 여성쪽 입장인 경우가 많았다. 1930년, 패니 브라이스Fanny Brice는 〈사랑하는 사람을 위한 아침 준비Cooking Breakfast for the One I Love〉라는 곡에서 '그이는 베이컨을 좋아하니까 난 베이컨을 굽죠'라고 노래했다.[66] 아침식사 준비에 대한 이런 헌사는 1920년대와 30년대에 이상적이라 여겼던 가정주부의 모습을 잘 반영하고 있다. 또 다른 가사들을 보면 아침에 느끼는 상쾌함과 남편의 아침식사를 준비하는 데서 오는 가눌 수 없는 기쁨을 표현하면서 남편이 아침에 샤워하는 동안 요리하는 시간이 자신에게는 '행복한 시간'이라고 노래한다.[67]

영국 가수 더스티 스프링필드Dusty Springfield는 1969년 히트곡 〈침대의 아침식사Breakfast in Bed〉에서 불륜 상대와 밤을 보낸 후 맞는 아침에 대해 노래한다. 유부남인 애인에게 조금만 더 있다가 돌아가라고, 침대에서 아침을 먹고 가라고 애원하는 것이다.[68] 영국 밴드 수퍼트램프는 1979년 〈미국에서 먹는 아침Breakfast in America〉이라는 곡에서 아메리칸 드림을 노래한다. 노래 속의 십대 주인공에게 미국은 모두가 잘살고 아침마다 훈제 청어를 먹을 수 있는 매력적인 곳이다.[69]

프로그레시브 록 밴드 핑크 플로이드Pink Floyd의 1970년 앨범 《아톰 하트 마더Atom Heart Mother》에 들어 있는 〈앨런의 황홀한 아침식사Alan's Psychedelic Breakfast〉는 공연 매니저인 앨런 스타일스의 아침을 묘사한 연주곡이다.[70] 이 연주곡의 실황 연주는 딱 네 차례뿐이었다. 1970년 영국 셰필드 시청에서는 약간 변형된 공연이 열렸는데, 멤버들이 무대 위에서 요리를 하고 곡 사이사이에 연주를 중단하고 아침을 먹었다.

3장으로 나누어진 이 곡의 제1장 '기상Rise and Shine'에서 앨런은 아침으로 뭘 해 먹어야 할지 혼잣말로 중얼거리는 소리가 들린다. 아침식사 준비를 시작하면서 무엇을 먹을까 결정하기 위해 스크램블 에그, 베이컨, 소시지, 토마토, 토스트, 커피 등 좋아하는 음식을 나열한다. 마멀레이드도 좋아하고 거기에 죽도 덧붙이며 사실 시리얼은 모두 좋아한다고 덧붙인다. 제1장 마지막에는 음악이 끝나면서 물이 다 끓었다는것을 알리는 주전자의 신호음이 들린다.[71]

제2장 '서니 사이드업Sunny Side Up'은 앨런이 홍차를 따르면서 (로스앤젤레스의 자연주의 식재료를 포함한) 핑크 플로이드의 해외 공연 때 먹었던 아침식사를 묘사한다. 가스레인지에서 주전자를 집어 드는 순간, 비로소 '삐이' 하는 신호음이 멈춘다.[72] 홍차에 우유를 조금 붓고 젓는 소리가 들린다. 그는 세 모금에 차를 다 마신다. 사발에 시리얼을 붓자 '톡, 탁, 아삭' 하는 경쾌한 소리가 들린다. 두말할 것도 없이 라이스 크리스피 시리얼이다. 앨런은 숟가락 가득 시리얼을 떠 '음' 하는 탄성과 함께 입을 크게 벌리고 와싹와싹 씹는다.

시리얼이 부서지는 소리에 베이컨이 지글거리며 익는 소리가 합쳐지면서 연주는 마지막 제3장 '아침의 영광(Morning Glory, 남성이 아침에 발기되는 것을 뜻하는 속어_옮긴이)'으로 넘어간다. 총 13분 길이의 이 곡은 독신 남자가 혼자 먹는 아침식사라는 평범한 일상을 뭔가 통렬한 것으로 승화시킨다. 인간의 때묻지 않은 관능을 드러내는 행위다.

식사를 관객과의 소통 수단으로 사용하는 뮤지션들도 있다. 미국 가수 톰 웨이츠Tom Waits는 1976년 라이브 실황 앨범《식당에서 밤새우는 사람들Nighthawks at the Dinner》에서 매력적인 피아노 연주와 함께 자신이 로스앤젤레스 미각 여행 중에 겪은 일화를 만담하듯 늘어놓으며 관객을 사로잡는다. 먼저 '달걀과 소시지의 도입부'에서는 송아지 커틀릿이 성질이 너무 거칠어서(여기서는 고기가 질기다는 뜻_옮긴이) 커피 잔을 박살내려고 했지만, 안타깝게도 커피는 자신을 방어하기에 너무 약했다(여기서는 커피가 묽다는 뜻_옮긴이)고 말한다.[73] 이어지는 '달걀과 소시지' 대목에서는 하루 종일 아침식사를 제공하는 카페에 밤늦게 들렀던 경험을 들려준다. 웨이트리스가 아침식사 메뉴를 줄줄 읊는데,[74] 그 모든 것이 예전의 추억, 사랑했던 여자에게 버림받은 고통을 떠올리게 했다는 것이다.

7
Breakfast in the Arts and Media
뉴스 속 아침식사

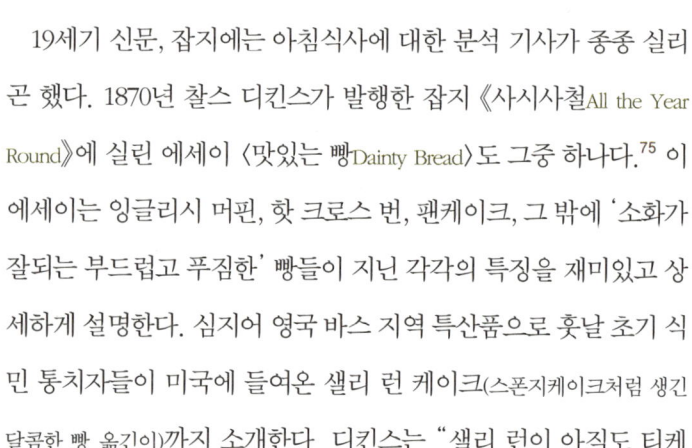

　19세기 신문, 잡지에는 아침식사에 대한 분석 기사가 종종 실리 곤 했다. 1870년 찰스 디킨스가 발행한 잡지 《사시사철All the Year Round》에 실린 에세이 〈맛있는 빵Dainty Bread〉도 그중 하나다.[75] 이 에세이는 잉글리시 머핀, 핫 크로스 번, 팬케이크, 그 밖에 '소화가 잘되는 부드럽고 푸짐한' 빵들이 지닌 각각의 특징을 재미있고 상세하게 설명한다. 심지어 영국 바스 지역 특산품으로 훗날 초기 식민 통치자들이 미국에 들여온 샐리 런 케이크(스폰지케이크처럼 생긴 달콤한 빵_옮긴이)까지 소개한다. 디킨스는 "샐리 런이 아직도 티케이크로 만들어지는지는 알 수 없다."면서도 "우리가 알아내지 않아서 그렇지 이 빵은 흥미로운 역사를 지닌 맛이 좋은 빵임이 분명하다."고 썼다.[76]

　아침식사는 〈뉴욕타임스〉의 머리기사가 되기도 했다. 1876년 런던의 〈펠멜가제트Pall Mall Gazette〉에 실린 기사를 그대로 가져왔던 것이다. '아침식사'라는 제목 하에 아침에 일어나자마자 아침을 먹는, 게다가 비프스테이크처럼 부담스러운 음식을 차와 함께 먹는 상황을 비판하는 기사였다. "우선 우리 위장은 아침부터 격렬하게 움직일 준비가 되어 있지 않다. 더욱이 홍차나 커피를 고기와 함께 먹는 것은 두 가지 이유에서 몸에 해롭다."[77] 필자는 과학적 근거를 대며 그 이유를 설명하는데, 홍차나 커피에 포함된 타닌산이 고기의 소화를 방해한다는 것이다. 빅토리아 시대 미국과 영국에서 수천 명이 양고기 스테이크와 밀크티로 푸짐한 아침식사를 즐겼는데 아직 그 사실이 입증된 바는 없다.

클린 리빙 운동이 위세를 떨치던 19세기 말에는 아침으로 고기를 먹는 것이 위험하다는 내용의 기사들이 대량 쏟아져 나왔다. 그렇다고 사람들이 베이컨을 완전히 포기했던 것은 아니다. 빅토리아 시대를 풍자하며 문학과 저널리즘의 차이에 관한 자신의 생각을 거침없이 피력했던 작가 새뮤얼 버틀러Samuel Butler는 1880년에 출간한 《노트북Note-Books》에서 베이컨이 안겨 주는 순수한 기쁨을 묘사했다. 문제는 해외에 나갔을 때 어느 가난한 집에 묵으면서 발생했다. 독신자였던 그는 아침마다 직접 베이컨을 구워 먹었는데 장성한 네 딸이 있는 그 집은 고기라고는 구경도 못하는 형편이었다. "나는 마음이 몹시 불편했다. 그 집에는 딸들은 있지만 베이컨이 없고, 나는 딸은 없지만 베이컨을 먹을 수 있는 상황이었다. 그 사실이 나를 한없이 초라하게 만들었다. 하지만 이런 문제로 하늘에 조언을 구하면 늘 자신을 속이지 말고 좋아하는 베이컨을 먹으라는 답이 돌아왔다."[78]

19세기가 저물 무렵《고디스 레이디스 북》,《레이디스 홈 저널》 같은 여성 잡지에는 아침 식당이나 미국 부엌의 간이식사 공간에 관한 기사가 자주 실렸다. 덩달아 아침식사용 식탁에도 변화가 일어났다. 가족이 정식 다이닝룸 대신 부엌에서 간단히 아침을 먹게 되면서 식탁에서 바로 사용할 수 있는 소형 가전제품이 대거 출시되었다. 주부 대상 잡지에는 급속도로 개발된 아침식사용 편의식품과 주방용 소형 가전제품의 광고가 빈번히 실렸다.

식량 배급제가 시행되던 제1차 세계대전 중 아침식탁에서 달걀과 고기가 사라지자 많은 사람들이 아쉬워했다. 1918년 11월 29일 〈피츠버그 프레스 Pittsburgh Press〉의 한 칼럼니스트는 "베이컨은 돈이라는 날개를 달고 보이지 않는 곳으로 멀리멀리 날아가 버렸다. 홰에 앉은 암탉도 부르르 떨며 알을 낳지 않는다. 아침식탁은 차려져 있는데 달걀도 베이컨을 따라 날아가 버렸다. 결국 우리의 아침식사는 쓸쓸하고 황량한 채로 남게 되었다."고 썼다.[79] 닭이 알을 낳는 데도 계절의 영향을 심하게 받는다. 또 집 마당에서 닭을 키우는 사람들도 배급제가 실시되는 날에는 오믈렛을 먹지 못했다. 흥미롭게도 이 기사가 실린지 2주 전에 이미 전쟁은 끝났다.

제2차 세계대전이 끝난 후에도 배급제는 머리기사를 장식했다. 유럽 전역에 곡물 부족 사태가 벌어진 1947년 10월, 해리 트루먼 대통령은 화요일에는 고기를, 목요일에는 닭과 달걀을 자제해 달라고 국민들에게 부탁했다. 가축 사료로 쓰이는 곡물의 양을 줄여 보고자 했던 것이다. 이는 미국인들의 아침식사에 광범위한 영향을 미쳤다. 신문들은 자두, 오트밀, 토스트, 커피로 이루어진 대통령의 아침식사 메뉴를 보도하며 국민들의 실천을 독려했다.[80] 백악관의 살림을 담당하는 메리 샤프라는 여성은 아예 아침을 건너뛴다는 보도도 나왔다. 하지만 국민들의 반응은 신통치 않았다. '달걀이 빠진 아침 식단, 전국적으로 부정적인 초기 반응', '고기와 달걀을 먹지 않는 날을 지키는 국민 거의 없어'라는 신문의 머리기사는 이러한 여론을 증명한다.[81] 고기 없는 화요일에는 달걀을 더 많이 먹었고 달걀 없는 목요일에는 베이컨과 소시지를 더 많이 먹는 식이었다. 물론 이런 조치가 아침식탁에서 시리얼의 위치를 더 확고히 하는 역할을 하기는 했다.

가사 관리에 대한 잡지들은 1820년대부터 요리 기사를 실었지만 요리만을 다루는 잡지는 한참 나중에 나왔다. 음식 연구가 재닛 매킨지 힐Janet McKenzie Hill은 1896년 《보스턴 요리학교 매거진(Boston Cooking School Magazine, 1915년에 《미국 요리》로 이름을 바꿨다_옮긴이)》을 창간했는데, 1898년 이 잡지에는 〈신혼 생활을 위한 위생Hygienic Honeymoon〉이라는 단편 소설이 실렸다. 갓 결혼한 새디어스라는 남성이 쓴 이 소설에는 아침을 거르는 최신 유행에 관한 이야기가 나온다. "결혼 전 나는 의사들에게 아침을 먹지 말라는 권고를 들었다. 그리고 나는 그 새롭고 유익한 유행의 찬란한 선구자가 되었다."[82] 그러나 안타깝게도 그의 아내는 저녁을 굶는 다이어트 중이었다. 아침과 저녁 모두를 제대로 먹지 못한 두 사람은 얼마 지나지 않아 똑같이 여위고 비참한 꼴로 변했다. 결국 부부는 어리석은 다이어트를 집어치우기로 하고 그 후 행복하게 잘 살았다.

1920년대 초 이 잡지에는 식사 공간을 어떻게 아늑하게 꾸밀지에 대한 조언이 실려 있다. 매주 참고할 수 있는 예시 메뉴도 제시되었다. 제대로 따라하는 주부는 가족의 찬사를 받게 된다고 했다. 《미국 요리》는 오랫동안 유일한 요리 잡지로서 군림했다. 그러다가 1941년 출판업자 랄프 워너 레이놀드Ralph Warner Reinhold와 얼 매커스랜드Earle R. MacAusland가 공동으로 또 다른 요리 전문지인 《고메 매거진Gourmet Magazine》을 창간했다.

《미국 요리》는 수십 년간 미국인들에게 성공적으로 요리 조언을 해왔지만, 인쇄와 편집, 내용 면에서는 《고메 매거진》에 훨씬 못 미쳤다. 새로운 잡지의 필진은 요리학교 선생들이 아닌 전문 작가들이었다. 책을 여러 권 출판하며 유명해진 피셔도 그중 한 명이었다. 피셔는 할리우드의 작은 아파트에서 혼자 살아가는 모습을 낭만적으로 묘사했다. 요리는 핫플레이트 하나로 해결했는데, 오직 달걀 스크램블만 해 먹고 살았다고 한다. "나는 자라온 환경 덕분에 어릴 때부터 달걀과 버터에 몹시 까다로웠다. 그래서 아무리 크고 진한 갈색 달걀도, 아무리 신선하고 달콤한 버터도 완벽하다고 생각하지는 않는다."[83]

피셔는 〈마지막을 생각하라〉는 1958년 칼럼에서 어떻게 아이들의 편식과 문화적 편견을 해결할 것인지에 대해 특유의 열정적인 문체로 풀어낸다. 필자와 그녀의 딸들은 프랑스 남부의 어느 외진 시골 마을에 미국 소년 두 명을 초대했다. 시리얼 없이 살아야 한다는 사실에 어쩔 줄 몰라 하는 소년들을 보는 순간 피셔는 교육의 필요성을 느꼈다. 그녀는 이번 기회가 한 아이가 자립심을 배우는 중요한 첫걸음이 될 거라고 생각했다.

예를 들어, 그 아이에게 반드시 시리얼을 먹어야 훌륭한 축구선수나 투우사가 되는 게 아니라는 충격적인 사실을 자연스럽게 배울 수 있는 기회를 제공해 준다고 가정해 보자. 그러면 그 아이는 선뜻 신선한 빵과 달콤한 버터, 꿀이 차려진 아침식탁에 앉아 주위 어른들을 놀라게 할 것이다. 우유 주전자를 곁들이면 더욱 좋다.[84]

이들이 먹을 빵은 일주일에 두 번씩 배달되었기 때문에 시간이 지날수록 조금씩 딱딱해졌다. 하지만 이들에게는 다행히 훌륭한 치즈가 있었다. 두 소년은 새로운 아침식사에 씩씩하게 적응해 갔다. "시리얼 없는 시련의 시기를 일주일쯤 보내고 나자 아이들은 해가 뜰 때 일어나 마른 빵을 자르고 그 위에 커다란 치즈 조각을 올렸다. 그리고 우물가로 가서 시원한 물을 마셨다. 빵과 치즈, 그리고 물이면 훌륭한 아침식사가 된다는 사실을 깨닫기 시작한 것이다."[85] 피셔는 아침식사야말로 인간의 적응력을 재교육하기에 적합한 수단이라고 생각했다.

1948년 《고메 매거진》에 실린 〈영국식 아침식사British Breakfast〉라는 글에서 필자인 로버트 코핀Robert Coffin은 "학자의 명예를 걸고 말하건대, 지구상에 영국식 아침식사에 비견할 만한 경쟁자는 없다."고 주장한다.[86] 뉴잉글랜드 상류층 가문 출신으로 프린스턴대와 옥스퍼드대에서 로즈 장학생으로 공부한 필자의 이력을 생각하면, 걸 수 있는 명예가 적지 않은 인물인데도 말이다. 그는 몇 문단에 걸쳐 프랑스 요리를 공격한 뒤 벨벳처럼 부드러운 영국의 초원에서 충분한 안개와 이슬을 맞고 자란 가축에게 얻을 수 있는 기름진 고기가 주는 즐거움을 서술한다. "완벽하게 최고와 최선의 것만을 만들어 내는 영국인의 솜씨가 인류 문명이 준 이런 선물 안에서 활짝 피어난다."라고까지 찬양한다.[87] 호화로운 아침식사 전용 공간과 '황금빛 나비처럼 섬세하게 말린' 영국 청어에 대해서도 칭찬을 잊지 않는다.[88] 코핀은 1955년 심장마비로 사망하기 전까지 《고메 매거진》의 단골 필자로 활약했다.

8
Breakfast in the Arts and Media

아침식사의 미래

모든 것이 그렇듯 아침식사도 사회의 변덕과 유행에 따라 바뀌었다. 1800년대 말 위생 열풍이 불었을 당시 음식에 대한 과학적 분석은 엉터리였고, 시리얼은 '소화 흡수를 돕는다'는 광고로 폭발적인 판매를 끌어냈다. 오늘날 음식 관련 매체는 절정에 달했고(물론 음식 블로그는 이미 몇 년 전에 정점을 찍었고, 심지어 이미 하락세에 접어들었다고 주장하는 이들도 많다), 아침식사는 이제 말도 안 되는 고지를 향해 달리는 수밖에 없다. 여전한 베이컨 마니아들, 달걀노른자가 흘러내리는 바삭한 버터밀크 비스킷의 외설적 이미지, 조식용 디저트에 초점을 맞춘 웹사이트, 채식주의자를 위한 소시지 패티 제조법, 포틀랜드에서 가장 유명한 이동식 아침식사 식당을 찾아가기 위한 GPS 자전거 길찾기 등이 공존하는 그런 지점 말이다.

과거에 있었던 미래 예측은 흥미로운 단서가 된다. 1927년 《대중 과학》은 장차 인간이 모든 것을 전파로 해결하게 될 거라고 예상했다.[89] 공상과학에 가까운 것은 라디오 알람 소리에 잠이 깨어 스피커에서 흘러나오는 시끄러운 아침 뉴스를 들으며 "공동 주방에서 조리된 아침식사를 집집마다 연결된 관을 통해 받아먹을 것"이라는 전망이었다.[90]

원자력 시대인 1950년대에는 아침식사에 대한 예측이 한층 더 밝아진다. "아침식탁에는 (원자력 살균 처리 덕분에) 몇 주 동안 신선하게 보관 가능한 베이컨과 달걀 요리가 오를 것이다." 이는 1957년 《키플링어스 퍼스널 파이낸스Kiplinger's Personal Finance》지에 실린 기사의 일부다.[91] 이는 1982년의 삶을 예측한 것인데 사실 식품 방사선 조사는 이미 1930년 프랑스에서 특허 등록된 기술이었다.

SF 작가 H.G. 웰스H. G. Wells가 그리는 아침식사의 미래는 암울하다. 1899년에 출간된 《다가올 날들의 이야기A Story of the Days to Come》에는 22세기의 아침식사가 "칼로 저며서 동물의 지방을 잔뜩 발라야 겨우 먹을 수 있는 조악한 빵 덩어리, 그리고 불에 까맣게 그을려 흉측해진 아직도 형체를 알아볼 수 있는 잡은 지 얼마 안 되는 동물의 고기 덩어리들뿐"이라고 쓰여 있다.[92]

우리는 아침식사의 미래가 그렇게 암울하지 않기를 바란다. 많은 과학자들은 인간 식생활이 점점 더 바다에 의존하게 될 것이라 예측한다. 2011년 켈로그 사가 배포한 보도자료에 따르면 미래에는 뮤즐리, 베이컨, 달걀 대신 해초 플레이크를 곁들인 따뜻한 게살죽, 정어리 빵, 병조림 청어 등 완전히 어류로 이루어진 아침식탁이 차려질 것이라고 한다.[93]

아침식사가 서둘러 먹어 치우거나 건너뛰는 것이 아닌, 필수적인 식사가 된다는 중요한 예측도 있다. "전문가들의 예상에 따르면, 향후 10~15년 내에 아침식사는 오늘날의 저녁식사처럼 중요한 끼니로 인식되어, 느긋하게 앉아 세 코스에 걸쳐 천천히 먹게 될 것이다."[94] 이 예측이 들어맞는다면 아침식사의 미래는 참으로 가슴 설레는 모습이 아니겠는가.

주석

책머리에

1 Garrick Mallery, "Manners and Meals," American Anthropologist 1 (July 1888): 196.
2 Maguelonne Toussaint-Samat, A History of Food (Chichester, West Sussex, UK: John Wiley & Sons, 2009), 517.

제1장 아침식사, 끊임없는 논쟁의 역사

1 Online Etymology Dictionary, s.v. "breakfast," by Douglas Harper, accessed October 20, 2011, http://dictionary.reference.com/browse/breakfast; Ken Albala, "Hunting for Breakfast in Medieval and Early Modern Europe," in The Meal—Proceedings of the Oxford Symposium on Food and Cookery 2001 (Devon, UK: Prospect), 2002.
2 Harold McGee, On Food and Cooking: The Science and Lore of the Kitchen (New York: Scribner), 1984.
3 Sophie de Beaune, "The Invention of Technology: Prehistory and Cognition," Current Anthropology 45, no. 2 (April 2004): 139–2.
4 Sylvain Glemin and Thomas Bataillon, "A Comparative View of the Evolution of Grasses under Domestication," New Phytologist 183 (2009): 273–0.
5 미 농림부의 PLANTS 데이터베이스에서는 기장의 학명을 Panicum miliaceum으로 기재하고 Sorghum vulgare와는 다른 것으로 보고 있어 식품 관련 전문가들에게 충격을 안긴다. 켄터키와 퍼듀 등의 농과대학에서는 기장을 Sorghum vulgare라고 보

기 때문이다.

6   Dorian Fuller, "Contrasting Patterns in Crop Domestication and Domestication Rates: Recent Archaeobotanical Insights from the Old World," Annals of Botany 100 (May 2007): 903–4.

7   Amanda J. Landon, "The 'How' of the Three Sisters: The Origins of Agriculture in Mesoamerica and the Human Niche," Nebraska Anthropologist 40 (2008).

8   H. S. Corran, A History of Brewing (Newton Abbot: David and Charles, 1975), 21–2.

9   John Matson, "The Dawn of Beer Remains Elusive in Archaeological Record," Scientific American Observations (blog), March 28, 2011, http://blogs.scientificamerican.com/observations/2011/03/28/the-dawn-of-beer-remains-elusive-in-archaeological-record.

10 Karl-Ernst Behre, "The History of Rye Cultivation in Europe," Vegetation History and Archaeobotany 1, no. 3 (1992): 141–6.

11 Jane McIntosh, Handbook to Life in Prehistoric Europe (New York: Oxford University Press, 2006), 258–0.

12 Albala, "Hunting for Breakfast," 20.

13 H. T. Riley, The Comedies of Plautus (London: Henry G. Bohn, York Street, Covent Garden, 1852), 197.

14 Dictionary of Greek and Roman Antiquities, s.v. "jentaculum," by William Smith, William Wayte, and G. E. Marindin, accessed October 2011, http://www.perseus.tufts.edu/hopper/text?doc=Perseus:text:1999.04.0063:entry=cenacn&highlight=jentaculum.

15 W. A. Becker, Gallus; or, Roman Scenes of the Time of Augustus; With Notes and Excursus Illustrative of the Manners and Customs of the Romans (London: John W. Parker, West Strand, 1844), 358.

16 Pliny the Elder, The Natural History, Book XVIII, Chapter 10, "The Natural History of Grain," ed. John Bostock, http://www.perseus.tufts.edu/hopper/text?doc=Perseus:text:1999.02.0137:book=18:chapter=10&highlight=puls, accessed October 2011.

17 Becker, Gallus, 358.
18 Becker, Gallus, 357.
19 Smith, Wayte, and Marindin, "jentaculum."
20 Homer, The Odyssey (London: Macmillan, 2005), 265.
21 Athenaeus, The Deipnosophists, ed. and trans. C. B. Gulick, vol. 1 (Cambridge, MA: Harvard University Press), 1927–941.
22 Melitta Weiss Adamson, Food in Medieval Times (Westport, CT: Greenwood Press, 2004), 155–6.
23 P. W. Hammond, Food and Feast in Medieval England (Phoenix Mill, UK: Alan Sutton, 1993), 104–.
24 Garrick Mallery, "Manners and Meals," American Anthropologist 1 (July 1888): 193–08.
25 Albala, "Hunting for Breakfast," 21.
26 Mallery, "Manners and Meals," 196.
27 Mallery, "Manners and Meals," 196.
28 Colin Spencer, British Food: an Extraordinary Thousand Years of History (New York: Columbia University Press, 2002), 87.
29 Albala, "Hunting for Breakfast," 24.
30 Albala, "Hunting for Breakfast," 21.
31 Albala, "Hunting for Breakfast," 22; L. R. Lind, Gabriele Zerbi, Gerontocomia: On the Care of the Aged; and Maximianus, Elegies on Old Age and Love (Philadelphia, American Philosophical Society, 1988), 247.
32 Albala, "Hunting for Breakfast," 25.
33 Albala, "Hunting for Breakfast," 25.
34 Albala, "Hunting for Breakfast," 26.
35 Spencer, British Food, 129.
36 Spencer, British Food, 99.
37 Frederick William Hackwood, Good Cheer: The Romance of Food and Feasting (New York: Sturgis and Walton, 1911), 120.
38 Hackwood, Good Cheer, 120; Spencer, British Food, 83.
39 Spencer, British Food, 145.

40 Albala, "Hunting for Breakfast," 26.
41 Anthony Wild, Coffee: A Dark History (New York: Norton, 2005), 31.
42 Bennet Alan Weinberg and Bonnie K. Bealer, The World of Caffeine: The Science and Culture of the World's Most Popular Drug (London: Routledge, 2001), 3–.
43 Mark Pendergrast, Uncommon Grounds: The History of Coffee and How it Transformed Our World (New York: Basic Books, 2010), 8.
44 Laura Martin, Tea: The Drink that Changed the World (North Clarendon, VT: Tuttle, 2007), 23.
45 Martin, Tea, 120–3.
46 Unknown, "History of the English Breakfast Tea: The True Origin of English Breakfast Tea," ΛΟΓΟΙ, http://www.logoi.com/notes/english_breakfast_tea.html, accessed October 2011.
47 Ken Albala, Food in Early Modern Europe (Westport, CT: Greenwood Press, 2003): 232.
48 Spencer, British Food, 259.
49 Spencer, British Food, 158.
50 William Grimes, "At Brunch, the More Bizarre the Better," The New York Times, July 8, 1998, http://www.nytimes.com/1998/07/08/dining/at-brunch-the-more-bizarre-the-better.html?sec=travel&pagewanted=1.
51 Andrea Broomfield, Food and Cooking in Victorian England: A History (Westport, CT: Greenwood Press, 2007), 25.
52 Pierre Blot, What to Eat, and How to Cook It (New York: D. Appleton & Co., 1863), 247.
53 Fannie Merritt Farmer, The Boston Cooking-School Cookbook (Boston: Little, Brown and Co., 1869), 36.
54 Feeding America, s.v. "Blot, Pierre, (1818–ugust 29, 1874)," accessed October 2011, http://digital.lib.msu.edu/projects/cookbooks/html/authors/author_blot.html.
55 David Quist and Ignacio H. Chapela, "Transgenic DNA Introgressed into Traditional Maize Landraces in Oaxaca, Mexico," Nature 414 (November

2001): 541-3.

56 Linda Murray Berzok, American Indian Food (Westport, CT: Greenwood Press, 2005), 133.

57 Raymond A. Sokolov, Fading Feast: A Compendium of Disappearing American Regional Foods (Jaffrey, NH: David R. Godine, 1998), 231.

58 Brian A. Nummer, "Historical Origins of Food Preservation," National Center for Home Food Preservation, May 2002, http://www.uga.edu/nchfp/publications/nchfp/factsheets/food_pres_hist.html, accessed October 2011.

59 Ruth Clifford Engs, Clean Living Movements: American Cycles of Health Reform(Westport, CT: Greenwood Press, 2001): 7–.

60 Engs, Clean Living Movements, 97.

61 Ella Kellogg, Healthful Cookery: A Collection of Choice Recipes for Preparing Foods, with Special Reference to Health (Battle Creek, MI: Modern Medicine, 1904), 249.

62 역설적이게도 이제 켈로그 사는 허니 스맥스(Honey Smacks)를 포함해 건강과는 별 관련 없는 달콤한 시리얼 제품들의 생산업체가 되었다. 2008년, 어린이들을 겨냥해 판매되는 시리얼 27종의 영양 가치를 비교한 잡지 〈컨슈머 리포트〉는 켈로그 사의 허니 스맥스가 건강에 가장 나쁜 양대 제품 중 하나로 총 중량의 50퍼센트 이상이 설탕이라고 분석했다. 3~5위에 오른 제품들도 켈로그 사의 것이었다. 〈컨슈머 리포트〉는 부모들에게 영양적 가치가 높은 시리얼을 선택하라고 권고했다.

63 Lynne Olver, "FAQs: Popular 20th Century American Foods," Food Timeline, http://www.foodtimeline.org/fooddecades.html, accessed October 2011.

64 Olver, Food Timeline.

65 Pop Tarts, http://www.foodtimeline.org/foodpies.html#poptarts, accessed October 2011.

66 Jack Mingo and Erin Barrett, "Nothing More Than Fillings: The True History of Pop Tarts," Whole Pop Magazine Online, http://www.wholepop.com/973580985/features/toasters/poptarts.htm, accessed October 2011.

67 Benjamin Spock, Dr. Spock Talks with Mothers: Growth and Guidance (Boston: Houghton Mifflin, 1961), 73.

68 Andrew F. Smith, Oxford Encyclopedia of Food and Drink in America, vol.

1(New York: Oxford University Press, 2004), 27.

69 Federico Soriguer, Gemma Rojo-Martinez, M. Carmen Dobarganes, Jose M. Garcia Almeida, Isabel Esteva, Manuela Beltran, M. Soledad Ruiz De Adana, Francisco Tinahones, Juan M. Gomez-Zumaquero, Eduardo Garcia-Fuentes, and Stella Gonzalez Romero, "Hypertension Is Related to the Degradation of Dietary Frying Oils," American Journal of Clinical Nutrition 78 (2003): 1092–7.

70 Eileen Kennedy and Carole Davis, "US Department of Agriculture School Breakfast Program," supplement, American Journal of Clinical Nutrition 67 (1998):798S–803S.

71 United States Department of Agriculture, Special Supplemental Food Program for Women, Infants, and Children (U.S.), Report to Congress on Cereals Containing Fruit in the WIC Supplemental Food Packages (Alexandria, VA: Food and Nutrition Service, USDA, 1991).

72 Glenn Arthur Corliss et al., "Simulated Bacon Product and Process," U.S. Patent 3930033, filed February 4, 1974, and issued December 30, 1975.

73 Henry Mayhew, London Labour and the London Poor: A Cyclopaedia of the Condition and Earnings of Those That Will Work, Those That Cannot Work, and Those That Will Not Work, vol. 1 (London: Charles Griffin & Company, 1851), 39.

74 Bernice Kanner, "Hot Buns," New York Magazine, March 30, 1987.

제2장 아침식사, 무엇을 어떻게 먹었을까?

1 Charles Mackay and Allan Ramsay, A Dictionary of Lowland Scotch (London: Whittaker and Co., 1888), 35.

2 Marion Nestle, Food Politics: How the Food Industry Influences Nutrition and Health (Los Angeles: University of California Press, 2007), 323.

3 From John Capgrave's Lives of St. Augustine and St. Gilbert of Sempringham

and a Sermon (1422) "[Jacob] supplanted his brotir, bying his fader blessing for a mese of potage."

4   Clifford A. Wright, A Mediterranean Feast: The Story of the Birth of the Celebrated Cuisines of the Mediterranean, from the Merchants of Venice to the Barbary Corsairs, with More Than 500 Recipes (New York: HarperCollins, 1999), 496.

5   From Clifford Wright via Paula Wolfert, http://www.cliffordawright.com/caw/recipes/display/bycountry.php/recipe_id/948/id/8, accessed January 2012.

6   Ladies of Toronto and Chief Cities and Towns in Canada, The Home Cook Book(Toronto: Musson Book Co., Ltd., 1877), 235.

7   Ella Ervilla Kellogg, Every-day Dishes and Every-day Work (Battle Creek, MI: Modern Medicine, 1897), 137.

8   Bob Flaws, The Book of Jook: Chinese Medicinal Porridges: A Healthy Alternative to the Typical Western Breakfast (Boulder, CO: Blue Poppy Enterprises, Inc., 1995), 4.

9   John Hoddinott, John A. Maluccio, Jere R. Behrman, Rafael Flores, and Reynaldo Martorell, "Effect of a Nutrition Intervention during Early Childhood on Economic Productivity in Guatemalan Adults," The Lancet 371, no. 9610 (February 2008): 411–6.

10 Benjamin Sillman Sr. and Benjamin Sillman Jr., comp., "Contributions to the English Lexicography," American Journal of Science and Arts 40 (April 1841): 35.

11 Mary Johnson Lincoln, Mrs. Lincoln's Boston Cook Book: What To Do and What Not To Do in Cooking (Boston: Roberts Bros., 1884), 110.

12 Theodore Flood, ed., "The Art of Prolonging Life," The Chautauquan: A Weekly Newsmagazine 21 (April–eptember 1895): 129.

13 John Harvey Kellogg, "Flaked Cereals and Process of Preparing Same," U.S. Patent 558393, filed May 31, 1895, and issued April 14, 1896.

14 Anna Revedin et al., "Thirty Thousand-Year-Old Evidence of Plant Food Processing," PNAS 107, no. 44 (2010), http://www.pnas.org/content/107/44/18815.

15 Jacques Le Goff, Time, Work, and Culture in the Middle Ages (Chicago: University of Chicago Press, 1982), 94.
16 밀크토스트(milquetoast)의 담백한 맛은 H.T. 웹스터(Webster)가 1912년부터 1952년 세상을 떠날 때까지 연재한 만화 《소심한 사람(The Timid Soul)》의 주인공 이름이 캐스퍼 밀크토스트(Milquetoast)로 정해지게끔 만들기도 했다. 밀크토스트는 아직도 줏대 없는 사람을 가리키는 미국 속어로 사용된다.
17 어원학 사전들은 '머핀'이라는 단어가 영어에서 쓰이게 된 때가 1703년이라고 일관되게 지적하지만 출처는 제시하지 못하고 있다. 출처는 다음과 같다. Charles Dickens, "Dainty Bread", All the year Round, vol. 4, September 10, 1870, 344-47.
18 "Lender's Bagels: Celebrating 85 years of Premium Bagels," http://www.lendersbagels.com/about.html, accessed November 27, 2012. Louis Jordan's 1949 jump blues hit "Beans and Cornbread" mentions bagels and lox as two things that go together.
19 Eliza Leslie, Directions for Cookery, in Its Various Branches (Philadelphia: Carey & Hart, 1837), 371.
20 Maud C. Cooke, Breakfast, Dinner and Supper, or What to Eat and How to Prepare It (Philadelphia: J. H. Moore, 1897), 328. The full title page of Breakfast, Dinner and Supper, or What to Eat and How to Prepare It continues: Containing All the Latest Approved Recipes in Every Department Of Cooking; Instructions For Selecting Meats and Carving; Descriptions of the Best Kitchen Utensils, Etc. Including Hygienic and Scientific Cooking; Rules For Dinner Giving; Use of the Chafing Dish; Menu Cards For All Special Occasions; Cooking For Invalids; Valuable Hints For Economical Housekeeping, Etc. The Whole Forming a Standard Authority on the Culinary Art.
21 Ken Albala, Pancake: A Global History (London: Reaktion, 2008), 22.
22 Albala, Pancake, 30.
23 Albala, Pancake, 30.
24 Albala, Pancake, 29.
25 Hannah Glasse, The Art of Cookery, Made Plain and Easy: Which Far Exceeds Any Thing of the Kind Yet Published (London: W. Strahan, J. and F. Rivington, J. Hinton, 1747), 159.

26 Amelia Simmons, American Cookery, or the Art of Dressing Viands, Fish, Poultry, and Vegetables, and the Best Modes of Making Pastes, Puffs, Pies, Tarts, Puddings, Custards, and Preserves, and All Kinds of Cakes, from the Imperial Plum to Plain Cake: Adapted to this Country, and All Grades of Life. (Hartford: Simeon Butler, Northampton, 1798), 34. Available online at http://digital.lib.msu.edu/projects/cookbooks/html/books/book_01.cfm.

27 Sarah Annie Frost, The Godey's Lady's Book Receipts and Household Hints (Philadelphia: Evans, Stoddart & Co., 1870), 325.

28 Frost, Receipts and Household Hints, 325.

29 Susan Coolidge, Eyebright: A Story (Boston: Roberts Brothers, 1894), 156.

30 Maria Parloa, Miss Parloa's Young Housekeeper: Designed Especially to Aid Beginners: Economical Receipts for Those Who Are Cooking for Two or Three (Boston: Estes & Lauriat, 1894), 237.

31 Sarah Tyson Heston Rorer, Mrs. Rorer's Philadelphia Cook Book: A Manual of Home Economics (Philadelphia: Arnold & Co., 1886), 252; Estelle Woods Wilcox, The Dixie Cook-Book (Atlanta, GA: L. A. Clarkson & Co., 1883), 398.

32 Charlotte Mason, The Lady's Assistant for Regulating and Supplying Her Table (London: J. Walter, 1777), 372.

33 Sarah Josepha Buell Hale, The Good Housekeeper, Or, The Way to Live Well and to Be Well While We Live (Boston: Horace Wentworth, 1839), 101.

34 M. Tarbox Colbrath, What to Get for Breakfast (Boston: James H. Earle, 1882), 198.

35 Charles Dickens, "The Cupboard Papers, VIII: The Sweet Art," All the Year Round, vol. 9, November 30, 1872, 60–1.

36 "New Pastry to Rival France's Art Confection," Oakland Tribune, August 9, 1917, 6, available at http://newspaperarchive.com/oakland-tribune/1917-08-09/page-6.

37 Frost, Receipts and Household Hints, 326.

38 Frost, Receipts and Household Hints, 343.

39 John Bostock and Henry Thomas Riley, trans., The Natural History of Pliny, vol. 3 (London: Bell, 1856–893), 84.

40 John Harvey Kellogg, The Home Book of Modern Medicine: A Family Guide in Health and Disease, Vol. 2 (Battle Creek, MI: Good Health, 1909), 911.

41 Henry Dwight Sedgwick, In Praise of Gentlemen (New York: Little, Brown & Co., 1935), 110.

42 Wesley Hospital Bazaar Committee, The New Century Cook Book: Compiled from Recipes Contributed by Ladies of Chicago and Other Cities and Towns, and Published for the Benefit of Wesley Hospital, Chicago (Chicago: Wesley Hospital Bazaar Committee, 1899).

43 Robert Maxwell, Select Transactions of the Honourable the Society of Improvers in the Knowledge of Agriculture in Scotland (Edinburgh: Sands, Brymer, Murray & Cochran, 1743), 275.

44 "Kraft Foods Corporate Timeline," available at http://www.kraftfoodsgroup.com/SiteCollectionDocuments/pdf/CorporateTimeline_KraftGroceryCo_version.pdf, accessed November 28, 2012.

45 D. Eleanor Scully and Terence Peter Scully, Early French Cookery: Sources, History, Original Recipes and Modern Adaptations (Ann Arbor: University of Michigan Press, 2002), 230.

46 Marion Harland, Breakfast, Luncheon and Tea (London: Routledge, 1875), 16.

47 Harland, Breakfast, Luncheon and Tea, 16.

48 Walter B. Dickson, Poultry: Their Breeding, Rearing, Diseases and General Management (London: William Smith, 1838), 133.

49 Sallie Joy White, Cookery in the Public Schools (Boston: D. Lothrop Co., 1890), 68.

50 필리스 브라운은 영국 스포츠 담당 기자 아서 게이 페인(Payne)의 필명이다. 페인이 왜 여성 필명으로 요리책을 썼는지는 알려져 있지 않다.

51 Phillis Browne, The Dictionary of Dainty Breakfasts (London: Cassell & Co., LTD, 1899), vi.

52 Scully and Scully, Early French Cookery, 231.

53 Horace Annesley Vachell, 'The Rich Fool and the Clever Pauper', Overland Monthly and Out West Magazine 23, no.7 (1894): 51. 이 점심 메뉴에는 블루 포인트 굴도 포함되어 있다. 블루 포인트 굴은 뉴욕의 블루 포인트에서 나오는 식품이므로 신사

들은 정말로 뉴욕의 유니버시티 클럽에서 식사를 했을지 모른다. 에그 베네딕트가 뉴욕에서 만들어졌다는 주장에도 힘이 실린다. 하지만 미 수산청의 어니스트 잉거솔(Ingersoll)이 1811년에 내놓은 '굴 산업'이라는 보고서에는 블루 포인트 굴이 샌프란시스코 만에 성공적으로 뿌려졌다는 내용이 등장한다.

54 뉴욕 유니언 클럽의 요리사 아돌프 메이어(Meyer)가 쓴 《달걀과 그 요리법(Eggs and How to Use Them)》(1898)을 보면 수란을 식탁에 내는 방법이 98가지 넘게 제시되고 그 각각에 복잡한 프랑스 명칭이 붙어 있다.

55 William Rubel, "Eggs in the Moonshine with Cream," in Eggs in Cookery: Proceedings of the Oxford Symposium on Food and Cookery 2006 (Devon, UK: Prospect Books, 2007), 214.

56 Adolphe Meyer, Eggs, and How to Use Them (New York: self-published, 1898), 12.

57 Anna Barrows, ed., Eggs: Facts and Fancies About Them (Boston: D. Lothrop & Co., 1890), 117.

58 Ange Denis M'Quin, Tabella Cibaria (London: Sherwood, Neely & Jones, 1820), 86.

59 버터를 듬뿍 바른 사기 컵에 달걀을 넣고 붉은 재에 묻고 브로일러(broiler)를 사용해 부드럽게 익히라는 것이 위드(Ude)의 방법이다. 오늘날 코코트 달걀은 오븐 안에 이중 냄비를 넣고 중탕하는 방식이라는 점에서 쉬레드 에그와 다르다.

60 파슬리, 민트, 세이보리(savory), 세이지(sage), 쑥국화(tansy), 마편초(vervain), 클라리세이지(clary sage), 루(rue), 꽃박하(dittany), 펜넬(fennel), 개사철쑥(southernwood)으로 만든 오믈렛이다. 허브는 다져서 달걀과 섞은 후 버터 바른 접시에 올려 굽는다. 쑥국화, 클라리세이지, 개사철쑥 등이 들어가면 강한 향기를 풍기게 되어 음식과 약품의 중간쯤 된다.

61 Margaret Dods, The Cook and Housewife's Manual: A Practical System of Modern Domestic Cookery and Family Management (Edinburgh: Oliver & Boyd, 1862), 340.

62 Dods, The Cook and Housewife's Manual, 340.

63 Browne, Dictionary of Dainty Breakfasts, iv. Vaseline was used to coat eggs for preservation in the 19th century.

64 Martha McCulloch-Williams, Dishes & Beverages of the Old South (New

York: McBride, Nast & Company, 1913), 184.
65 William Langland, Piers Plowman (Whitefish, MT: Kessinger Publishing, 2004), 94.
66 다른 명칭으로는 애꾸눈 잭, 로키 마운틴 토스트, 앨라배마 토스트, 구멍 속 두꺼비, 가스 공장 달걀, 담요 속 달걀 등이 있다.
67 Fanny Lemira Gillette, Mrs. Gillette's Cook Book: Fifty Years of Practical Housekeeping (Akron, OH: Saalfield Publishing Company, 1908), 148.
68 Samuel Pepys, Diary, 1662 (Berkeley: University of California Press, 2001), 10. '방에서 돼지머리 고기를 먹었다.' 금식일에 고기를 먹은 일로 이후 그는 비난을 받았다.
69 I saac Burney Yeo, Food in Health and Disease (London: Cassell & Co., Ltd., 1896), 465.
70 John Pinkerton, A General Collection of the Best and Most Interesting Voyages and Travels in All Parts of the World, vol. 13 (London: Longman, 1812), 718.
71 아피키우스 책에는 소시지, 포스미트(forcemeat), 고기 푸딩, 미트 로프(meat loaf)의 다양한 조리법도 등장한다.
72 Thomas Low Nichols, Forty Years of American Life (London: Longmans, Green and Co., 1874), 246.
73 Nichols, Forty Years, 246.
74 Colbrath, What to Get for Breakfast, 115.
75 Thomas Murrey, Breakfast Dainties (Bedford, MA: Applewood Books, 2008), 43.
76 Mary Hooper, Handbook for the Breakfast Table: Varied and Economical Dishes(London: Griffith & Farran, 1873), 45.
77 Marion Harland, Common Sense in the Household: A Manual of Practical Housewifery (New York: Scribner & Sons, 1871), 87.
78 Asa W. Bartlett, History of the Twelfth Regiment, New Hampshire Volunteers in the War of the Rebellion (Concord, NH: I. C. Evans, printer, 1897), 398.
79 Joel Stein, "Chicken for Breakfast," Time, June 26, 2008, http://www.time.com/time/magazine/article/0,9171,1818200,00.html#ixzz1xp1AUHL7.
80 John 21:12.
81 Georgiana Hill, The Breakfast Book (London: Richard Bentley, 1865), 117.

82 Colbrath, What to Get for Breakfast, 167.
83 Lydia Maria Francis Child, The American Frugal Housewife: Dedicated to Those Who Are Not Ashamed of Economy (New York: Samuel S. and William Wood, 1841), 60.
84 Browne, Dictionary of Dainty Breakfasts, 10.
85 Browne, Dictionary of Dainty Breakfasts, 10.
86 Browne, Dictionary of Dainty Breakfasts, 11.
87 Estelle Woods Wilcox, Buckeye Cookery, and Practical Housekeeping: Compiled from Original Recipes (Minneapolis, MN: Buckeye Pub. Co., 1877), 324.
88 Molly O'Neill, "What's for Breakfast?; Hanoi," The New York Times, May 10, 1998, http://www.nytimes.com/1998/05/10/magazine/what-s-for-breakfast-hanoi.html.
89 Jezreel Jones, "An Account of the Moorish Way of Dressing their Meat (with Other Remarks) in West Barbary, from Cape Spartel to Cape de Geer," Philosophical Transactions of the Royal Society of London, vol. 21 (London: S. Smith and B. Walford, 1700), 248–9.
90 Jones, "An Account of the Moorish Way," 248.
91 Arthur Robert Kenney-Herbert, "Culinary Jottings for Madras," in Culinary Jottings, a Treatise for Anglo-Indian Exiles (Madras, India: Higginbottom & Co., 1885), 1.
92 Gideon Hiram Hollister, The History of Connecticut, from the First Settlement of the Colony to the Adoption of the Present Constitution (New Haven, CT: Durrie & Peck, 1855), 431.
93 Lincoln, Mrs. Lincoln's Boston Cook Book, 288.
94 Hill, The Breakfast Book, 33.
95 Hill, The Breakfast Book, 33.
96 Sir George Webbe Dasent, "Lady Sweetapple; Or, Three to One," Appletons' Journal of Literature, Science and Art 145–0 (New York: D. Appleton & Co., 1872), 682.
97 Harland, Breakfast, Lunch and Tea, 46.
98 Spencer, British Food, 189.

99 William Andrus Alcott, The Young House-keeper, Or, Thoughts on Food and Cookery (Boston: G. W. Light, 1838), 225.
100 Harland, Breakfast, Lunch and Tea, 191.
101 John Harvey Kellogg, The Household Monitor of Health (Battle Creek, MI: Good Health, 1891), 87.
102 Alcott, Young House-keeper, 198.
103 Emma Pike Ewing, Cooking and Castle-Building (Boston: J. R. Osgood and Co., 1890), 154.
104 Edward Johnson, The Hydropathic Treatment of Diseases Peculiar to Women: And of Women in Childbed; With Some Observations on the Management of Infants (London: Simpkin, Marshall, 1850), ix, 51, 57.
105 "Letters from Mr. Toulmin of Kentucky, " Monthly Magazine and British Register, vol. 9 (April 1, 1800), 223.
106 Harland, Breakfast, Luncheon and Tea, 191.
107 Sidney Ringer, A Handbook of Therapeutics (New York: William Wood & Co., 1876), 147.
108 Woman's Home Companion 78, no. 9–2 (1951): 98.
109 Jessup Whitehead, The Steward's Handbook and Guide to Party Catering (Chicago: J. Anderson & Co., 1889), 245.
110 C. Anne Wilson, The Book of Marmalade: Its Antecedents, Its History and Its Role in the World Today, Together With a Collection of Recipes for Marmalades and Marmalade Cookery (Philadelphia: University of Pennsylvania Press, 1985), 54.
111 William Mackintosh, "An Essay on Ways and Means for Inclosing, Fallowing, Planting, &C. Scotland: And That in Sixteen Years at Farthest," 1729, http://books.google.com/books?id=YH9ZAAAAYAAJ&source=gbs_navlinks_s.
112 Samuel Johnson, The Works of Samuel Johnson, LL.D.: With an Essay on His Life and Genius, vol. 8 (London: Luke Hensard & Sons, for J. Nichols & Son, 1810), 271.
113 Samuel Pepys, The Shorter Pepys, ed. Robert A. Latham (Berkeley: University of California Press, 1985), 38.

114 Lettice Bryan, The Kentucky Housewife: Containing Nearly Thirteen Hundred Full Receipts (Cincinnati, OH: Shepard & Stearns, 1839), 217.
115 Andrew F. Smith, Pure Ketchup: A History of America's National Condiment with Recipes (Columbia: University of South Carolina Press, 1996), 19.
116 Parloa, Miss Parloa's Kitchen Companion, 501.
117 Knight et al., "Apparatus for Producing Prepared Hash Brown Potato Product," U.S. Patent 3854393, filed January 22, 1973, issued December 17, 1974.
118 Hooper, Handbook for the Breakfast Table, 43.
119 Brigid Allen, Food: An Oxford Anthology (Oxford: Oxford University Press, 1995), 164.
120 Charles Henry Cook, John Greville Fennell, and J. M. Dixon, The Curiosities of Ale & Beer: An Entertaining History (London: Swan Sonnenschein & Company, 1889), 275.
121 Myra Jehlen, The English Literatures of America: 1500–800 (London: Routledge, 1997), 753.
122 Henry William Lewer, ed., A Book of Simples (London: S. Low, Marston, 1908), 153.
123 Reprinted in Curye on Inglysch in 1985.
124 Andrew Picken, The Black Watch (Philadelphia: E. L. Carey & A. Hart, 1835), 40.
125 Maguelonne Toussaint-Samat, A History of Food (Chichester, West Sussex, UK: John Wiley & Sons, 2009), 517.
126 Anthony Florian Madinger Willich and James Mease, The Domestic Encyclopaedia: Or, a Dictionary of Facts and Useful Knowledge, Comprehending a Concise View of the Latest Discoveries, Inventions, and Improvements, Chiefly Applicable to Rural and Domestic Economy (Philadelphia: W. Y. Birch and A. Small, 1803), 126.
127 Bennett Alan Weinberg and Bonnie K. Bealer, The World of Caffeine: The Science and Culture of the World's Most Popular Drug (New York: Routledge, 2001), 173.

128 Sir John Sinclair, The Code of Health and Longevity: Or, a General View of the Rules and Principles Calculated for the Preservation of Health, and the Attainment of Long Life (London: Sherwood, Gilbert & Piper, 1844), 69.

129 Jim Chevallier, "Breakfast in the Eighteenth Century: The Unexamined Meal," http://chezjim.com/18c/breakfast-18th.htm, accessed June 2012.

130 Arthur Hill Hassall, Lancet Analytical Sanitary Commission, Food and Its Adulterations (London: Longman, Brown, Green, and Longmans, 1855), 113.

131 Eleanor O. Curtiss, For Young Souls (London: Order of Christian Mystics, 1941), 17.

제3장 아침식사, 온 가족이 함께하는 한 끼

1 Mark Girouard, Life in the English Country House: A Social and Architectural History (New Haven: Yale University Press, 1978), 99.

2 William Moore, Elements of Midwifery (London: Printed for J. Johnson, 1777), 41.

3 Henry Mayhew, ed., The Greatest Plague of Life, Or, The Adventures of a Lady in Search of a Good Servant (London: Routledge, Warne & Routledge, 1864), 248.

4 Harriet E. Clark, "A Dainty Breakfast Room," The Decorator and Furnisher 22, no. 1 (April 1893): 28–9.

5 Catharine Esther Beecher and Harriet Beecher Stowe, The American Woman's Home: Or, Principles of Domestic Science; Being a Guide to the Formation and Maintenance of Economical, Healthful, Beautiful, and Christian Homes (New York: J. B. Ford, 1872), 32.

6 Christine Terhune Herrick, What to Eat, How to Serve It(New York: Harper & Bros., 1891), 17. 헤릭은 메리언 할런드라는 이름으로 더 잘 알려진 요리책 저자 메리 터훈의 딸이다.

7 Herrick, What to Eat, How to Serve It, 19.

8 Herrick, What to Eat, How to Serve It, 23.

9 Finchley Manuals of Industry, Household Work, or the Duties of Female Servants(London: Joseph Masters, 1850), 9.
10 Mary Foote Henderson, Practical Cooking and Dinner Giving: A Treatise Containing Practical Instructions in Cooking; in the Combination and Serving of Dishes; and in the Fashionable Modes of Entertaining at Breakfast, Lunch, and Dinner (New York: Harper & Brothers, 1876), 33.
11 Henderson, Practical Cooking and Dinner Giving, 34.
12 Andrea Broomfield, Food and Cooking in Victorian England: A History (Westport, CT: Greenwood Publishing Group, 2007), 35.
13 Broomfield, Food and Cooking in Victorian England, 36. 완벽한 토스트에 대해서는 소여(Soyer)의 《현대의 아내(Modern Housewife)》(1891) 미국판에서 더욱 강조하고 있다.
14 Mrs. Beeton's Every-day Cookery and Household Guide, 1872, quoted in Andrea Broomfield, Food and Cooking in Victorian England: A History (Westport, CT: Praeger, 2007), 39.
15 Herrick, What to Eat, How to Serve It, 17.
16 "On Newspapers," The Scots Magazine, October–ovember 1797, 731.
17 Theodore Sedgwick Fay and Joseph Dewey Fay, "Newspapers," in Dreams and Reveries of a Quiet Man: Consisting of the Little Genius, and Other Essays (New York: J. & J. Harper, 1832), 20.
18 Herrick, What to Eat, How to Serve It, 29.
19 Harriet Beecher Stowe, Sunny Memories of Foreign Lands, vol. 2 (Boston: Phillips, Sampson, 1854), 6–.
20 Herrick, What to Eat, How to Serve It, 40.
21 Henderson, Practical Cooking and Dinner Giving, 35.
22 Thomas Maurice, "Memoirs," The Monthly Review, or Literary Journal Enlarged, September–ecember 1822, 96.
23 Stowe, Sunny Memories of Foreign Lands, 7.
24 Girouard, Life in the English Country House, 34.
25 미국 인구 통계 조사 자료에 따르면 미국의 평균 가구 구성원 수가 1890~1940년에 4.9명에서 3.8명으로 줄어들었다.

26 William Draper Brinckloe, "The Home I'd Like to Have," Ladies' Home Journal, April 1922, 26.
27 H. C. Crocker, "The Breakfast Nook," Popular Mechanics 36, no. 5 (November 1921): 783.
28 Edwin James Houston and Arthur Edwin Kennelly, Electric Heating (New York: W. J. Johnston Co., 1895), iv.
29 Maud Lucas Lancaster, Electric Cooking, Heating, Cleaning, Etc: Being a Manual of Electricity in the Service of the Home (London: Constable & Company, Ltd., 1914).
30 Elizabeth Atwood, "Electricity in the House," American Homes and Gardens, March 1913, 107.
31 Atwood, "Electricity in the House," 107.
32 New York Edison Company, "Table Cookery," The Edison Monthly, July 1919, 271.
33 Quoted in Sherrie A. Inness, Dinner Roles: American Women and Culinary Culture (Iowa City, IA: University of Iowa Press, 2001), 85.
34 빵이 자동으로 튀어나오는 토스터 특허는 1919년에 찰스 스트라이트(Strite)가 출원했지만 이를 다시 설계한 워터스-젠터(Waters-Genter) 사의 1-A-1 모델은 1926년에나 등장했다.
35 Arthur Asa Berger, "The Crux of Toast," Harper's Magazine, December 1990; also available at http://www.geocities.ws/danhiggins3/toastcontent/crux.html.
36 According to data provided to the International Housewares Association by the NPD Group in 2002: http://www.housewares.org/pdf/mw/MW_vol3no1.pdf.
37 와플을 비롯한 아침식사용 빵은 스텍벡(Steckbeck)의 숙명이었던 모양이다. 스텍벡이라는 이름은 '길가나 다리 옆에 사는 제빵사'라는 의미의 독일어이다.
38 Lancaster, Electric Cooking, 89.
39 Robert Hewitt, Coffee: Its History, Cultivation and Uses (New York: D. Appleton & Co., 1872), 77.
40 Hewitt, Coffee, 78.
41 Hewitt, Coffee, 79.

42 Charlie Sorrel, "Automatic Breakfast Machine Fails to Awake Interest," Wired, March 16, 2009, http://www.wired.com/gadgetlab/2009/03/automatic-break, accessed September 20, 2012.

43 Andrew Liszewski, "Toaster Griddle Is the Perfect Appliance for Lonely Breakfasts," Gizmodo, http://gizmodo.com/5855645/toaster-griddle-is-the-perfect-appliance-for-lonely breakfasts, accessed September 20, 2012.

44 Helen Lefferts Roberts, Putnam's Handbook of Etiquette: A Cyclopaedia of Social Usage, Giving Manners and Customs of the Twentieth Century (New York: G. P. Putnam's Sons, 1913), 215.

45 Herrick, What to Eat, How to Serve It, 24.

46 Betty Friedan, The Feminine Mystique (New York: Norton, 1997), 469.

47 1951년에 출시된 이 시리얼의 본래 이름은 슈거 프로스티드 플레이크(Sugar Frosted Flakes)였지만 시리얼 회사들이 건강에 좋은 이미지를 주려고 노력했던 1980년대가 되자 이름에서 '슈거'가 삭제되었다. 하지만 이 시리얼의 설탕 함유량은 변하지 않았다.

48 여러 종류의 시리얼이 들어 있는 켈로그 사의 버라이어티 팩(Variety Pack) 광고는 1956년에 〈라이프〉 지를 중심으로 다양하게 이루어졌다. http://tinyurl.com/codrzeh, http://tinyurl.com/bss9km7을 보라.

49 Flora Hains Loughead, Quick Cooking: A Book of Culinary Heresies for the Busy Wives and Mothers of the Land(New York: G.P. Putnam, 1887), 6. 로그헤드는 시대를 앞서간 여성으로 요리보다 더 신경을 기울여야 할 일이 넘치도록 많았다. 마이클 콜브루노(Colbruno)가 자신의 웹사이트 Lives of the Dead-Mountain View Cemetery in Oakland 에 쓴 글을 보자. "로그헤드는 기자였고 세 번 결혼해 두 남편에게서 다섯 자녀를 얻은 어머니였으며 광산 경영자였고 35에이커 규모 농장주였다. 수많은 기사와 단편소설을 썼고 책도 열두 권 이상 출간했다. 오늘날 로그헤드는 '록히드 사의 어머니'로 가장 유명하다."

50 Loughead, Quick Cooking, 6.

51 International Food Information Council, "How Children Are Making Food Choices." IFIC Review, 1992.

52 "For the Girls," The Railwayan 32, no. 9 (October 1948): 96.

53 Mary Ellen Schoonmaker, "Guess Who Does the Housework," Working

Mother, February 1988, 74.
54 Bob Davis, "Come into the Kitchen, Boys." The Delineator, July 1936, 20–1.
55 Ladd Plumley, "Boys and Cookery," American Cookery, October 1917, 177–9.
56 "Lightening the Burdens of a Bachelor," Popular Science Monthly 96 (June 1920): 57.
57 Bozeman Bulger, "What to Cook When the Wife Is Away," Ladies' Home Journal, July 1921, 75.
58 Brick Gordon, The Groom Boils and Stews: A Man's Cook Book for Men (San Antonio, TX: Naylor Company, 1947).
59 Frank Sullivan, "A Bachelor Looks At Breakfast," in Frank Sullivan at His Best(Toronto: Dover, 1996), 4–.
60 Robert Capon, Supper of the Lamb: A Culinary Reflection (New York: Macmillan, 1989).
61 Thomas Adler, "Making Pancakes on Sunday: The Male Cook in Family Tradition," Western Folklore 40 (1981): 45–4.
62 James Beard, James Beard Delights and Prejudices (Philadelphia: Running Press, 1992), 4–.
63 "What My Dad Cooked," Esquire, June 2012, http://www.esquire.com/features/food-drink/dad-cooked-0612#slide-1.
64 라일리(Riley) 작품의 주인공이 떠올린 어머니의 모습, 끓는 물에 달걀을 집어넣던 모습은 흰자로 커피를 거르기 위함이었을 수도 있다. 이는 당시 종종 사용되던 방법이었다.
65 Ida Bailey Allen, Solving the High Cost of Eating: A Cook Book to Live By (New York: Farrar, Straus and Company, 1952), 44–5.
66 '엄마의 작은 조력자'라 불리기도 했던 암페타민은 1950, 1960년대에 가정의들이 자유롭게 처방하는 약이었다. 주부들의 지루함을 달래주고 처녀 때 몸매를 유지시키기 위함이었다. 현재 암페타민은 1971년의 미 규제약물법령에 따라 엄격 관리 대상인 2급(Schedule II) 약물로 분류되어 있다.
67 M. Tarbox Colbrath, What to Get for Breakfast (Boston: James H. Earle, 1882), 259.
68 Colbrath, What to Get for Breakfast, 259.

69 "Aunt Babette," "Aunt Babette's" Cook Book (Cincinnati: Block Pub. and Print Co. 1889), 179.
70 Mary Wood-Allen, 'A Christmas Breakfast American Motherhood 23 (1906): 459-62. 소아과 의사였던 메리 우드-앨런은 성조숙증의 위험성에 대해 주로 연구했고 자녀가 너무 빨리 성숙하지 않도록 해야 한다고 경고하는 책을 여러 권 집필했다.
71 Wood-Allen, "A Christmas Breakfast," 459–2.
72 Eliot Wigginton, Foxfire Christmas: Appalachian Memories and Traditions(Chapel Hill: University of North Carolina Press, 1996), 91.
73 Edith M. Thomas, Mary at the Farm and Book of Recipes Compiled During Her Visit Among the "Pennsylvania Germans" (Norristown, PA: John Hartenstine, 1915), 194, http://digital.lib.msu.edu/projects/cookbooks/html/books/book_69.cfm.
74 Thomas, Mary at the Farm, 194.
75 John Brand and Henry Bourne, Observations on Popular Antiquities (London: T. Saint, 1777), 332.
76 Christine Terhune Herrick, New Idea Home and Cook Book (New York: I.H.Blanchard, 1900), 145.
77 Mrs. M. E. Parmelee, "The Easter Breakfast," Table Talk 19 (April 1904): 174.
78 Stephanie Coontz, The Way We Never Were: American Families and the Nostalgia Trap (New York: Basic Books, 1992), 151–4.
79 Herman Lee Meader, Reflections of the Morning After (Boston: H. M. Caldwell Co., 1903), 17.
80 M. F. K. Fisher, "An Alphabet for Gourmets: A–." Gourmet Magazine, December 1948, http://www.gourmet.com/magazine/1940s/1948/12/mfkfisheranalphabetforgourmets?currentPage=, accessed November 18, 2012.
81 Jessamyn Neuhaus, e-mail message to author, September 12, 2012.
82 Rocky Fino, Will Cook for Sex: A Guy's Guide to Cooking (Las Vegas, NV: Stephens Press, LLC, 2005), 64.

제4장 아침식사, 집 밖에서는 간편한 게 최고!

1. William Cobbett, The Emigrant's Guide: In Ten Letters, Addressed to the Tax-Payers of England (London: Mills, Jowett & Mills, 1829), 68.
2. Shamrock Society, Emigration to America: Hints to Emigrants from Europe, Who Intend to Make a Permanent Residence in the United States (New York: W. Hone, 1817), 8.
3. Shamrock Society, Emigration to America, 8.
4. James Loucky, Jeanne Armstrong, and Lawrence J. Estrada, Immigration in America Today: An Encyclopedia (Westport, CT: Greenwood Publishing Group, 2006), 123.
5. Lafcadio Hearn, La Cuisine Creole: A Collection of Culinary Recipes from Leading Chefs and Noted Creole Housewives (Bedford, MA: Applewood Books, 2008), 237.
6. Cathy Luchetti, Home on the Range: A Culinary History of the American West(New York: Villard Books, 1993), 6.
7. Luchetti, Home on the Range, xxv.
8. Laura Ingalls Wilder, Little House on the Prairie (New York: Harper Collins, 2010), 39.
9. Wilder, Little House on the Prairie, 52.
10. Frances Milton Trollope, Domestic Manners of the Americans (London: Whittaker, Treacher, & Co., 1832), 281.
11. Mark Twain, Roughing It (New York: Harper & Bros., 1913), 26.
12. Twain, Roughing It, 26.
13. Twain, Roughing It, 26.
14. John Camden Hotten, The Slang Dictionary: Etymological, Historical, and Anecdotal(London: Chatto and Windus, 1874), 297.
15. Twain, Roughing It, 27.
16. Orsamus Turner, History of the Pioneer Settlement of Phelps and Gorham's Purchase, and Morris' Reserve (Rochester, NY: William Alling, 1851), 417.
17. John Bakeless, Daniel Boone: Master of the Wilderness (Lincoln: University of

Nebraska Press, 1939), 60.

18 Samuel Bowles, Across the Continent: A Summer's Journey to the Rocky Mountains, the Mormons, and the Pacific States, with Speaker Colfax (New York: Hurd & Houghton, 1865), 21, 25, 78.

19 Richard F. Burton, The City of the Saints (New York: Harper & Bros., 1862), 60.

20 Burton, City of the Saints, 62.

21 Burton, City of the Saints, 84.

22 Samuel Bowles, Our New West (Hartford, CT: Hartford Publishing Co., 1869), 135.

23 James D. Porterfield, Dining By Rail: The History and Recipes of America's Golden Age of Railroad Cuisine (New York: Macmillan, 1998), 20.

24 Lynda West, Half Hours in the Wide West (London: Daldy, Isbister, & Co., 1877), 87–8.

25 West, Half Hours, 87–8.

26 West, Half Hours, 87–8.

27 "Adjustable Dining Table for Motor Cars," Popular Mechanics, October 1914, 500.

28 Paul W. Kearney, "So You'll Drive," The Rotarian, April 1939, 36–8.

29 Jack in the Box, "Our Story," http://www.jackinthebox.com.

30 Kevin Cain, "The McDonald's Coffee Lawsuit," Journal of Consumer & Commercial Law 11, no. 1 (2007): 14–8.

31 United States Census Bureau Fact Finder, "Commuting Characteristics by Sex: 2011," http://factfinder2.census.gov/faces/tableservices/jsf/pages/productview.xhtml?pid=ACS_11_1YR_S0801&prodType=table, accessed October 2, 2012.

32 Bruce Horovitz, "Bike-Riding Mom Denied at Drive-Through Turns to Twitter," USA Today, August 20, 2009, http://usatoday30.usatoday.com/money/industries/food/2009-08-19-twitter-bicycle-drive-through-bike-tweet_N.htm.

33 A. K. Sandoval-Strausz, Hotel: An American History (New Haven, CT: Yale

University Press, 2008), 12.
34 George Washington, The Diary of George Washington, from 1789 to 1791 (New York: C. B. Richardson & Co., 1860), 50.
35 "Letters from Mr. Toulmin of Kentucky," Monthly Magazine and British Register, vol. 9, July 1, 1800, 548.
36 John Bristed, America and Her Resources; Or a View of the Agricultural, Commercial, Manufacturing, Financial, Political, Literary, Moral, and Religious Capacity and Character of the American People (London: Henry Colburn, 1818), 448.
37 Lately Thomas, Delmonico's: A Century of Splendor (Boston: Houghton Mifflin, 1967), 260.
38 Thomas Sheraton, The Cabinet Dictionary. To Which is Added a Supplementary Treatise on Geometrical Lines, Perspective, and Painting in General (London: W. Smith, 1803), 103.
39 Trollope, Domestic Manners of the Americans, 108.
40 Charles Eyre Pascoe, London of To-Day: An Illustrated Handbook (London: Simpkin, Marshall, Hamilton, Kent, & Co., Ltd., 1890), 57.
41 "Young America in Old England," Lippincott's Magazine, October 1881, 411.
42 리지 보든은 무죄 판결을 받았고 다른 범인도 잡히지 않았다.
43 Lizzie Borden Bed & Breakfast Museum, http://www.lizzie-borden.com.
44 Caroline Reed Wadhams, Simple Directions for the Waitress or Parlor Maid (New York: Longmans, Green and Co., 1917), 29.
45 Lou Martin, "Look People in the Eye, Be the First to Say Hello, & Never Buy a Beige Car . . . and Other Words of Advice From 'Life's Little Instruction Book,'" Weekly World News, August 8, 1995, 35.
46 N .S. Richardson, D.D., "Church Work and Party Work: (2.) Reports of the Meetings of the Church Missionary and Evangelical Knowledge Societies," The American Quarterly Church Review and Ecclesiastical Register, Volume 18 (New York: N.S. Richardson, 1867), 597.
47 George Alfred Townsend, The New World Compared with the Old: A Description of the American Government, Institutions, and Enterprises, and

of Those of Our Great Rivals at the Present Time, Particularly England and France (Hartford, CT: S. M. Betts & Company, 1869), 406.

48 John Melish, Travels in the United States of America in the Years 1806 & 1807, and 1809, 1810 & 1811 (Philadelphia: T. & G. Palmer, 1812), 247–8.

49 "On the Night Shift," Popular Mechanics, November 1942, 57–0.

50 Chris Onstad, The Achewood Cookbook: Recipes for a Lady or a Man (self-published, 2003), 21.

51 Henry Mayhew, London Labour and the London Poor: A Cyclopaedia of the Condition and Earnings of Those That Will Work, Those That Cannot Work, and Those That Will Not Work, vol. 1 (London: Charles Griffin & Company, 1851), 39.

52 McDonald's, "The Birth of the Egg McMuffin," http://www.aboutmcdonalds.com/mcd/our_company/amazing_stories/food/the_birth_of_the_egg_mcmuffin.html.

53 William Grime, Appetite City: A Culinary History of New York (New York: North Point Press, 2010), 193.

54 Charles Reznikoff, By the Waters of Manhattan (New York: Charles Boni, 1930), 123.

55 Richard W. Slatta, The Cowboy Encyclopedia (New York: Norton, 1996), 351.

56 Jo Jeffers, Ranch Wife (Tucson: University of Arizona Press, 1993), 39.

57 Inez McFee, The Young People's Cookbook; Or, How the Daytons Cooked at Home and in Camp (New York: Thomas Y. Crowell, 1925).

58 Tourist, "The Experience of Three Weavers in a Logging Camp in Maine," Fibre & Fabric: A Record of American Textile Industries in the Cotton and Woolen Trade 13, no. 343 (September 26, 1891): 256–7.

59 Michael J. Varhola, Life in Civil War America (New York: F+W Media, 1989), 166.

60 George Browne, An American Soldier in World War I (Lincoln: University of Nebraska Press, 2006), 12–3.

61 John T. Edge, Donuts: An American Passion (New York: G. P. Putnam's Sons, 2006), 62.

62 John Fisher and Carol Fisher, Food in the American Military: A History (Jefferson, NC: MacFarland, 2010), 243.
63 Harold Howland, Theodore Roosevelt and his Times: A Chronicle of the Progressive Movement (New Haven, CT: Yale University Press, 1921), 52–2.
64 Howland, Theodore Roosevelt, 52–2.
65 Theodore Roosevelt, Theodore Roosevelt: An Autobiography (New York: Charles Scribner's Sons, 1913), 288.
66 Charles T. Bourland and Gregory L. Vogt, The Astronaut's Cookbook (New York: Springer, 2010), 29–2.
67 Amy Shira Teitel, "Steak, Beans and Vests: NASA's Weird Traditions," Discovery News, http://news.discovery.com/space/steak-beans-and-vests-a-look-at-nasa-traditions-120820.html.
68 Albert Shaw, "Food-Aided Education: Experiments in Paris, London and Birmingham," The Review of Reviews (New York: Review of Reviews Corporation, 1891), 618–1.
69 Shaw, "Food-Aided Education," 618–1.
70 Thomas Fosbroke, An Original History of the City of Gloucester (London: John Nichols and Son, 1819), 300–; quoted in Journal of American Folklore 5 (1892): 147.
71 Harvey A. Levenstein, Paradox of Plenty: A Social History of Eating in Modern America, Part 12 (Berkeley: University of California Press, 2003), 55.
72 USDA, "School Breakfast Program," February 21, 2012, http://www.fns.usda.gov/cnd/breakfast/AboutBFast/ProgHistory.htm.
73 Huey P. Newton, "Hoover and the F.B.I.," Public Broadcasting Station, Luna Ray Films, LLC, 2002, http://www.pbs.org/hueypnewton/people/people_hoover.html.
74 Newton, "Hoover and the FBI."
75 Nik Heynen, "Bending the Bars of Empire from Every Ghetto for Survival: The Black Panther Party's Radical Antihunger Politics of Social Reproduction and Scale," Annals of the Association of American Geographers, April 2009, http://nheynen.myweb.uga.edu/pdf/Annals.

76 Cuthbert Bede, The Adventures of Mr. Verdant Green: An Oxford Freshman(Boston: Little, Brown & Co., 1893), 273.
77 Bede, Adventures of Mr. Verdant Green: An Oxford Freshman(Boston: Little, Brown & Co., 1893), 273. 날개 편 독수리의 재료는 산란이 끝난 닭이라고 한다.
78 Thomas De Witt Talmage, Around the Tea-Table (Philadelphia: Cowperthwait & Company, 1875), 74.
79 Talmage, Around the Tea-Table, 74.
80 Charles Franklin Thwing, If I Were a College Student (New York: T. Y. Crowell & Co., 1902), 7.
81 Charles Franklin Thwing, Letters From a Father to His Son Entering College(New York: Platt & Peck Co., 1912), 27.
82 William Lyon Phelps, "Eating Breakfast," in Essays on Things (London: Macmillan, 1930), 151–5.
83 Phelps, "Eating Breakfast, 151–5.
84 James W. Clarke, Defining Danger: American Assassins and the New Domestic Terrorists (New Brunswick, NJ: Transaction, 2012), 236.
85 Amy E. Houlihan, "Stress and Self-control: A Test of Contrasting Pathways to Health Risk Behavior" (PhD dissertation, Iowa State University, 2008).
86 Matthew T. Gailliot, "The Physiology of Willpower: Linking Blood Glucose to Self-Control." Personal and Social Psychology Review 11, no. 4 (November 2007): 303–7.
87 Famous Last Meals, http://www.famouslastmeals.com/search/label/Charles%20Peace.
88 Jonathan Goodman, Bloody Versicles: The Rhymes of Crime (Kent, OH: Kent State University Press, 1993), 172–3.
89 Stephen G. Michaud and Hugh Aynesworth, The Only Living Witness: The True Story of Serial Sex Killer Ted Bundy (Irving,TX: Authorlink, 1999), 343.
90 Paul Dickson, "battle breakfast," War Slang: American Fighting Words & Phrases since the Civil War (Mineola, NY: Courier Dover Publications, 2011).
91 "The League's Big Pancake Day," McClure's Magazine, vol. 51, March 1919, 55. 92 "The League's Big Pancake Day," 55.

93 Cora Linn Daniels and C. M. Stevans, eds., Encyclopaedia of Superstitions, Folklore, and the Occult Sciences of the World (Honolulu, HI: University Press of the Pacific, 2003), 132.

94 Daniels and Stevans, Encyclopaedia of Superstitions, 132.

95 Isabella Beeton, Book of Household Management (London: Ward, Lock, & Company, 1888), 1320.

96 Beeton, Book of Household Management, 1319.

97 Marion Harland and Virginia Terhune Van de Water, Everyday Etiquette: A Practical Manual of Social Usages (Indianapolis: Bobbs-Merrill Company, 1905), 75.

98 Edward L. Queen, Stephen R. Prothero, and Gardiner H. Shattuck, Encyclopedia of American Religious History, vol. 1 (New York: Facts on File, 2009), 685.

99 O mer Call Stewart, Peyote Religion: A History (Norman: University of Oklahoma Press, 1987), 209.

100 Stewart, Peyote Religion, 369.

제5장 아침식사, 예술과 세상을 품다

1 "The Breakfast Club (1985): Did You Know?" Internet Movie Database, http://www.imdb.com/title/tt0088847/trivia.

2 Homer, The Odyssey (London: Macmillan, 2005), 265: "while the men prepared their breakfast in the thin light, paying little heed to the barnyard din."

3 Anthony Trollope, An Autobiography (Newcastle upon Tyne: Cambridge Scholars Publishing, 2008).

4 Sir Walter Scott, Waverley Novels, vol. 1 (London: John C. Nimmo, 1898), 96.

5 Thomas Love Peacock, Crotchet Castle (London: T. Hookham, 1831), 21–3.

6 Peacock, Crotchet Castle, 21–3.

7 Herman Melville, Moby-Dick; or, the White Whale (Boston: St. Botolph Society, 1892), 33–5.

8 Nathaniel Hawthorne, The Best Known Works of Nathaniel Hawthorne (Whitefish, MT: Kessinger, 2003), 180.
9 Hawthorne, Best Known Works, 180.
10 Hawthorne, Best Known Works, 180.
11 Hawthorne, Best Known Works, 180.
12 Mark McWilliams, Food and the Novel in Nineteenth-Century America (Lanham, MD: AltaMira, 2012), 101.
13 Hawthorne, Best Known Works, 183.
14 Marion Harland, At Last: A Novel (New York: Carleton, 1870), 11.
15 Louise Bennett Weaver and Helen Cowles Le Cron, A Thousand Ways to Please a Husband with Bettina's Best Recipes (New York: Britton, 1917).
16 Mary Wood-Allen, What a Young Woman Ought to Know (Philadelphia: Vir Publishing, 1913), 124.
17 Saki, "Filboid Studge, The Story of a Mouse that Helped," in The Chronicles of Clovis (Middlesex: Echo Library, 2006), 52–3.
18 Saki, "Filboid Studge," 52–3.
19 Saki, "Filboid Studge," 52–3.
20 Saki, "Filboid Studge," 52–3.
21 Saki, "Filboid Studge," 52–3.
22 Saki, "Filboid Studge," 52–3.
23 J. R. R. Tolkien, The Hobbit; Or, There and Back Again (The Enchanting Prelude to The Lord of the Rings) (New York: Random House, 1997), 29.
24 Tolkien, The Hobbit, 129.
25 Thomas Mann, The Magic Mountain (New York: Random House Digital, 2005), 35.
26 A. A. Milne, Winnie the Pooh (New York: Dutton Juvenile; Deluxe Edition 2009), 147.
27 A. A. Milne, House at Pooh Corner (New York: Dutton Juvenile; Deluxe Edition 2009), 5.
28 Michael Bond, A Bear Called Paddington (London: HarperCollins UK, 2012), 83.

29 Thomas Pynchon, Gravity's Rainbow (New York: Penguin, 1995), 10.

30 Art Hermitage, Breakfast of a Young Man, http://www.arthermitage.org/Pieter-Cornelisz-van-Slingeland/Breakfast-of-a-Young-Man.html, accessed November 10, 2012.

31 Box Vox, "Bobby Grossman's Corn Flakes, Die Originalen," http://www.beachpackagingdesign.com/wp/2011/03/bobby-grossmans-corn-flakes-die-orinalen.html, accessed November 20, 2012.

32 The Strut, "See Bobby Grossman's 'Cornflake' Photos," June 11, 2012, http://www.thestrut.com/2012/06/11/see-bobby-grossmans-cornflake-photos, accessed November 10, 2012.

33 Mr. Breakfast, "Rock Stars Eating Breakfast," October 4, 2012, http://mrbreakfast.com/breakfast/?p=1385, accessed November 7, 2012.

34 Marilyn Monroe, "How I Stay in Shape," Pageant Magazine, September 1952, 120–7, http://glamournet.com/legends/Marilyn/monthly/shape1.html, accessed November 29, 2012.

35 Jon Huck, "Breakfast," February 20, 2007, http://jonhuck.com/breakfast, accessed November 29, 2012.

36 Five Easy Pieces, directed by Bob Rafelson (1970; Culver City, CA: Sony Pictures Home Entertainment, 1999), DVD.

37 Falling Down, directed by Joel Schumacher (1993; Burbank, CA: Warner Home Video, 1999), DVD.

38 Reservoir Dogs, directed by Quentin Tarantino (1992; Santa Monica, CA: Artisan Entertainment, 1997), DVD.

39 Reservoir Dogs.

40 Pulp Fiction, directed by Quentin Tarantino (1994; Santa Monica, CA: Miramax Lionsgate Films, 2011), DVD.

41 타란티노의 다른 영화들에서도 아침식사를 중요하게 여기고 있다. 〈황혼에서 새벽까지(From Dusk Till Dawn)〉(1996: 타란티노 각본, 로버트 로드리게스 감독)를 보면 가족이 아침식탁에 모여 앉아 국경을 넘어 멕시코로 가려는 계획을 세운다. 〈킬빌(Kill Bill)〉 1부(2003)에서는 제너럴 밀스 카붐(Kaboom) 시리얼 상자에 총이 숨겨져 있는 장면이 나오기도 한다.

42 The Public Enemy, directed by William Wellman (1931; Burbank, CA: Warner Home Video, 2005), DVD.

43 Richard Schickel, The Men Who Made the Movies: William A. Wellman, 1973, http://www.imdb.com/title/tt0070922.

44 Steve Zimmerman, Food in the Movies, 2nd ed. (Jefferson, NC: McFarland, 2010), 207–1.

45 Gone with the Wind, directed by George Cukor (1939; Burbank, CA: Warner Home Video, 2000), DVD.

46 The Clock, directed by Vincente Minnelli (1945; Burbank, CA: Warner Home Video, 2007), DVD.

47 Winter Meeting, directed by Bretaigne Windust (1948; Beverly Hills, CA: MGM, 1998), VHS.

48 "Episode #001," Twin Peaks, written and directed by David Lynch and Mark Frost (Los Angeles: Spelling Television, April 8, 1990), TV.

49 "Episode #001," Twin Peaks.

50 "Parks and Recreation: Ron and Tammy (#2.8)," Parks and Recreation, written by Greg Daniels and Michael Schur, directed by Troy Miller (Universal City, CA: Universal Television, November 5, 2009), TV.

51 John Dunning, On the Air: The Encyclopedia of Old-Time Radio (Oxford: Oxford University Press, 1998), 114–7.

52 Dunning, On the Air, 114–7.

53 Dunning, On the Air, 657–8.

54 The Ultimate Ramblin' Rod Page, http://www.platypuscomix.net/fpo/history/ramblinrod.html, accessed November 29, 2012.

55 Tim Hollis, Hi There, Boys and Girls!: America's Local Children's TV Shows(Jackson: University Press of Mississippi, 2001), 49.

56 "'Clark Kent' for Sugar Frosted Flakes w/Tony the Tiger," YouTube video clip, http://www.youtube.com/watch?v=h60gmICXVJM, accessed November 29, 2012.

57 "Ghostbuster Cereal," YouTube video clip, http://www.youtube.com/watch?v=NUhdXB_-k4A, accessed November 29, 2012; "C3PO's Star Wars

cereal commercial," YouTube video clip, http://www.youtube.com/watch?v=Fe3TWZ_3qRg, accessed November 29, 2012.

58 Jon Wahlgren, "Nintendo Cereal System Sells For $200," Nintendo Life, February 22, 2010, http://www.nintendolife.com/news/2010/02/nintendo_cereal_system_sells_for_usd200, accessed November 29, 2012.

59 Rod Taylor, "The Good Old Days," Promo, September 1, 2003, http://chiefmarketer.com/campaigns/marketing_good_old_days, accessed November 29, 2012.

60 Stew Miller, "20 Wacky Cereal Box Prizes," Gunaxin, July 5, 2010, http://humor.gunaxin.com/20-wacky-cereal-box-prizes/64050, accessed November 29, 2012.

61 Susan Linn, Consuming Kids: Protecting Our Children from the Onslaught of Marketing & Advertising (New York: Random House Digital, 2005), 100.

62 Howard L. Taras, "Advertised Foods on Children's Television," Archives of Pediatrics and Adolescent Medicine 149, no. 6 (1995): 649–2.

63 J. L. Harris et al., "Cereal FACTS (Food Advertising to Children and Teens Score): Limited Progress in the Nutrition Quality and Marketing of Children's Cereals," http://www.rwjf.org/en/research-publications/find-rwjf-research/2012/06/cereal-facts-report-20121.html, accessed November 13, 2012.

64 Ameena Batada et al., "Nine Out of 10 Food Advertisements Shown During Saturday Morning Children's Television Programming Are for Foods High in Fat, Sodium, or Added Sugars, or Low in Nutrients." Journal of the American Dietetic Association 108 (2008):673–8.

65 General Mills, Inc., "A Rather Humble Beginning," Wheaties History, 2010, http://www.wheaties.com/pdf/wheaties_history.pdf, accessed November 18, 2012.

66 Fanny Brice, performance of "Cooking Breakfast for the One I Love," by Billy Rose and Henry Tobias (Camden, NJ: Victor, 1930).

67 Brice, "Cooking Breakfast."

68 Dusty Springfield, performance of "Breakfast in Bed," by Eddie Hinton and Donnie Fritts, on Dusty in Memphis (New York: Warner Music Group, 1969).

69 Supertramp, "Breakfast in America," by Roger Hodgson and Rick Davies, on Breakfast in America (Santa Monica, CA: A&M, 1979).

70 Pink Floyd, performance of "Alan's Psychedelic Breakfast," written by David Gilmour, Roger Waters, Nick Mason, and Richard Wright, on Atom Heart Mother(London: Harvest Records/EMI, 1970).

71 Pink Floyd, "Alan's Psychedelic Breakfast."

72 Pink Floyd, "Alan's Psychedelic Breakfast."

73 Tom Waits, performance of "Intro to Eggs & Sausage," by Tom Waits, on Nighthawks at the Diner (New York: Asylum Records, 1976).

74 Tom Waits, performance of "Eggs & Sausage," by Tom Waits, on Nighthawks at the Diner (New York: Asylum Records, 1976).

75 Charles Dickens, "Dainty Bread," All the Year Round, September 10, 1870, 344–7.

76 Dickens, "Dainty Bread," 344–7.

77 "Breakfast. From the Pall Mall Gazette." New York Times, September 24, 1876, http://query.nytimes.com/mem/archive-free/pdf?res=F40D12F93D54107A93C6AB1782D85F428784F9, accessed November 19, 2012.

78 Samuel Butler, "Bacon for Breakfast," in The Note-Books of Samuel Butler (New York: E. P. Dutton, 1917), 33.

79 Biddy Bye, "Breakfast May Be Substantial, Though Eggless and Meatless," The Pittsburgh Press (Pittsburgh, PA), November 29, 1918.

80 The Lewiston Daily Sun (Lewiston, ME), October 8, 1947.

81 The Evening Independent (St. Petersburg, FL), October 9, 1947, 1; Prescott Evening Courier (Prescott, AZ), October 10, 1947, 1.

82 Katherine Louise Smith, "Hygienic Honeymoon," Boston Cooking School Magazine 3, no. 4 (1898):171–4.

83 M. F .K. Fisher, "An Alphabet for Gourmets: A–," Gourmet, December, 1948, http://www.gourmet.com/magazine/1940s/1948/12/mfkfisheranalphabetforgourmets?currentPage=2, accessed November 15, 2012.

84 M. F. K. Fisher, "Consider the End," Gourmet, October 1958, http://www.gourmet.com/magazine/1950s/1958/10/fisherconsidertheend, accessed November 15, 2012.

85 Fisher, "Consider the End."

86 Robert P. Tristram Coffin, "British Breakfast," Gourmet, October, 1948, http://www.gourmet.com/magazine/1940s/1948/10/coffinbritishbreakfast, accessed November 15, 2012.

87 Coffin, "British Breakfast."

88 Coffin, "British Breakfast."

89 Robert E. Martin, "An Amazing Vision of the Future: Scientist Foresees a World Run by Radio," Popular Science, June 1927, 29.

90 Martin, "An Amazing Vision," 29.

91 W. M. Kiplinger, "Changing Times," Kiplinger's Personal Finance, June 1957, 27.

92 H. G. Wells, "A Story of the Days to Come," The Pall Mall Magazine, June–ctober 1899.

93 Kellogg's UK, "The Great British Breakfast of the Future," 2011, http://www.kelloggs.co.uk/whatson/pressoffice/News/kelloggs-corporate-news/the-great-british-breakfast-of-the-future, accessed November 19, 2012.

94 Kellogg's UK, "Great British Breakfast."

참고문헌
Selected Bibliography

Adamson, Melitta Weiss. Food in Medieval Times. Westport CT: Greenwood Press, 2004.

Albala, Ken. Eating Right in the Renaissance. Berkeley: University of California Press, 2002.

—.—.—.. Food in Early Modern Europe. Westport, CT: Greenwood Press, 2003.

Allen, Gary, and Ken Albala. The Business of Food: Encyclopedia of the Food and Drink Industries. Westport, CT: Greenwood Press, 2007.

Belasco, Warren, and Philip Scranton. Food Nations. New York: Routledge, 2002.

Berzok, Linda Murray. American Indian Food. Westport, CT: Greenwood Press, 2005.

Bianchi, Suzanne M., John P. Robinson, and Melissa A. Milkie. Changing Rhythms of American Family Life. New York: Russell Sage Foundation, 2006.

Bower, Anne, ed. African American Foodways. Urbana: University of Illinois Press, 2007.

Broomfield, Andrea. Food and Cooking in Victorian England: A History. Westport, CT: Praeger, 2007.

Colbrath, M. Tarbox. What to Get for Breakfast. Boston: James H. Earle, 1882.

Corran, H. S. A History of Brewing. Newton Abbot: David and Charles, 1975.

Deutsch, Jonathan, and Anne Hauck-Lawson. Gastropolis. New York: Columbia University Press, 2009.

Donahue, Jonathan. Man with a Pan. New York: Algonquin, 2011.

Engs, Ruth Clifford. Clean Living Movements: American Cycles of Health Reform. Westport, CT: Greenwood Press, 2001.

Hackwood, Frederick William. Good Cheer—.The Romance of Food and

Feasting. New York: Sturgis and Walton, 1911.

Hale, Sarah Josepha Buell. The Good Housekeeper, Or, The Way to Live Well and to Be Well While We Live. Boston: Horace Wentworth, 1839.

Hammon, P. W. Food and Feast in Medieval England. Phoenix Mill: Sutton Publishing, 1993.

Harland, Marion. Breakfast, Luncheon, and Tea. London: Routledge, 1875.

Harris, Jessica. High on the Hog. New York: Bloomsbury USA, 2011.

Herrick, Christine Terhune. What to Eat, How to Serve It. New York: Harper & Bros., 1891.

Jakle, John A., and Keith A. Sculle. Fast Food. Baltimore: Johns Hopkins University Press, 1999.

Kellogg, Harvey. The Home Book of Modern Medicine: A Family Guide in Health and Disease. Vol. 2. Battle Creek, MI: Good Health Publishing Company, 1909.

Leslie, Eliza. Directions for Cookery, in Its Various Branches. Philadelphia: Carey & Hart, 1837.

Levenstein, Harvey. A Revolution at the Table. Berkeley: University of California Press, 2003.

Levine, Susan. School Lunch Politics. Princeton, NJ: Princeton University Press, 2010.

McIntosh, Jane. Handbook to Life in Prehistoric Europe. New York: Oxford University Press, 2006.

Neuhaus, Jessamyn. Manly Meals and Mom's Home Cooking. Baltimore: Johns Hopkins University Press, 2003.

Pendergrast, Mark. Uncommon Grounds: The History of Coffee and How It Transformed Our World. New York: Basic Books, 2010.

Pollan, Michael. In Defense of Food: An Eater's Manifesto. New York: Penguin, 2008.

Poppendiek, Janet. Free for All: Fixing School Food in America. Berkeley: University of California Press, 2011.

Ray, Krishnendu. The Migrant's Table. Philadelphia: Temple University Press, 2004.

Root, Waverly, and Richard de Rochemont. Eating in America. New York: Ecco Press, 1981.

Schlosser, Eric. Fast Food Nation. New York: Houghton Mifflin, 2001.

Simmons, Amelia. American Cookery. Hartford: Simeon Butler, Northampton, 1798.

Smith, Andrew, ed. Oxford Encyclopedia of Food and Drink in America. New York: Oxford University Press, 2004.

Spencer, Colin. British Food: An Extraordinary Thousand Years of History. New York: Columbia University Press, 2002.

Tannahill, Reay. Food in History. New York: Crown Publishers, 1989.

Toussaint-Samat, Maguelonne. A History of Food. Cambridge, MA: Blackwell Reference, 1993.

Wagne, Tamara, and Narin Hassan. Consuming Culture in the Long Nineteenth Century: Narratives of Consumption, 1700–900. Lanham, MD: Lexington Books, 2007.

Weinberg, Bennet Alan. The World of Caffeine: The Science and Culture of the World's Most Popular Drug. London: Routledge, 2001.

Wild, Anthony. Coffee: A Dark History. New York: Norton, 2005.

아침식사의 문화사
BREAKFAST

초판 1쇄 발행 2016년 3월 25일
개정 1쇄 발행 2025년 6월 30일

지은이   헤더 안트 앤더슨
옮긴이   이상원

펴낸이   이혜경
펴낸곳   니케북스
출판등록   2014년 4월 7일 제300-2014-102호
주소   서울시 종로구 새문안로 92 광화문 오피시아 1717호
전화   (02) 735-9515
팩스   (02) 6499-9518
전자우편   nikebooks@naver.com
블로그   blog.naver.com/nikebooks
페이스북   facebook.com/nikebooks
인스타그램 (니케북스) @nike_books
          (니케주니어) @nikebooks_junior

한국어판출판권 ⓒ 니케북스, 2016
ISBN 979-11-94706-17-5 03900

책값은 뒤표지에 있습니다.
잘못된 책은 구입한 서점에서 바꿔 드립니다.